高职交通运输与土建类专业规划教材

高架结构

GAO JIA JIE GOU

主 编 刘 杰 章 韵

主 审 曹新刚 王新敏

人民交通出版社股份有限公司

北 京

内 容 提 要

本书为高职交通运输与土建类专业规划教材之一。本书全面介绍了城市轨道交通工程中高架结构的施工及维修养护知识，包括：高架桥的基础工程施工，高架桥上、下部施工，预应力材料设备与张拉施工，预制件的架设与安装，车站等附属工程，高架结构检测、养护与维修等。本书内容上侧重对施工技术的介绍，并对各种施工技术提供了工程实例予以说明。

本书可为高职高专及各类成人教育铁道工程、交通工程、城市轨道工程技术等专业选作教材使用，亦可供从事城市轨道高架桥工程施工及维护养护等专业技术人员参考使用。

图书在版编目(CIP)数据

高架结构/刘杰，章韵主编. —北京：人民交通出版社，2009.8

ISBN 978-7-114-07556-8

Ⅰ.高… Ⅱ.①刘… ②章 Ⅲ.高架桥—桥梁工程 Ⅳ.U448.28

中国版本图书馆 CIP 数据核字(2009)第 006800 号

书　　名： 高架结构
著 作 者： 刘　杰　章　韵
责任编辑： 杜　琛
出版发行： 人民交通出版社股份有限公司
地　　址： (100011)北京市朝阳区安定门外外馆斜街 3 号
网　　址： http://www.ccpcl.com.cn
销售电话： (010)59757973
总 经 销： 人民交通出版社股份有限公司发行部
经　　销： 各地新华书店
印　　刷： 北京鑫正大印刷有限公司
开　　本： 787×1092　1/16
印　　张： 18.25
字　　数： 447 千
版　　次： 2009 年 8 月　第 1 版
印　　次： 2021 年 7 月　第 6 次印刷
书　　号： ISBN 978-7-114-07556-8
定　　价： 34.00 元

前言 Preface

随着经济的快速发展，城市综合规模的迅速扩大，中国城市化进程的加快，城市轨道交通的作用愈发突出，也越来越受到人们的重视。全国各主要城市纷纷启动轨道交通建设项目，我国已成为世界上最大的城市轨道交通市场。

为充分贯彻落实教育部《21世纪高职高专教育人才培养模式和教学内容体系改革与建设项目规划》，并在总结我校近年来教学成果的基础上，特编写此书，以适应城市轨道发展的需要。同时，希望本书能为从事相关领域科学研究及现场施工的工程技术人员和相关专业师生提供工作、学习的参考。

全书共分十二章，系统介绍了高架结构基础施工、上下部结构施工、高架桥梁的架设、高架结构检测及养护维修等方面的内容，并附以工程实例。

本书由刘杰、章韵任主编并统稿。具体编写分工如下：马记（第一章）、张团结（第二章）、苗兰弟（第三章）、孙立功（第四章）、章韵（第五、七章）、任庆国（第八、九章）、刘杰（第六、十一章）、杨江朋（第十章）、周永胜（第十二章）。全书的CAD绘图与思考与练习部分，由马记、苗兰弟共同制作完成。

在编写过程中，石家庄铁道学院王新敏教授、中铁一局集团桥梁建筑工程有限公司曹新刚总工程师对本书进行了审稿和修改工作，同时人民交通出版社在教材编写过程中给予了大力支持，在此一并表示衷心感谢。

由于编者水平有限，书中不当和错误之处，敬请批评指正。

编　者

2009年6月

目录 Content

第一章　绪论 …… 1

第一节　高架结构的发展背景 …… 1

第二节　高架结构概述 …… 1

第三节　高架结构施工概况 …… 2

第四节　高架结构对城市景观的影响及对策 …… 5

思考与练习 …… 8

第二章　城市轨道高架桥施工准备工作 …… 9

第一节　施工准备的基本内容及基本要求 …… 9

第二节　施工测量 …… 15

思考与练习 …… 18

第三章　高架桥的基础工程施工 …… 19

第一节　明挖基础施工 …… 19

第二节　沉井基础施工 …… 27

第三节　桩基础施工 …… 36

第四节　参考案例 …… 49

思考与练习 …… 56

第四章　墩台工程 …… 57

第一节　梁桥桥墩 …… 57

第二节　梁桥桥台 …… 65

第三节　墩台施工 …… 71

第四节　参考案例 …… 81

思考与练习 …… 82

第五章　梁部现浇施工 …… 84

第一节　梁部断面形式与构造 …… 84

第二节　现浇支架、拱架与模板 …… 87
第三节　施工预拱度的设置 …… 93
第四节　现浇施工工艺 …… 94
第五节　参考案例 …… 113
思考与练习 …… 115

第六章　预应力材料设备与张拉施工 …… 116

第一节　概述 …… 116
第二节　混凝土的制备 …… 116
第三节　预应力钢筋 …… 119
第四节　锚具和张拉设备 …… 121
第五节　张拉施工工艺 …… 125
第六节　参考案例 …… 130
思考与练习 …… 132

第七章　预制件的架设与安装 …… 133

第一节　概述 …… 133
第二节　吊装工具与设备 …… 134
第三节　预制构件的移运与堆放 …… 140
第四节　装配式墩台的安装 …… 145
第五节　梁板的架设安装 …… 147
第六节　参考案例 …… 156
思考与练习 …… 158

第八章　大跨度梁桥施工 …… 159

第一节　有支架现浇法 …… 160
第二节　悬臂施工法 …… 161
第三节　顶推法施工 …… 179
第四节　装配-整体施工法 …… 182
第五节　移动模架逐孔架设法 …… 184
第六节　参考案例 …… 184
思考与练习 …… 189

第九章　其他高架桥梁的构造与施工 …… 190

第一节　拱桥 …… 190
第二节　下承式简支钢桁梁桥 …… 200
第三节　斜拉桥 …… 208

第四节　悬索桥 …… 220
第五节　参考案例 …… 227
思考与练习 …… 235

第十章　高架车站、桥面及附属工程 …… 237

第一节　车站 …… 237
第二节　桥面及附属工程 …… 243
第三节　防护及检查工程 …… 248
第四节　参考案例 …… 249
思考与练习 …… 250

第十一章　高架桥梁结构检测 …… 251

第一节　概述 …… 251
第二节　桥梁现场试验前的准备工作 …… 251
第三节　桥梁结构静力荷载试验 …… 255
第四节　参考案例 …… 261
思考与练习 …… 265

第十二章　桥梁结构的养护与维修 …… 266

第一节　混凝土桥梁结构表层病害的维修 …… 266
第二节　混凝土桥梁结构裂缝及其维修 …… 270
第三节　桥面铺装层的维修 …… 274
第四节　桥面伸缩缝的维修 …… 275
第五节　桥梁支座的养护与维修 …… 277
思考与练习 …… 278

参考文献 …… 279

第一章　绪　论

本章知识目标

通过本章的学习，学生应掌握以下知识：

1. 高架结构工程的发展背景；
2. 高架结构工程的工程特点；
3. 高架结构工程施工的初步知识；
4. 高架结构对城市景观的影响及对策。

第一节　高架结构的发展背景

在人类文明的发展史中，桥梁占有重要的一页。中国古代木桥、石桥和铁索桥在桥梁发展史上都占据重要地位。据文献记载，中国早在公元前50年(汉宣帝甘露四年)就建成了跨度达百米的铁索桥，而欧美直到17世纪尚未出现铁索桥。1665年，徐霞客的《铁索桥记》详细描述了1629年建于贵州境内的一座长约122m的铁索桥。法国传教士在1667年出版的《中国奇迹览胜》一书中也介绍了中国铁索桥。

在现代化的大中城市中，车辆的日益增多，使平面立交的道口出现车辆堵塞和拥挤，需要通过修建立交桥和高架结构形成多层立体的布局，以提高车速和通过能力。城市环线和高速公路网的连接也必须通过大型互通式立交进行分流和引导，保证交通的畅通。所以，现代化城市中的高架桥和立交桥，不仅是规模宏伟的工程实体和组成城市的交通网络，而且是解决城市交通拥挤问题的有效途径，同时也是光彩夺目的建筑艺术结晶。这些高架桥和立交桥又是每个城市的重要标志与骄傲。

可以预见，在交通日益发展的今天，无论是在城市轨道交通系统建设工程、高等级公路建设工程，还是在客运专线等大型工程中，高架结构以其独特的优势，必将占有非常重要的地位。

第二节　高架结构概述

城市轨道交通系统应根据城市环境、路网规划等因素选择采用地面线、高架线或地下线。为了节省城市交通系统建设总投资，采用高架线时，对高架结构就要求有较小的建筑高度。

高架结构包括高架区间和高架车站两部分，是永久城市建筑。高架结构除必须满足安全、经济、使用功能、施工便捷、养护维修方便等要求外，还需满足一些特殊要求。

高架结构的施工应尽可能避免对城市交通和市民生活的干扰，在施工现场应不阻断原有的市内交通，设法降低噪声，特别要避免在邻近原有建筑物采用打入桩，对地下管线要调查探明，若与结构基础有干扰，要采取适当的避让措施等。

高架结构的造型要与城市景观相协调。站间高架桥的高跨比既要考虑到经济要求，又要考虑到美观要求；高架车站的造型要有地区特色，简明大方而不追求奢华。站间高架桥要特别注意防水、排水、伸缩缝、栏杆、灯柱、防撞墙等配套构件的功能完善和外观鲜明。这些都是万人瞩目的对象，直接影响到对工程的评价。

高架结构在必要地段要设置音屏障以减轻车辆运行的噪声，桥上应设置养护、维修人员及疏散旅客的安全通道。

当高架结构跨越铁路、公路、城市道路时，桥梁孔径及桥下净空应满足有关规范的限界规定。

当高架结构跨越一般河流时，桥梁孔径应保证设计频率洪水、流水及其他漂流物或船只通过的安全要求。

高架结构可选用的材料有钢、钢筋混凝土和预应力混凝土。这三种材料各有优点，应该因地制宜适当选用。

第三节　高架结构施工概况

一 施工的基本概况

(一)施工与设计的关系

高架结构是基本建设中特殊的大型项目，高架结构施工是市政工程的重要组成，这是一个实现设计图纸的过程，即把一定的建桥材料用机械设备及人力在城市空间按设计图纸的规格，安装或砌筑成跨越建筑群、交通干线、街道、江河等障碍的构筑物。高架结构是先有设计，后有施工。施工必须服从设计，设计图纸与文件是施工的法规和依据，在施工中不得任意取舍或更换，施工的成效要靠设计文件来验收，设计时要考虑施工的实施，并应照顾施工的可能性。施工的方法和技术是实践设计的手段，并使设计在实际中受到检验，而先进、合理的施工技术和经验，也能推动桥梁设计理论的发展。

(二)施工的主要内容

高架结构施工是一门综合性、技术性很强的课题，其涉及面极为广泛，需要具备一定的基础知识，特别是在城市中架桥，牵涉的内容更为复杂。它主要包括如下内容：

(1)高架结构建筑的主体和辅助工程的施工。主体工程，如基础、墩台、桥跨结构(主梁、拱圈)、桥塔、桥面系等是永久性建筑物；辅助工程，如挡土墙、护坡、导流工程等是永久性的构筑物和防护设施，施工索道、工地预制场、便道、栈桥、支架、托架、工棚等，为临时性的构筑物。

(2)桥上照明、过江电缆及各种管道、管线、车辆行驶设备(电车天线、轨道)等设施的安装。

(3)施工场地的平整、布置，水电设备和给排水工程的安装、清理和拆除。

(4)建筑材料的开采、生产、购买、起运、装卸、检验、保管和发放。

(5)施工机械的制造、安装、维修和保养，辅助施工作业的工作平台、各种其他设备、工具的安排和购置。

(6)高架结构竣工后的装饰及其周围环境的绿化和防空设施。

(7)预制构件样品的试验,施工中及竣工后对桥梁结构的观测,竣工后的试车等。

(8)勘察与施工设计。

(9)施工的计划、组织和管理。

(10)购置土地,整理资料,培训技术。

高架结构由许多单项工程和单位工程组成。单项工程又称工程项目,这是具有独立的设计文件,竣工后可独立发挥作用或效益的工程。单位工程是单项工程的组成部分,一般是指不能独立发挥作用或效益的工程,例如一个桥墩、一个桩基、一片梁等。单位工程又由许多分部工程组成,例如一个墩可划分为墩基、墩脚、墩身、墩帽等分部工程。分部工程又可由若干分项工程组成,如基础工程又可分开挖、清基、垫层、混凝土灌注等。

桥梁的单项工程主要有:基础、桥墩和桥台、桥跨结构(包括梁、板、拱、桁架、刚架等)、桥面系、导流与防护工程、引桥等。

二 高架结构施工的基本程序

(一)施工的基本程序

高架结构施工受自然和物质条件的约束,有其必须遵循的客观规律,同时也应遵循我国基本建设的普遍规律。

高架结构施工,要根据城市轨道规划和建设布局的要求,进行可行性研究,编制计划任务书,选择桥址;经有关部门批准后,进行勘察设计,并提出初步设计,上报批准;纳入城市建设计划后,招标,投标,比较和选定施工单位,组织施工,经主管部门和设计单位进行竣工验收后,交付使用。

(二)设计任务书

根据城市规划和布局编制的施工设计任务书是确定所架桥梁项目、编制设计文件的主要依据,一般包括如下内容:

(1)架桥的目的和根据;

(2)桥梁的规模(桥型、总跨度),主要施工方法及采用的架桥机具;

(3)材料的来源、运输和堆放;

(4)对城市环境影响的程度;

(5)桥梁的位置,占用土地,拆迁房屋和其他构筑物的情况及施工用地等;

(6)战略意义、防震、养护等要求;

(7)施工的工期对城市生活、交通等影响;

(8)工程投资控制数额;

(9)劳动定员控制数额;

(10)要求达到的经济和技术指标。

(三)合理选择桥位

必须慎重选择桥位,应对城市中可能选择的桥址进行详细的调查和勘测,收集必要的资料,征求有关单位对桥址选择的意见,经过深入细致的分析研究,综合必要的方案,反复比较后，最后加以确定。选择时，应考虑城市交通、环境保护和战备需要等综合性因素，结合市区道路、铁路、水利、航运和其他市政工程的近期和远景规划，尽量少拆迁城市设施，方便市民生活，做到与城市其他活动尽可能的协调和配合。同时，也应考虑架桥材料的来源、施工场地的布置、工程地质、水力水文、电力供水等情况。还应考虑桥建成后使用、维修和养护的便利；此外，还应与城市沿河防洪规划密切配合，使桥前壅水不得危及堤防或淹没城市，危害城市安全。

(四)高架结构的设计文件

设计文件是施工计划、组织、管理和方法的主要依据，计划任务书及桥址确定后，主管部门应指定或委托设计单位根据任务书规定的内容，编制设计文件。大、中高架结构一般分初步设计和施工设计两个步骤，特大高架桥除此之外，还应增加技术设计内容。

(五)施工准备

设计任务书批准后，应成立相应的工程管理机构，负责招标，签订承包合同和监督高架结构工程施工与竣工验收。

中标的施工单位在与主管部门签订承包合同后，负责组织和准备施工工作，主要包括如下内容：

(1)工程的水力水文、地质地形勘察；

(2)收集历年来河流水位变化情况及有关基础资料；

(3)组织编制施工文件；

(4)根据批准的计划和文件，编报物质申请计划，组织或制作大型架桥机具或设备，筹备特殊材料和一般材料；

(5)办理征地、拆迁手续；

(6)落实水电及生活安排；

(7)修筑进场的运输便道、便桥；

(8)组织施工力量，落实劳力。

(六)施工说明

高架结构施工应做到计划、设计、施工三阶段紧密衔接，投资、工程内容、施工图纸、设备材料和施工能力等方面协调一致，以确保施工计划的全面完成。施工单位要依据设计部门提供的图纸和概算，编制施工图预算和施工组织设计；做好施工图的会审工作，明确按图作业的质量要求；若需更改图纸，应取得设计部门同意，要按照施工顺序合理地组织施工；地下工程和隐蔽工程、桥跨结构的关键部位，一定要经过检验合格后，才能进入下一道工序；验收时，要严格按设计要求和施工验收规范进行。

(七)验收和交付使用

高架结构竣工后，应经负荷试车，符合设计要求后，才可交付使用。竣工验收分两步进行：先初验，最后正式验收。验收工作应由主管部门会同设计和施工单位共同进行。

施工单位应在验收时，提供竣工报告、有关施工的技术资料、竣工图等分类立卷文件一式两份，一份留底，另一份作为技术档案移交交通管理部门或养护单位保存，以便今后养护和管理。施工队伍退场时，应认真清理场地，做好环境工作，整理机具设备，清点财物，编制竣工决算。

三 高架结构施工的特点

(一)施工的流动性

在城市中架桥,受环境影响,其地理位置、施工场地受到限制,材料、仓库、预制场等不可能全安排在工地及其附近,加上城市的车站、码头距桥位处有一定距离,材料和预制构件均需大量运输,因而决定了高架结构施工具有流动性。

(二)受自然条件的影响

桥梁施工是野外露天作业,受自然条件影响极大,架桥不仅受地形、江河、湖泊、海洋、地质、城市建筑群的限制和影响,也受季节天气影响,特别是雨季和冬季,使一些地区的施工增加许多困难,例如,洪水、雨雪、流冰、霜冻、河上漂流物、飓风、地震等自然现象对施工都有很严重的影响,使施工作业受到较大的限制,甚至无法进行。此外,在城市中架桥还受交通条件的限制,要在不允许中断交通和航运条件下进行,而车辆高峰和轮船经过桥位时,对施工操作也影响很大。

(三)施工的协作性

由于桥梁工程的涉及面很广,作业环节很多,工序也复杂,需要主管部门、施工和设计单位与其他有关部门密切配合,在严密的组织、科学的工程管理方法指导下,协调一致,才能顺利完成。

(四)高架结构构筑物的复杂性

桥梁的类型很多,每一座桥都有自己的独特结构形式,即使同一结构形式的桥,在跨度、预留拱度、局部细节等许多构造上也各不相同,在尺寸上大同小异的同类桥梁,因其功能不同内部结构也不同,因此决定了高架结构施工的复杂性。要使工程满足功能的需要,针对复杂的桥梁构筑物,应采用不同的施工设计、设备、材料、组织计划、管理方法,以及不同的施工方案和技术等。

高架结构施工因以上特点,决定了它的施工规律,研究并遵循这些规律,科学地组织和管理桥梁施工,才能完成高架结构工程任务。

第四节 高架结构对城市景观的影响及对策

一 景观影响

(一)高架线路景观特点

高架线路大部分运作原理由铁道系统移植而来,系统的列车编组、动力方式及承载介质均类似于铁道交通。这些特点综合反映在高架线路段的构筑物上,相对于公路高架桥,首先线路的高低起伏小,而转弯半径非常大。此外,目前设计方案中的高架结构采用了箱梁结构，与上海轨道交通明珠线高架结构类似，梁体的截面宽度相对较窄、厚度较大。加上沿线为轨道交通电气化机车运行所附建的大量配套设施等构筑物的存在，使其引发的景观影响也更为复杂。

(二)对自然景观的破坏

高架线路的桥梁形体粗壮有力，尺度庞大，具有人工构造物的结构美和粗犷美；其与高架线路桥梁相较而言，两者之间在尺度、质感和色彩等方面都有较大差异，难以协调。高架线路在这些地方的出现，将令原有城市景观失去宜人的尺度感。

(三)对视觉的影响

高架线路构筑物主要是以水平线条的桥梁和垂直线条的桥柱组成。其中水平方向的桥梁连续贯通，与人和车辆行走中眼睛的移动相顺应，具有运动、延伸、增长的意味，有助于视觉环境的简单化；而垂直线条的桥柱挺拔粗壮，以一定的间隔连续排列，更多地使人产生崇高、紧张、积极的感受，此外，粗壮的桥柱所特有的垂直线条与人惯常的视线移动方向不一致，会对视线起到一定的阻隔作用。从对视觉的影响程度而论，在距桥体 5m 以内，随着距离的拉大，其对视线的阻隔作用逐渐降低；而到了 75m 以外的距离，高架结构在人的视野范围内所占比例相对而言已经相当小了，这时的高架结构，更多地扮演着地标性构筑物的角色。

此外，高架线路对于阳光的遮挡也相当明显，而人的视觉感受和生理反应对阳光的变化都极为敏感，在住宅和公共建筑设计规范中，日照系数是一个非常重要的指标。较早由此产生的负面影响事例发生在 19 世纪 80 年代末期，当时的曼哈顿岛多条主要大道，由于高架铁路造成的阴影，使得地上的街道反而成了变相的隧道，影响了人们的正常生活，最终不得不拆除了事。

(四)尺度失调

高架线路的主要构筑物——高架结构的体量大、距离长，是城市中无与伦比的人工构筑物，具有特殊的意象价值，这些特点令其成为城市空间中的主体，也是这些空间的标志。而周边的建筑物与之相比，在尺度和体量上，都有相当大的差异。高架线路在城市中随意穿越，从空中鸟瞰，线路周边的建筑物变得渺小，就如凯文林奇所指出的：一个巨大的标志物会使它所在的地区的其他建筑物相形见绌，失去尺度。

同时，高架线路将会带来经济集中效应，使各种住宅和商业建筑沿着线路两侧分布，在用地面积有限的条件下，必然在建筑物的高度和体量上有一定突破，从而对城市的尺度带来影响。现实中已经发生的与之类似的负面例子有很多，如 320 国道杭州至富阳段，沿线两侧依公路而建的民居和商业性设施密集。由于缺乏规划管理，在布局上较为随意，风格和形式各异，与景观协调性差。最终，在很大程度上造成了对天目山一线的尺度和自然景观的破坏。

(五)色彩问题

由于高架结构的巨大体量，连绵数十公里，使其成为景观的重要组成部分。因此，桥体的色彩在环境中产生的效果与影响也就不容忽视。目前，在国内轨道交通系统的高架桥体多以混凝土的本色示人，其灰色的外观进一步加重了桥梁厚重的体量感，使空间气氛变得沉闷，影响到人的视觉和心理感受。近年来，随着人们对城市面貌的进一步重视，有些地方开始尝试以爬藤类植物来围覆桥柱和桥梁底面的装饰手法，但由于日照和空气灰尘等原因，使植被的生长受到影响，实际产生的美化效果并不理想。

(六)使城市空间失去独特性和可识别性

从空间的角度考虑，城市轨道交通的车站、线路沿线等是城市设计中的重要部分，其规划设计需要遵循一定的原则，每一个建设项目都必须从如何健全城市的角度出发。对于城市意象中物质形态研究的内容，可以方便地归纳为五种元素：道路、边界、区域、节点和标志物，不同的元素组之间可能会互相强化，互相呼应，从而提高各自的影响力；也有可能互相矛盾，甚至互相破坏。作为一种大型人工构筑物，轨道交通的高架线路同时具有以上这些特征，其既有道路的属性，也具有边界的特征；它的车站是一个重要节点，同时扮演着标志物的角色，而在高架线路沿线又营造出一种特殊的区域。在现代城市当中，轨道交通高架线路正在以一种无可替代的角色对城市肌理产生影响。

城市街区的空间小环境要求其具有多样性和可识别性。一般来讲，城市中的传统或有特殊价值的街区都是一种景观，而高架结构的存在，往往由于其特殊的尺度而轻易地成为城市中的主体，沿线一系列这种类同的空间特征，反复强调这一主题，将使城市空间失去可识别性。

二 应对对策

(一)桥梁的色彩

一般来讲，具有高彩度的桥体容易使人产生类似于一堵墙的感觉，而过于花哨艳丽的色彩装饰往往又会产生视觉干扰，而选择得当的颜色可以增加桥体的美感，削弱体量，使其与环境达到协调。

(二)桥梁的形体

理论上可采用的梁部结构形式有槽形梁、下承式脊梁、T 梁、板梁和箱梁等。其中，箱梁具有截面外形简洁、底面平整光洁、线条流畅、景观效果优异等特点。

(三)桥下空间的综合利用

大部分高架线路位于城市主干道侧，线路两侧由于环境保护和工程技术等要求的退让距离，大约有 15～25m 的净宽度。此外，因桥梁结构等技术方面的要求，高架结构的跨度一般在 25～30m 之间。对这部分空间，通过适当的绿化和景观营造，可以作为市民的公共活动空间。

(四)其他对策

线路两侧通过植树绿化，可以在一定程度上改善高架结构体所造成的粗壮、巨大和单调的视觉观感。特别是在一些重点路段，通过不同的植物和街头小品的搭配，不仅能够美化市容，而且可以营造出具有地方特色的景观。

思考与练习

1.1　高架结构包括哪几部分?
1.2　简述高架结构施工与设计的关系。
1.3　简述高架结构施工的主要内容。
1.4　简述高架结构施工的基本程序。
1.5　高架结构设计任务书包括哪些内容?
1.6　简述高架结构施工准备的内容。
1.7　简述高架结构验收和交付使用的内容。
1.8　简述高架结构施工的特点。
1.9　高架结构对城市景观有哪些影响?
1.10　如何减少高架结构对城市原有景观的影响?

第二章　城市轨道高架桥施工准备工作

本章知识目标

通过本章的学习，学生应掌握以下知识：

1. 施工准备的基本内容；
2. 施工准备的基本要求；
3. 施工测量网点的布设方法；
4. 桥梁墩台施工测量的基本内容；
5. 桥梁架设测量的基本内容。

第一节　施工准备的基本内容及基本要求

施工准备是要为施工创造必要的技术、物资、人力和组织等条件，以便施工得以多快好省、安全地进行。

一　施工准备工作的重要性

不管是整个建设项目，或是其中的一个单项工程、单位工程，甚至单位工程中的分部工程、分项工程，都必须进行施工准备。施工准备工作是施工阶段的一个重要环节，是施工管理的重要内容。施工准备的根本任务是为正式施工创造良好的条件。同时施工准备工作还是土建施工和设备安装顺利进行的根本保证。认真做好施工准备工作，对于发挥企业优势、合理供应资源、加快施工进度、提高工程质量、降低工程成本、增加企业经济效益、赢得企业社会信誉、实现企业管理现代化等具有重要的意义。凡事预则立，不预则废。没有做好必要的准备就贸然施工，必然会造成现场混乱、交通阻塞、停工窝工，不仅浪费人力、物力、时间，而且还可能酿成重大的质量事故和安全事故。因此，施工前必须做好必要的施工准备工作，有合理的施工准备期，研究和掌握工程特点、工程施工的进度要求，摸清工程施工的客观条件，合理地部署施工力量，从技术上、组织上和人力、物力等各方面为施工创造必要的条件。

施工准备工作贯穿于整个施工过程中。一项工程的施工是由若干个分部、分项工程组成的，在开工之初，不可能将各个分部、分项工程需要的施工条件全部具备，这也是做不到的事，一则施工现场场地不够受到限制，二则过分集中人力、物力会给管理带来困难。事实上，施工需要的是具备能连续施工的条件，故施工准备工作主要是为保证连续施工创造一切必要的条件，所以说它贯穿于整个施工过程中。但是，开工前的大量施工准备工作，是工程开工必须具备的条件。开工后，则要为分部、分项工程连续施工创造条件，这是作业条件的施工准备工作，一般列入作业计划中，或者由班组自身去完成，但这些工作均在准备工作的范围内。

施工准备工作的进行，需要花费一定的时间，似乎推迟了建设进度，但实践证明，施工准备工作做好了，施工不但不会慢，反而会更快，而且也可以避免浪费，有利于保证工程质量和施工安全，提高经济效益。

二 施工准备工作的分类

施工准备工作一般可分为全场性施工准备、单位工程施工条件准备和分部(项)工程作业条件准备等三种。

(一)全场性施工准备

它是以一个建筑工地为对象而进行的各项施工准备。其特点是，施工准备工作的目的、内容都是为全场性施工服务的，它不仅要为全场性的施工活动创造有利条件，而且要兼顾单位工程施工条件的准备。

(二)单位工程施工条件准备

它是以一个建筑或构筑物为对象而进行的施工条件准备工作。其特点是，准备工作的目的、内容都是为单位工程施工服务的，它不仅为该单位工作在开工前做好一切准备，而且要为分部分项工程做好施工准备工作。

(三)分部(项)工程作业条件准备

它是以一个分部(项)工程或冬、雨季施工项目为对象而进行的作业条件准备。

三 施工准备工作的基本内容及要求

工程项目施工准备工作按其性质及内容通常包括技术准备、物资准备、劳动组织准备、施工现场准备和施工场外准备五部分。

(一)技术准备

技术准备是施工准备的核心，具体有如下内容：

1. 熟悉、审查施工图纸和有关的设计资料

(1)审查拟建工程的地点、总平面图同国家、城市或地区规划是否一致，以及环保等设计功能和使用要求是否符合卫生、防火及美化城市等方面的要求；

(2)审查设计图纸是否完整、齐全，以及设计图纸和资料是否符合国家有关工程建设的设计、施工方面的方针和政策；

(3)审查设计图纸与说明书在内容上是否一致，以及设计图纸与其各组成部分之间有无矛盾和错误；

(4)审查图纸在几何尺寸、坐标、高程、说明等方面是否一致，技术要求是否正确；

(5)审查工业项目的生产工艺流程的技术要求，掌握配套投产的先后次序和相互关系，以及设备安装图纸与其配合的土建施工图纸在坐标、高程上是否一致，掌握土建施工质量是否满足设备安装的要求；

(6)审查地基处理同拟建工程地点的工程水文、地质等条件是否一致，以及拟建工程与地下工程之间的关系；

(7)明确拟建工程结构形式和特点，审查设计图纸中的工程复杂、施工难度大和技术要求高的分部分项工程或新结构、新材料、新工艺，检查现有施工技术水平和管理水平能否满足工期和质量要求，并采取可行的技术措施加以保证；

(8)明确建设期限、分期分批投产或交付使用的顺序和时间，以及工程所用主要材料、设备的数量、规格、来源和供货日期；

(9)明确建设、设计和施工等单位之间的协作、配合关系，以及建设单位可以提供的施工条件。

熟悉、审查设计图纸的程序通常分为自审阶段、会审阶段和现场签证等三个阶段。施工单位收到拟建工程的设计图纸和有关技术文件后，应尽可能地组织有关工程技术人员熟悉和审查图纸，写出自审图纸的记录。自审图纸的记录应包括对设计图纸的疑问和对设计图纸的有关建议。设计图纸的会审一般由建设单位主持，由设计单位、施工单位和监理单位参加，四方进行设计图纸的会审。图纸会审在统一认识的基础上，对所探讨的问题逐一地做好记录，形成“图纸会审纪要”。在拟建工程施工的过程中，如果发现施工的条件与设计图纸的条件不符，或者发现图纸中仍然有错误，或者因为材料的规格、质量不能满足设计要求，或者因为施工单位提出了合理化建议，需要对设计图纸进行及时修订时，应遵循技术核定和设计变更的签证制度，进行图纸的施工现场签证；如果设计变更的内容对拟建工程的规模、投资影响较大，则要报请项目的原批准单位批准。

2. 原始资料的调查分析

(1)自然条件的调查分析

建设地区自然条件调查分析的主要内容有：地区水准点和绝对高程等情况；地质构造、土的性质和类别、地基土的承载力、地震级别和裂度等情况；河流流量和水质、最高洪水和枯水期的水位等情况；地下水位的高低变化情况，含水层的厚度、流向、流量和水质等情况；气温、雨、雪、风和雷电等情况；土的冻结深度和冬雨季的期限等情况。

(2)技术经济条件的调查分析

建设地区技术经济条件调查分析的主要内容：当地施工企业的状况；施工现场的动迁状况；当地可利用的地方材料状况；地方能源和交通运输状况；地方劳动力的技术水平状况；当地生活供应、教育和医疗卫生状况；当地消防、治安状况和施工承包企业的力量状况。

3. 编制施工图预算和施工预算

(1)编制施工图预算

这是按照工程预算定额及其取费标准而确定的有关工程造价的经济文件，它是施工企业签订工程承包合同、工程结算、建设银行拨付工程价款、进行成本核算、加强经营管理等方面工作的重要依据。

(2)编制施工预算

施工预算是根据施工图预算、施工定额等文件进行编制的，它直接受施工图预算的控制。它是施工企业内部控制各项成本支出、考核用工、“两算”对比、签发施工任务单、限额领料、基层进行经济核算的依据。

(3)编制施工组织设计

施工组织设计是指导施工的重要技术文件。由于土木工程的技术经济特点，土木工程没有一个通用的、一成不变的施工方法。所以，每个工程项目都要分别确定施工方案和施工组织方法，也就是要分别编制施工组织设计，作为组织和指导施工的重要依据。

(二)物资准备

根据各种物资的需要计划，分别落实货源，安排运输和储备，使其满足连续施工的要求。物资准备主要包括材料、构(配)件和制成品准备，机具和生产工艺设备准备。

1.组织好建筑材料、成品、半成品的订货、加工与进场

建筑材料的准备主要是根据施工预算进行分析，按照施工进度计划要求，按材料名称、规格、使用时间、材料储备定额和消耗进行汇总，编制出材料需要量计划，为组织备料、确定仓库、场地堆放所需的面积和组织运输等提供依据。

对预制构件的制作和金属结构的加工，应及早组织加工生产。尤其是工业厂房，多数采用钢筋混凝土预制构件和金属结构，工作量较大，因此必须及早准备。

应组织好建筑材料和预制构件进场。除了要按照需要量和计划规定的日期分批进场外，还要根据施工平面所示的位置合理堆放。

2.组织好施工机械、机具及设备的进场

应按计划组织施工机械进场，做好各种施工机械位置的固定，并根据需要搭设工作棚，接通动力和照明线路，做好各种施工机械的试运转工作。

3.组织好工业生产设备的订货、加工与进场

按照拟建工程工艺流程及工艺设备的布置图，提出工艺设备的名称、型号、生产能力和需要量，确定分期分批进场时间和保管方式，编制工艺设备需要量计划，为组织运输、确定堆场面积等提供依据。

(三)劳动组织准备

一项工程完成的好坏，很大程度上取决于这一工程的劳动组织。现场劳动组织包括施工的组织指挥者和具体操作者两大部分。这些人员的选择和组合，将直接关系到工程质量、施工进度及工程成本。因此，施工现场劳动组织准备是开工前施工准备的一项重要内容。

1.项目组的组建

施工组织机构的建立应遵循以下原则：根据工程规模、结构特点和复杂程度，确定施工组织的领导机构名额和人选；坚持合理分工与密切协作相结合的原则；把有施工经验、创新精神、工作效率高的人选入领导机构；认真执行因事设职、因职选人的原则。对于一般单位工程可设一名工地负责人，再配施工员、质检员、安全员及材料员等即可。对于大型的单位工程或群体项目，则需要配备一套班子，包括技术、材料、计划等管理人员。

2.基本施工班组的确定

基本施工班组应根据工程的特点、现有的劳动力组织情况及施工组织设计的劳动力需要量计划来确定选择。

3.外包工的组织

由于建筑市场的开放，用工制度的改革，施工单位仅仅依靠自身的基本队伍来完成施工任

务已不能满足需要，因而往往要联合其他建筑队伍（一般称外包施工队）共同完成施工任务。

对于有一定的技术管理水平、工种配套，并拥有常用的中小型机具的外包施工队伍，可独立承担某一单位工程的施工。而企业只需抽调少量的管理人员对工程进行管理，并负责提供大型机械设备、模板和架设工具及供应材料。在经济上，可采用包工包材料消耗的方法，即按定额包人工费，按材料消耗定额结算材料费，结余有奖，超耗受罚，同时提取一定的管理费。

外包工队还可以就某个分部（分项）工程的施工单纯提供劳务，而管理人员及所有的机械和材料，均由本企业负责提供。

4. 施工队伍的教育

施工前，企业要对施工队伍进行劳动纪律、施工质量和安全教育。要求本企业职工和外包施工队人员必须做到遵守劳动时间，坚守工作岗位，遵守操作规程，保证产品质量，保证施工工期及安全生产，服从调动，爱护公物。同时，企业还应做好职工、技术人员的培训和技术更新工作，只有不断提高职工、技术人员的业务技术水平，才能从根本上保证建筑工程质量，不断提高企业的竞争力。此外，对于某些采用新工艺、新结构、新材料、新技术的工程，应该先将有关的管理人员和操作工人组织起来培训，使之达到标准后再上岗操作。这也是施工队伍准备工作的内容之一。

5. 建立健全各种管理制度

工地的各项管理制度是否建立、健全，直接影响其各项活动的顺利进行。其内容通常有：工程质量检查与验收制度，工程技术档案管理制度，材料（构件、配件、制品）的检查验收制度，技术责任制度，施工图纸学习与会审制度，技术交底制度，职工考勤、考核制度，工地及班组经济核算制度，材料出入库制度，安全操作制度，机具使用保养制度。

（四）施工现场准备

施工现场的准备工作，主要是为了给拟建工程的施工创造有利的施工条件和物资保证。

1. 做好施工场地的测量放线

测量放线的任务是把图纸上设计好的建筑物、构筑物及管线等测设到地面上或实物上，并用各种标志区别开来，作为施工的依据。其工作的进行，一般是在土方开挖之前，在施工场地内设置坐标控制网和高程控制点来实现。这些网点的设置应视工程范围的大小和控制的精度而定。

建设单位提供的由城市规划勘测部门给定的建筑红线，在法律上起着建筑边界用地的作用。在使用红线桩前要进行校核，施工过程中要保护好桩位，以便将它作为检查建筑定位的依据。水准点也同样要校测和保护。红线和水准点经校测发现问题，应提请建设单位处理。

根据设计图纸的要求和施工方案，制订切实可行的测量、放线方案，主要包括平面控制、高程控制、±0.000 以下施测、±0.000 以上施测、沉降观测和竣工测量等项目。

建筑物定位放线是确定整个工程平面位置的关键环节。施测中必须保证精度，杜绝错误，否则后果将难以处理。建筑物定位、放线，一般通过设计图中平面控制轴线来确定建筑物的轮廓位置，测定并经自检合格后，提交有关部门和甲方（或监理人员）验线，以保证定位的准确性。沿红线的建筑物放线后，还要由城市规划部门验线，以防止建筑物压红线或超红线，为正常顺序地施工创造条件。

2.搞好"三通一平"

"三通一平"是指路通、水通、电通和平整场地。

(1)路通

施工现场的道路是组织物资运输的动脉。拟建工程开工前,必须按照施工总平面图的要求,修好施工现场的永久性道路及必要的临时性道路,形成完整畅通的运输网络,为建筑材料进场、堆放创造有利条件。

(2)水通

水是施工现场人员生产和生活不可缺少的物质条件。拟建工程开工之前,必须按照施工总平面图的要求,接通施工用水和生活用水的管线,使其尽可能与永久性的给水系统结合起来,做好地面排水系统,为施工创造良好的环境。

(3)电通

电是施工现场的主要动力来源。拟建工程开工之前,要按照施工组织设计的要求,接通电力和电信设施,做好其他能源(如蒸汽、压缩空气)的供应,确保施工现场动力设备和通信设备的正常运行。

(4)平整场地

按照建筑施工总平面图的要求,首先拆除场地上妨碍施工的建筑物或构筑物,进行挖(填)土方的工程量计算,确定平整场地施工方案,进行平整场地的工作。

3.做好施工现场的补充勘探

对施工现场做补充勘探是为了进一步寻找枯井、防空洞、古墓、地下管道、暗沟和枯树根等隐蔽物,以便及时拟订处理隐蔽物的方案,并进行实施,为基础工程施工创造有利条件。

4.建造临时设施

各种生产、生活需用的临时设施,包括各种仓库、搅拌站、预制构件厂(站、场)。各种生产作业棚、办公用房、宿舍、食堂、文化设施等均应按规定的数量、标准、面积、位置等要求组织修建。现场所需的临时设施,应报请规划、市政、消防、交通、环保等有关部门审查批准。为了施工方便和行人安全,指定的施工用地周界,应用围墙围挡起来。围挡的形式和材料应符合市容管理的有关规定和要求。在主要出入口处应设立标牌,标明工程名称、施工单位、工地负责人等。

5.安装、调试施工机具

按照施工机具需要量的计划,组织施工机具进场,根据施工总平面图将施工机具安置在规定的地点或仓库。对于固定的机具要进行就位、搭棚、接电源、保养和调试等工作。对所有施工机具都必须在开工之前进行检查和试运转。

6.做好冬季施工安排

(1)合理安排冬季施工项目

冬期施工条件差,技术要求高,费用要增加。为此,应考虑将既能保证施工质量、费用增加又较少的项目安排在冬期施工。而费用增加很多又不容易确保质量的土方、基础、防水等工程,均不宜在冬期安排施工。冬期来临前,安排做好室内的保温施工项目,如先完成供热系统,保证室内其他项目能顺利施工。室外的各种临时设施要做好保温防冻,如防止给排水管道冻裂,防止道路积水结冰,及时清扫道路上的积雪,以保证运输顺利。

(2)雨期施工的准备工作

防洪排涝,做好现场排水工作。工程地点若在河流附近,上游有大面积山地丘陵,应有防洪排涝准备。施工现场雨期来临前,应做好排水沟渠的开挖,准备好抽收设备,防止场地积水和地沟、基槽、地下室等泡水,造成损失。一般情况下,在雨期到来之前,应安排完成基础、地下工程、土方工程。同时,雨期前检查道路边坡排水,适当提高路面高程,防止路面凹陷,保证运输畅通。要加强施工管理,做好雨期施工的安全教育工作,防止各种事故发生。要认真编制雨季施工技术措施,认真组织贯彻实施。

7. 进行新技术项目的试制和试验

按照施工设计图纸和施工组织设计的要求,认真进行新技术项目的试制和试验。

8. 设置消防、保安设施

按照施工组织设计的要求,根据施工总平面图的布置,建立消防、保安等组织机构和有关的规章制度,布置安排好消防、保安等措施。

(五)施工的场外准备

1. 材料的加工和订货

建筑材料、构(配)件和建筑制品、工艺设备大部分需外购,这样为保证施工企业的正常生产就必须协调好加工部门、生产单位之间的关系,签订供货合同,搞好及时供应。

2. 做好分包工作和签订分包合同

施工过程中,有些专业工程的施工、安装和运输等需要向外单位委托。要根据工程量、完成日期、工程质量和工程造价等内容,与其他单位签订分包合同,保证按时实施。

3. 向上级提交开工申请报告

一项工程的开工条件应满足开工后能连续施工的要求。开工条件的具体规定为:现场“三通一平”已满足施工的需要;施工图纸已经会审,图中存在的问题及错误已修正;施工组织设计已批准,并已进行技术交底;施工图预算已编制和审定,并已签订施工合同;材料和构件已经过试验和检验,数量能满足连续施工的要求;施工机具及设备已经进场和组装并通过试运转;施工人员已陆续进场,已接受必要的安全教育及防火教育,参加特殊施工的人员已通过技术培训;永久性或半永久性的坐标桩基水准点已设置,并经过复核。

一项工程在满足上述有关条件后,应该及时填写开工申请报告,并报上级批准。

四 施工准备工作计划

为了落实各项准备工作,加强对其检查和监督,必须根据各项施工准备工作的内容、时间和人员,编制出施工准备工作计划。

第二节 施工测量

高架桥墩台较高、基础较深、墩间跨距大、梁部结构复杂,其桥轴线测设、墩台定位要求精度较高,所以需要在施工前布设平面控制网和高程控制网,用较精密的方法进行墩台定位和架设梁部结构。

一 平面控制测量

桥梁平面控制网网形一般为包含桥轴线的双三角形和具有对角线的四边形或双四边形，如图 2-1 所示，图中点划线为桥轴线。如果桥梁有引桥，则平面控制网还应向两岸延伸。观测平面控制网中的所有角度，边长测量则可视实地情况而定，但至少需要测定两条边长。最后计算各平面控制点(包括两个轴线点)的坐标。大型桥梁的平面控制网也可以用全球定位系统(GPS)测量技术布设。

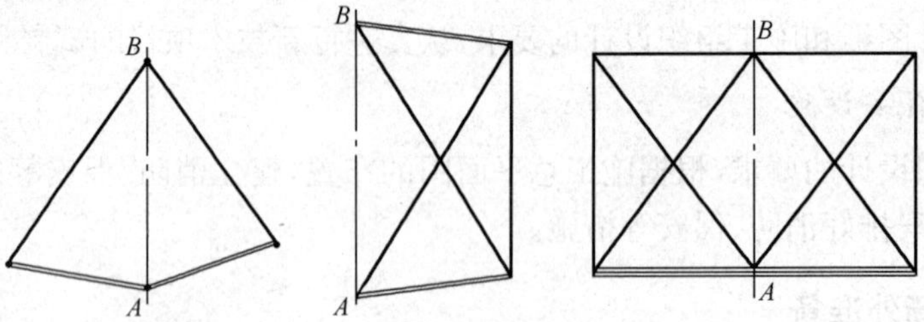

图 2-1 桥梁平面控制网

二 高程控制测量

在桥址两岸布设一系列基本水准点和施工水准点，用精密水准测量联测，组成桥梁高程控制网。从河的一岸测到另一岸时，由于过河距离较长，用水准仪在水准尺上读数困难，而且前、后视距相差悬殊，水准仪误差(视准轴不平行于水准管轴)、地球曲率及大气折光的影响都会增加。此时，可以采用过河水准测量的方法或光电测距三角高程测量方法。

(一)过河水准测量

过河水准测量用两台水准仪同时作对向观测，两岸测站点和立尺点布置成如图 2-2 所示的对称图形。图中，A、B 为立尺点，C、D 为测站点，要求 AD 与 BC 长度基本相等，AC 与 BD 长度基本相等且不小于 10m。用两台水准仪作同时对向观测，在 C 站先测本岸 A 点尺上读数，然后测对岸 B 点尺上读数；同时，在 D 站先测本岸 B 点尺上读数，然后测对岸 A 点尺上读数，即完成一个测回。取两次所得高差的平均值作为一测回值，一般进行 4 个测回。

由于过河水准测量的视线长，远尺读数困难，可以在水准尺上安装一个能沿尺面上下移动的觇板，如图 2-3 所示。观测员指挥司尺员上下移动觇板，使觇板中横线被水准仪横丝平分，司尺员根据觇板中心孔在水准尺上读数。

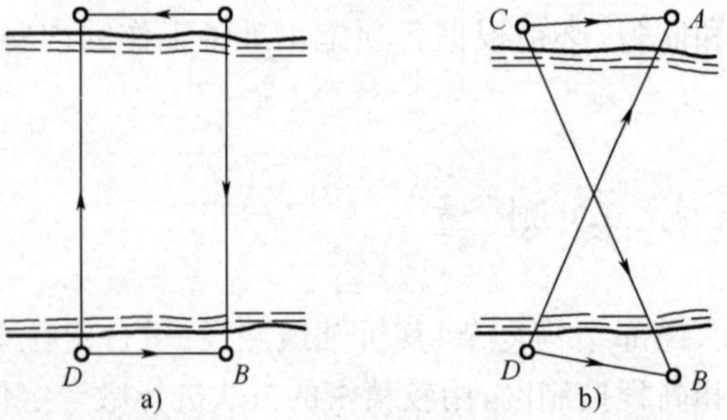

图 2-2 过河水准测量的站点和立尺点布置

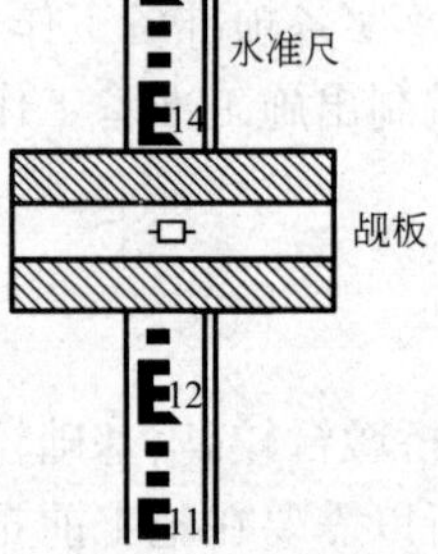

图 2-3 过河水准测量的觇板

(二)光电测距三角高程测量

如果有电子全站仪,则可以用光电测距三角高程测量的方法。在河的两岸布置 A、B 两个临时水准点,在 A 点安置全站仪,量取仪器高,在 B 点安置棱镜,量取棱镜高。全站仪照准棱镜中心,测得垂直角和斜距,计算 A、B 点间的高差。由于距离较长且穿过水面,高差测定会受到地球曲率和大气垂直折光的影响,但是大气结构在短时间内不会突变,因此可以采用对向观测的方法,能有效抵消地球曲率和大气垂直折光的影响。对向观测的方法是在 A 点观测完毕将全站仪与棱镜位置对调,用同样的方法再进行一次测量,取对向观测高差的平均值作为 A、B 两点间的高差。

三 桥梁墩台定位测量

桥梁墩台定位测量是桥梁施工测量中的关键性工作。水中桥墩基础施工定位,采用方向交会法,这是由于水中桥墩基础一般采用浮运法施工,目标处于浮动中的不稳定状态,在其上无法使测量仪器稳定。在已稳固的墩台基础上定位时,可以采用方向交会法、距离交会法或极坐标法。同样,桥梁上层结构的施工放样也可以采用这些方法。

(一)方向交会法

如图 2-4 所示,AB 为桥轴线,C、D 为桥梁平面控制网中的控制点,P_i 点为第 i 个桥墩设计的中心位置(待测设的点)。在 A、C、D 三点上各安置一台经纬仪。A 点上的经纬仪照准 B 点,定出桥轴线方向;C、D 两点上的经纬仪均先照准 A 点。分别测设根据 P_i 点的设计坐标和控制点坐标计算的 α、β 角,以正倒镜分中法定出交会方向线。由于测量误差的影响,从 C、A、D 三点指来的三条方向线一般不可能正好交会于一点,而是构成误差三角形 P_1、P_2、P_3。如果误差三角形在桥轴线上的边长(P_1P_3)在容许范围之内(对于墩底放样为 2.5cm,对于墩顶放样为 1.5cm),则取 C、D 两点引出方向线的交点 P_2 在桥轴线上的投影作为桥墩的中心位置。在桥墩施工中,随着桥墩的逐渐筑高,桥墩中心的放样工作需要重复进行,而且要迅速和准确。为此,在第一次求得正确的桥墩中心位置 P_i 以后,将 CP_i 和 DP_i 方向线延长到对岸,设立固定的照准标志 C′、D′,如图 2-5 所示。以后每次作方向交会法放样时,从 C、D 点直接照准 C′、D′点,即可恢复对 P_i 点的交会方向。

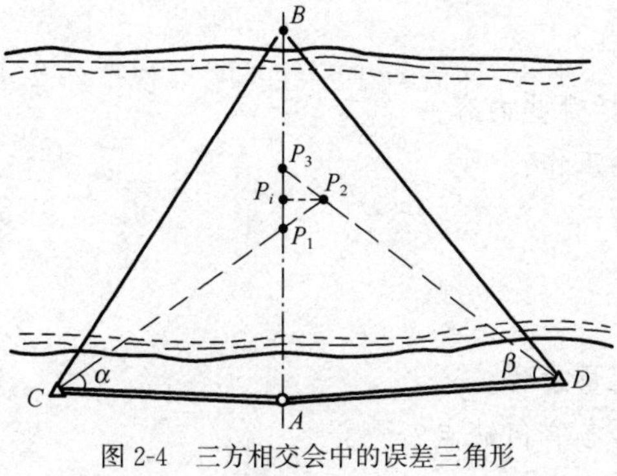

图 2-4 三方相交会中的误差三角形

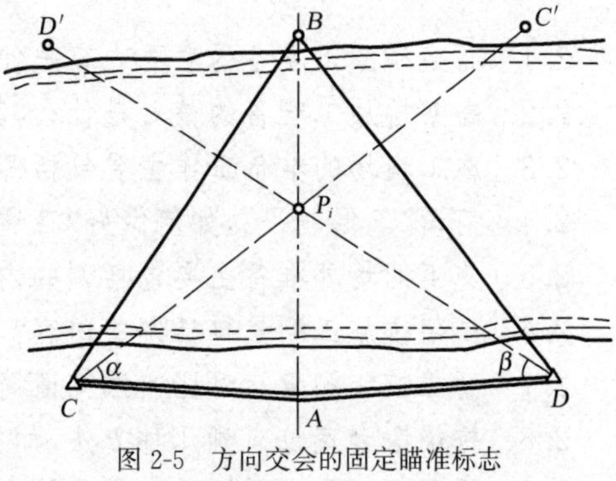

图 2-5 方向交会的固定瞄准标志

(二)极坐标法

在使用全站仪并在被测设的点位上可以安置棱镜的条件下,用极坐标法放样桥墩中心位置，更为精确和方便。对于极坐标法，原则上可以将仪器安置于任意控制点上，按计算的放样数据——角度和距离测设点位。但是，若是测设桥墩中心位置，最好是将仪器安置于桥轴线点 A 或 B 上，照准另一轴线点作为定向，然后指挥棱镜安置在该方向上，测设 AP_i 或 BP_i 的距离，即可测定桥墩中心位置 P_i 点。

四 桥梁架设施工测量

桥梁架设是桥梁施工的最后一道工序。桥梁梁部结构比较复杂，要求对墩台方向、距离和高程用较高的精度测定，作为架梁的依据。

墩台施工时，对其中心点位、中线方向、垂直方向及墩顶高程都作了精密测定，但当时是以各个墩台为单元进行的。架梁时需要将相邻墩台联系起来，考虑其相关精度，要求中心点间的方向、距离和高差符合设计要求。

桥梁中心线方向测定，在直线部分采用准直法，用经纬仪正倒镜观测，在墩台上刻画出方向线。如果跨距较大（>100m），应逐墩观测左、右角。在曲线部分，则采用偏角法。

相邻桥墩中心点之间的距离用光电测距仪观测，适当调整使中心点里程与设计里程完全一致。在中心标板上刻画里程线，与已刻画的方向线正交形成十字交线，表示墩台中心。

墩台顶面高程用精密水准测定，构成水准线路，附合到两岸基本水准点上。

大跨度钢桁架或连续梁采用悬臂或半悬臂安装架设。安装开始前，应在横梁顶部和底部的中点做出标志，架梁时，用来测量钢梁中心线与桥梁中心线的偏差值。

在梁的安装过程中，应不断测量以保证钢梁始终在正确的平面位置上，高程（立面）位置应符合设计的大节点挠度和整跨拱度的要求。如果梁的拼装是两端悬臂在跨中合拢，则合拢前的测量重点应放在两端悬臂的相对关系上，如中心线方向偏差、最近节点高程差和距离差要符合设计和施工的要求。

全桥架通后，做一次方向、距离和高程的全面测量，其成果可作为钢梁整体纵、横移动和起落调整的施工依据，称为全桥贯通测量。

思考与练习

2.1 高架桥施工准备的主要内容是什么？

2.2 高架桥施工准备的核心是什么，具体包括哪些内容？

2.3 施工现场的准备工作主要包括哪些测量工作？

2.4 何谓“三通一平”，如何做好“三通一平”？

2.5 施工的场外准备主要包括哪些内容？

2.6 高架桥施工测量包括哪些内容？

2.7 高程控制测量有哪些方法？请简述其测量过程。

2.8 桥梁墩台定位有哪几种方法，如何测定，各有何缺点？

2.9 桥梁架设的主要测量内容是什么？

第三章 高架桥的基础工程施工

本章知识目标

通过本章的学习，学生应掌握以下知识：

1. 基础的概念、作用；
2. 明挖基础的施工程序；
3. 沉井基础构造、类型及施工；
4. 桩基础的构造、类型及施工。

第一节 明挖基础施工

明挖基础是先开挖基坑，再在坑内建造基础，所以又叫敞坑基础、扩大基础。由于其开挖深度较浅(一般不大于5m)，所以又叫浅基础。这种基础具有开挖简便、需用机具少、便于组织快速施工、便于基底的检查和处理等优点，只要经济上合理、技术上可行，应优先选用明挖基础。明挖基础的施工程序与主要工作内容如下：

(1)定位放样。根据地质情况定出坡率，按中桩用逐步接近法或断面法放出边桩。

(2)修筑围堰。依水深和流速大小确定围堰类型、尺寸及修筑办法，围堰施工。

(3)基坑开挖。边坡的开挖。

(4)坑壁支撑和排水。坑壁支撑的类型、计算及施工，渗水量的计算及排水作业。

(5)地基检验和处理。检查平面位置、尺寸、高程及地基容许承载力，基底的处理。

(6)砌筑基础。排水、砌筑基础，把握基础质量。

(7)基坑回填。回填和夯实。

一 旱地基坑开挖

(一)基坑尺寸的确定

合理决定基坑尺寸对开挖基坑具有重要意义。基坑尺寸主要根据基础尺寸、深度、土质和渗水情况确定。一般坑底尺寸应比基础尺寸宽出一定距离，以便立模、挖排水沟和汇水井。通常每边加宽0.3～0.6m，有汇水井一侧应宽出1.0m左右。如果边坡稳定，基坑无水，坑底尺寸可和基础尺寸一样大，边坡直立，可不立模板，直接向基坑灌注基础混凝土。

基坑边坡的大小应根据土质、坑深和渗水等情况而定。若挖深在5m以内，地下水很少，土的湿度正常，结构均匀，施工期短，放坡开挖，其坑壁坡度可参照表3-1。

基 坑 坑 壁 坡 度 表3-1

坑 壁 土	坑壁坡度		
	基坑顶缘无荷载	基坑顶缘有静载	基坑顶缘有活载
砂类土	1∶1	1∶1.25	1∶1.5
碎石类土	1∶0.75	1∶1	1∶1.25
黏砂土	1∶0.67	1∶0.75	1∶1
砂黏土	1∶0.33	1∶0.5	1∶0.75
黏土带有石块	1∶0.25	1∶0.33	1∶0.67
未风化页岩	1∶0	1∶0.1	1∶0.25
岩石	1∶0	1∶0	1∶0

当坑深大于5m时，可将坑坡放缓或加平台；若经不同土层时，坑坡可分层决定，层间可留平台，如图3-1所示。当土壤湿度大、坑壁有坍塌可能时，坑坡可用土的天然坡度；在山坡上开挖基坑，土质不良，除放缓边坡外，还要注意防止土滑坍。

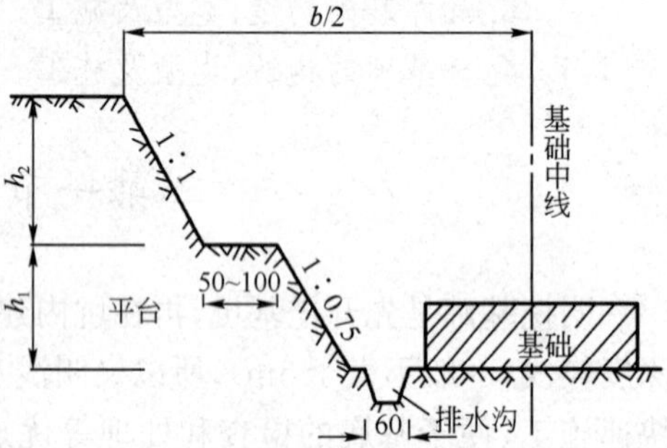

图3-1 明挖基坑示意图（尺寸单位：cm）

(二)坑壁支撑

当基坑深度较大，放坡开挖土方量较大时，放坡开挖危及邻近建筑物安全时，或土质松软无法保持边坡稳定时，均可将坑壁挖成直立的，设置适当支撑维持坑壁稳定。

1. 横挡板支撑

横挡板支撑由横挡板、立木及横撑组成，如图3-2所示，适于较深和较宽的黏性土质基坑。根据土质和坑深情况，可一次挖成后支撑或随挖随支撑。

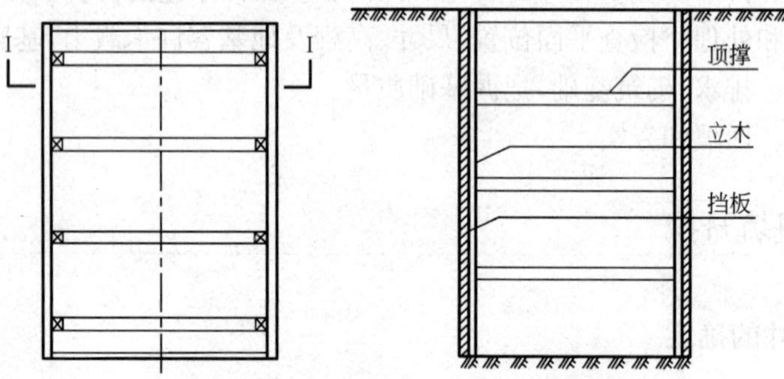

图3-2 横挡板支撑

2. 竖挡板支撑

竖挡板支撑由竖挡板、横木、横撑等组成，如图3-3所示，适用于较浅和较窄的沙性土质基坑。一般是边开挖边打入竖挡板。如果土质较好，也可一次挖成后支撑。直撑式（图3-3a）较常用。当基坑尺寸较大时，也可用斜撑式（图3-3b）。近年来还有采用锚杆式支撑（图3-3c），这种支撑可以不干扰开挖工作，但造价高。

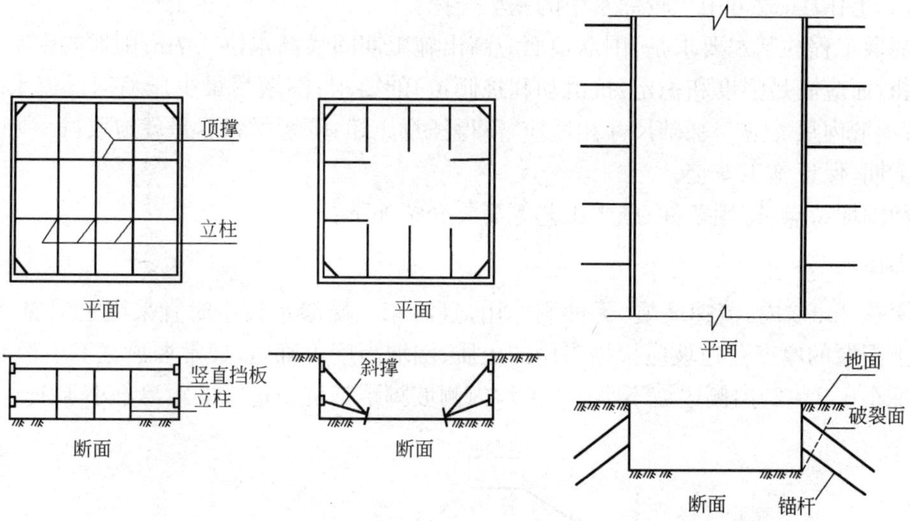

图 3-3 竖挡板支撑
a)直撑式；b)斜撑式；c)锚杆式

3.喷射混凝土支护坑壁

喷射混凝土护壁基坑适于渗水量不大的黏性土、粉细砂及卵石地层。考虑受力条件，宜用圆形基坑，开挖直径约为 6～12m、深 10m 以内。当地质不稳定且有较多渗水时，除考虑坑底周围设排水沟和汇水井外，坑坡可用 1∶0.07～1∶0.1，据以定出地面处的开挖直径。

基坑开挖前，在地面处设混凝土环或弃土护圈，防止地表水或杂物掉入坑内。一般下挖一段，喷护一段。下挖深度，根据土质和渗水量而定。喷护混凝土工艺与隧道喷护混凝土同。一次喷护达不到规定厚度时，待前次喷护混凝土终凝后再继续喷护至要求厚度为止。一般喷护混凝土厚度可参考表 3-2。

喷层厚度参考表(单位：cm) 表 3-2

地质条件	基坑无渗水	基坑有少量渗水	基坑有大量渗水
粉砂	10～15	15(加少量木桩)	15～20(加较多木桩及塞草袋)
砂黏土	5～8	8～10	15～20(加较多木桩及塞草袋)
黏砂土	3～5	5～8	15～20(加较多木桩及塞草袋)
卵、碎石土	3～5	5～8	15～20(加较多木桩及塞草袋)
砂夹卵石	3～5	5～8	8～10

二 水中基坑开挖

(一)围堰工程

水中开挖基坑，必须先沿基坑周围修筑围堰，以便排水挖基和砌筑基础圬工。围堰分重力式围堰、木制围堰和钢制围堰三种。重力式围堰靠自身重力抵抗外侧水压力，只起防水作用，由于其体积大，宜在浅水中使用；木制围堰和钢制围堰，一般须沉入河床一定深度，不仅可以防水，还起挡土作用，故可用于较深水中的基坑开挖。

对围堰工程的基本要求是：围堰顶面应高出施工期间最高水位 0.7m；围堰要密实，减少渗漏；围堰断面应满足强度和稳定（抗滑动和抗倾覆）的要求；围堰尽量少压缩河道流水断面，减少冲刷；围堰内尺寸应与基础尺寸相适应，不得任意压缩；围堰材料尽量就地取材。另外，尽可能缩短工期，保证施工安全。

各种围堰特点、适用条件、施工工艺等简要介绍如下：

1. 土围堰

水深在 2m 以内，流速缓慢，无冲刷作用，且河床土质渗水较小时宜采用土围堰，如图 3-4 所示。土围堰的厚度及边坡应根据采用的土质、围堰高度等确定，通常堰顶宽不小于 1.5m，外侧边坡不小于 1∶2，内侧边坡不小于 1∶1，内侧坡脚距基坑顶边缘的距离不小于 1m。

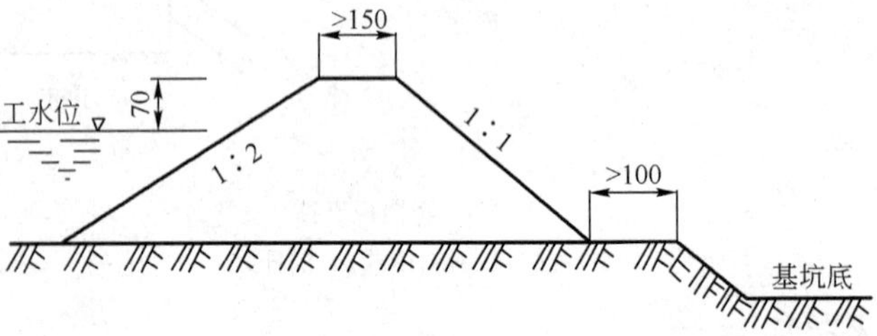

图 3-4　土围堰（尺寸单位：cm）

土围堰宜用黏性土填筑。当流速增大时，临水面边坡可用片石草袋盛土、柴捆、竹笼等加以防护。

2. 草袋围堰

草袋围堰是明挖基础中最常用的一种围堰，不仅施工简便，取材较易，其适用范围亦比土围堰广。它通常用于水深 2.5m 以内、流速小于 1.5m/s 的水流，且河床为透水小的土壤，在特殊情况下也可用于更深的水中，但围堰需要加强。

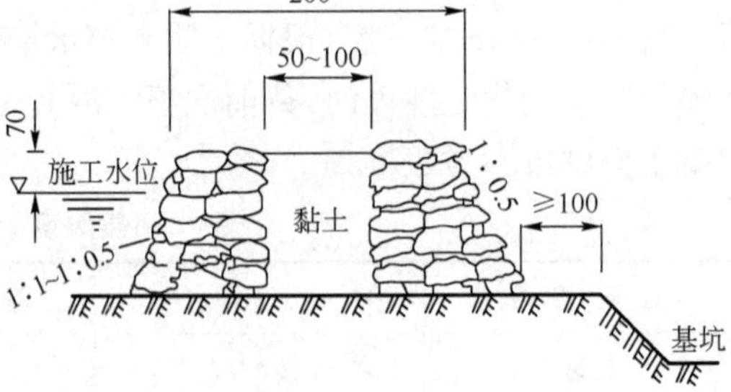

图 3-5　草袋围堰（尺寸单位：cm）

草袋围堰构造如图 3-5 所示。一般都采用双墙围堰，内外墙之间夹填黏性土。其厚度约为 0.5～1.0m，以便更好地起隔水作用。堰顶宽度根据水深来考虑，一般不少于 2m，需存放机械时还要适当加宽。围堰的内外两侧都要设一定坡度，使围堰保持稳定，其内侧底部距基坑边缘应不少于 1.0m。

3. 木板桩围堰

木板桩围堰适用于河床为土层的情况，但应注意土层中有无障碍打板桩的大块石、树干等杂物。同土围堰比较，由于其断面小对河流过水断面的挤压不甚严重，抗冲刷的性能亦较好，且板桩打入河床，可截断一部分渗流，故其防水性能比土围堰要好。

单层木板桩围堰（图 3-6），一般适用于水深小于 4m 的情况。为了防止漏水可在板桩外侧堆土。由于木板桩的榫头不够密贴，防水性能还不够好，故现场多采用双层板桩，两层板桩之间以黏土充填，以改善其防水性能，如图 3-7 所示。

对于开挖深度较大的基坑，由于木板桩的打入深度有限，且板桩长度受板材及打桩设备的限制，所以现场有时不得不采用多级板桩围堰，如图 3-8 所示。显然，这类布置由于平面尺寸太大，将无法设置顶撑，而只能靠板桩的入土部分以自行锚固。

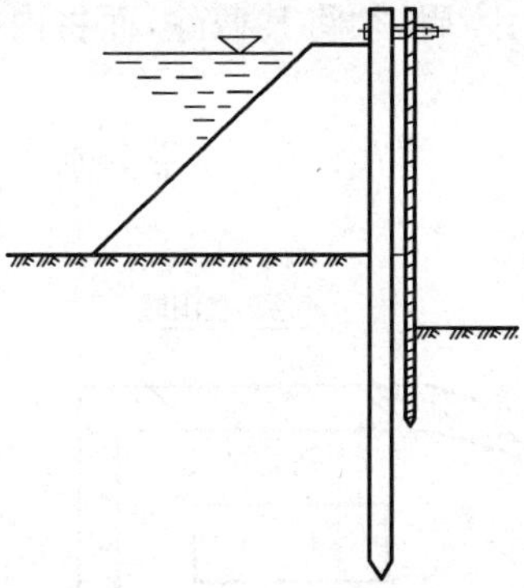

图 3-6　单层木板桩围堰

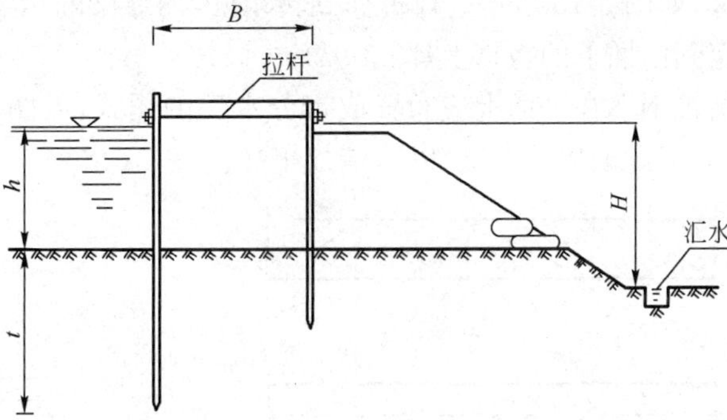

图 3-7　双层板桩围堰

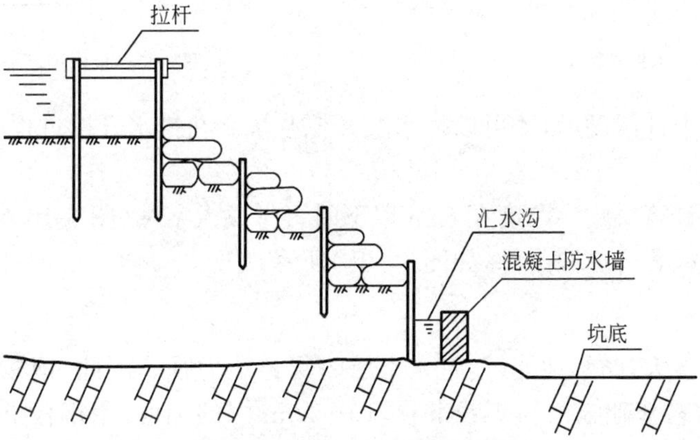

图 3-8　多级板桩围堰

木板桩插打之前，须有定位装置，排水开挖时须有支撑装置，这套装置由定位桩、导梁及支撑组成，如图 3-9 所示。导梁固定在定位桩上，板桩即沿着内外导梁之间插下。

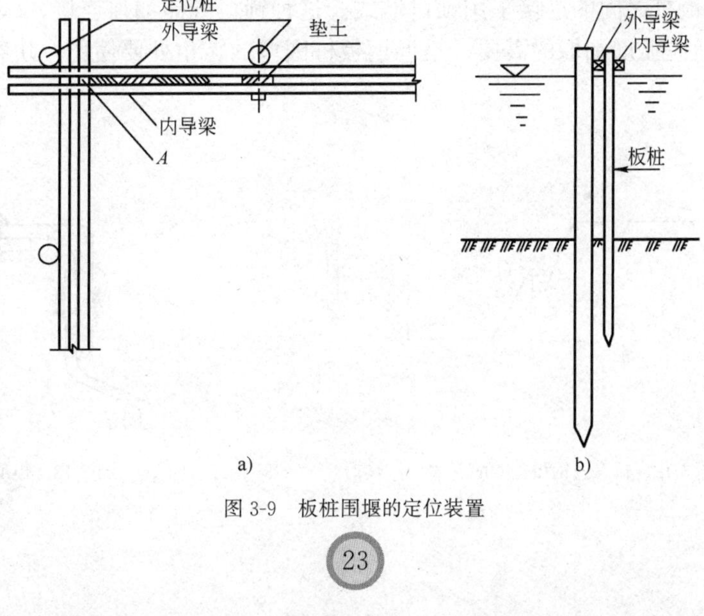

图 3-9　板桩围堰的定位装置

施工时,先打下定位桩。定位桩一般布置在最外侧(图 3-9b)。内导梁与外导梁之间安置短垫木临时固定其间距,待板桩插到垫木附近时将其拆除,并将内导梁固定到已插下的板桩上。插板桩可以从角桩开始,先插上游,在下游合拢。板桩下插时应让凸榫向前,以免泥沙堵塞凹榫,如图 3-10 所示。板桩插到转角处,内导梁的 A 段会成为障碍,须将其截除,而将内导梁固定到已插下的板桩上(图 3-9a)。

板桩围堰在平面上应布置成带分水尖的图式,如图 3-11 所示。实践证明,不带分水尖的围堰,其上游堰堤可能被冲垮,造成事故。

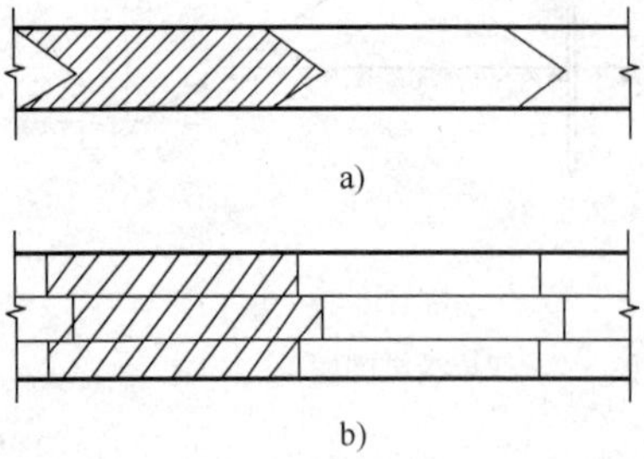

图 3-10　木板桩榫头

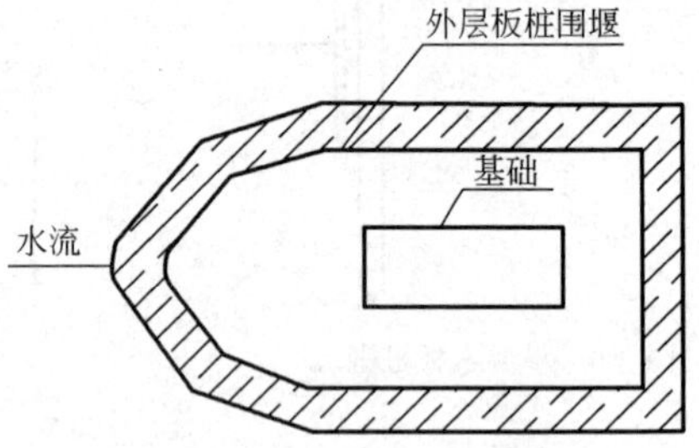

图 3-11　板桩围堰平面示意图

全部板桩下到设计深度后,才可以排水及开挖基坑。在排水开挖过程中,可逐层架设顶撑或框架支撑。

板桩的厚度由计算决定。厚度在 6cm 以下时可做成人字榫(图 3-10a)连接;厚度超过时,可用三层等厚的木板叠合成凹凸榫,如图 3-10b)所示。

4. 钢板桩围堰

钢板桩本身强度大,防水性能好,打入土层时穿透能力强。因此,钢板桩围堰的适用范围相当广。从我国桥梁基础施工的实践来看,10～20m 深的围堰,用钢板桩是合适的。在特殊情况下,30m 深的围堰也曾使用过钢板桩。钢板桩不但能穿过砾石、卵石层,也能切软岩层内。

钢板桩是碾压成型的,断面形式多种多样。我国常用的是拉森式槽型钢板桩,其断面如图 3-12 所示。钢板桩的成品长度,为了适应围堰深度,一般都有几种规格,最大为 20m,还可根据需要接长。钢板桩之间的连接采用锁口形式。这种锁口既能加强连接,又能防渗,还可以作适当的转动,以适应弧形围堰的需要。矩形钢板桩围堰的转角处要使用一块特制的角桩,其构造如图 3-13 所示。

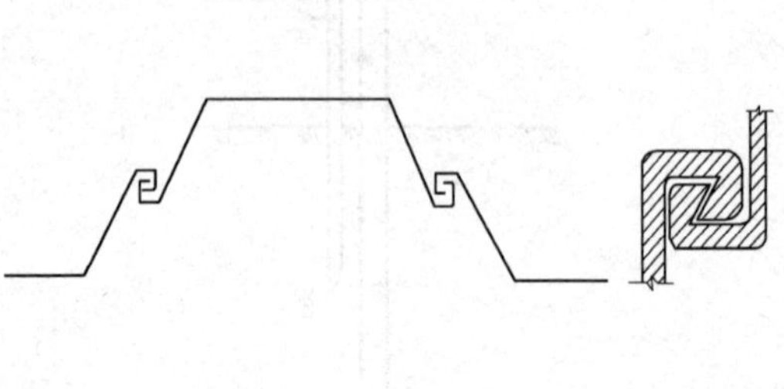

图 3-12　拉森式钢板桩截面形式

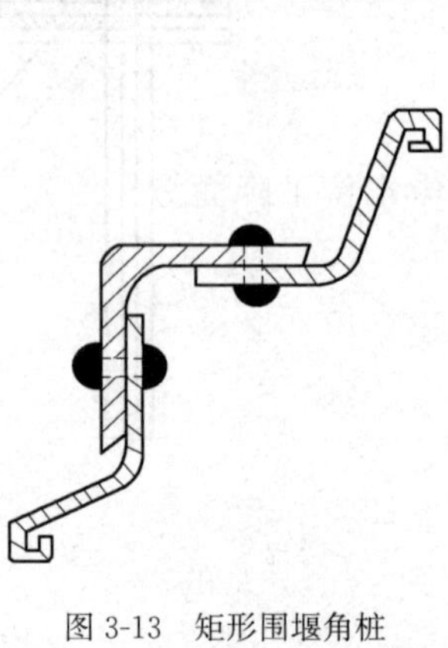

图 3-13　矩形围堰角桩

插打钢板桩的次序，对圆形围堰，应自上游开始，经两侧至下游合拢，对矩形围堰，从上游一角开始，至下游合拢。这样不仅可以使围堰内避免淤积泥沙，而且还可以利用水流冲走一部分泥沙，以减少开挖工作量。更重要的是保证围堰施工的安全。某特大桥的钢板桩围堰因为特殊条件限制，不得已而在上游合拢。结果，临近合拢之前，已插好的整个右半圈的板桩墙在瞬间被急流冲倒到一边，大多数板桩被撕裂和扭歪，造成重大事故。

板桩下插以前，应以黄油填充锁口，沿前进方向的底端应以木楔封闭锁口，以防止泥沙堵塞锁口。

钢板桩围堰在合拢处往往形成上窄下宽的状态，使得最后一组板桩很难插下。常用的纠正办法，是将邻近一段钢板桩墙的上端向外推开，以使上下宽度接近。必要时，可根据实测宽度尺寸，制作一块上窄下宽的异形钢板桩。合拢时，先将异形钢板桩插下，再插最后一块标准钢板桩。

从围堰内排水时，若发现锁口漏水，可在堰外抛投煤灰拌锯末，效果显著。

钢板桩系多次重复使用设备，基础或墩身筑出水面后即可拔出钢板桩，拆除围堰。为了使拔出钢板桩的工作进行得顺利，可将板桩与水下封底混凝土接触的部位涂以沥青；在拔除钢板桩前，向围堰内灌水，使堰内水面高出河水面 1～1.5m，利用静水压将钢板桩推开，使其与水下封底混凝土脱离。必要时，可用打桩锤击打待拔的钢板桩，再行拔出。钢板桩顶应制备圆孔，便于连接起吊卡环。

(二)基坑排水

用围堰法修建水下基础，通常在围堰建成后，即可从堰内排水。随后，在无水或少水的情况下开挖基坑。在达到设计高程并检验基底认为符合要求后，即可砌筑基础圬工。

在不透水的河床上建成的围堰，涌入坑内的水主要是经过堰堤渗透的，这一部分水量可从改善堰堤的防水性能使之减到最小。在透水性较强的河床上，涌入坑内的水主要是经过堰底土层渗透进来的，这一部分水量可采用加深板桩的入土深度，使之减少，或改用双层板桩使之减少，或在板桩内侧填土，使流线处于平缓，以防止涌沙。至于土围堰，则经河床涌入坑内的水量，只能用加宽堰堤或以黏土覆盖河床使之减少。总之，用围堰法施工，排水是一个重要问题。涌水量很难估计，选用抽水设备时应有相当数量的备用。

排水设备用得最多的是普通离心水泵。在排水施工中要求不得中断排水，水泵的动力最好一部分用电力，另一部分用内燃机。由于排水到最后阶段必有沙泥混入，普通离心泵可能难于正常工作，故应选用 1～2 台吸泥泵备用。

由于水泵的有效吸程只有 5～6m；同时，进水管太长也不合适，在抽水过程中往往要随着堰内水位下降而转移水泵位置，这显得很不方便。加以由于故障而水位复升的事常常不能避免，水泵搬上搬下更是麻烦。对于很深的围堰，可以将水泵置于可升降的平台上。水泵随着水位而下降，使其处于最高效率的吸程。对于平面很大的围堰，可以将水泵置于浮排上。这样，水泵可以经常处于最有效的工作位置，无需人工转移，也可避免不必要的停止运转。

水泵的出水口应离堰堤稍远，不得让水流冲刷堤身。

在水深较大的情况下，在围堰内抽水时应密切监视围堰工作状态，以防意外事故发生。

三 基底检验和处理

(一)基底检验

基底质量是墩台稳定的关键,必须慎重处理,认真检验。基底质量在基础圬工修建后即被掩盖,属于隐蔽工程,应经专职监察工程师验收签证后,方可砌筑基础圬工。应根据下列目的,分别对基底土质、基坑尺寸、基底高程和基底处理结果进行检验。

(1)基底土质符合设计要求,能满足墩台承载力要求。

(2)基底各部位土质相同;如有不同,不致发生墩台不均匀沉降。

(3)基底承重面与墩台压力线垂直,不致发生墩台滑动。

(4)基底平面尺寸应保证基础圬工能按设计尺寸顺利施工。

(5)基底高程符合设计要求。非岩石基底约每 $10m^2$ 测量一点,全基坑不少于 8 点,其平均误差在 $\pm$50mm 之内;岩石基底则应清理至岩面。

(6)基坑防水措施恰当,能保证基础圬工施工质量。

(二)基底处理

1. 未风化的岩石基底

全部开挖到新鲜岩面。岩面倾斜时,应凿平或凿成台阶,使承重面与墩台压力线垂直。岩面上的淤泥、苔藓及松碎石块应清除干净。岩面如有部分溶沟、溶洞或破碎带等难于清理到新鲜岩面,应会同设计人员研究处理。位于基底中部的狭窄溶沟,可在基底高程以下设置混凝土拱将力量传递到两侧岩石上;小面积溶洞可用混凝土或浆砌片石回填。

2. 风化岩基底

岩石的风化程度对其承载力影响很大,应会同设计、地质人员分析判断能否满足设计承载力要求,并注意基底各部位的风化程度是否相同。如基底承载力不够,可适当降低基底高程;如风化层不厚,宜清理到新鲜岩面。

3. 碎石土或砂土基底

将基底修理平整并夯实,砌筑基础圬工时先铺一层 20cm 厚水泥砂浆。

4. 黏土基底

基坑分两阶段开挖,先挖到距设计高程 20～30cm 处,大致整平,搞好排水和砌筑圬工的准备工作后,再开挖到基底并铲平。铲平时要注意不能扰动基底原状土结构,超挖处不得用土回填。基底铲平后应在最短时间内砌筑基础圬工,以免原状土暴露过久浸水变质。如基底原状土含水量较大或在施工中浸水泡软;可向基底夯入 10cm 以上厚度的碎石,但碎石顶面应不高于基底设计高程。基底土质应符合设计要求,如有不符或有怀疑时,应申请设计人员研究处理。如基底土质不匀,部分软土层厚度不大时,可挖除后分层夯填砂土或碎石予以更换。

5. 泉眼

泉眼应用堵塞或导流的方法处理。可先用水玻璃和水泥以 1∶1 比例调匀捻团塞紧压实予以堵塞。由于地下水的压力，泉眼往往不能全部堵塞。如经多次堵塞无效，或这里封那里冒，应改用导流方法处理。可将钢管插入泉眼，封闭钢管四周，使水沿钢管上升；或在泉眼处设置小井，将井中水引出基础圬工之外抽排，以后再用水下混凝土填井。如泉眼位置不明确，可在基底以下设置暗沟或盲沟，将水引至基础圬工以外的汇水井中抽排。

基坑有渗漏水时，基坑抽水应待基础圬工水泥浆终凝后才能停止，以免圬工早期浸水，影响质量。

第二节 沉井基础施工

一 沉井分类

沉井是一种四周有壁，下部无底，上部无盖，通常用钢筋混凝土制成的筒形结构物。一般先在地面或人工筑岛的岛面上制作井筒，就地在井内不断地挖土、运出。随着井内土面逐渐挖深，沉井依靠其本身重力，克服井壁与土层之间的摩阻力及刃脚下土的阻力不断下沉，直至预定的设计高程。最后，进行沉井封底及混凝土填心，便成为桥梁墩台及其他建筑物的基础，如图 3-14、图 3-15 所示。沉井通常由刃脚、井壁、隔墙、井孔、射水管、封底混凝土、顶盖诸部分组成。

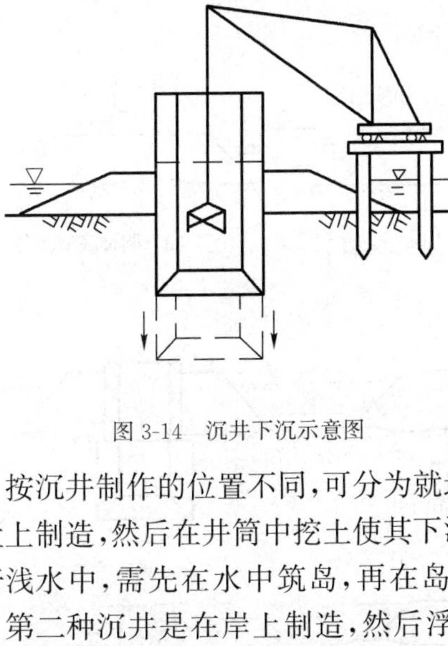

图 3-14 沉井下沉示意图

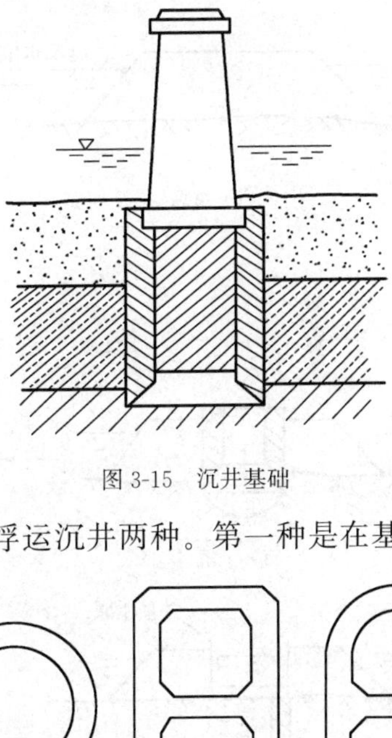

图 3-15 沉井基础

按沉井制作的位置不同，可分为就地制作的沉井和浮运沉井两种。第一种是在基础设计位置上制造，然后在井筒中挖土使其下沉，如基础位于浅水中，需先在水中筑岛，再在岛上筑井下沉。第二种沉井是在岸上制造，然后浮运到设计位置下沉，适用于深水区，筑岛有困难，或有碍通航，或河流流速较大的情况。

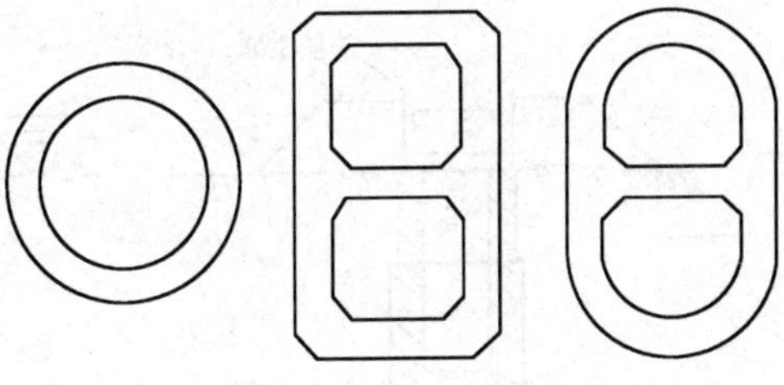

a) b) c)

图 3-16 沉井的平面形状

a)圆形；b)矩形；c)圆端形

按其使用材料不同，沉井可分为混凝土沉井、钢筋混凝土沉井及钢沉井等。

按其截面形状不同，沉井可分为矩形、圆形及圆端形沉井等，如图 3-16 所示。

按其立面形状不同，沉井可分为竖直式、倾斜式及阶梯式沉井等，如图 3-17 所示。

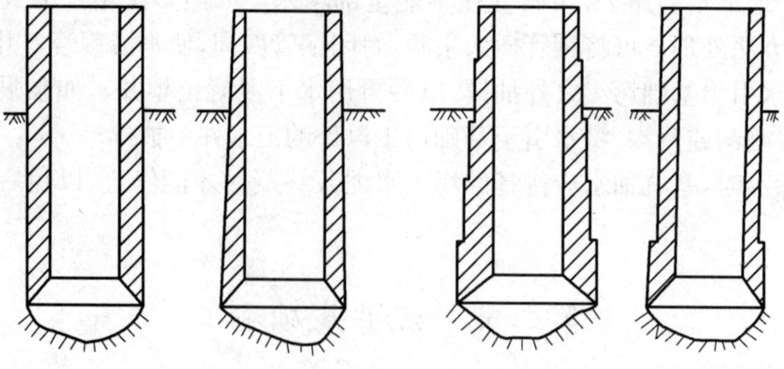

图 3-17　沉井的立面形状

a)竖直式;b)倾斜式;c)多阶式;d)单阶式

二 沉井的施工步骤

沉井的施工步骤如图 3-18 所示。

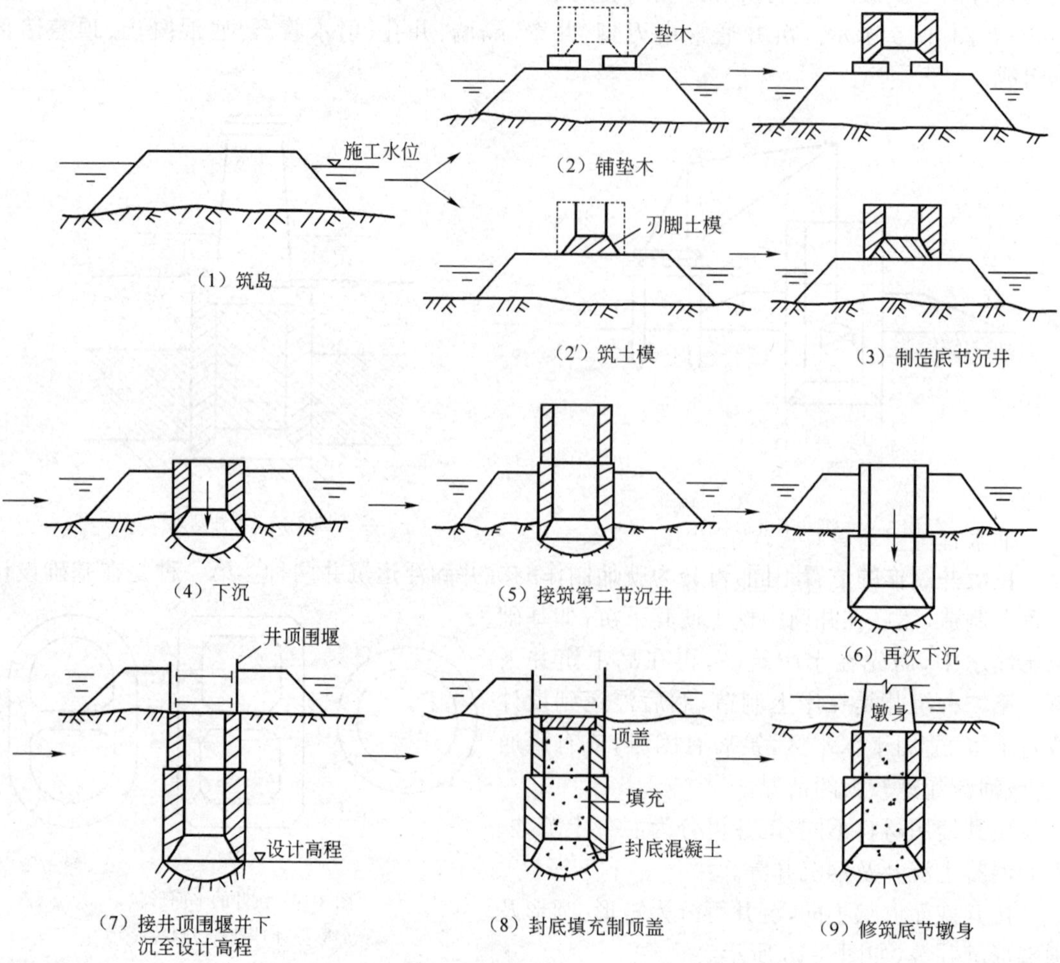

图 3-18　沉井施工步骤示意图

三 沉井下沉

沉井下沉主要是通过从沉井内用机械或人工的办法均匀除土，消除或减小沉井刃脚下的正面阻力，有时也同时采取减小井壁外侧土的摩阻力的办法，使沉井依靠自身的重力逐渐地从地面沉入地下。

沉井下沉施工可分为排水下沉和不排水下沉两种，一般是依据沉井所处的水文、地质情况而定。下沉方法如图 3-19 所示。

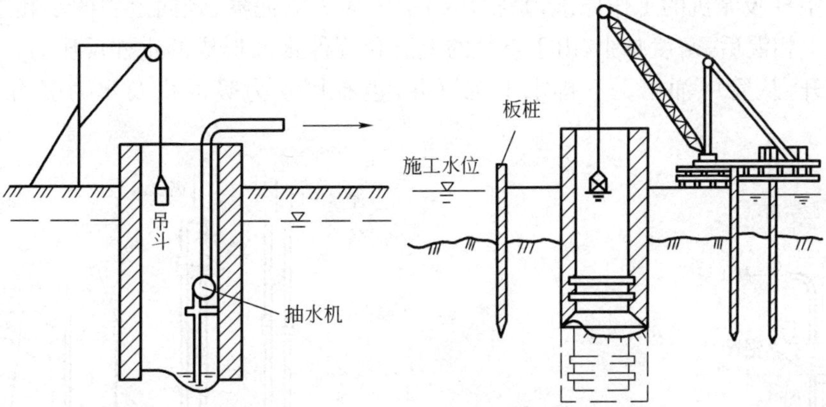

图 3-19 沉井下沉方法示意图

在渗水量小(每平方米沉井面积渗水量小于 $1m^3/h$)的稳定黏性土中下沉沉井，一般采用排水下沉法开挖排除井内土。当渗水量较大时，一般采用不排水下沉法，用水下抓泥、射水吸泥方法除土，若地层上部为黏性土，下部为砂土或卵石土，地下水位高于其交界面时，黏性土挖除后可能漏水翻沙，这时就不宜采用排水下沉法施工。

(一)排水下沉

排水下沉即用抽水降低井内水位，工人可直接下到井底进行挖掘作业。这种方法施工条件较好，其优点是：容易控制下沉方向，有利于防止下沉过程中出现较大的偏斜，易于处理下沉中遇到的特殊障碍，下沉速度一般较快，便于基础底层的检验和处理。

抽水宜用电动离心式水泵。当井深大于水泵有效吸程时，可将水泵安放在井孔内用钢丝绳悬挂的活动平台上，使其能在井孔内随抽水深度变化而升降。

开挖前首先应挖一个较深的汇水坑，在有横隔墙的沉井中，汇水坑宜挖在横隔墙下，以免影响挖土。

开挖方法，一般先从中央下挖 40～50cm，逐层开挖，每层 20～30cm，均一圈一圈地向刃脚方向逐步扩大，每一圈均从远离定位支垫位置处开始，使定位支垫位置处的土最后同时挖除。土质松软时，在分层开挖的过程中沉井即逐渐下沉。在坚硬的土层中，可能挖平刃脚仍不下沉，此时则须掏空刃脚下土壤，同时应比照抽垫方法，分段顺序掏土至刃脚外，随即回填砂砾，最后将支垫位置处的土亦换成砂砾后，再分层分圈逐步挖除砂砾使沉井下沉。

(二)不排水下沉

不排水下沉是在井内外水头相同的静水条件下利用抓土斗、吸泥器等机具除土的井上作业方法，它可以有效防止流沙确保安全，因而特别适用于地下水位较高的粉、细沙地层。

水中除土，可将沉井中部挖成锅底。在沙及砾石类土中，一般当锅底比刃脚低 1～1.5m时，沉井即可下沉，并将刃脚下的土挤向中央锅底，只要继续在中间挖土，沉井即可继续下沉。在黏性土或胶结层中，四周的土不易向中间坍落，需要靠近井壁偏挖，往往还须辅以高压射水松土。为避免沉井发生较大倾斜，一般应使锅底深度不超过 2m，相邻土面高差不宜大于0.5m。靠近刃脚处，除处理胶结层和清理风化岩外，除土和射水都不得低于刃脚，还应注意提前挖深隔墙下的土，勿使搁住沉井。

空气吸泥机是不排水下沉沉井的常用机具，它是由自制吸泥器配上高压风管制成，如图3-20 所示。空气吸泥机的工作原理，是把压缩空气通入吸泥器，经向上斜的小孔进入排泥管中，与泥沙、水相混后，密度减小，由于空气的上溢和管外水面形成的水柱反压力，迫使管内水土混合物上升，从管中涌出。不排水下沉沉井，也有用水力吸泥机及水力吸石筒，如图 3-21 所示。

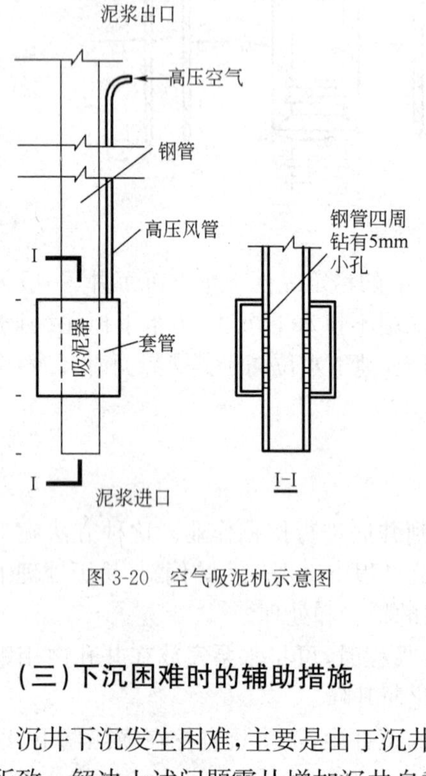

图 3-20　空气吸泥机示意图

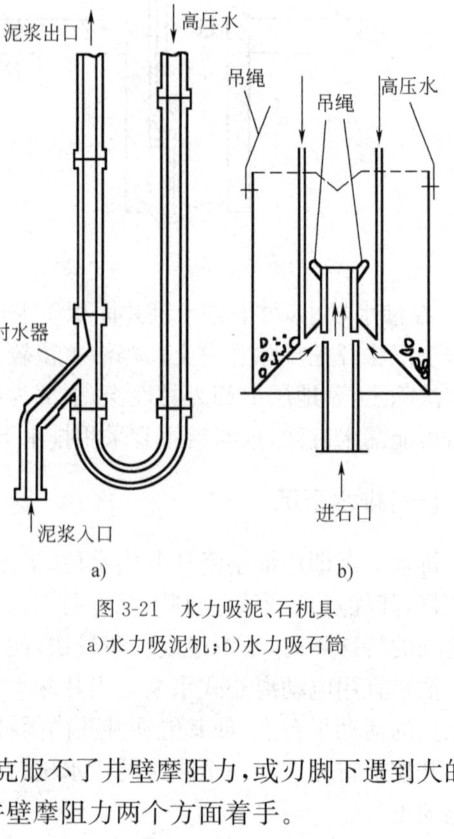

图 3-21　水力吸泥、石机具
a)水力吸泥机；b)水力吸石筒

(三)下沉困难时的辅助措施

沉井下沉发生困难，主要是由于沉井自身重力克服不了井壁摩阻力，或刃脚下遇到大的障碍所致。解决上述问题需从增加沉井自重和减小井壁摩阻力两个方面着手。

1.增加沉井自重

(1)提前接筑上一节沉井，以增加沉井自重。

(2)在井顶上压重物(钢轨、铁块或片石等)，但由于沉井自重很大，能够增加的压重有限，往往无济于事。除为了纠正沉井偏斜采取偏心压重外，很少使用该种方法。

(3)在不排水下沉的井内抽水减小浮力，可增加沉井重力，促使沉井下沉。但在砂类土等容易翻沙涌水的地层中使用时，井内水头降低容易引起翻沙，而且沉井往往突然大量下沉导致沉井倾斜。因此井入土不深、稳定性较差时，不宜使用；一般抽水不宜过大，以防井孔内突然大量涌水危及安全。

2. 减小沉井外壁的摩阻力

除在设计时对外壁形状及施工制作中外模光滑等提出较高要求外，还通常采用：

(1)井外射水

在井壁上留有射水嘴的管组（施工中需防止泥沙堵死），利用高压水流冲松井壁附近的土，且水流沿井壁上升而润滑井壁，使沉井摩阻力减小。

(2)井外挖土

在沉井周围挖除部分覆盖土，可减少部分摩阻力。

(3)炮振下沉

只有在刃脚下土已挖空，采取其他措施仍不能克服外壁摩阻力的情况下，才允许采用炮振下沉。使用时必须严格控制用药量及操作方法(可只在沉井中央泥面放置炸药，且每次只起爆一处)，炸药量一次不宜超过 100g。应当指出，爆压通过水介质的传播，将形成很大的向外压力，极易引起沉井开裂，因而在水中炮振时，应严格控制每次用药量不超过 100g 的规定，以策安全。

(四)沉井下沉中的纠偏

沉井下沉的全部过程，都是防偏与纠偏的过程。偏移对沉井基础不利。有偏移，就有偏心距和附加应力，对地基承载不利。若偏移过大，墩台身还可能偏位悬空，致使沉井报废。因此，施工的主要关键在于均匀除土，防止沉井偏斜，并及时调整沉井的倾斜和位移，这在下沉初期尤为重要，一定要做到勤测量、勤调整，千万不可麻痹大意，否则将后患无穷，难以处理。

对已出现偏斜的沉井采用什么方法纠正，必须依据偏移情况、下沉深度等有关条件具体分析制订。在以往的工程实践中，曾积累了许多宝贵的经验，纠正方法尽管多种多样，但其共同的规律是在下沉中纠偏，边沉边纠。不下沉，单纯纠偏是难以办到的。下面分别介绍几种常用的纠偏方法。

1. 井内偏挖、加垫法

这是偏挖土法与一侧加支垫法的结合纠偏方法，是基本和有效的方法之一。即在刃脚较高的一侧井内挖土而在刃脚较低的一侧加支垫，随沉井的下沉，高侧刃脚可逐渐降低，如图 3-22 所示。

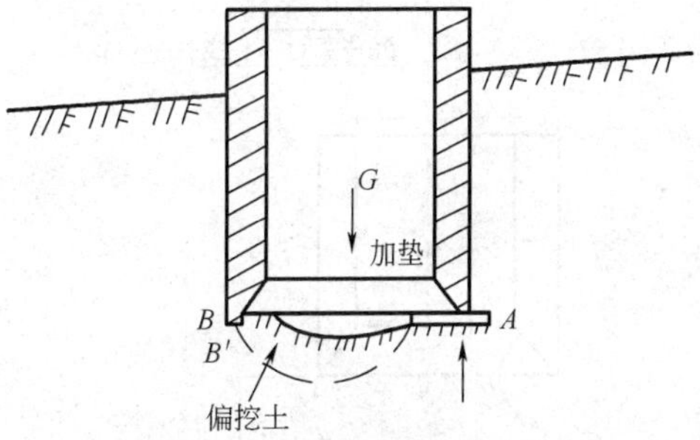

图 3-22　井内偏挖、加垫

2. 井外偏挖、井顶偏压或套拉法

这是偏挖土与偏压重或偏挖土与一侧施加水平力相结合的纠偏方法，其目的是提高单纯偏挖土的纠偏效果。井外挖槽因土方量大，一般只挖 1.5～2m 左右。此法多用在沉井入土较深时的纠偏。如图 3-23 所示。由于钢丝绳套拉时施加的水平力很大(可以大至 1MN 以上)，滑车组的锚固需有强大的地垄(一般只能利用附近的桥墩作为地垄)。采用这一方法时，应如图使用平衡重，而不用卷扬机牵引，使作用力持续不变，避免沉井位移时钢丝绳松弛，也可防止沉井结构或千斤绳因受力过大而受损。

3. 井外支垫法

如图 3-24 所示，用枕木垛托住拴于沉井顶面的挑梁，借枕木垛下的大面积支承力阻止该侧沉井下沉，可以比较有效地纠正沉井倾斜。但须防止千斤绳受力过大而断裂。

4. 井外射水法

在沉井刃脚较高的一侧井外射水，破坏其外壁摩阻力，促使该侧沉井下沉，是水中沉井纠偏的一种方法（因影响施工场地，现很少使用）。使用时，射水管的间距不宜超过 2m。

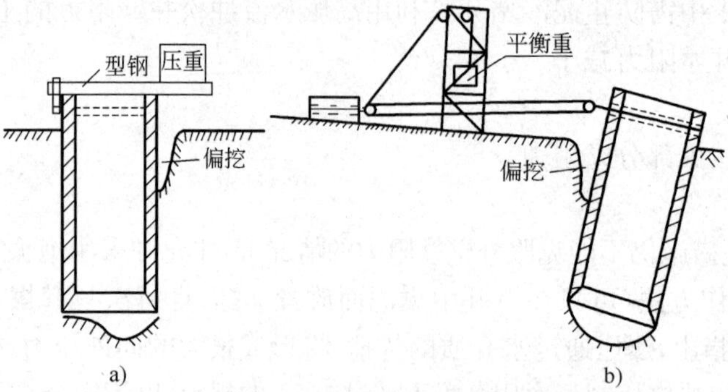

图 3-23　井外偏挖、井顶偏压或套拉法

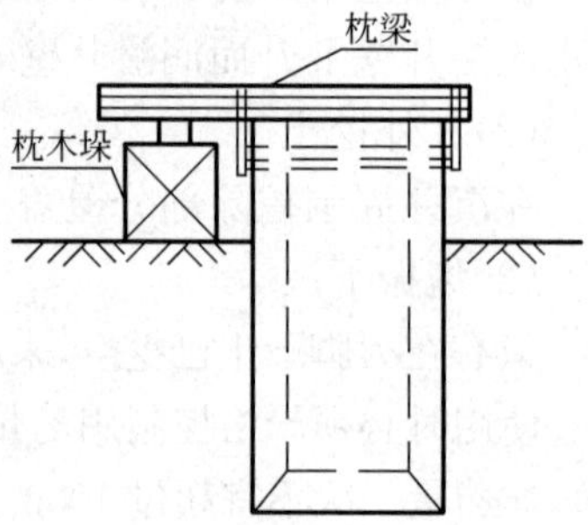

图 3-24　井外支垫示意图

5. 摇摆法下沉

当沉井入土深度不大，但偏移量较大，且沉井结构中心线与设计中心线平行时，可采用摇摆法下沉逐渐克服土侧压力以正位。其做法是：先将偏移一侧落低 15～20cm，然后再将另一侧落低成水平状态，如此反复下沉使沉井回到正确位置。图 3-25 为摇摆偏移量示意图。

6. 倾斜法下沉

当沉井入土深度不大，且偏移量较大，沉井结构中心线与设计中心线相交于刃脚下一定深度时，可沿沉井倾斜方向下沉，使沉井刃脚向设计位置接近，然后把沉井正平（图 3-26）。

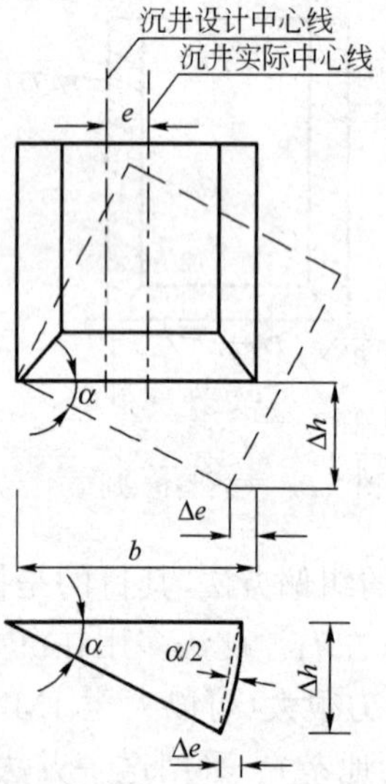

图 3-25　摇摆偏移量

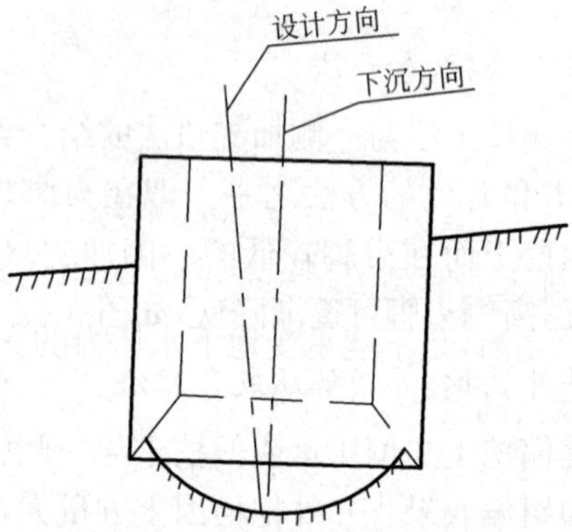

图 3-26　倾斜法下沉示意图

四　沉井封底

（一）井顶围堰

沉井基础顶面一般置于地面或最低水位以下一定深度。为此，当最后一节沉井顶面沉至

高出地面或施工水位约0.5m时，应暂停下沉，在井顶面接筑临时防水挡土围堰，然后再下沉至设计高程。井顶围堰的高度、种类和施工方法视水深情况因地制宜，一般可用草袋装土、浆砌片石、混凝土或板桩等。井顶围堰的平面尺寸，应考虑井顶襟边尺寸，留出立墩台模板的位置。若围堰内有支撑时，还应留出除土空间。待墩台身修筑出水面后，井顶围堰即可拆除。

(二)井底检验与处理

沉井沉至设计高程后，需检验沉井偏移量、井底及下卧层土质是否符合设计要求。当井底能抽干水时，井底处理与明挖基础要求相同。当不能抽干水时，应派潜水员进行水下处理，井底土(岩)面应尽量整平，清除陡坎，保证封底混凝土的最小厚度和灌注质量；清除井底浮泥和岩面残存物，保证井底有效面积不小于设计要求；对于岩石基底，刃脚尽可能嵌入岩层，防止清基涌沙。

井底经检验、处理认可签证后，方可进行混凝土封底。

(三)沉井封底方法

1.排水施工时的干封底

当沉井穿越的土层透水性低，井底涌水量小，且无流沙现象时，沉井应力争干封底。

沉井干封底能节约混凝土等大量材料，确保封底混凝土的强度和密实性，并能加快工程进度，省去水下混凝土的养护和抽水时间。故在地质条件许可的情况下，干封底比水下封底经济高效。

若在地下水位较低的沉井基础，或刃脚周围经堵漏后，井内无渗水时，井底可在无水的情况下按一般混凝土灌注进行。但通常的情况是水不易抽干，需在继续排水的条件下进行干封底，这时应注意下列几点：

(1)在沉井下沉的同时就应抓紧做好封底的准备工作。因在软土中沉井下沉速度较快，当沉井下沉到设计高程后，若拖延时间，则有可能发生条件转化，如沉井偏差增大，大量土体涌入井内等，给干封底工作带来很大困难。

(2)基底土面应挖至设计高程，排除井内积水，对超挖部分应回填砂石，并清除刃脚上的污泥。

(3)排水问题是关系到整个沉井干封底的成败关键。因为新灌注的混凝土底板，在未达到设计强度之前，是不能承受地下水压力的。因此，自始至终必须十分重视，严格掌握。每个井孔的底部最低处均应设置不少于一个集水井，且其宽度应满足水泵的吸水龙头需要，但也不宜靠刃脚太近，以免带走刃脚下的泥沙，使沉井倾斜值增大。

集水井埋设后应在每个井孔内挖数条排水沟，沟内及集水井周围应抛填碎石或砾石，使从刃脚下渗入井内的水流，经排水沟流入集水井内，然后再用泵排出井外。

(4)当地质情况较差时，为了不破坏地基原状土的承载力，在沉井接近设计高程时，应停止使用水力机械冲泥等容易破坏地基的施工方法而改用吊车抓土或人力开挖。若在软土中下沉，自重又较大时，可能使沉井刃脚较深地埋入软土中。故此时应先开挖锅底，保留刃脚内侧的土体，尽量使沉井挤土下沉，这样当沉井封底时，土体可减少涌沙和渗水现象。

2.不排水施工时的水下封底

当沉井采用不排水下沉，或虽采用排水下沉，但干封底有困难时，可采用垂直导管法灌注水下混凝土封底。此法是在内外水位无高差的静水条件下施工的，即在沉井的各井孔内垂直设置 ϕ200～300mm 的钢导管，管底距井底土面 30～40cm，在导管顶部连接一个有一定容量的漏斗，在漏斗的颈部安放球塞，并用绳系牢。漏斗内先盛满陷度较大的混凝土，之后将球塞慢慢下放一段距离(但不能超出导管下口)。灌注时割断球塞的系绳，同时迅速不断地向漏斗内灌入混凝土，此时导管内的球塞、空气和水均受混凝土重力挤压由管底排出。瞬间，混凝土在管底周围堆成一个圆锥体，将导管下端埋入混凝土内，使水不能流回管内。而后再灌注的混凝土是在无水的导管内进行的，由于管内重力作用形成的超压力作用，使其源源不断地向周围流动、扩散与升高。由于最初与水接触的混凝土面层始终被后续混凝土顶推上升而保持在最上层的位置不变，从而保证了混凝土的质量。图 3-27 为灌注水下混凝土步骤示意图。

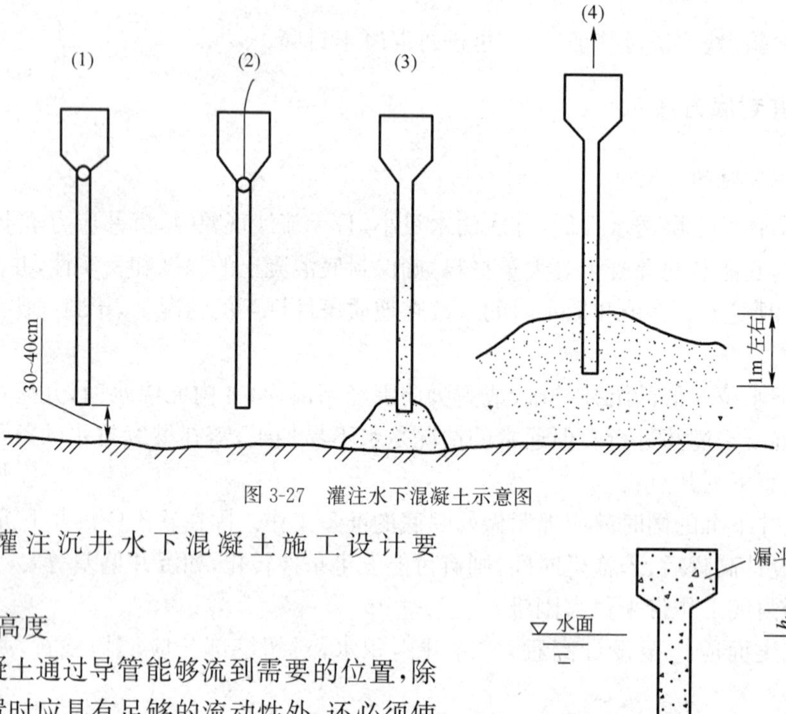

图 3-27　灌注水下混凝土示意图

导管法灌注沉井水下混凝土施工设计要点如下：

(1)导管高度

为使混凝土通过导管能够流到需要的位置，除了混凝土配置时应具有足够的流动性外，还必须使导管底部管内混凝土的压力超过管外水柱的压力。

导管高度 h(图 3-28)：

$$h = h_1 + h_2 + h_3$$

式中：h_1——管顶高出水面的高度(随最小超压力的值而定)(m)；

h_2——水面至挤出混凝土顶部的高度(m)；

h_3——导管插入混凝土的深度(m)。

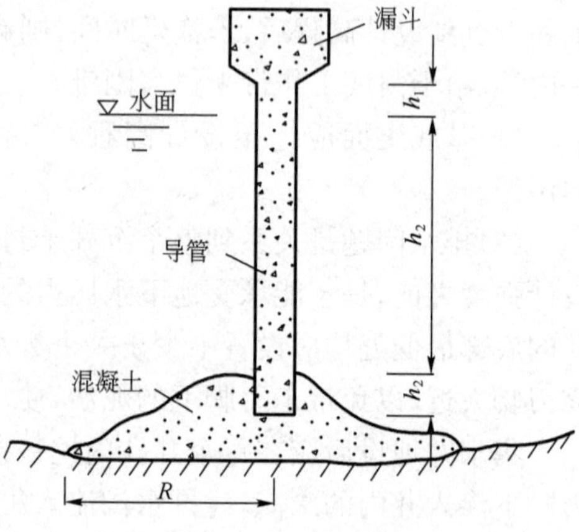

图 3-28　导管高度示意图

注：h_1 的采用值最少应有 1～2m；若计算得出负值，也应按最小值 1～2m 取值，以便保持必要的工作条件，不得按负值设置。

(2)导管的根数

导管的根数一般由灌注面积和混凝土的扩散半径布置确定，导管的平面位置应在各灌注范围的中心。当灌注面积较大时，可采用 2 根或 2 根以上的导管同时灌注，但要使各导管的有效扩散半径(作用半径)互相搭接,并能盖满井底全部范围,一根导管的有效扩散半径一般为3~4m,流动坡度不宜陡于1∶5。如果井底土面高低不平,则应从低洼处开始灌注水下混凝土。

(3)对混凝土的要求

①混凝土的生产量

由混凝土在单位时间内的生产量计算所得的控制量应不少于按下式计算所得的控制量:

$$Q = n \times q$$

式中:Q——混凝土单位时间的生产量(m^3/h);

n——同时灌注的导管数目(根);

q——一根导管混凝土的需要量(m^3/h)。

每根导管在1h内使水下混凝土面平均升高量称为灌注速度。根据施工实践,沉井水下封底混凝土的最小灌注速度不宜小于0.25m/h。按此速度和导管的灌注面积,即可求算一根导管混凝土的需要量。

②混凝土用料和配合比

水泥强度等级为混凝土强度等级的2倍左右,并不得低于P32.5,初凝时间不宜少于3h,出厂3个月以上或受潮后的水泥不应使用;砂子宜选用中、粗砂;粗集料可用碎石或砾石,砾石较碎石为好,石子粒径一般采用0.5~4cm为宜,粒径过大容易发生堵塞管路事故,所以最大粒径不得大于6cm,且不宜大于导管内径的1/6~1/4,不宜大于钢筋净距的1/4。

水下混凝土的配合比可视施工条件根据试验选定。一般选用配合比最佳时其强度比设计强度提高10%~20%。水下混凝土应有足够的和易性和流动性,以顺利地通过导管,并能在水下自动摊开。一般采用18~22cm的陷度,但在开始灌注时,为了保证导管底部立即被混凝土堆包围埋住,故陷度可减少至16~18cm为宜。水下混凝土含砂率较高,一般为45%~50%。水泥用量也较大,一般为380~450kg/m^3,如果掺用加气剂或减水剂等外掺剂时,水泥用量可适当减少,但也不宜小于350kg/m^3。

(4)施工要点

在施工设备上,除导管、漏斗、球塞及混凝土拌和设备外,尚需在井顶搭设灌注支架,以悬挂串筒、漏斗及导管。串筒长度应大于灌注中逐节拆除的导管中最长一节的长度,并据此确定支架的高度。在支架顶部设置灌注平台,平台上搭设有储存混凝土的料槽。

灌注水下混凝土施工布置示例见图3-29。

对灌注设备的要求:漏斗容量不宜太小,一般为1~1.5m^3,导管每节长1~2m,底节长度可采用4~6m,各节用法兰盘连接;要求导管顺直、严密、内壁无杂物、抗拉好,球塞应作通过试验;导管埋入混凝土的深度,一般不得少于1m;提升导管要做到慢升、快落,拆卸导管要快,一般不应超过20~30min。

封底灌注工作应一次完成,不得中途停止。正常灌注间歇不宜大于30min。

灌注完毕后,应将导管底提离混凝土面1.5~2.0m,并用水将管壁上残留砂浆冲洗干净,以免混凝土终凝后导管无法拔出。

在灌注过程中,应不断地使用测绳测量水下混凝土面的上升情况,及时掌握埋入导管深度变化和拆卸导管时机。

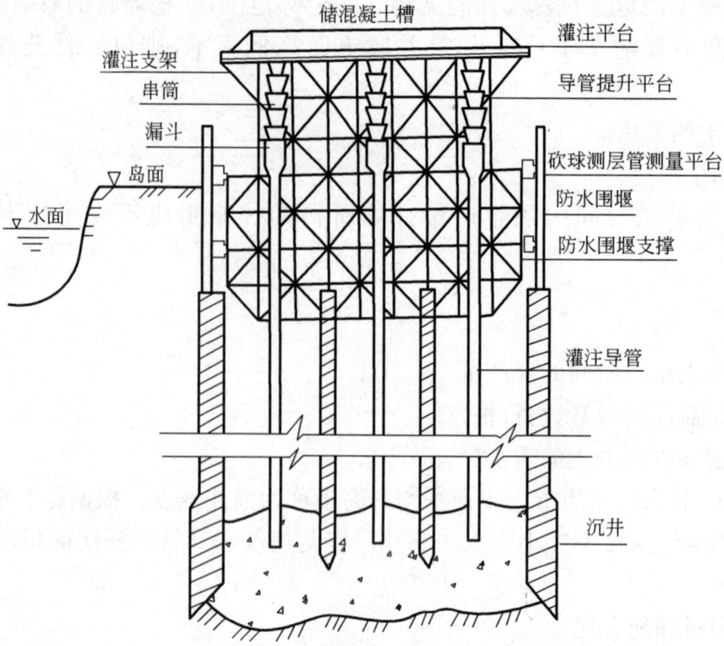

图 3-29　水下混凝土封底施工布置示例

第三节　桩基础施工

桩基础是一种常用的深基础。桩基的作用是将承台以上结构传来的荷载通过承台和桩传到深层地基中去。桩基础与沉井基础相比，具有如下特点：

(1)桩长度可长可短，容易适应持力层面高低不平的地形变化；

(2)桩制作灵活方便，可以工厂预制，也可就地灌注，省工、省料、施工速度较快；

(3)桩基础容易适应不同的施工条件和外荷载情况，可承受压力，也可承受拉力，拉力较大时可设置斜桩承受，故在桥梁深基中较为常见。

一　桩基础的分类

(一)按承台位置分类

桩基按承台位置，可分高桩承台桩基和低桩承台桩基两种。通常将承台底面置于土面或局部冲刷线以下的桩基称为低桩承台，承台底面高出地面或局部冲刷线的称为高桩承台，如图 3-30 所示。

(二)按施工方法分类

基桩沉入土中的方法因采用不同的机具和工艺过程，可分为钻(挖)孔灌注桩基础、打入桩基础、振动沉桩基础。

1. 钻(挖)孔灌注桩基础

用钻孔机具造孔后，在孔内放入钢筋骨架，灌注桩身混凝土而成钻孔桩，最后在桩顶灌注承台(或盖梁),称钻孔灌注桩基础。它的特点是施工设备简单、操作方便,适于各种沙类土、黏性土,也适于碎、卵石层和岩层。我国已建成的钻孔灌注桩基础已深达百米。

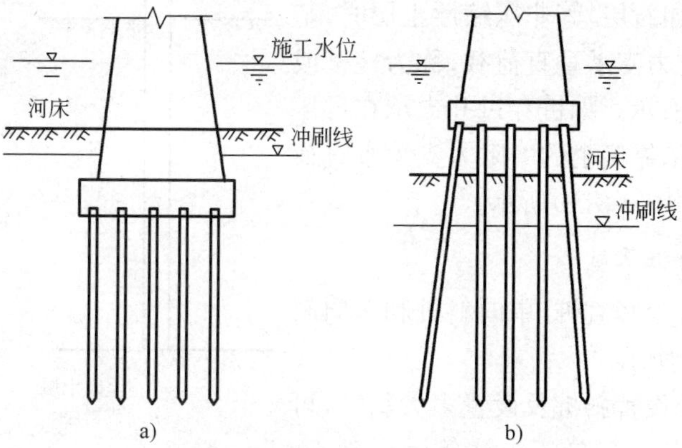

图 3-30 低桩承台和高桩承台

a)低桩承台;b)高桩承台

用机具或人工在地基中挖出桩孔,然后在孔内设钢筋骨架,灌注混凝土成桩,称挖孔灌注桩基础,其特点是不受设备限制,施工简单,桩的横截面可以做成较大尺寸。一般适于无水或渗水量小的地层,对可能发生流沙或含厚的软黏土地层则施工困难;在地形狭窄、山坡陡峻处采用挖孔桩较钻孔桩或明挖基础更为有利。为了增大桩底支承力,挖孔桩可以采用扩大桩底支承面的桩基,提高桩的承载力。由于挖孔桩入土深度常受到限制,一般采用几米至十多米深,很少采用 20m 以上的深度。

2. 打入桩基础

打入桩是利用打桩机具(或辅以高压射水)将各种预制桩(钢筋混凝土、预应力混凝土管桩或实心桩,也可用钢桩或木桩)打入地基内达到所需深度。这种桩适于桩径较小(一般在 0.6m 以下),地基土为中密或稍松的沙类土、可塑的黏性土的情况。目前,高架桥施工中常采用这种基础。

在软塑黏性土中也可用重力将桩压入土中,此种方法称为静力压桩。这种压桩施工法可免除锤击的振动影响,在软土地区较为有利。

3. 振动沉桩基础

振动沉桩是将大功率的振动打桩机安装在桩顶(预制钢筋混凝土管桩或钢管桩),利用振动力减少土对桩的阻力使桩沉入土中。它适于较大桩径,地基土为沙类土、黏性土和碎石类土的地层,尤其在受振动时抗剪强度有较大降低的土层中,其效果更为明显。

此外,还有打入式灌注桩(即先打入带有桩尖的套管成孔,然后边拔套管边灌注混凝土成桩)、爆扩桩(即成孔后用爆破方法扩大桩下端以提高桩底承载力)等施工方法。

(三)按基础的受力状态分类

桥梁墩台所受荷载通过桩基础传给地基,其中垂直荷载一般由桩底土层和桩侧与土之间的摩阻力来支承,桩的受力状态与地基土的情况、桩的尺寸和施工方法有关;水平荷载一般由桩和桩侧土的水平抗力来支承,由于桩承受水平荷载的能力与桩轴线方向及斜度有关,因此根据桩的受力状态,桩基又可分为:

1. 柱桩与摩擦桩基础

当桩穿过较松软土层，桩底支承在岩层或很硬土层(如密实的大块卵石层)等非压缩性土层时，基本依靠桩底土层抵抗力支承垂直荷载，称为柱桩或端承桩，如图 3-31a)所示。如桩穿过并支承在可压缩性土层中，桩主要依靠侧土的摩阻力支承垂直荷载，则称为摩擦桩，如图 3-31b)所示。

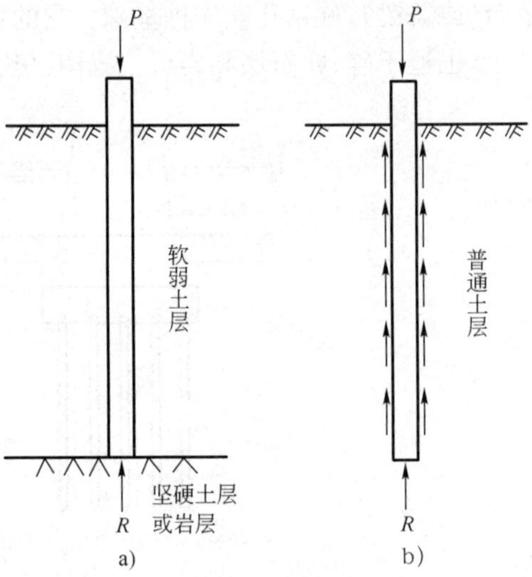

图 3-31　柱桩和摩擦桩

a)柱桩；b)摩擦桩

2. 竖直桩和带斜桩基础

按桩轴方向可分为竖直桩、单向斜桩和多向斜桩桩基等，如图 3-32 所示。

桩基中是否需要设置斜桩及设置多大斜度，可根据荷载、桩的截面尺寸和施工方法等因素确定。对钻(挖)孔桩基础，因受当前工艺水平的限制，设置斜桩的困难较多，常采用竖直桩基础。由于钻(挖)孔桩所采用的桩截面尺寸一般较大，抗弯、抗剪强度较强，故可以承受较大的水平力。如采用打入桩基础，当桩基受水平力较大时，采用带斜桩的桩基为宜。例如桥墩有时采用双向或多向斜桩，桥台有时采用单向斜桩。

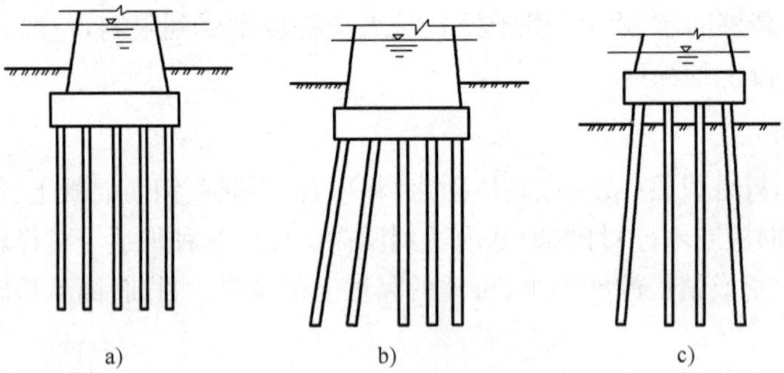

图 3-32　竖直桩和斜桩桩基

a)竖直桩；b)单向斜桩；c)多向斜桩

二 钻孔灌注桩施工

钻孔灌注桩的施工程序和主要内容为：施工准备(选择钻机、场地布置、钻孔定位、埋设护筒、钻机定位及泥浆制备)、钻孔(掌握钻孔要领及钻孔事故防治)、清孔、下钢筋笼(制作与吊装就位)、灌注水下混凝土、承台施工。

(一)造孔方法与钻孔机具

目前常用的造孔方法有以下三种：

1. 冲击造孔

冲击法造孔是用冲击式钻机或卷扬机带动冲击钻头，上下往复冲击，将钻孔的土石砸裂、破碎或挤入孔壁中，用泥浆浮起钻渣，使冲击钻头能经常冲击到新的土或岩石，然后再用抽渣筒(或用管形钻头)取出钻渣造成桩孔。

图3-33为YKC-30型冲击钻机构造示意图，是比较常用的一种。它由钻机和钻头两大部分组成，并配有抽渣筒。钻机上安装有扒杆、机架、电动机、卷扬机、传动装置、滑车组及走行部分。钻机工作原理：将钻头提升一定高度（冲程），利用自由坠落所产生的冲击能，将土冲碎，然后将钻头提出孔外。用抽渣筒除渣，如此反复循环，直至桩孔冲到设计高程。

钻头由钻身、刃脚和转向装置三部分组成。钻头重量愈大，冲击破碎能力愈强。钻头有十字形、一字形（或称工字形）、管形等数种，而以十字形钻头用得较为普遍（图3-34），在砂黏土、黏砂土、砂砾石、卵漂石和软硬岩层均可适用。刃脚用优质合金钢，要求耐磨并易于修补，其直径根据设计桩径而定。钻头自重根据钻机的起重能力而定，一般不超过2.5t。钻头高度以2.0～2.5m为宜，太高不稳定，容易晃动，撞击孔壁，引起坍孔。被钻头冲碎的钻渣，由抽渣筒排出孔外，其构造如图3-35所示。

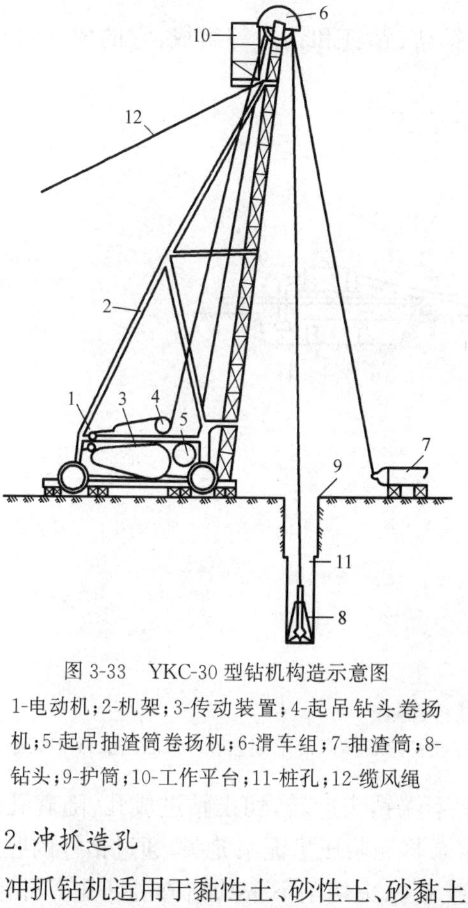

图3-33　YKC-30型钻机构造示意图

1-电动机；2-机架；3-传动装置；4-起吊钻头卷扬机；5-起吊抽渣筒卷扬机；6-滑车组；7-抽渣筒；8-钻头；9-护筒；10-工作平台；11-桩孔；12-缆风绳

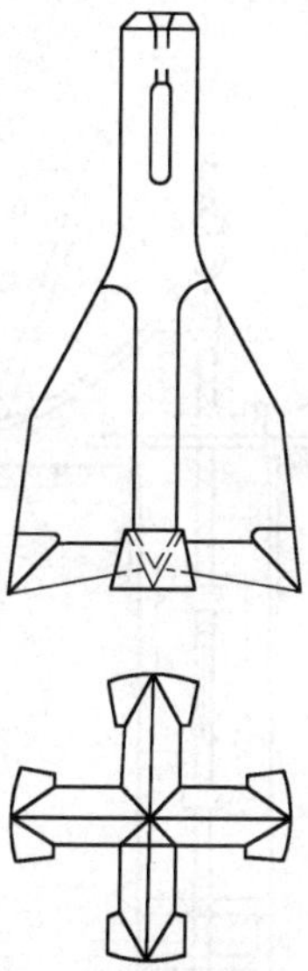

图3-34　十字形钻头

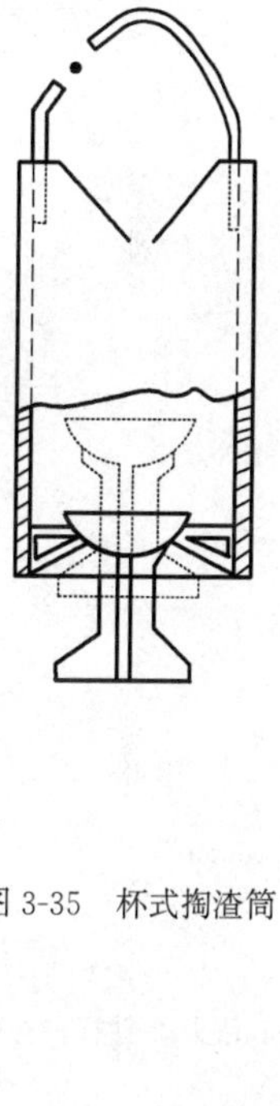

图3-35　杯式掏渣筒

2. 冲抓造孔

冲抓钻机适用于黏性土、砂性土、砂黏土夹碎石及粒径50～100mm含量在40%以内的卵石层。但孔深超过20m以上时，由于冲抓钻头起落时间长，钻孔进度慢，宜改用冲击钻机。冲抓钻头在冲击钻头配合下，适用于各种复杂地层，均可钻进成孔。

冲抓钻机由钻架、卷扬机、滑轮、钢丝绳、转向装置及冲抓钻头等组成，配合出土设备，冲抓孔内土层，将孔内钻渣抓出运走。冲抓钻头的冲击力主要靠钻头自重，其重量随直径增加而增加。如直径1.3～1.5m的钻头，自重以2.0～2.4t为宜。按操纵锥（钻头）瓣开合方法不同，冲抓钻头分双绳和单绳两种形式。

双绳冲抓锥的两根钢丝绳，一根起吊钻锥用，另一根接在由连杆和滑轮组成的开合机构上，通过钢丝绳放松与收紧使锥瓣开合。钻头由钻身和锥瓣两部分组成。锥瓣要根据不同地质条件选用:卵石地层叶瓣要厚、钝、耐磨;砂土、黏土地层,叶瓣要像刀口一样,要薄、锐、耐磨。一般钻头有四瓣、五瓣、六瓣之分,前两种适用于河卵石地层,后者对于卵石、黏性土、砂性土等均能适用。

在钻头外套上设导向环,以防钻头倾倒。导向环直径和钻头相等。如钻头掉进孔内,有导向环便于打捞。单绳冲抓钻头仅有一条内套绳,用一条带离合器的单筒卷扬机操纵,抓土和提钻头出孔与双绳冲抓相同,但卸土和落钻头冲击可采用人工挂钩或自动挂钩使锥瓣张合。

3. 旋转钻孔

旋转钻孔根据钻孔时泥浆循环的程序不同,分为正循环和反循环两种。

(1)正循环旋转钻孔

正循环钻机由转盘、动力机、卷扬机、泥浆泵、钻架、钻杆和钻头等组成,它的成孔过程如图 3-36所示。

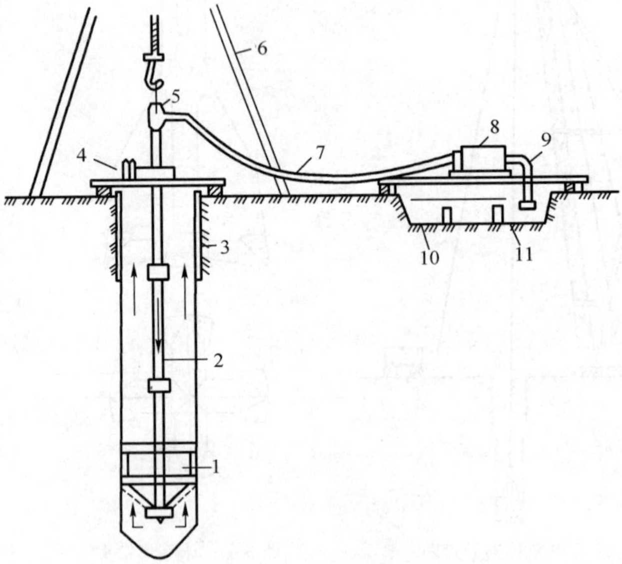

图 3-36　正循环钻孔示意图

1-钻头;2-钻杆;3-护筒;4-钻机转盘;5-笼头;6-三角架;7-高压胶管;8-泥浆泵;9-普通胶管;10-沉淀池;11-泥浆池

当钻机钻孔时,由电动机驱使转盘带动钻杆使下端钻头旋转,切土钻进成孔,随着孔的加深而接长钻杆直至设计深度。在钻进的同时,泥浆泵将泥浆压进泥浆笼头,通过钻杆内腔从钻头出口射入钻孔内,在泥浆泵的输送压力下,泥浆挟带钻头切削下来的钻渣沿钻孔上升,从护筒上口泥浆槽排出引至沉淀池,泥浆中钻渣沉淀下来后,泥浆进入泥浆池,仍由泥浆泵压入钻杆循环使用。

泥浆泵的规格指标主要是流量和压力,对大直径钻孔来说,流量常是较主要的因素,常用的有 400～600L/min 流量和 2 000～4 000kPa 压力。通常流量大,钻进效率可以提高。一般用往复式活塞泥浆泵,也可用单级离心式水泵作泥浆泵。

(2)反循环旋转钻孔

反循环钻机的泥浆运行方向与正循环钻机相反,泥浆由泥浆池流入钻孔内同钻渣混合,在压缩空气或高压水造成的负压下,将钻渣通过空心钻杆排出孔外,如图 3-37 所示。它比正循环悬浮排渣要快得多，而且使用的泥浆的相对密度小，旋转阻力也小，适用于各种地层，是桥梁钻孔桩基础施工应用效果较好的钻机。反循环钻机的种类和型号较多，常用的有BDM系列钻机、潜水钻孔、日立公司生产的S320型和S400H型反循环钻机。

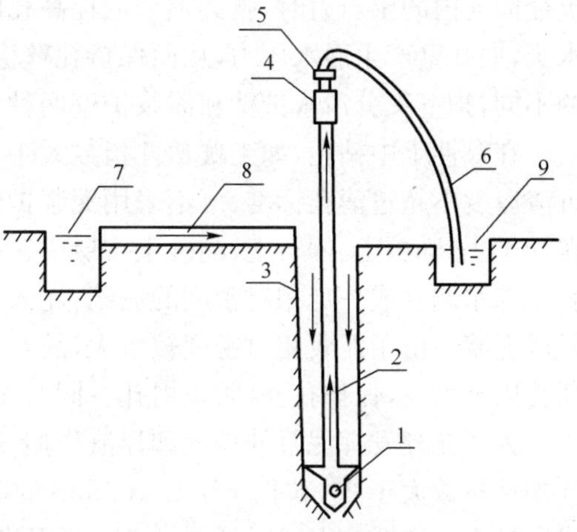

图 3-37　反循环旋转钻孔示意图

1-钻头；2-泥浆流向；3-护筒；4-旋转活接头；5-水龙头；6-胶管；7-泥浆池；8-流槽；9-沉淀池

(二)造孔的主要技术措施

造孔是钻孔灌注桩施工的重要环节，造孔质量与护筒、泥浆、钻孔、清孔等各工序密切相关，下面就各工序的技术措施作扼要介绍。

1. 护筒

护筒的作用是固定桩位、钻头导向、隔断地面水、保护孔口防止坍塌，以及提高孔内水位，增加对孔壁的静水压力以防坍孔。钻孔前应按要求制作并埋设护筒。护筒要求坚固有一定的刚度，接缝严密不漏水。

护筒一般可用木料、钢板或混凝土制成。木护筒一般用3～5cm厚木板制成，比较轻，埋设方便，但易损坏，在深水中不宜使用；钢护筒常用2～4mm厚钢板制作，易拼装接长，又可多次重复使用，采用较多；钢筋混凝土护筒一般用于深水，节长一般2～3m，壁厚8～10cm，壁厚和配筋应根据吊装、下沉加压等由计算确定，该护筒通常与桩身混凝土浇注在一起，不拔出，但位于桩身范围以上的部分，可以取出再用。

护筒的内径应比钻头直径稍大，用旋转钻孔比钻头直径大10～20cm，用冲击或冲抓钻孔比钻头直径大30～40cm。

护筒的长度要考虑桩位所处地质和水位情况。对于易坍塌的地层，护筒顶要高出施工水位或地下水位1.5～2.0m以上，以提高护筒内水位增加对孔壁的静水压力；对不易坍塌的地层，护筒顶也应高出施工水位1.0～1.5m；在无水地层钻孔，护筒顶宜高出地面0.3m；当钻孔内有承压水时，护筒顶应高出稳定后的水位1.5～2.0m。护筒底部在岸滩上埋深，黏性土不小于1m，沙性土不小于2m。当地表层为淤泥等松软土层时，应穿过将护筒底设置在较密实的土层中至少0.5m；在河滩或水中筑岛埋设护筒，其底部应埋置在地下水位或河床面以下0.5m。

护筒埋设应认真，保证坚固密实，防止在钻孔过程中发生孔口变形及坍塌，防止护筒底土层穿孔使筒底悬空，造成坍孔、向外漏水及泥浆等事故。护筒平面位置应正确，一般要求护筒埋设好后其顶面中心与设计桩位偏差不得超过5cm，斜度不得大于1%。倾度大的护筒容易被钻头碰破或使桩偏离设计，造成桩身钢筋的混凝土保护层不足等。

2. 泥浆护壁

钻孔灌注桩施工实践证明，在没有水的钻孔中，未支护的孔壁土层有向钻孔中心滑移的趋势，但由于孔壁土具有一定的抗剪强度和圆环作用(能够抵抗径向的向内土压力)，无水钻孔可深达数十米而不塌，甚至在不稳定的沙性土中有水钻孔亦能保持孔壁稳定。但若在水中或含水地层中钻孔，以及在松散的沙性土中钻孔，孔壁土体的抗剪强度低、圆环作用弱而不足以抵抗径向向内的土压力时，就必须采取提高孔内水位措施，使其高于孔外水位，形成一定高度的水头，向孔壁产生静水压力，从而保持孔壁稳定。利用孔内水头压力护壁的办法，随地质条件的不同，护壁又分清水护壁和泥浆护壁两种。

在黏性土中钻孔，如土壤塑性指数大于 15 或内摩擦角在 16°以上，清水钻孔后 1.5～2.0h 沉渣厚度不超过清孔标准，可不采用泥浆护壁，而仅增高孔内水头保持孔壁稳定，称清水护壁。在沙类土、砾石土、卵石土、黏砂土夹层中钻孔必须用泥浆护壁。泥浆护壁是将事先挑选好的黏土加水调制成一定相对密度的泥浆，注入孔内，或直接向钻孔内投放黏土，在钻头的作用下形成泥浆。由于泥浆相对密度较水大，故对孔壁能增大静水压力，并在孔壁形成一层泥皮，隔断孔内外水流，保护孔壁，防止坍孔。同时泥浆还起浮渣及润滑和冷却钻头的作用。

为了充分发挥泥浆的护壁和浮渣作用，必须选用符合要求的黏土，并备足所需用量。一般选塑性指数大于 25，粒径小于 0.005mm 的黏土粒含量大于 50%的吸水性强、遇水膨胀分解的优质黏土。当缺少上述优质黏土时，可用略差的黏土，并掺入 30%的塑性指数大于 25 的黏土，另掺入碳酸钠 0.3%～0.4%以提高其黏度。若采用黏沙土时，其塑性指数不宜小于 15，大于 0.1mm 的颗粒不宜超过 6%。黏土的备料数量，若为沙质河床，则约为成孔体积的 70%～80%；若为砂卵石层，则约为成孔体积的 100%～120%。

3. 钻孔

在钻孔桩施工中，钻孔是关键性的工序，不仅决定施工进度，而且关系到施工的成败，稍有疏忽，就会坍孔，延误工期甚至使钻孔报废。因此，在钻孔桩施工前应根据实际情况制订预防坍孔和保证钻孔桩质量的技术措施，认真贯彻落实。下面以冲击式钻机为例，介绍钻孔施工要点。在冲击钻孔时，必须掌握好冲程、泥浆相对密度、抽渣和换浆工作。

(1)开孔阶段钻机宜用小冲程，简易冲击钻具冲程不宜大于 1m。当孔底已在护筒脚下 3～4m时，可适当加大冲程。

(2)要随土层的变化适时调整冲程。在沙卵石地层冲进时，泥浆相对密度应大一些，可用 1.5 左右，以加强护壁防止渗漏；冲程亦可较大，以便松动和破碎卵石。在黏土层冲进时，在孔内可以自行造浆，故可只加清水，保持一定的水头；冲程亦不宜过大，以防吸钻，用简易冲击钻具时，冲程宜在 2m 以内。在沙层中或淤泥层中钻进时，将黏土掺适量片石投入孔内，用小冲程冲击将黏土和片石挤进孔壁加固。在基岩中冲进时，可用大冲程，但钻头磨损大，应用高强而耐磨钢材修补。泥浆相对密度以满足浮渣为度，约 1.3 左右。如果岩面倾斜，可向孔内回填高约 50cm 的片石，用小冲程快打，待冲平岩面后，方可加大冲程，以免发生斜孔，同时钻机操作时，应保证钻头转动灵活，避免出现梅花孔以保证钻孔圆顺。在掏渣后或因其他原因停钻后再次开钻时，应由小冲程逐渐加大到正常冲程，以免卡钻。

(3)在钻大直径桩孔时，可采用先导钻后扩钻的方法钻进。当用十字形钻头钻 150cm 以上桩孔时，可分两级钻进，第一级钻头直径可为设计桩径的$\frac{2}{5}\sim\frac{3}{5}$。当用 BDM-4 型钻机钻直径 2.5m 桩孔时，应根据地质情况和钻杆容许扭矩决定是一次成孔还是分级钻进，若土层坚硬可以三级钻进，第一级钻头直径为 1.5m，第二级钻头直径为 2.0m，第三级钻头直径为设计桩径。

(4)在开孔阶段，为了使钻渣泥浆尽量挤入孔壁，可少抽渣。待冲进 4～5m 后，即应勤抽渣。一般情况下，钻进 0.5～1.0m 抽一次，每次抽 3～5 筒。也可按钻孔进尺的变化来确定抽渣时间，当 1h 的进尺在卵、漂石地层小于 5cm、软土地层小于 15cm 时，即应抽渣。对于冲抓钻孔，与冲击钻孔类似，钻孔时，需及时向孔内补充泥浆，不用抽渣，根据地层情况，采用冲抓结合的方法成孔。对于旋转钻机造孔，开钻时泥浆要浓，钻头空转，以保证护筒底部的孔壁稳定。

4. 桩孔检查

桩孔钻至设计高程后，必须对桩孔质量进行检查。现用仪器有超声波井斜仪和DM-686型超声波孔壁测定仪两种，可直接测出桩孔各项质量特征值（倾斜度、偏位值、扩孔率、孔径、孔深和壁面状况等），并用数值和图像直接显示，直观清楚，性能稳定，精确度可达0.5mm。

5. 清孔

桩孔钻至设计高程后，孔内一部分泥渣沉淀，一部分呈悬浮状态，另一部分附着在孔壁上。同时随间歇时间的增加，后两部分泥渣还会继续沉淀，从而使孔底积成一层沉渣，降低桩的承载能力。所以在灌注桩身混凝土前，必须将沉渣清除，这项工作称清孔。沉渣的容许厚度为：摩擦桩不大于30cm，柱桩不大于5cm。清孔的方法应根据钻孔方法、设计对清孔的要求、机具设备和孔壁土质情况而定，常用的方法有：

(1)抽渣法

用抽渣筒清掏孔底沉渣，应边抽边加水，保持一定的水头高度。抽渣后，用一根水管插到孔底注水，使水流从孔口溢出。在溢水过程中，孔内的泥浆相对密度逐渐降低，达到所要求的标准后停止。此法适应于冲抓、冲击成孔的各类土质的摩擦桩，抽渣后孔内泥浆相对密度应不大于1.3。

(2)吸泥法

吸泥法清孔用吸泥机或简易吸泥机进行，清孔时由风管将高压空气输进排泥管，使泥浆形成密度较小的泥浆空气混合物，在水柱压力下沿排泥管向外排出泥浆和孔底沉渣，同时向孔内注水，保持孔内水位不变，直至喷出的泥浆指标符合规定时为止，此法适用于不易坍塌的柱桩和摩擦桩清孔，如图3-38a)所示。若在易发生坍塌的钻孔内清孔，可在灌注水下混凝土的导管内吸泥，清孔后立即灌注混凝土，这样可以减少桩底泥渣沉淀厚度，如图3-38b)所示。若清孔后孔底沉淀层仍较厚，则可在导管外安设ϕ30mm射水（风）管，冲射3～5min，使沉淀层翻起，然后立即灌注水下混凝土，射水压力比孔底泥浆压力大50kPa即可，如图3-38c)所示。使用本法时，钢筋笼可先放入孔内。

(3)换浆法

正循环旋转钻孔在终孔后，停止进尺，保持泥浆正常循环，以中速压入符合规定标准的泥浆，把孔内相对密度大的泥浆换出，使含沙率逐步减少，最后换成纯净的稠泥浆，这种泥浆短时间不会沉淀，使孔底沉淀层厚度处在允许范围内。其具体步骤是：当钻孔距设计高程1m时，改用纯净的稠泥浆（相对密度不小于1.4），钻至设计高程；然后钻头提离孔底20cm左右空转，继续供给稠泥浆，保持泥浆正常循环，经数十分钟或数小时，待孔内泥浆换完直至稳定状态为止；加入清水继续循环，直至孔底沉淀层不大于5cm为止。

（三）钻孔灌注桩施工要求

1. 钢筋笼制作

钢筋笼应根据设计要求、起重设备能力，整体或分节制作。一般钢筋笼较长（大于12m），常分节制作，分节长一般为5～8m。要求主筋平直，箍筋圆顺，尺寸准确，主筋接头应错开，同一截面内的接头根数不多于主筋总根数的50%，两接头的距离应大于50cm。然后分节吊装并焊成整体，并保证轴线为一直线。为防止钢筋笼搬运及吊装时变形，每隔2m左右设一道与主筋直径相同的加劲箍筋，主筋与箍筋连接处应点焊牢固，必要时可用方木临时加固。

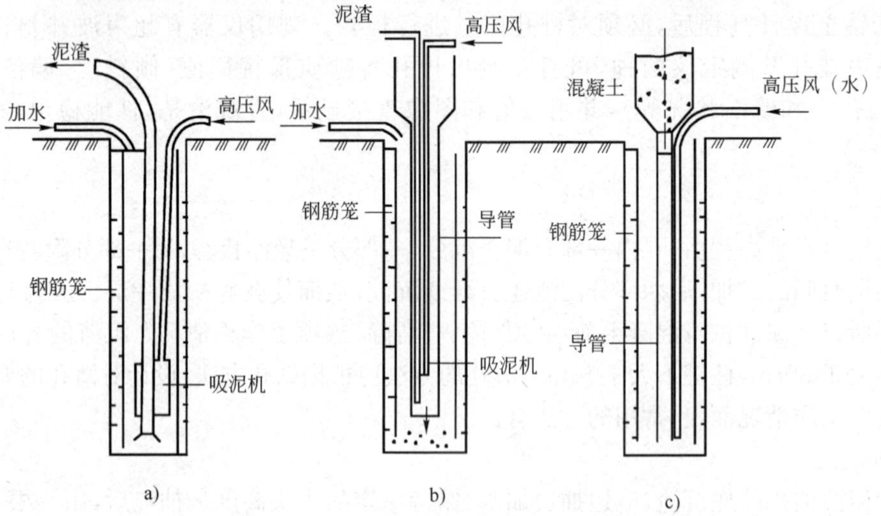

图3-38 吸泥机清孔

钢筋笼就位，应与孔壁保持设计保护层距离，可在钢筋笼主筋上每隔2m左右对称设置4个“钢筋耳环”，耳环钢筋直径一般为10～12mm；或设混凝土垫块，其尺寸为15cm×20cm×8cm，靠孔壁一面做成圆弧形，靠骨架一面做成平面，并有十字槽，纵向为直槽，横向为曲槽，其曲率同箍筋的曲率，在纵槽两侧对称地预埋已被绑扎的12号铅线；也可用导向钢管控制保护层厚度，钢管的数量不少于4根，其长度与钢筋笼长度相等，钢管可在混凝土灌注过程中逐步拔出。钢筋笼入孔后，要固定牢固，定位高程应准确，允许误差±5cm，并使钢筋笼底部处于悬吊状态下灌注水下混凝土。

2.水下混凝土灌注

灌注水下混凝土是钻孔桩施工的关键工序之一，应精心组织。保证质量原理与规定见沉井水下混凝土部分，现仅结合钻孔桩施工的特点补充如下：

(1)灌注水下混凝土的准备工作应迅速，防止坍孔和泥浆沉淀过厚。开始灌注前应再次核对钢筋笼高程、导管下口距孔底距离、孔深、泥浆沉淀层厚度、孔壁有无坍孔现象等，如不满足要求，经处理后方可开始灌注。

(2)每根桩灌注的时间不应太长，尽量在8h内灌注完毕，以防止顶层混凝土失去流动性，提升导管困难，增加事故的可能性，要求每小时灌注高度宜不小于10m。一经开灌，中途任何原因中断灌注皆不得超过30min。

(3)灌注所需的混凝土数量，约为设计桩径体积的1.3倍。

(4)测量水下混凝土面的位置用测绳吊着重锤进行，重锤过重则陷入混凝土内，过轻则浮在泥浆中沉不下去。一般用锤底直径13～15cm、高约18～20cm的钢板焊制的圆锥体，内灌沙配重，重度为15～20kN/m^3。

(5)导管埋入混凝土的深度取决于灌注速度和混凝土的性质，但任何时候都不得小于1m，一般控制在 2～4m。

(6)灌注高程应高出桩顶设计高程不少于 0.5m,以便清除浮浆和消除测量误差。

3.桩身混凝土质量检测

钻孔桩施工应保证其质量符合设计要求。由于施工不慎或其他原因,可能在桩身产生空洞、蜂窝、离析等缺陷。为了及时发现隐患,以便采取补救措施,保证设计要求,可利用超声波对桩身混凝土进行检测。

钻孔桩内部缺陷的超声波检测法,是通过事先预埋在桩孔内的声测管,把发射探头和接收探头分别置于两根管道中,使超声脉冲穿过两管道之间的混凝土,并使两探头在管中作等距离的上下移动,观测声波传播时间变化,据此判断混凝土缺陷位置和尺寸。声测管的布置应根据桩截面大小,分别用如图 3-39 所示形状。一般两根声测管的间距最大不超过 1.5m,常以 1.0m为宜。声测管的截面面积之和应小于桩截面面积的 1%,外径过大会削弱桩的承载力。若桩径较大,声测管可按如图 3-39b)、c)所示布置。若不用此法,对质量有怀疑的桩,应钻取桩芯鉴定,每个桩基础检查的桩数应符合规范规定。

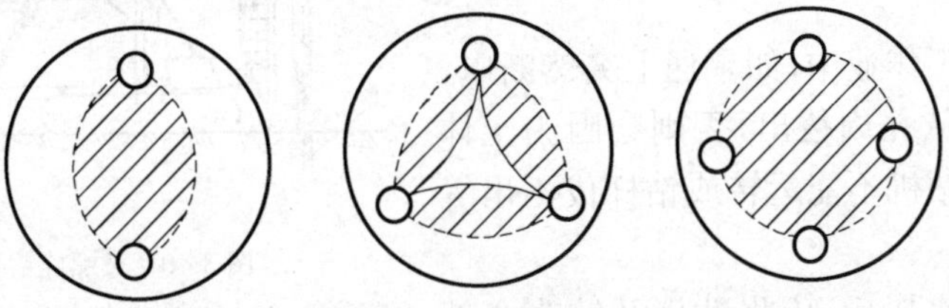

图 3-39　声测管的布置方案

三 螺旋桩施工简介

(一)螺旋钻机构造

螺旋钻机的构造如图 3-40 所示。

(二)螺旋钻机施工

1.施工工艺

(1)正式施钻前,应查看一下电源的容量是否符合钻机所需容量。

(2)推上电源总开关,检查控制箱内指示灯是否发亮。如不亮,则需要查明原因。

(3)接着按下控制箱内漏电开关,并按一下测试开关检查漏电开关是否动作。如控制手柄能落在“ON”与“OFF”中间位置时,则为正常。

(4)让控制手柄回到“OFF”一端后,再推到“ON”位置处。

(5)检查电压表是否指在 200～220V 处,电压过高,控制箱内的元件易损坏,电压过低或磁性开关沾上油污,则电动机无力,使钻机不能正常工作。

(6)让点动-自动转换开关动作后,处于点动状态,按正反运转按钮开关后,检查钻杆的运转是否正常。

(7)正式施钻时,应将钻机缓慢放下,使钻头对准孔位。当电流表指向无负荷状态时,即开始下钻钻孔。在钻进施工过程中,应时常观察电流表,如若超过额定电流,则应放慢下螺旋钻的施工速度。

(8)为了防止电动机过载,在控制箱内设置过电流继电器。在过电流继电器动作后,应间隔10min左右再起动一次。重新起动后,30min内不应再有过载,并在整个过程中应尽量避免依靠点动进行瞬间的正转和反转。

(9)钻机在运转的整个过程中,应防止电缆线缠入钻杆中。要有专人看护。

(10)操作中要改变钻杆的回转方向时,必须等钻杆完全停转后再起动。

(11)钻机在作业完毕拔钻后,应将钻杆上残存的土除去。

(12)在钻孔施工作业中,如果遇上突然断电,应立即将钻杆全部从孔内拔出,否则会因为土体回缩的压力而造成钻机不能运转或钻杆拔不出等现象的发生。

(13)钻孔操作完毕后,应将钻杆及钻头全部提升至孔外,并用水冲洗干净,同时将钻机的动力头放到最低位置,关闭电源开关。

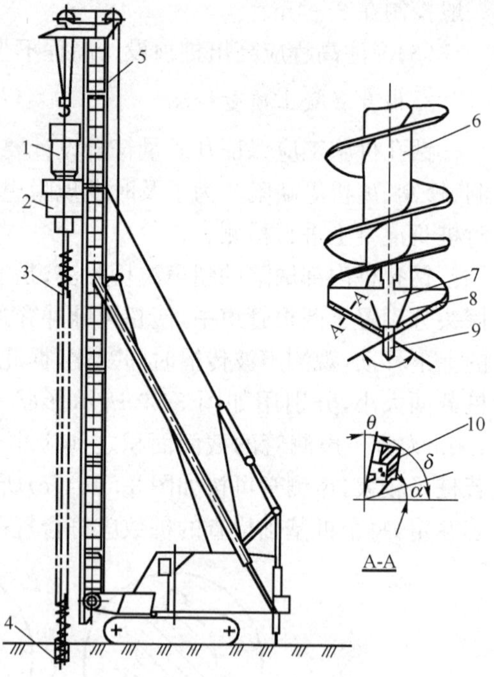

图3-40 长螺旋钻孔机外貌图

1-电动机;2-减速器;3-钻杆;4-钻头;5-钻架;6-无缝钢管;7-钻头接头;8-刀头;9-定心尖;10-切削刀

2.施工注意事项

(1)钻进施工时应遵守下列规定:

①开钻前应纵横调平钻机,安装导向套(长螺旋钻孔机的情况)。

②在开始钻进或穿过软硬土层交界处的施工时,为保持钻杆垂直,宜缓慢进尺。在含砖头、瓦块的杂填土层或含水量较大的软塑黏性土层中钻进时,应尽量减少钻杆晃动,以免扩大孔径。

③钻进施工过程中如发现钻杆摇晃或难以钻进,这时应立即提钻检查,待查明原因并妥善处理后再钻,否则较容易导致桩孔倾斜、偏移,甚至使钻杆钻具扭断或损坏。

④钻进过程中应随时清除孔口积土和地面散落土。遇到孔内渗水、坍孔、缩颈等异常情况时,应将钻具从孔内提出,然后会同有关部门研究处理。

⑤螺旋钻在砂土层中钻进时,如遇到地下涌水,则钻孔的深度应不得超过初见水位,以防塌孔。

⑥钻孔施工完毕,应用盖板盖好孔口,并禁止在盖板上行车。

⑦采用短螺旋钻孔机钻进时,每次钻进深度应与螺旋长度大致相同。

(2)清理孔底虚土时应遵守下列规定:

钻到预定钻深后,必须在原深处进行空转清土,然后停止运转,提起钻杆。注意在空钻清土时不得加深钻进,提钻时不得回转钻杆。孔底虚土厚度超过质量标准时,要分析和采取处理措施。

(3)在灌注混凝土过程中应遵守下列规定:

①混凝土应随钻随灌,成孔后不要过夜,遇雨天,特别要防止成孔后灌水,冬季要防止混凝土受冻。

②钢筋笼必须在灌注混凝土前放入，下放时要缓慢并保持垂直，注意防止放偏和刮土下落，放到预定深度时将钢筋笼上端妥善固定。

③桩顶以下 5m 内的桩身混凝土必须随灌注随振捣。

④灌注混凝土时，宜采用机动小车或混凝土泵车运输，当用搅拌运输车灌注时，应防止压坏桩孔。

⑤混凝土灌至接近桩顶时，应随时测量桩身混凝土顶面高程，避免超长灌注，同时保证在凿除浮浆层后，桩顶高程和质量能符合设计要求。

⑥在进行桩顶插筋时，要始终保持钢筋的竖直插进，保证具有足够的保护层厚度，防止插斜插偏。

⑦质量检查人员应将混凝土灌入量及坍落度等情况列入打桩记录上。

⑧混凝土坍落度一般保持为 80～100mm，强度等级不小于 C13，为保证其和易性及坍落度，应注意调整砂率，掺减水剂和粉煤灰等掺和料。

四 潜水钻机成孔施工

(一)潜水钻机的构造

潜水钻机的构造如图 3-41 所示。

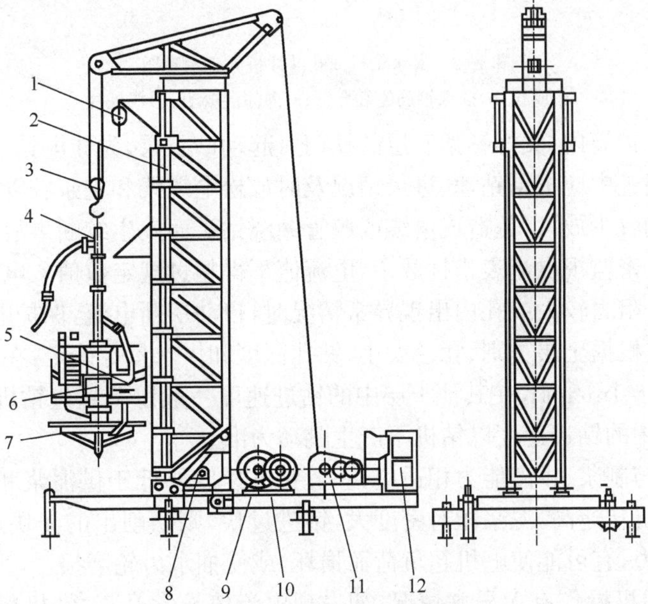

图 3-41　KQ2000 潜水钻机外貌图

1-滑轮；2-钻孔台车；3-滑轮；4-钻杆；5-潜水沙泵；6-主机；7-钻头；8-副卷扬机；9-电缆卷筒；10-调度绞车；11-主卷扬机；12-配电箱

(二)潜水钻机的成孔施工

1. 安装要求

(1)潜水电钻、卷扬机和砂石泵的电缆均应接入配电箱，以便控制，应注意通入潜水电钻的电缆不得破坏、漏电。

(2)升、降钻及钻进时须指定专人负责收、放电缆和进浆胶管。

(3)钻进时潜水电钻会产生较大的反扭矩，因此必须将钻杆卡固在导向滚轮内，以承受反扭矩，并使钻杆不旋转。

(4)为防止潜水电钻因钻杆折断或其他原因掉落孔内，应在电钻上加焊吊环，并系上一根保险钢丝绳引出孔外吊住。

(5)在电钻的电缆线和进浆胶管上用油漆标明尺度，便于和钻杆上所标尺度相校核。

2. 施工工艺

潜水钻机成孔灌注桩施工示意图见图 3-42。

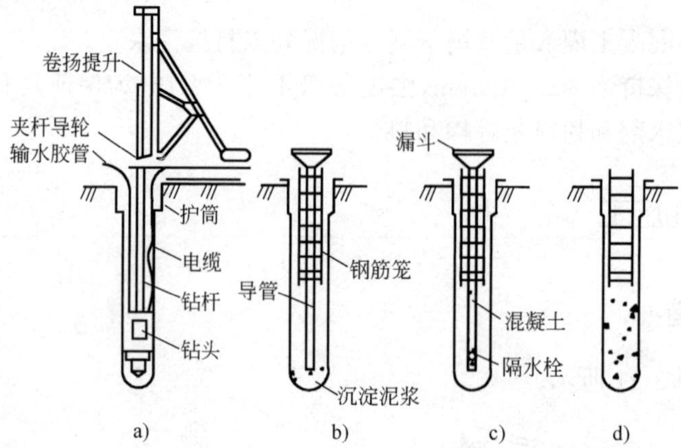

图 3-42 潜水钻机成孔灌注桩施工示意图

a)成孔；b)插入钢筋笼和导管；c)灌注混凝土；d)成桩柱

(1)将电钻吊入护筒内，关好钻架底层的铁门。起动砂石泵，先让电钻空转，待泥浆输进钻孔后，开始钻进。钻进中应根据钻速、进尺情况及时放松电缆线和进浆胶管；要使电缆、胶管和钻杆同步下放；应勤收少放，以免造成电缆或胶管缠绕钻头而发生绞断事故。

(2)钻进时应严密监视电流表指针数字，电流值不得超过规定数值。电钻必须安设过载保护装置，以便在钻进阻力较大或孔内出现异常情况时，自动切断电流，保护电钻。

(3)钻进速度应根据土层类别、孔径大小、钻孔深度和供水量等确定：在淤泥和淤泥质土中的钻进速度不宜大于 1m/min，在其他土层中的钻进速度一般以不超过钻机负荷为准，在强风化岩或其他硬土层中的钻进速度以钻机不产生跳动为准。

钻进速度还要与制浆、排渣能力相适应，一般钻进速度要低于供泥浆和排渣速度，以避免造成埋钻。如果钻机转速高，泥浆相对密度大，钻进过快，则切削出的泥块过大，不易成浆，将对钻机产生较大阻力，有可能使电机超负荷而损坏，或使抽水齿轮磨损。

(4)随时注意钻机操作有无异常情况，如发现电流值异常升高，钻机摇晃、跳动或钻进困难，可能由于钻渣排除不畅，或遇到硬层，或遇到一边软一边硬的非均质土层，或遇到其他障碍物所致，此时应略微提起钻具，减轻钻压，放慢进尺，待情况正常，或穿过硬层或不均匀土层后方可恢复正常钻进参数和给进速度。

(5)钻孔过程中应严格控制护筒内外水位差，必须使孔内水位高于地下水位，以防坍孔。

3. 对泥浆的要求

(1)在黏土、粉质黏土层中钻孔时，可注射清水，以原土造浆护壁、排渣，当穿过沙夹层钻孔时，为防止塌孔，宜投入适量黏土以加大泥浆稠度。

(2)如沙夹层较厚，或在沙土中钻孔，应采用制备泥浆。注入的泥浆浓度要适当，浓度过大影响钻进速度，浓度过小不利于护壁排渣。注入干净泥浆的相对密度应控制在 1.1 左右，排出的泥浆相对密度宜为 1.2～1.4；当穿过沙夹卵石等容易塌孔的地层时，泥浆的相对密度可增大至 1.3～1.5。

(3)泥浆可就地选择塑性指数 $I_p \geqslant 10$ 的黏性土除去杂质后调制。

(4)施工中应勤测泥浆相对密度，并应定期测定黏度、含沙量和胶体率。

(5)对原土造浆的钻孔，钻到设计深度时，可使钻机空转不进尺，同时射水，待孔底残余的泥块已磨成浆，排出泥浆相对密度降到 1.1 左右，即可认为清孔已合格。

(6)对注入制备泥浆的钻孔，可采用换浆法清孔，至换出泥浆相对密度小于 1.15～1.25 时为合格；孔底沉渣厚度应符合灌注桩施工允许偏差的规定。

(7)清孔完毕，应立即灌注水下混凝土。

4. 注意事项

(1)钻机操作人员，必须经过专业训练，了解机械构造和技术性能、熟悉安全操作规程后，方可登机操作。

(2)每次钻进前，应对钻机及其配套设备进行全面检查，特别应注意卷扬机刹车是否可靠，钢丝绳有无断丝、扭断现象，电器设备是否完好正常，各润滑部位应加油保养。待各部检查完后，一切正常方可开机。

(3)提升电缆时，若无电缆卷筒，应带绝缘手套，应注意检查所有电缆有无碰伤漏电现象，现场工作人员应穿绝缘胶鞋和戴安全帽。拆装钻杆时，应保证连接牢靠，注意不要把工具及钻杆销轴、螺母丢失在孔内。

(4)每班操作完毕，应将钻具提出孔外。

第四节　参考案例

案例一：某特大桥下部结构施工

一　基础及下部结构的工程概况

该桥下部结构共计 7 个墩台，基础均为 $\phi 2.0$m 钻孔桩，全桥共计 68 根，总桩长计 1 161.5m。A_1、A_2 桥台采用肋式埋置式桥台，双排桩基础；P_1、P_5 墩采用空心薄壁墩，双排桩基础，墩顶设活动支座；P_2～P_4 墩采用双薄壁墩，双排桩基础，墩梁固结。P_2～P_4 墩上、下游设置船舶及漂浮物防撞设施。

二　下部结构施工

此特大桥下部结构施工的关键在于水中 P_2～P_4 主墩基础的施工。除 P_3 墩有 0.8～2.0m 砾石覆盖层外，P_2、P_4 墩处均无覆盖层；基岩为微风化硅质灰岩，岩石坚硬，饱和单轴极限抗压强度达 103.1MPa；表层为强、弱风化岩，节理、裂隙发育，夹有岩溶。常水位时水深约 11m，施工水位 +42.6m，10 年一遇水位 +51.82m。基础设计为每墩 12 根 $\phi 2.0$m 桩基(左右双幅)，要求嵌入微风化岩的深度不小于4m,平均桩长21m,高桩承台,承台底与施工水位平齐。桥位处河段地处上游某水库和下游某航运枢纽之间,枯水期水流平稳,流速较缓,水位依过船时间昼夜变化。

针对墩位处水文地质特征和基础结构特点,综合考虑工期和质量要求,主墩基础施工采用单壁钢围堰封底方案,使围堰与岩面结合,形成稳固的水中平台,进行钻孔桩的施工。

总体施工安排,采用1套水上施工装备,逐墩进行围堰施工,确保汛期前形成稳固的水上施工平台。本桥开工较晚,于2000年12月28日开工,2001年3月8日进行第一个围堰的浮运,2001年5月6日完成最后一个围堰的封底,搭设的施工平台安然度过了2001年7月份的特大洪水,保证了工程的顺利实施。

(一)围堰工程

围堰采用高4.2m、28m×10.3m的薄壁矩形钢围堰(用旧钢模及组合钢模改制),通过底层立体桁架将围堰与12个ϕ2.2m钢护筒、施工平台支腿(含塔吊柱脚)连成整体,总质量约为140t。护筒及施工平台支腿受拼装高度限制分底节、顶节两部分。

拼装船、导向船采用当地2 500kN平板驳组拼。导向船上设前后2组联结梁,联结梁净高8m,跨度24m,2组梁中心距18m。围堰在拼装船上拼装好,经检查各护筒中心位置和垂直度合格后,浮运进已在墩位处抛锚定位的导向船内,由导向船联结梁上设置好的起重系统起吊围堰,退出拼装船,下沉围堰一定深度后接高其顶节护筒和平台支腿,继续下沉至着床,着床前要对围堰精确调平和中心调整,着床后测量各护筒中心位置,其偏差不大于10cm,倾斜度不大于1%,否则应重新着床。围堰正确着床后,采取措施保持围堰稳定,并由潜水员沿围堰四周用沙包堵缝抄垫,护筒内抛填2m高黏土包,以将护筒底口堵住并稳固,然后灌注水下封底混凝土。

围堰封底完成后,解除围堰上、下兜缆和吊点,导向船退出,在施工平台支腿上安装顶层桁梁和塔吊,形成钻孔施工平台。

(二)钻孔桩施工

钻机选型根据地质情况、平台受力及起重能力,采用ZJK5型普通冲击钻机施工,十字形和六瓣形2种锤头,锤重6t。在护筒内抛黄土直接造浆开孔,掏渣筒出渣,钻进到位后,采用空气吸泥机二次清孔,清水补进。水下混凝土采用刚性导管法浇注,首次混凝土储存量不小于6m^3,拔球法工艺施工。钻孔过程中应注意:

(1)在钻进遇岩或岩质变化处,及时验收,以确认桩尖位于设计持力层,并留存渣样备查;

(2)遇到岩溶或护筒内外相通处,泥浆流失严重,无法保浆,采用多次抛填片石冲砸挤密,必要时先填一层混凝土封堵;

(3)相邻孔不宜同时施工,由于岩性裂隙发育,易相互串孔,造成清孔困难和封底时混凝土流失;

(4)清孔后要对孔底仔细探查,P_2、P_3墩各有1孔检查中发现桩底有1/4断面位于溶隙上,经研究后决定继续钻进,穿过溶隙;

(5)施工中发生数次卡锤,特别是P_3墩3号孔,经过了汛期,钻头被埋住,处理时先用吸泥机将钻头顶沉积物吸出,并由潜水员清除大块卵石,待相邻孔封填后,采用适量炸药置于钻头底部,在爆破时利用震动强行提起钻头。

(三)承台施工

P_2~P_4墩承台单幅尺寸为8.8m×11.2 m×3m,承台底高程为+42.6m,施工期内,水位基本保持在＋43.3m左右，若采用套箱施工，则成本较高，且枯水期套箱封底混凝土露出水面影响桥梁整体美观。经与下游某航运枢纽联系，降低蓄水水位后，采用了吊挂法施工。

在桩顶横桥向安装2I30扁担梁，扁担梁下通过吊杆（ϕ50mm圆钢）连接6根I45梁；I45梁沿桩外口顺桥向布置，在I45梁上垂直安放钢轨，钢轨之上铺设底模，底模高程可通过吊杆调节。在承台施工时下游开闸放水，维持水位在＋42.3m左右48h。为了争取时间，施工中先在护筒内将桩头破除到位，割除水面之上护筒，在各桩顶安装1.2 m高支腿提升2I30扁担梁，使底模高出水面。钢筋和模板绑扎安装完毕，待水位下降后，用千斤顶整体下放吊挂系统至设计高程，填补底模与桩周的间隙，检查合格后，浇注混凝土。底部吊挂拆除由潜水员水下切割ϕ50mm吊杆，再抽出钢轨和I45梁。

案例二：某大桥主桥4号墩钻孔桩施工

一 工程概况

（一）简介

此桥4号墩基础有16根钻孔桩，桩径均为2.0m，桩间距为4.0m，呈行列式排列，平均桩长45.0 m（见图3-43）。

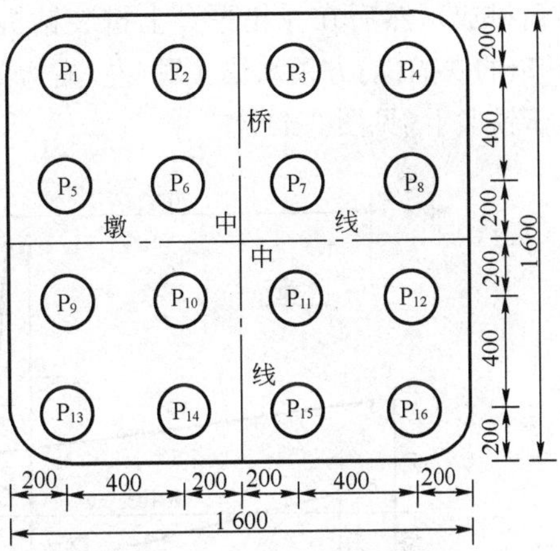

图3-43 4号墩钻孔桩桩位布置图（尺寸单位：cm）

（二）地质

4号墩墩位处河床面较平坦，高程为22.42（P_{16}桩）～22.93m（P_1桩）（所用高程为黄海高程，以下同），高差0.51m。河床表面覆盖层厚5.96～7.92m。覆盖层上部为新淤沙卵石层，结构疏松；下部为黄褐色沙卵石层，结构密实。基岩岩性为灰色、灰紫色中厚层中细砂岩夹数层疏松砂岩，紫红色、灰紫色黏土质粉砂岩、黏土岩夹层或扁豆状透镜体。基岩面高程15.58～16.84m，强、弱风化带岩体体厚15.66～22.16m，以下为弱风化带，岩性属次坚石，岩石天然单轴抗压强度在弱风化地层为20MPa，在微风化地层为35MPa，局部可达40MPa以上。

（三）水文

桥址区域历史最高水位53.78 m，历史最低水位36.17 m。

4号墩位于主河道上，受外界因素影响，水位每日波动约1m，钻孔期间水深约15m。

二 施工方案

施工方案主要是比较插打辅助桩拼平台方案和浮运平台方案。由于4号墩处覆盖层卵石粒径大（捞出的卵石最大达30cm×50cm），无法插打辅助桩通过卵石层，如不穿过卵石层，辅助桩在江中很难稳定，所以采用先打辅助桩后拼钻机平台的方案困难较大，且插打辅助桩也不经济。采用浮运平台法施工方案，就可以不打辅助桩，只需先在岸边码头组拼一个浮箱平台，在浮箱平台上拼装钻机平台，然后把浮箱平台浮运到墩位，抛锚定位，插打角桩护筒，最后经过体系转换把钻机平台连在角桩护筒上。通过仔细认真地比选，工程人员在施工中采用的是浮运平台方案。

关于钻进方式的选择，采用的是气举反循环清水钻进，这主要是考虑到砂岩岩面倾斜度较小，且上部又有护筒嵌入岩层，孔壁不会坍塌。另外，气举反循环清水钻进的进尺快、出渣效率高、成孔质量好也是采用的原因之一。

浮运平台钻孔方案施工流程如下：拼浮箱平台→拼钻机平台，同时抛锚→浮运→定位→插打角桩护筒→体系转换→插打其他桩护筒→钻孔前的工作准备→钻孔→钢筋笼制造、安装→水下混凝土灌注。

三 浮箱平台、钻机平台组拼，浮运定位

利用南岸一个临时码头（在桥中线下游 700m 处），先拼装一个浮箱平台（由 32 只 DF 军用浮箱拼成），然后在浮箱平台上拼装钻机平台。同时，在 4 号墩施工水域范围内抛设 12 颗重 3～5t的铁锚（前方领水锚 4 颗，左、右边锚各 2 颗，后锚 4 颗），设立 1 艘 40t 铁驳，12 根锚绳暂系于铁驳上（见图 3-44）。

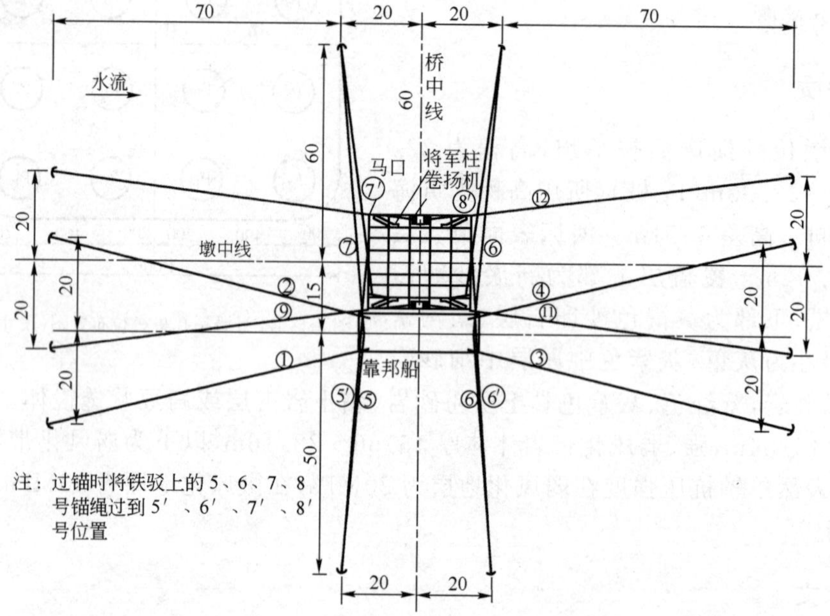

图 3-44　锚定系统布置（尺寸单位：m）

一切准备好后，选择良好的天气进行浮运定位，先由 300 马力（1 马力＝735W）拖轮拖动浮箱平台浮运到 4 号墩位置，然后把 8 根锚绳由铁驳过渡到浮箱平台上进行粗定位，最后通过收锚绳，对浮箱平台进行精确定位。

四 插打护筒、体系转换

用 160t 振动打桩机插打 4 根角桩（P_1、P_4、P_{13}、P_{16}）钢护筒（$\phi_{外}=2.4m$，$\delta=14mm$）。因覆

盖层卵石粒径大，打桩机高频强振 4 根角桩护筒，均未能嵌入岩面。于是，施工人员又对护筒进行复打，并连续观测 2d，确认无局部冲刷后，进行体系转换。施工过程如下：同时施焊 4 根护筒的牛腿，牛腿的顶面高程根据近几日观测（要求 24h 有人观测）的水位变化情况确定。牛腿焊完后，在牛腿上安放支承垫梁并加设垫板调整支承面高程，使平台 4 个角点高差小于 1cm。在高水位时，解除平台与浮箱之间的焊接联结系，随水位下落，浮箱平台自动脱离，从而使钻机平台落在钢护筒支承牛腿上，同时将牛腿与平台支承节点焊死，完成钻机平台的体系转换。体系转换完成后，插打其余桩钢护筒（$\phi_{外}=2.3\mathrm{m}$，$\delta=14\mathrm{mm}$）。

五 钻孔准备

（一）平台布置

钻机平台是由万能杆件拼成的桁架式结构，长×宽×高为 28m×23m×4m，重 290t，因设有辅助桩，上下游两端悬臂 8m，顺桥向两侧悬臂 5.5 m。在平台的顺桥向布置机具垫梁和钻机走道，在走道上摆放 1 台 KP3500 和 1 台 KPG3000 钻机。平台的上游侧设一处水上变电站，摆 1 台 35t 轮胎吊机，围绕平台另设 1 台 40t 浮吊。另外，平台上还摆有 2 套沉渣筒，1 个混凝土重拌仓。40t 铁驳上摆放 2 台压风机，1 台 250kW 发电机，并存放总槽、导管、钻杆等部分钻孔用具（图 3-45）。

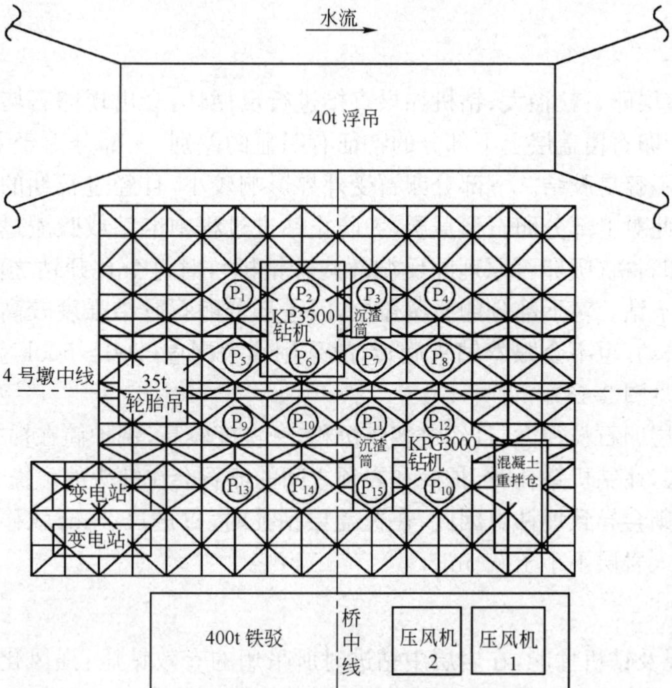

图 3-45　4 号墩钻孔桩施工布置示意图（尺寸单位：m）

（二）电力供应

在钻机平台上设 2 台 315kVA 移动式变电站，变电站通过水下高压电缆与南岸 10 kV 线路接通。为防止意外停电，备用 1 台 250kW 发电机。

(三)钻孔机具

根据钻机来源、地质情况及工期要求，4 号墩钻孔使用 2 台大功率旋转钻机：1 台为 KP3500(扭矩为 210 kN·m)型，另 1 台为 KPG3000(扭矩为 200 kN·m)型。

各钻机均配有直径为 1.98m 的菠萝钻头，全断面一次成孔。

(四)起吊设备

起吊设备为 1 台 40t 浮吊和 1 台 35t 轮胎吊机。

(五)混凝土供应

设 1 座 50 m^3/h 混凝土集中搅拌站。混凝土用汽车运输至栈桥码头，用码头上的 WD-20 轨道吊机转运下河装驳。水上设 2 艘机驳拖运，每艘机驳每次运输一个大罐(约 3 m^3)，大约每小时供应混凝土 20 m^3。

六 钻孔桩施工

(一)钻孔

1. 覆盖层钻孔

因 4 号墩覆盖层卵石粒径大，钻机如果直接进行反循环，会出现卵石堵管现象，所以要对卵石层进行处理。卵石覆盖层上下部分的特征有明显的差别：上部分由于受水流冲击等外界干扰大，卵石之间不容易胶结。下部分卵石受外界影响较小，且经过长期的沉积，故而级配较好，相互胶结。因此对上部分卵石覆盖层，为防止钻进过程中卡钻或吸渣过程中堵管，特制一个 ϕ420mm 的吸卵石机(吸卵石原理同反循环旋转钻机)，对每个孔开钻之前首先吸石，直至吸不出为止，然后下钻。对下部分卵石覆盖层，因这部分卵石胶结强度较高，在菠萝钻头的强大压力下不容易松动，也不会跟着钻头旋转，故采用增大配重(300～500kN)、加大钻压、强行突破的方法钻进(见图 3-46)。

另外，因覆盖层卵石粒径大，且经过多年沉积，密实度较高，钢护筒在插打时很难通过。如护筒不穿过卵石层，在钻机钻孔时，护筒和岩顶之间的卵石会在钻头的碰撞下向孔内坍塌。如果坍塌范围较大，则会导致埋钻。因此，在覆盖层钻孔时，每进尺 2 m，就移开钻机，复打 1 次护筒，直至护筒嵌入岩层不小于 0.5m。

2. 岩层钻孔

根据地质情况及钻机性能，在岩层中钻进时所采用的有效钻压：强风化层为 60～120kN，弱风化层为 100～150kN，微风化层为 200～250kN。另外，在钻进过程中，强、弱风化层采取减压钻进，以保证孔的垂直度。当进入强度较高的微风化带后，由于配重较小，为满足破岩要求，采用全压钻进，这样钻孔效率就会大大提高。所采用的钻孔转速：强风化带为 6～10r/min，弱风化带和微风化带为 4～7 r/min。

因墩位处微新基岩面起伏较大且岩层较薄，给持力层的判定带来一定困难。为保证钻孔桩嵌入微新岩体不少于 3 m，而又不穿过岩体，在施工中采取钻到设计高程后，捞取钻渣，请施工单位、设计部门、勘测部门、监理共同到场鉴定，如果均确认达到要求，即可终孔；如果认为没有达到要求，再安放钻机钻进 15～20 cm，再次进行鉴定，如此反复，直至达到要求。这样做，有力地保证了钻孔桩的成桩质量。

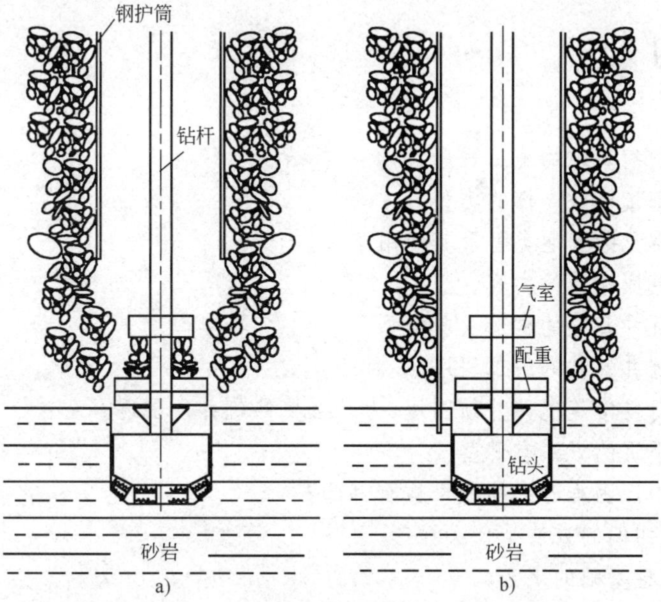

图 3-46 护筒跟进与否情况对比

a)护筒不跟进时可能造成卡钻、埋钻情形；b)护筒跟进时正常钻进情形

(二)钢筋笼的制造、安装

此桩基为嵌岩桩，钢筋笼伸至孔底，笼内壁设有 3 根探测管，按圆周等距布置。

钢筋笼的制造在车间分节进行，分节长度按钢筋原材料的长度确定。钢筋笼在加工和运输过程中要加设内支撑，以防止钢筋笼变形；在分节下放时，在护筒上放置 2 根托梁，并保持托梁搁置点在同一水平面上，以保证钢筋笼的垂直度。钢筋笼对接采用单面搭接手工电弧焊。

(三)水下混凝土灌注

桩身混凝土强度等级为 C30，采用导管法施工，混凝土由岸上的混凝土集中搅拌站进行拌制后，经船运至墩位处，用 40t 浮吊吊大罐倒进混凝土重拌仓内，经重拌后，流入总槽入孔进行灌注。

为了混凝土出导管顺利，每个孔的导管下口至孔底的距离布置为 25.40cm，砍球前混凝土不少于 6m^3，并由吊机吊起一罐(约 3m^3)混凝土停留于总槽上方，随着砍球后混凝土的不断灌注，大罐内的混凝土再适时注入总槽中。砍球后导管埋入深度不少于 1.5 m。在正常灌注中，导管埋入深度不少于 1.0m，也不大于 4.0m。

正常灌注时总槽内的混凝土不会一次放完，以便于在混凝土供应速度慢时将总槽内的混凝土分批灌注，以保持导管底口处的混凝土经常处于活动状态。

为确保桩顶混凝土灌注的密实性和整个桩身混凝土的均匀性，增加混凝土的冲击能，当桩身混凝土灌注至距桩顶 5m 以后，必须在灌注混凝土时保持漏斗至混凝土的距离不小于 5m。

另外，为防止桩身混凝土出现上松下紧现象，混凝土灌注至桩顶附近时，水封导管埋置深度可适当减少。

思考与练习

3.1 简述明挖基础的施工程序。
3.2 简述基坑坑壁支撑的类型。
3.3 简述常见的围堰类型及其使用条件。
3.4 简述基底检验的内容。
3.5 简述沉井基础的构造及其类型。
3.6 简述沉井基础的施工程序。
3.7 什么时候修筑沉井井顶围堰，为什么要修筑井顶围堰？
3.8 沉井下沉的方法有哪些？
3.9 沉井下沉困难时的辅助措施有哪些？
3.10 沉井纠偏的方法是什么？
3.11 简述桩基础的定义。
3.12 桩基础有哪些类型？
3.13 钻孔灌注桩的造孔方法有哪些？
3.14 钻孔灌注桩施工中的泥浆和护筒的作用是什么？
3.15 钻孔灌注桩的清孔方法有哪些？

第四章　墩台工程

本章知识目标

通过本章的学习，学生应掌握以下知识：

1. 梁桥桥墩的类型及适用条件；
2. 梁桥桥台的类型及适用条件；
3. 墩、台帽的施工方法。

第一节　梁桥桥墩

一 桥墩类型及适用条件

桥墩、桥台和基础统称为桥梁的下部结构，它们的主要作用是支承上部结构并将上部结构传来的荷载及本身自重传递到基础。桥墩一般指多跨桥梁的中间支承结构，除承受上部结构的竖向压力和水平力外，还受风力及可能发生的流水压力、冰压力、船只和桥下漂流物的撞击力、地震力的作用。此外，墩台还要承受施工时的临时荷载。因此，桥梁墩台应有足够的强度、刚度和稳定性，以确保整个桥跨的正常工作。

桥墩形式的采用，取决于桥上线路或道路条件、桥下水流速度、墩位处水深、水流方向与桥梁中轴线的夹角、通航及桥下漂流物、基底土壤的承载能力、梁部结构及施工方法等。桥墩一般分为重力式实体桥墩、空心桥墩、柱式桥墩、轻型桥墩和拼装式桥墩。

(一)重力式实体桥墩

重力式实体桥墩主要依靠自身重力来平衡外力保证桥墩的稳定，适用于地基良好或桥下有通航、流冰等漂流物的大、中、小桥梁。重力式桥墩一般用混凝土或片石混凝土砌筑，截面尺寸及体积较大，其自重和阻水面积也较大，外形粗壮，很少应用于城市高架桥梁。重力式实体桥墩按截面形状分为矩形桥墩、圆形桥墩和圆端形桥墩。

1. 矩形桥墩(图 4-1)

矩形桥墩截面为矩形，具有圬工较省、模板简单、施工简便的优点，但对水流的阻力特别大，并促使水流紊乱而招致桥墩周围发生较大的局部冲刷，所以矩形桥墩一般适用于无水、静水或靠近岸边水流流速小处。

2. 圆形桥墩(图 4-2)

圆形桥墩截面为圆形，不受水流与桥梁轴线斜交角度的限制。当水流流向不稳定或水流与桥梁法线斜交角度大于 15°时，应采用圆形桥墩。由于圆形桥墩各个方向的尺寸相同，不能根据桥墩纵、横向受力及使用要求的特点采用不同的尺寸，增大了桥墩的阻水面积，故对于斜交角小于 15°及横向宽度较大的桥墩不宜采用。同时，因为截面为圆形，不宜用石料砌筑。

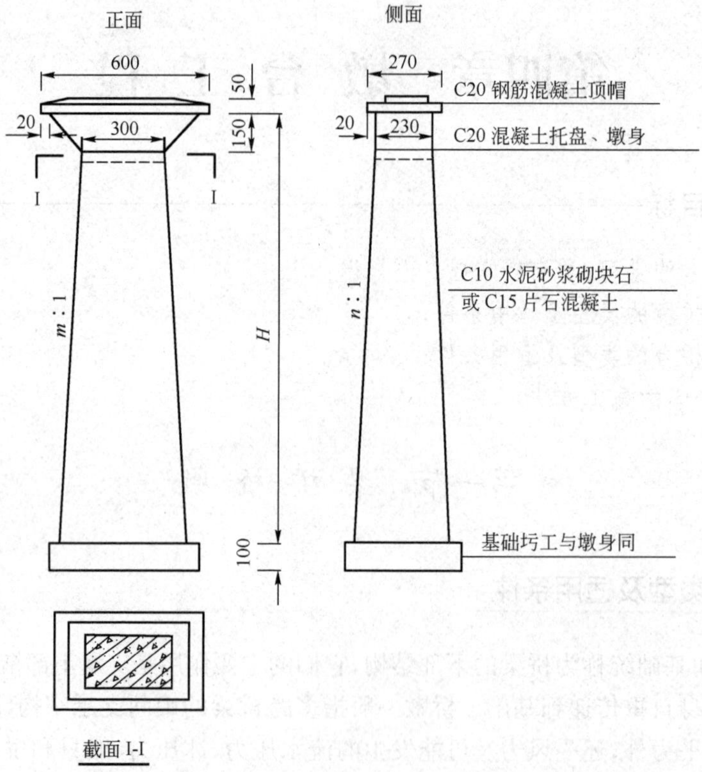

图 4-1　矩形桥墩(尺寸单位:cm)

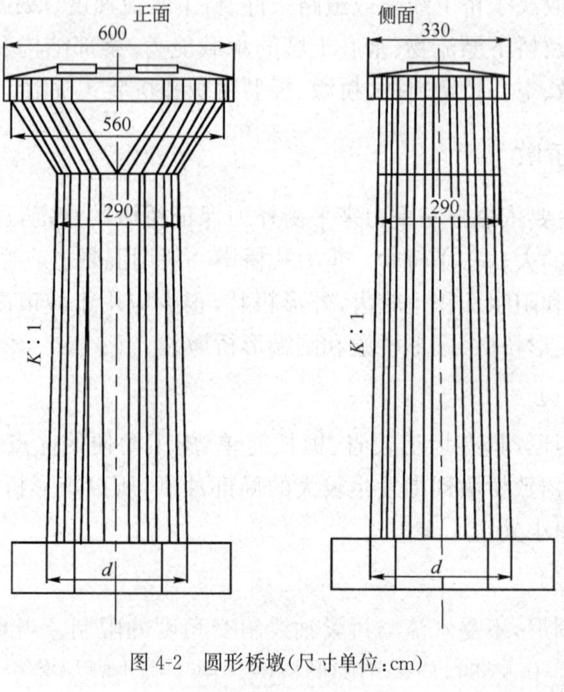

图 4-2　圆形桥墩(尺寸单位:cm)

3. 圆端形桥墩（图 4-3）

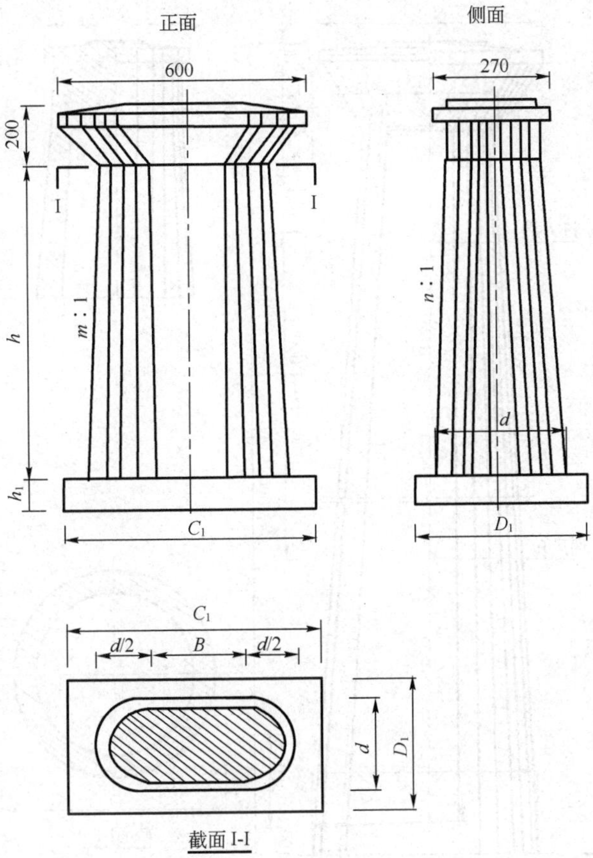

图 4-3　圆端形桥墩(尺寸单位:cm)

圆端形桥墩截面中间为矩形，两端各加一个半圆，能使水流顺畅地通过桥孔。与矩形桥墩相比，它可减小水流对桥墩周围河床的局部冲刷和水流压力，一般用于斜交角小于 15°时的水中桥墩。它是桥梁上常用的重力式实体墩。

（二）空心桥墩

位于山区城市的桥梁往往桥长且谷深而需要建造高桥墩，如果采用重力式实体墩，则墩身圬工量惊人，墩身的自重大而相应要求地基有较高的承载能力、地震时有较大的惯性力。因此设计时一般采用空心桥墩，如图 4-4 所示。根据方案比较及实桥对比，混凝土空心桥墩比实体桥墩可节省 20％～30％的圬工，钢筋混凝土空心桥墩可节省圬工 50％左右。

空心桥墩的截面形式如图 4-5 所示。墩身的立面形式一般有直坡式、台阶式和斜坡式。

空心墩墩壁较薄，在有船、筏和漂流物或受冰压力的河流上，一般不宜采用，以防撞击和磨损墩壁而招致破坏。但根据河流的具体情况，采取下部实体墩身等措施，通过技术经济比较后，仍可采用空心墩。

设计高墩时，应根据墩高、墩截面尺寸、梁的跨度及施工条件等，选择适当的空心墩的类型。

圆形空心墩截面受力性能最好，一般情况下可不设隔板，施工最为方便，设计高墩时可优先考虑采用这种截面形式。当构造需要桥墩的横向尺寸很宽，或横向水平力较大，如梁宽度大，双线铁路、弯道桥或架梁需要墩顶较宽等情况时，可考虑采用圆端形或矩形带纵隔板的空心墩。当墩身不很高，平面两向宽度比值不太大时，可采用不带纵隔板的形式。另外，方形与圆形相比，方形温度应力较大。使用滑动钢模板施工时，圆端形比矩形方便。

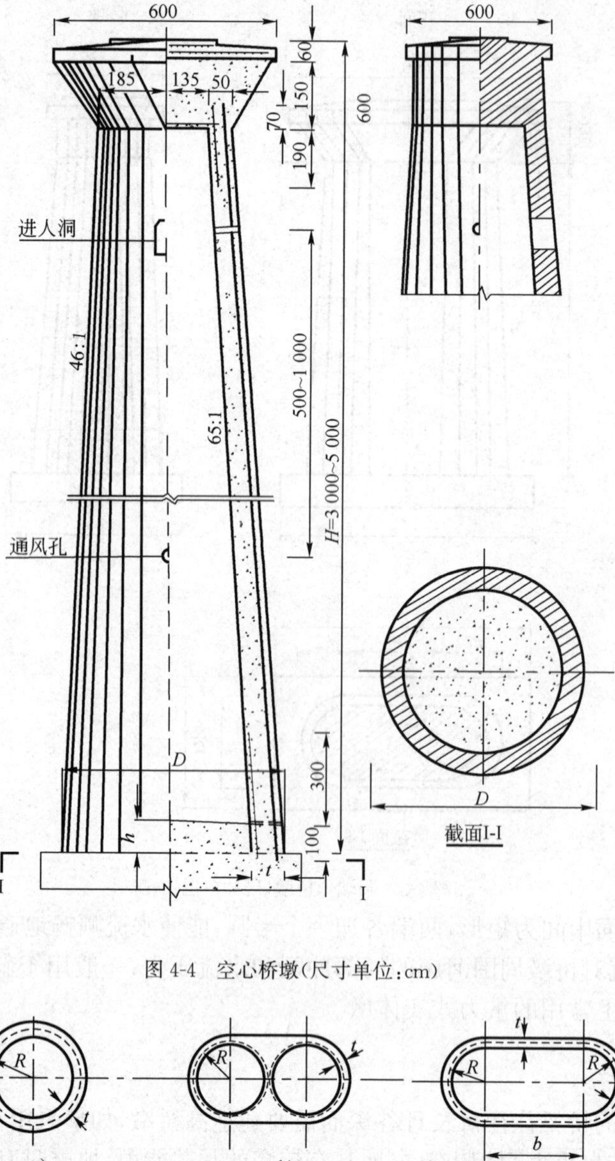

图 4-4 空心桥墩(尺寸单位:cm)

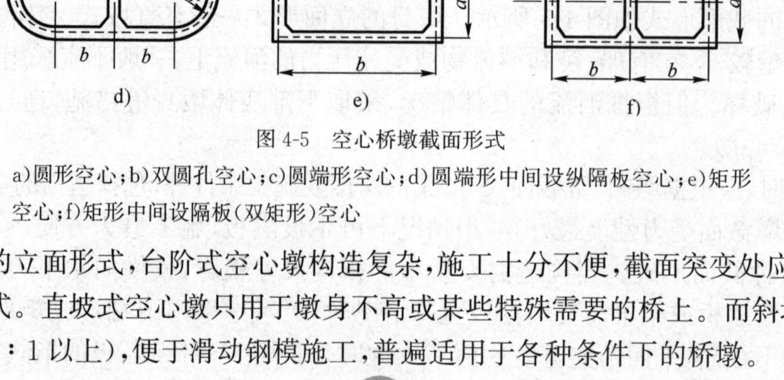

图 4-5 空心桥墩截面形式

a)圆形空心；b)双圆孔空心；c)圆端形空心；d)圆端形中间设纵隔板空心；e)矩形空心；f)矩形中间设隔板(双矩形)空心

关于桥墩的立面形式，台阶式空心墩构造复杂，施工十分不便，截面突变处应力集中，现已不采用这种形式。直坡式空心墩只用于墩身不高或某些特殊需要的桥上。而斜坡式空心墩墩身坡率较陡(45：1 以上)，便于滑动钢模施工，普遍适用于各种条件下的桥墩。

(三)柱式桥墩

柱式桥墩是目前桥宽较大的城市高架桥梁中广泛采用的桥墩形式。这种桥墩既可减轻墩身重量、节省圬工材料,又比较美观、结构轻巧,桥下通视情况良好。柱式桥墩的形式主要有单柱式、多柱式、哑铃式及混合柱式四种(图4-6)。柱身截面大多为圆形和矩形。

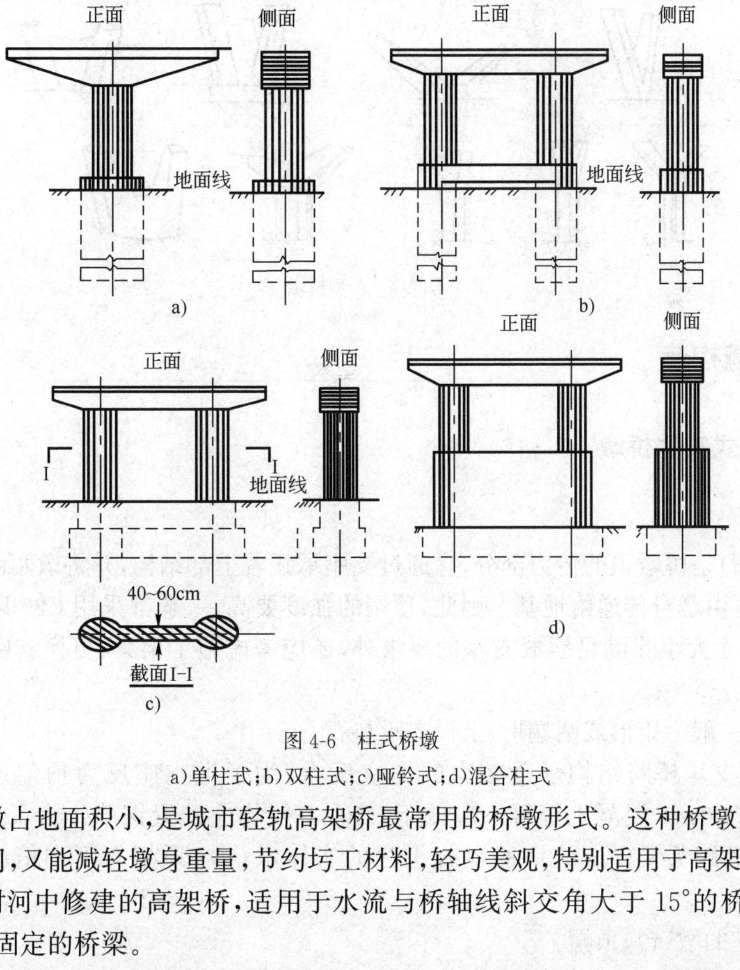

图4-6 柱式桥墩

a)单柱式;b)双柱式;c)哑铃式;d)混合柱式

单柱式桥墩占地面积小,是城市轻轨高架桥最常用的桥墩形式。这种桥墩既为桥下交通提供最大的空间,又能减轻墩身重量,节约圬工材料,轻巧美观,特别适用于高架桥和地面道路斜交的情况。对河中修建的高架桥,适用于水流与桥轴线斜交角大于15°的桥梁,或河流急弯、水流流向不固定的桥梁。

双柱式桥墩在横向形成钢筋混凝土刚架,受力情况清晰,稳定性好,其盖梁的工作条件比单柱式桥墩的盖梁好,无须施加预应力,其使用高度一般在30m以内,在水流与桥轴线斜交角小于15°的桥梁或仅有小的漂流物或轻微流冰的河流中,可采用双柱式或多柱式桥墩。

在有较多漂流物或较严重流冰的河流上,当漂流物卡在两柱中间可能使桥梁发生危险时,可在双柱间加做40~60cm厚的隔墙,成为哑铃式桥墩。当墩身较高时,也可把高水位以下的墩身部分做成实体、以上部分做成双柱的混合式桥墩,这样,既减少了上部分的圬工体积,也保证了抵抗漂流物的能力。混合式桥墩常见的是Y形桥墩,它结合了单柱式和双柱式桥墩的优点,下部成单柱式,占地面积小,有利于桥下交通,透空性好;而上部成双柱式,对盖梁工作条件有利,无需施加预应力,造型轻巧,比较美观,施工虽然比较复杂但无太大困难。

(四)轻型桥墩

轻型桥墩(图4-7)截面形式大多为薄壁矩形或薄壁圆端形实体截面,适用于小跨度、低墩及三孔以下(全桥长不大于20m)的桥梁。轻型桥墩不像重力式桥墩那样要满足独立的稳定性要求,因而可减少圬工材料,获得较好的经济效益。轻型桥墩的其他形式有多种,如V形、X形、Y形、倒梯形等,一般由钢筋混凝土或预应力混凝土建成,可以适应具有特殊要求的城市、旅游风景区。但该类轻型桥墩结构构造比较复杂、施工比较麻烦、造价也高。在地质不良地段、路基稳定不能保证时,不宜采用轻型桥墩。

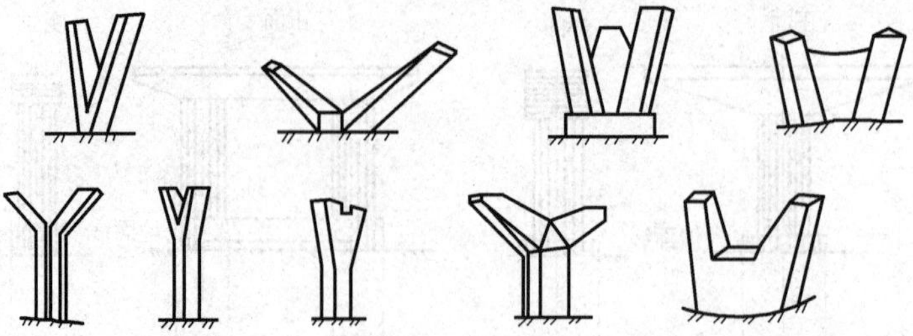

图4-7 轻型桥墩

二 桥墩构造

(一)重力式实体桥墩

1.顶帽

顶帽(墩帽)是桥墩顶的传力部分,它通过支座承托着上部结构,并将墩两侧桥跨上的荷载传到墩身上,再由墩身传递给地基。因此,顶帽的强度要高,一般都采用C20以上钢筋混凝土制作。顶帽尺寸大小除满足摆放支座的要求外,还应考虑施工架梁、更换支座等临时设施的要求。

墩台顶帽一般为矩形或圆端形,上设支承垫石。

顶帽直接支承桥跨结构承受较大的支座反力,为了把支座反力均匀地传给墩身,其厚度不应小于40cm,混凝土等级不应低于C20,一般均应配置钢筋。为了节约钢材,对于单线高架桥、等跨$L\leqslant16$m的钢筋混凝土梁的实体墩(台)顶帽有下列情况之一者,可以不设置钢筋:

(1)无支座的墩(台)顶帽。

(2)在雨水极少且不受冻害影响的地区,用整体灌注的混凝土墩(台),要求顶帽厚度≥60cm。

桥墩台上放置支座部分因受力集中应设置钢筋网的支承垫石。为防雨水侵蚀,顶帽表面应设不小于3%的排水坡(无支座的顶帽可不设),支承垫石顶面应高出排水坡的上棱,并设有挑出墩身10~20cm的飞檐(图4-8)。

曲线桥桥墩承受沿桥墩横向作用的水平离心力P,为减小桥墩所承受的弯矩,可将支座布置于偏向曲线内侧,使梁的中心线对桥墩中心线有一预偏心d,这样,支座反力R产生向曲线内侧的偏心弯矩Rd,以抵消一部分由离心力所产生的弯矩,如图4-9所示。

当桥墩所支承的两相邻桥跨结构跨度不等时,为适应两相邻跨不同的建筑高度,可采用如图4-10所示的布置,或将支承垫石做成不等高的(图4-10a),或将顶帽布置在不同的高程上(图4-10b);为使两个不相等跨度支座反力的合力尽可能接近桥墩轴线,以减小垂直力的偏心,宜将大跨的支座布置得较近于墩轴。

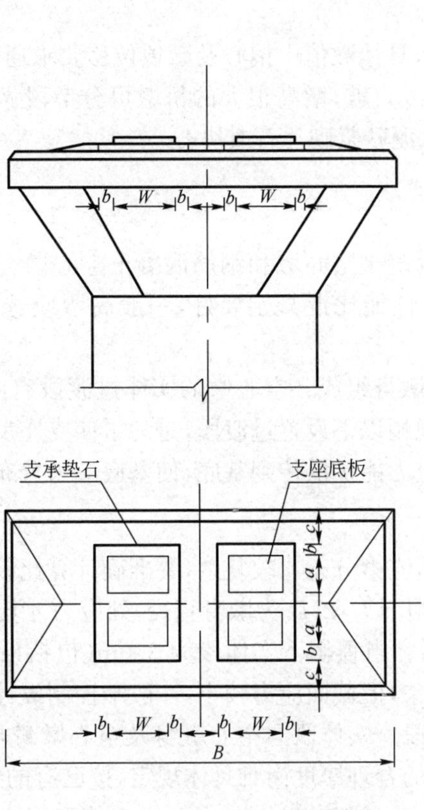

图 4-8 桥墩顶帽尺寸

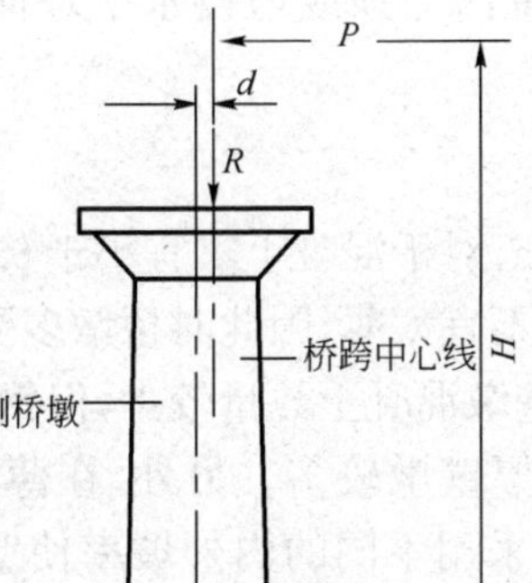

图 4-9 预偏心桥墩

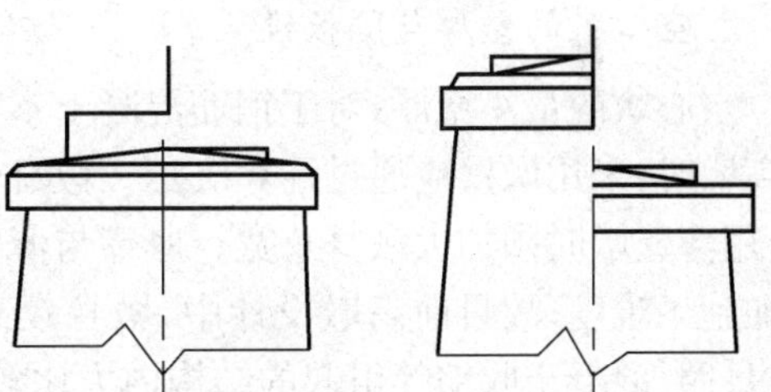

图 4-10 桥跨不等时的顶帽布置

a)支承垫石不等高；b)顶帽不同高程

2. 托盘

为使截面由大变小，一般都在顶帽下设置托盘过渡，称托盘式顶帽。托盘及托盘下一小段墩身混凝土强度等级与顶帽相同。必须指出，托盘式顶帽墩身的现场工程量虽然增加不多，但当桥墩较矮时，似乎不太美观。在地震区，一般不采用托盘式顶帽，因颈缩处形成一薄弱断面，对抗震性能不利。

3. 墩身

墩身的两个方向一般均做成斜坡，具体数值由偏心及墩顶位移要求通过试算确定，一般为20：1～30：1。墩高不大的桥墩可做成直坡，墩高很大的桥墩可分节段做成台阶状。建筑材料一般采用C20片石混凝土或C10水泥砂浆砌片石或块石。

(二)空心桥墩

空心墩按建筑材料可分为两类：混凝土空心墩和钢筋混凝土空心墩。混凝土空心墩宜设置护面钢筋，钢筋混凝土空心墩受力性能比混凝土要好，一般高墩应选择钢筋混凝土材料建造。

空心墩由顶帽、实体过渡段、空心墩身组成。空心墩的实体过渡段有两部分，一是空心墩顶帽以下，二是墩身与基础连接处。顶帽以下设置过渡段，是为了使支座反力较均匀地传至墩壁，并减少活荷载对墩壁冲击力或使应力能扩散传到基底，使基底应力分布较均匀。

1. 实体过渡段设置

空心墩上下实体段与墩壁连接处，应力分布比较复杂，要准确计算比较困难。实测试验资料表明：当顶板厚度为1.0m时，在顶帽下$D/2$(D为墩身直径)处应力才均匀分布于壁上。干扰力矩使墩壁应力增大约40%～76%。当顶帽下实体段为3.0m(包括顶帽厚)时，顶帽实体段与空心墩壁连接处仍有应力集中现象，但截面应力较小，一般不控制设计。

空心墩的顶帽下面宜设实体过渡段。实体段与空心墩身及空心墩身与基础的连接处，均应增设补充钢筋或设置牛腿。实体段的合理厚度尚难具体规定，按已有的经验，墩顶实体段一般采用3～5m(包括顶帽厚度)，可按墩高、梁跨、壁厚与内孔比率等因素决定。实体段与墩壁连接处须设置牛腿或小斜角。在牛腿下($D/2$～D)范围内加强或增设水平环向钢筋和竖向钢筋。

2. 空心墩的壁厚与隔板设置

空心墩的最小壁厚，对于钢筋混凝土不宜小于0.3m，对于混凝土不宜小于0.5m。实际设计高墩时，采用墩壁应通过计算决定。墩身较高时墩壁不宜太薄，因此时桥墩多受墩顶位移控制，用薄壁墩时须加大墩身总宽。厚壁与薄壁比较，薄壁墩混凝土数量较少，但钢筋用量多，且增加施工难度，故目前高墩设计中，墩身较高时以采用厚壁墩较多。另外，在薄壁墩中，由温度、日照、混凝土收缩等引起的结构内力比较复杂，也有采用不同的内外坡率使壁厚向下逐渐增加或设置横隔板等构造。以前，空心墩有设置横隔板的，目的是增强整体稳定和局部稳定，增强桥墩的抗扭、抗震能力。但在模型试验和理论计算中，至今尚未能确定隔板对稳定和强度的明显作用。空心墩能否不设隔板，或在什么情况下必须设隔板及其形式和间距问题尚需进一步研究。但由于目前设计和施工的经验还不多，在构造上应有一定措施保证结构的刚度、稳定和强度，故横向很宽的圆端形、矩形空心墩，仍宜设置纵隔板。较大的圆形墩可设置加劲肋式的横隔板。

3. 通风孔、排水孔与进人洞设置

为了调节墩内外温差，减少施工中混凝土水化热对墩内温度的影响，应设置通风孔。圆形通风孔对墩壁应力分布较好，其直径不宜小于20cm，每隔3～5m交错设置。通风孔离地面不宜低于5m，并应高出设计频率水位，还应设置栅栏。为排除墩内积水，可在墩下部过渡段顶部设置排水孔。排水孔设置有向外的流水坡，水中墩不要设在上游一侧，排水孔应设加强钢筋网。施工时设置的临时排水孔，竣工后应加以封堵。为了便于进人在空心墩内检查和维修，在墩顶上应设置带门的进人洞，以及相应的固定或活动的检查设备，墩身内壁可设固定检查梯。

(三)柱式桥墩

柱式桥墩由盖梁、墩柱及基础组成。盖梁的截面形状为矩形或T形，在城市桥梁中常采用倒T形使得架梁后盖梁不外漏，墩身线条简洁、美观。盖梁的宽度依上部结构的形式、支座间距和尺寸等确定，高度一般取宽度的0.8～1.2倍，悬臂厚度不小于30cm。当铁路桥墩的墩高大于7m时，在两柱间距基础顶3～5m处设一横系梁以保证柱的稳定，横系梁高度可取柱直径的0.8～1.0倍，宽度可取为柱直径的0.8～1.0倍。

第二节　梁桥桥台

作为桥梁的重要组成部分，桥台起着支承桥跨结构和衔接桥跨与路基的作用，它不仅要承受桥跨传来的荷载及自重，而且还要承受台背填土土压力及填土上车辆荷载产生的附加土压力。因此，桥台本身应具有足够的强度、刚度和稳定性，对桥台地基的承载力、沉降量、地基与基础之间的摩阻力等都有一定的要求，以避免在荷载作用下桥台发生过大的水平位移、转动或沉降而影响桥跨的正常使用，这也是桥台设计中的主要内容。当今，随着设计、施工技术的进步，世界各国的桥梁建设都在迅猛发展，这不仅体现在桥跨结构的造型新颖上，同时也反映在下部结构向轻型合理的方向发展。尤其在城市桥梁中桥台形式更是日新月异，出现了许多轻型、美观、结构合理的形式。但本章仍然从最基本的概念和最常用的梁桥桥台形式着手，介绍常用桥台的基本构造、设计原则。

一　桥台类型及适用条件

桥台由台顶(包括道碴槽和顶帽)、台身及基础三部分组成(图4-11)。为了加强桥台与路堤的衔接，桥台尾部应伸入路堤一定的深度，其前端填土应按一定的坡度做成锥体，并铺砌护坡。顶帽设有支承垫石支承桥跨结构，其上设有排水坡。桥台台顶设道碴槽用来承托道碴、枕木、钢轨等线路设备，顶面设有排水坡。

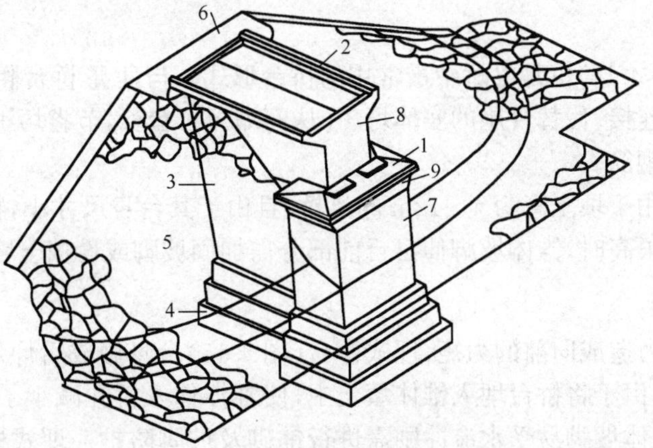

图4-11　桥台一般构造

1-台帽；2-道碴槽；3-后墙；4-基础；5-锥体；6-路堤；7-前墙；8-胸墙；9-托盘

常用的中、小跨度梁桥桥台类型有重力式桥台和轻型桥台两种，其中重力式桥台为就地建造的整体式重型结构，主要靠自重来平衡台后的土压力，桥台本身大多由砌石、片石混凝土或混凝土等圬工材料构成，台帽则一般为钢筋混凝土。重力式桥台依据桥台的形状及台背填土情况分类，常用的有U形桥台、T形桥台、埋式桥台、耳墙式桥台及挖台。

轻型桥台一般体积较小，外观轻巧，自重轻，圬工体积小，它主要借助桥台各部分的整体刚度和材料强度承受外力，从而节省圬工，降低对地基承载力的要求和扩大应用范围。轻型桥台的形式多样，分类也无统一的标准，为便于讲述，本书按轻型桥台的构造特点大致进行分类。常见的轻型桥台有八字形和一字形桥台、薄壁轻型桥台、框架式桥台、锚定板桥台等。轻型桥台一般为钢筋混凝土结构。

(一)重力式桥台

1.U形桥台

U形桥台(图4-12)由支承桥跨的前墙与连接路基的两翼墙所组成，中空部分填土，以节省圬工。桥台两侧翼墙的受力与挡土墙相同，自上而下由窄变宽，当桥窄、台高时，采用U形桥台就不经济。U形桥台适用于填土高度较小($H\leqslant 4$m)、地基容许承载能力较低的桥梁。U形桥台的缺点是台后U形中空部分容易积水，冰冻后膨胀，致使墙身产生裂缝，影响桥台使用寿命，故在严寒地区使用时，须选用良好的渗水性填料并须做好排水设施。

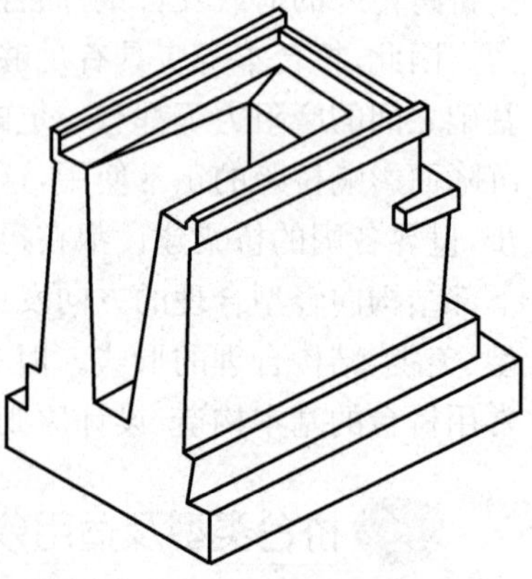

图4-12　U形桥台

2.T形桥台

T形桥台(图4-13)桥台后端部分至台身较窄，而前墙较宽，截面形式为T形。为了改善受力状态，台身后墙做成仰斜式，基础也一般做成前宽后窄的T形。T形桥台比一般实体桥台节省圬工，但由于后墙较窄，道碴槽为钢筋混凝土悬臂，钢筋用量较多，台身长度随着填土高度而增加，所以，当填土较高时，T形桥台的圬工量较大。

T形桥台一般应用于填土高4～12m的桥梁，或用于较小承载力的地基。

3.耳墙式桥台

耳墙式桥台(图4-14)也是梁桥中最常用的桥台形式。与T形桥台相比，耳墙式桥台采用两片耳墙与路堤相连接，代替台尾的实体圬工，从而缩短了台长，节省圬工，但为了避免耳墙根部开裂需配较多的钢筋。

耳墙式桥台适用于填土高为4～12m的梁桥，且由于其台身尺寸小，特别适用于深基础或复线桥梁。当填土很高时，锥体坡脚伸出台前部分需加固坡脚或设挡土墙。

4.埋式桥台

为了减小土压力造成向前的力矩，埋式桥台(图4-15)台身做成后仰形式。埋式桥台可大大节省桥台圬工，但由于将桥台埋入锥体填土中，使锥体伸入桥孔减小了桥下过水面积，从而增加桥的全长，且锥体坡脚易受水流冲刷需进行铺砌及坡脚防护。埋式桥台台身高而基础较短，基底应力大。这种桥台用于桥头为浅滩、溜坡、受冲刷较小、填土较高(填土高度$\geqslant$12m)的桥梁上，且要求地基有较高的承载能力。

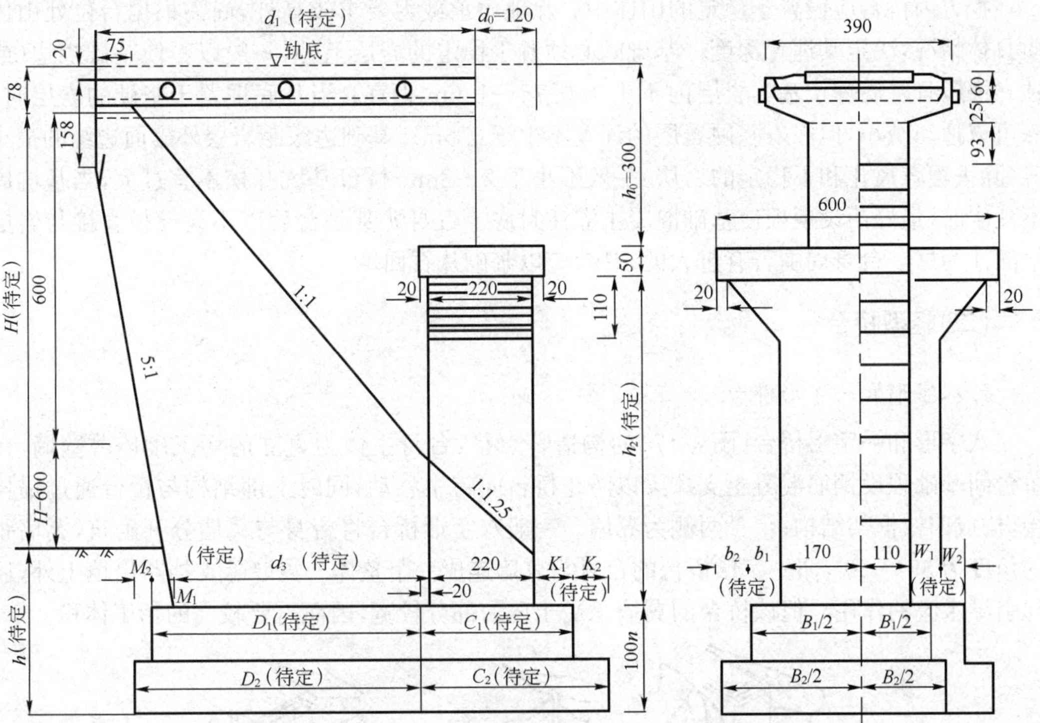

图 4-13 T形桥台（尺寸单位：cm）

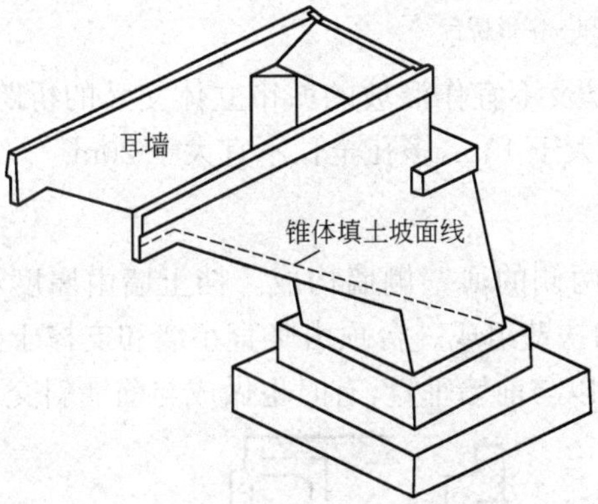

图 4-14 耳墙式桥台

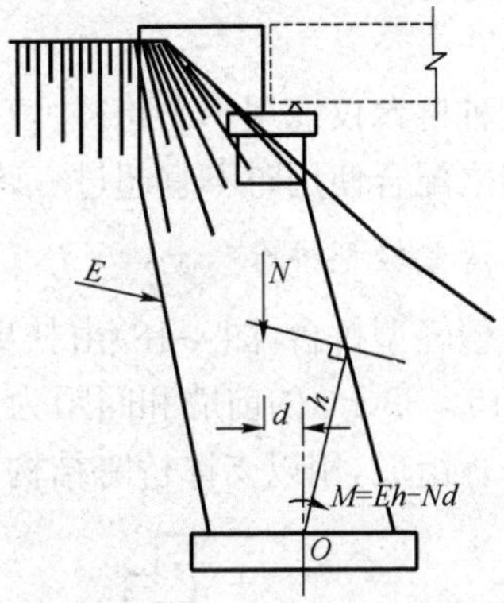

图 4-15 埋式桥台

5. 挖台

有些桥台位于陡峻的山坡上，嵌入山体之中，有时台尾紧接隧道甚至有侵入洞门之内的情况。为此，实践中在挖方内常采用提高基础、缩短台顶的顶帽式桥台，即挖台（图 4-16）。由于这种桥台结构形式简单，施工方便，符合自然的实际情况，便于设计和施工。

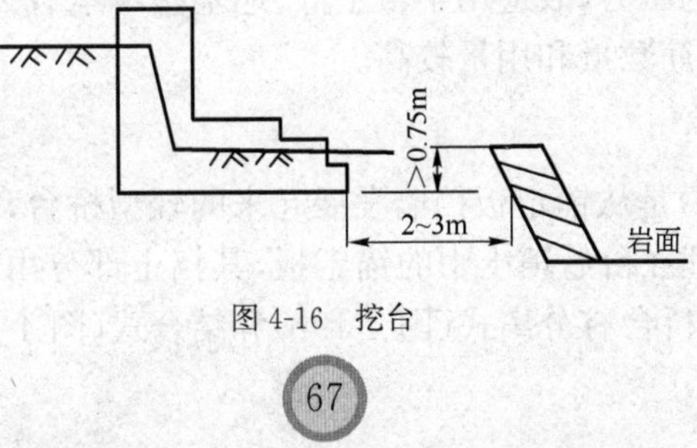

图 4-16 挖台

挖方内桥台应设置于稳定的山体中。除地质承载力要求较高外，尚需根据台位处山体地质具体情况，决定其埋置深度。基础除必须置于稳定的岩层上外，一般以不使基础襟边（或基顶）外露，且基底埋于基本岩层内不少于0.75～1.0m为宜。当基底埋置于坚硬的岩层时，埋深可以适当减小，但嵌入坚硬岩层的深度不少于0.5m。基础边缘距岩层外露面边缘的最小距离（除去覆盖风化和不稳定的岩层）一般不小于2～3m。桥台基坑开挖不宜过大，当基坑周围不浸水时，最好不设模板使基础混凝土灌注封底。台身尤其是台后以不设模板直接与岩层接触灌注为好。台身周围若有过大的超挖，应以浆砌片石回填。

（二）轻型桥台

1. 八字形和一字形桥台

八字形和一字形桥台（图4-17）的构造特点是：台身主体为直立的圬工砌体薄壁墙，在两桥台间基础顶设钢筋混凝土支撑梁以防止桥台向跨中移动，同时上部结构与桥台通过锚栓连接，构成四铰框架结构；台身两侧为翼墙。一般八字形桥台将台身与冀墙分开砌筑，翼墙张开的角度为35°～50°，而一字形桥台的台身与冀墙连成一个整体。翼墙除支挡路堤填土外，还可起引导水流的作用。但该桥台的翼墙承受土压力部分较宽，因而需要较大的圬工体积。

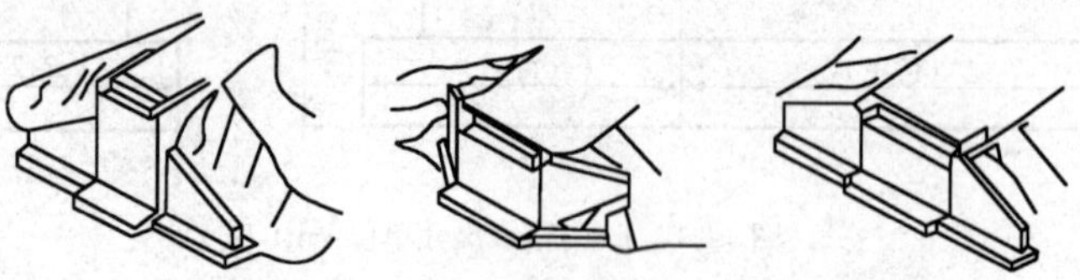

图4-17　八字形和一字形桥台

这种桥台仅应用于小跨径、填土低的桥梁，以及不宜作溜坡的城市立体交叉的桥跨，桥跨孔数与之配合使用时不宜超过三跨，单孔跨径不大于13m，多孔全长不宜大于20m。

2. 薄壁轻型桥台

薄壁轻型桥台（图4-18）由扶壁式挡土墙和两侧的薄壁侧墙构成。挡土墙由厚度不小于15cm（15～30cm）的前墙和间距为2.5～3.5m的扶壁组成。台顶由竖直小墙和支撑于扶壁上的水平板组成，用以支撑桥跨结构。两侧薄壁可以与前墙垂直，有时也做成与前墙斜交。

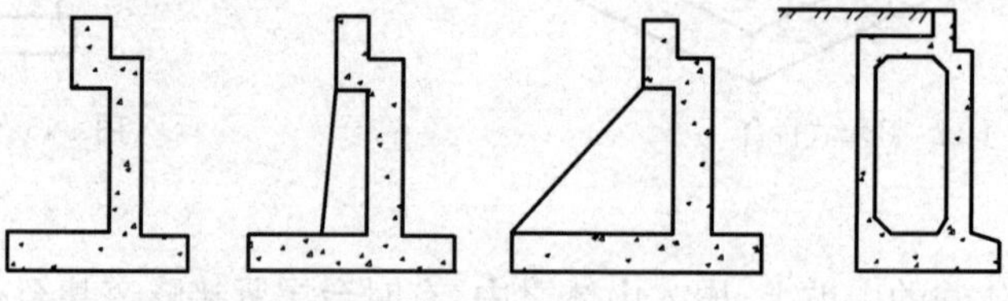

图4-18　薄壁轻型桥台

常用的形式有悬臂式、扶壁式及箱式等，这种桥台不仅可节省圬工40%～50%，有时因自重减轻而减小了对地基的压力，故适用于填土低、地基基本承载力小的小跨径桥梁，但其构造和施工复杂，混凝土及钢筋数量和用量较高。

3. 锚定板桥台

锚定板桥台（图4-19）是从锚定板挡墙发展起来的轻型桥台，它的特点是全部或大部分台后土压力通过拉杆传给埋在台后填土中的锚定板，其挡土部分由墙面、拉杆、锚定板组成。目前，国内常采用的锚定板桥台有分离式（图4-19b）和结合式（图4-19c）两种类型。

分离式锚定板桥台分为两个独立部分，一个是支承桥跨结构的台身，另一个是支挡台后填土的锚定板挡墙，两者之间预留 10～12cm 的空隙。台身仅承受梁跨传来的竖向力及水平力，锚定板挡墙则承受墙背后的土压力，两者受力互相独立，互不干扰，各部分受力及分工明确。这种桥台需两套基础，构件较多，构造复杂，施工安装操作稍显不便。

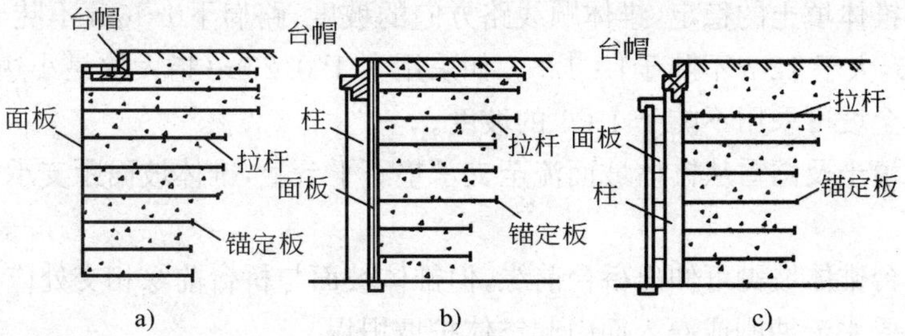

图 4-19　锚定板桥台

结合式锚定板桥台是将台身与锚定板挡墙联合成一个整体，台身兼作立柱和挡土结构，主要承受梁跨传来的竖向力，而全部水平力均由锚定板的抗拔力来平衡。这种桥台构造简单，施工方便，工程量较省，但受力不太明确，若台顶的位移量计算不准，会影响施工和正常运营，设计时不易掌握。

锚定板结构由锚定板、立柱、拉杆和挡土板组成。其工作原理是，台后填土产生的土压力作用于挡土板上，再通过立柱及拉杆将该力传递给锚定板，而锚定板则依靠位于板前具有一定抗剪能力的土体所产生的抗拔力来平衡拉杆拉力，使整个结构处于稳定状态。

二　桥台构造

(一)重力式桥台

桥台顶帽及托盘主要尺寸拟定原则和各项规定与桥墩相同，不同的是台帽顶面只设单排支座，而在另一侧设挡住路堤填土的背墙。台顶纵向尺寸(图 4-20)为：

$$A \geqslant a/2 + e + e_0 + b + c$$

式中，a、e、e_0、b、c 各值均与桥墩部分所述相同。

各式桥台的台身长度，由下列各项要求决定(图 4-21)：

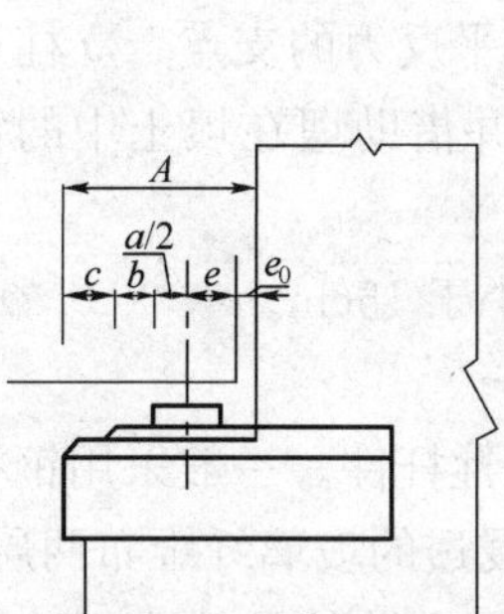

图 4-20　桥台顶帽纵向尺寸

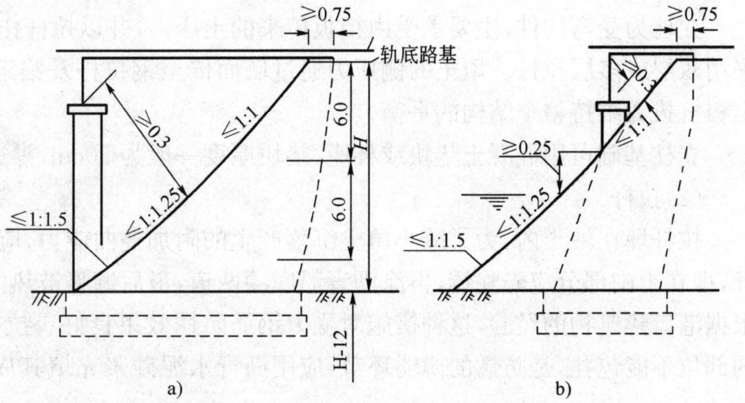

图 4-21　确定台长的条件(尺寸单位：m)

(1)为了加强桥台与路堤的连接,使线路道碴不致由锥体填方顶部下滑,桥台尾上部应伸入路堤内至少0.75m。

(2)除埋式桥台外,为使锥体填土免受水流冲刷和不占流水面积,锥体填土的坡脚不应超出桥台前缘。

(3)为保证锥体填土的稳定,锥体顺线路方向的坡度,路肩下0～6m不陡于1∶1,6～12m不陡于1∶1.25,大于12m不陡于1∶1.5。如采用大于0.25m(指大块最小边尺寸)的石块分层适当码砌时,全坡可采用不陡于1∶1的坡度。

(4)为避免填土及雨雪从锥体坡面流至支承垫石平台上,锥体坡面距支承垫石顶面后缘不少于0.3m。

(5)埋式桥台锥体坡脚可伸出桥台前缘,但锥体坡面与桥台前缘相交处应高出设计频率水位0.25m,以免受水流冲刷或浸入而引起锥体护坡坍塌。

(二)轻型桥台

1.八字形和一字形桥台

八字形和一字形桥台的基础一般采用C15混凝土,当基础长度大于12m时需配置钢筋。支撑梁的截面尺寸为20cm×30cm,用C20钢筋混凝土浇筑,搁置在基础上,垂直于桥台并应对称于桥中心线布置。中距一般为2～3m,支撑梁也可用混凝土或块石砌筑,以节约钢筋,但截面尺寸不小于40cm×40cm。

台身均为圬工体,当梁的跨径不超过6m,台高不超过4m时,可用M12.5浆砌块石;当跨径大于6m,台高大于4m时,需用C15混凝土浇筑。台帽为C20钢筋混凝土。台帽内的预埋栓钉应与上部结构互相锚固。为了保证支撑梁牢固地埋入土中,一般埋置深度为1.5m,在有冲刷的河流上,还应用片石铺砌河床。如果基础能嵌入风化岩层15～25cm,也可不设下部支撑梁。台身前墙与翼墙之间一般设沉降缝分离。这类桥台不设路堤锥坡,前墙承受土压力及支座传来的荷载,两侧翼墙只承受土压力。翼墙顶面与路堤边坡平齐,其高度与底宽是变动的。

2.锚定板桥台

锚定板结构由锚定板、立柱、拉杆和挡土板组成,设计时一般遵循以下原则:

(1)立柱

立柱为受弯构件,主要承受由挡板传来的土压力,并以拉杆作为水平反力的支点。立柱可采用双层或多层拉杆。填土的侧压力通过墙面传至钢拉杆及锚定板,并借助埋在填土中的锚定板抗拔力维持整个结构的平衡。

立柱基础可用混凝土垫块或杯座,垫块厚度一般为50cm,襟边不小于15cm。

(2)拉杆

拉杆埋在填土内,为了减小填土沉落产生的附加挠曲应力,应用柔性杆件。一般采用钢拉杆,埋在土中部分应先除锈,再涂沥青船底漆两道,最后缠裹被热沥青浸透的玻璃纤维布两层。根据港口建筑物的经验,这种措施对受力钢筋防锈效果良好。拉杆螺栓和肋柱及锚定板连接的部位不能包扎,是防锈的薄弱环节,应用沥青水泥砂浆充填其周围并用沥青麻筋塞缝,慎重处理。

拉杆一般水平设置,当设计拉杆的拉力较大,一根拉杆的截面不够时,可设置两根拉杆。

两根拉杆可放在同一水平面上，也可以上下排列在同一垂线上。双层拉杆之间应留有一定的空隙，以免影响螺母的拧紧。上层拉杆有时设有稍向下的倾角可减少立柱的位移。根据模型试验资料可知，上层拉杆下倾 3°26′或 5°时，位移分别减少到水平位置时的 70%和 55%。如对拉杆预加拉力，当分别预先施加相当于 1 倍设计活荷载作用下的拉杆设计拉力时，立柱的位移可减少约 20%～30%。

拉杆长度对锚定板位移值影响较大，在整体稳定计算中也要求有一定长度。一般设计中以锚定板位于土压力破裂面以外至少 4h(h 为锚定板高度)的距离来决定拉杆长度，主墙每层拉杆长度不小于 10h，翼墙每层拉杆长度不小于 6～8h。

(3)锚定板

根据模型试验资料，锚定板以正方形为最经济，能发挥最大抗拔力效果。为了抗拔力，锚定板要求有一定埋置深度，不同的埋置深度形成土体不同的剪切破坏，当 $H/h \leqslant 5$ 时为浅埋(见图 4-22a)，$H/h > 5$ 时为深埋(见图 4-22b)。

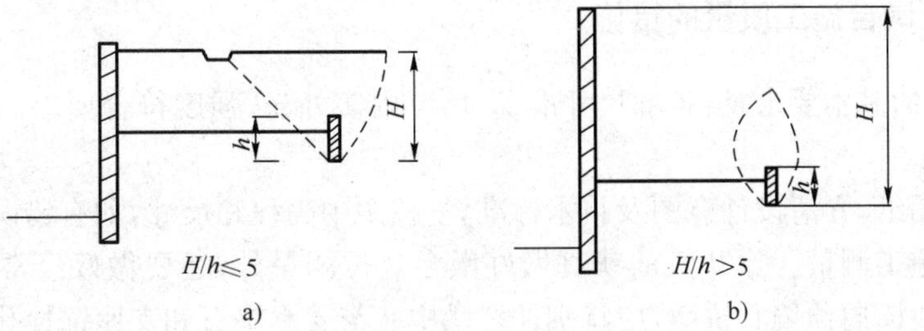

图 4-22　锚定板埋深与土体破坏

a)浅埋；b)深埋

第三节　墩 台 施 工

墩台施工一般工程量较大，又常有高空作业，所用机具设备和材料较多，工期也较长，特别是高墩施工，这些问题尤其突出，往往是控制工期的关键工程。因此，如何解决好模板吊装、混凝土的运输、施工人员上下和高空作业安全等问题，对保证工程质量、加快施工速度、提高经济效益等方面有重要意义。

墩台施工有就地灌注混凝土墩台、砌石墩台、混凝土块墩台和预制杆件拼装式墩台 4 种形式。混凝土灌筑墩台运用最广泛，本节就此种墩台作扼要介绍。

一 墩台施工要点及技术要求

(一)混凝土墩台施工的基本方法

1. 分节立模，间歇灌注法

将墩台沿高度分成若干节，分别制作各节模板。自底节开始，立一节模板，灌注一节混凝土，待混凝土强度达 1 200kPa 后，再立第二节模板，灌注第二节混凝土，这样逐节升高，直至墩台灌注完毕。此法的优点是需要的设备简单,其缺点是施工速度较慢,适用于一般高度的墩台。施工接缝处应安插接头短钢筋或埋接缝石,以提高混凝土墩台的整体性。

2.分节立模,连续灌注法

在灌注第一节墩台混凝土时,同时在地面将第二节模板拼组好,待第一节混凝土灌注完后,立即将第二节模板整体吊装,并在混凝土允许间歇时间(一般为2h)内安装完毕,继续灌注第二节混凝土,如此循环直至墩台灌注完毕。此法施工速度快,墩台整体性好,但应有相应的起吊设备。

3.滑动模板施工

滑动模板是用一节模板,连同工作脚手架以整体形式,安装在基础顶面,依靠自身的支承部分和提升系统,在灌注混凝土的同时,模板也慢慢向上滑升,这样可连续不断地灌注混凝土。此法施工速度快,墩台整体性好,高空施工安全。

(二)保证墩台施工质量的措施

墩台施工的基本要求是:各部尺寸准确,圬工内实外光,强度符合要求。实施中应做好以下几点:

(1)熟悉图纸,弄清设计意图及技术标准,复核图中高程和尺寸,如有错误及时更正。

(2)做好施工测量。除开工前认真做好墩台定位测量外,还要做好经常性的测量放样工作,如有纵向或横向预偏心桥墩,应特别注意墩中心与支承垫石和支座锚栓孔的测定。

(3)模板结构应有足够的强度、刚度和稳定性。模板拼缝严密不漏浆,表面平整光滑,倒用时应及时整修。

(4)加强检查工作,混凝土开灌前,应对模板、钢筋及预埋件和预留孔进行检查,符合设计要求后方可开灌。

(三)施工安全要点

墩台施工的特点之一,是高空作业和吊装工作较多,容易出现安全事故。因此,在制订施工计划时,应有必要的安全技术措施,并认真贯彻执行。施工中,应定时对起重设备和索具进行检查,并严格按照施工安全技术规则进行吊装作业。

二 墩台模板

模板是混凝土墩台成型的重要结构。模板结构、制作质量、拼装速度和周转使用的次数,直接影响墩台混凝土质量、施工进度和工程成本。因此,混凝土施工中必须抓好模板这一重要环节。

混凝土墩台模板按材料分,有木模板、钢模板和钢木混合模板;按模板结构和施工方法分,有拼装式模板和滑动模板。一般墩台多采用拼装式模板,而高墩多采用滑动模板施工(滑模施工将在后面介绍)。

(一)拼装式木模板

将整个墩台模板分成若干节,每节模板又由若干块组成。分节时,应尽量使其中大部分板块可以互相倒用(图 4-23)。为便于模板运送、吊装和拆除,模板尺寸不宜过大,一般长 3～4m,宽约 1～2m,并应与现场的板料长度和起吊能力相适应。

拼装式模板由面板、横带木、立柱、拉杆铁箍及撑木等构件组成,如图 4-24 所示。面板紧贴混凝土,直接承受混凝土的侧压力,常用 3～5cm 木板制造。面板由带木(又称肋木)装钉成整块拼板。带木支撑面板传来的压力,常用方木或鼓形木制作。带木间距根据混凝土侧压力大小及立柱间距而定,一般为 0.8～1.2m。将拼板分块组装成型后,用立柱支承带木、加固模板及连接上下节模板。在两侧相对立柱间,用拉杆(常用 ϕ12mm 左右钢筋制成)拉紧,在拉紧前需在模板内侧设临时水平撑木,以保持模板设计尺寸,同时拉杆又是立柱的支撑点。撑木随混凝土的灌注而逐根拆除,拉杆则留在混凝土中。拉杆两端宜用可撤式螺栓,以便拆除再用。曲面模板用铁箍箍住,防止弧形部分因受混凝土的侧压力而涨鼓跑模。铁箍间距同拉杆。

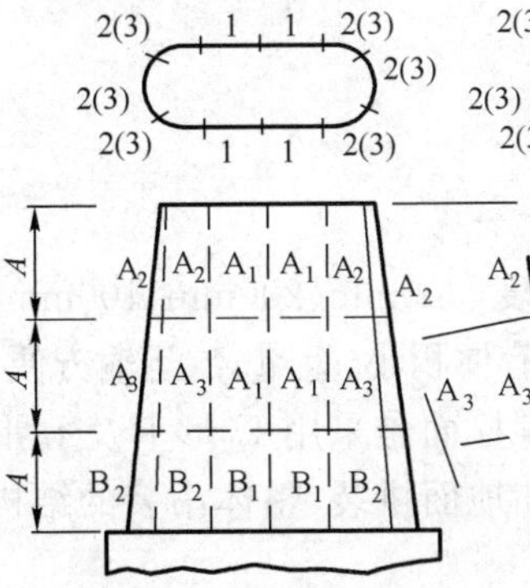

图 4-23 模板分节与分块

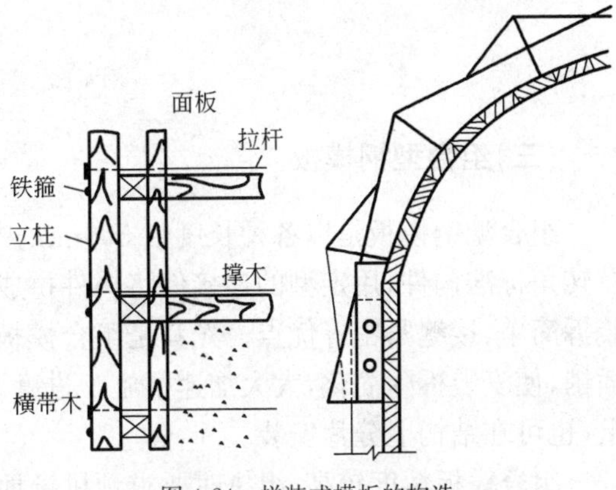

图 4-24 拼装式模板的构造

墩台顶帽托盘及道碴槽的模板,其悬臂部分可在墩台身模板的立柱上设置支架来固定,如图 4-25 所示。

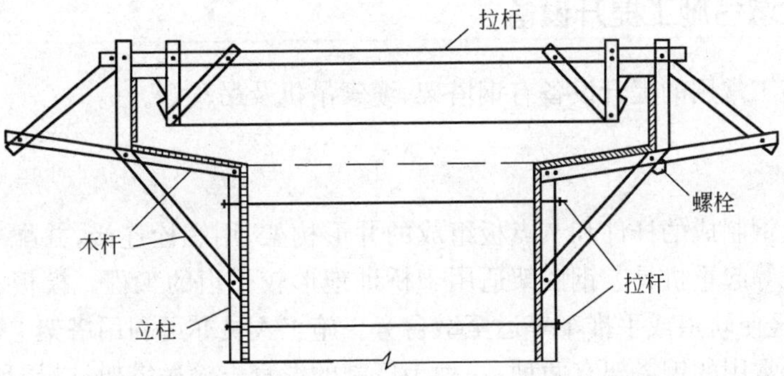

图 4-25 道碴槽模板

(二)整体吊装模板

整体吊装模板是在墩台附近地面上预先将整节模板组装好,然后一次吊装就位。混凝土连续灌注,并减少高空作业量,对提高施工速度和工程质量都有利。分节高度可视起吊设备能力而定,一般可为 2～4m。在整体吊装前,应在模板内临时加固,防止吊装时变形。起吊时应多设吊点,使模板受力均匀,图 4-26 为圆形桥墩的整体吊装模板,由纵横 4 根扁担木起吊,模板靠外侧铁箍拉紧,其刚度较好,故内部未设支撑。

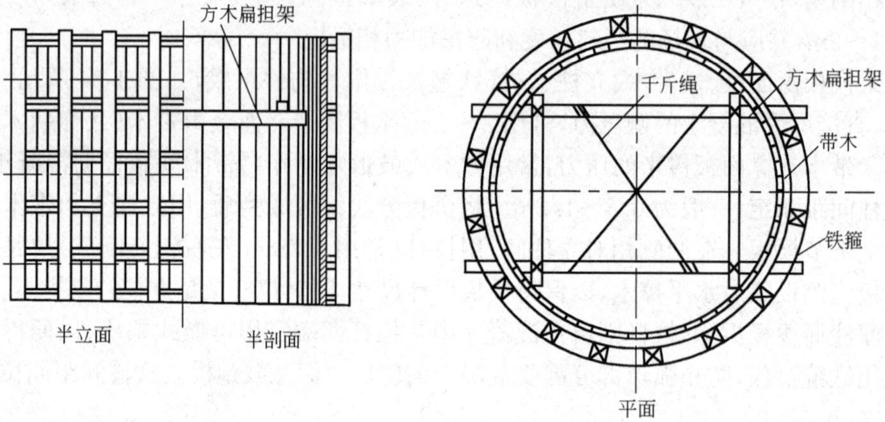

图 4-26　整体吊装圆形模板

(三)组合型钢模板

组合型钢模板是以各种长度(1 500mm、900mm、600mm)、宽度(300mm、200mm、100mm)及转角标准构件,用定型的连接件将构件拼成结构的模板。它具有体积小、重量轻、运输方便、装拆简单、接缝紧密等优点。尤其是组合模板的连接件,不是用螺栓而是采用U形卡及L形插销,使安装拆除简化,大大加速了施工进度。组合钢模板宜用在地面拼装、整体吊装的结构上,也可在结构上分片安装。

组合模板精度较高,组拼时要求预拼场地平整,宜用砂浆抹平。在使用、搬运时必须轻拿轻放,不得抛掉。使用完毕后,要及时清理修整,涂油防锈。存放时要按规格分类堆放,如存放现场,应用帆布遮盖。

三 混凝土墩台施工提升设备

混凝土墩台施工常用的提升设备有钢塔架、缆索吊机及吊车等。

(一)钢塔架

钢塔架是用角钢制成的杆件和节点板组成的井形构架,用螺栓连接,并配有扒杆、混凝土斗、滑车组、卷扬机等起重机具。钢塔架适用于桥址地形较平坦的工程。模板、钢筋及混凝土等水平运输,可用轻便轨道或手推车等运至墩台旁。施工人员亦可利用塔架上下墩台。

目前施工现场常用的钢塔架有两种:一种为厂制的混凝土输送塔架;二是利用万能杆件拼组的提升塔架。

1. 混凝土输送塔架

混凝土输送塔架由塔架、扒杆、吊斗、导杆、漏斗、溜槽、卷扬机和浪风绳等组成。吊斗用来提升混凝土,它由电动卷扬机牵引沿导杆提升到灌注高度。吊斗能自动倾倒,将混凝土卸入漏斗再通过溜槽注入模板。塔顶扒杆,用来起吊模板和其他材料。目前这种塔架灌注高分30m和60m两种,塔身截面尺寸为1.6m×1.6m,吊斗容积0.4m^3,扒杆长度7m,最大起吊重量:与立柱夹角65°时吊重7kN,与立柱夹角25°时吊重15kN,电动机功率为11.4kW。

塔身构架的节点间距为1.5m。塔架立柱分底节、中间和顶节(均用90mm×90mm×8mm

的角钢制成)三种,横撑和斜撑均用 60mm×60mm×8mm 的角钢制成。节点板已焊在立柱上,便于拼装。塔架基础用混凝土,顶部设浪风绳,高度大时应加设浪风绳,以保证塔架稳定。

2. 万能杆件拼组的提升塔架

万能杆件是铁路工程施工中广泛使用的常备式钢构件。构件共有 30 个编号,基本杆件为角钢,它可以根据施工需要拼组成各种形式的辅助结构。由于万能杆件的截面尺寸较大,立柱、横撑及斜撑均可采用单根、双根或 4 根角钢拼组,故可拼成塔身较高、起重量较大的提升塔。

目前使用万能杆件拼组的钢塔架高度可达 80m,自带扒杆用以提升模板、混凝土和其他材料。在塔架内设"之"字形梯或吊笼,供施工人员上下桥墩。为保证塔架稳定,在拼装及使用过程中均必须设浪风绳,除在塔顶设置一组(4 根)浪风绳外,塔身中部应每隔 20m 设一组。当塔架较高或起重量较大时,除设浪风绳外,还可采取在墩身一定高度预埋角钢或钢板与塔架相连,形成锚固式塔架。同时塔架还须设置适当的基础,当塔架高度不超过 30m,且地基土比较密实,可采用卧木基础。卧木基础是将基底整平夯实后,铺 10~20cm 碎石找平,再纵横密铺两层枕木,枕木间用扒钉连接,塔架底座用道钉或螺栓与枕木固定。当地基土较松软或塔架高超过 30m 时,则须采用混凝土基础,基础厚一般为 0.7~1.0m,并应预埋螺栓固定塔架底座。

(二)缆索吊车

当城市跨河高架桥,机具材料不便运至各墩台附近,而桥头两岸地势较高时,宜采用缆索吊车法施工。缆索吊车既可作垂直运输,又可作水平运输,不受桥高和地形的限制,一套设置可以担任几个墩台甚至全桥的运输;可用于挖基运土、吊装模板、吊运混凝土及其他材料等;具有使用方便、节省劳力等多方面的优点。因此,缆索吊车在山区桥梁施工中运用较广泛。我国已建成的高达 60~70m 的山区高墩桥梁,很多是采用此法施工的。

缆索吊车通常由支架、承重索(又称主索)、牵引索、起重小车、地垅及浪风绳等部分组成。

支架立于桥头两岸地形较高处,用于提高缆索的高度并支承缆索荷载。支架有木制的、钢制的和钢木混合结构,现场常用万能杆件拼组支架。如两岸地形适宜,高度满足施工,也可不设支架,直接将承重索锚固于地垅上。支架顶部设有索鞍,用来支承承重索,减小承重索的弯折,并减小重索与支架之间的摩擦阻力。索鞍有简易式、滑动式和滑轮式。支架应视地基土质情况设置卧木基础或圬工基础。此外,支架还应设浪风绳以保证其稳定。

承重索即起重小车的行驶轨道,承受由起吊重量和索具自重引起的拉力。它是用一根或数根(常用的是两根)较粗钢索,纵跨桥孔,支承在支架顶部的索鞍上,并锚固于地垅上。牵引索用于牵引起重小车在承重索上往返移动,起重索用于起吊重物作垂直升降。起重索和牵引索均用卷扬机牵引。

(三)吊机

墩台施工时,可按桥梁施工高度及混凝土运送条件,选用各式履带或轮胎吊机、塔式吊机等。塔式吊机宜用于地形平坦且桥墩数量较多的工程,较为经济。

(四)混凝土泵

泵送混凝土是一种先进的施工方法,它是用压力把混凝土通过硬的或软的管道输送到指定地点的方法。混凝土应具有较大的流动性,泵机出口混凝土坍落度宜在 8~12cm 的范围内。为此，拌和机出料坍落度宜控制在13～17cm。坍落度过小，管道易堵塞；过大，则混凝土可能析水和离析，也可能导致管道堵塞。为了提高混凝土的流动性，以减少管道堵塞的危险，可掺加减水剂或加气剂。

常见的混凝土输送泵有两种：移动式混凝土泵，一般只垂直运送混凝土，运送高度在50m左右；固定式混凝土泵，垂直与水平均可运送，其运送距离可各在100m以上。

四 滑动模板施工

高桥墩施工时所使用的设备与一般桥墩基本相同，但模板有所不同，一般有滑动模板、爬升模板、翻升模板三种，这些模板都是依附于已灌注的混凝土墩壁上，随着墩身的逐步增高而向上升高。目前，我国滑动模板的高度已达到百米。滑动模板施工的主要优点是：施工进度快，在一般气温下，每昼夜平均进度可达5～6m；混凝土质量好，采用干硬性混凝土，机械振捣，连续作业，可提高墩台质量；节约木材和劳力，有资料统计表明，可节省劳动力30%，节约木材70%；滑动模板可用于直坡墩身，也可用于斜坡墩身，模板本身附带有内外吊篮、平台与拉杆等，以墩身为支架，墩身混凝土的浇筑随模板缓慢滑升连续不断地进行，故而安全可靠。

在我国，滑动模板首先用于修建烟囱。在修建成昆铁路时，滑动模板被推广运用于空心桥墩施工。随着施工技术的发展，滑模结构已由最初的人工螺旋千斤顶提升的直坡滑模，发展为由电动液压千斤顶提升的收坡滑模，解决了锥形空心墩施工问题。以下将介绍滑动模板施工法。

(一)滑模的构造

滑动模板是将模板悬挂在工作平台的围圈上，沿着所施工的混凝土结构截面的周界组拼装配，并随着混凝土的灌注，由千斤顶带动向上滑升。滑动模板的构造，由于桥墩类型、提升工具的类型不同，模板构造也稍有差异，但其主要部件与功能则大致相同，一般主要由工作平台、内外模板、混凝土平台、工作吊篮和提升设备组成，如图4-27所示。

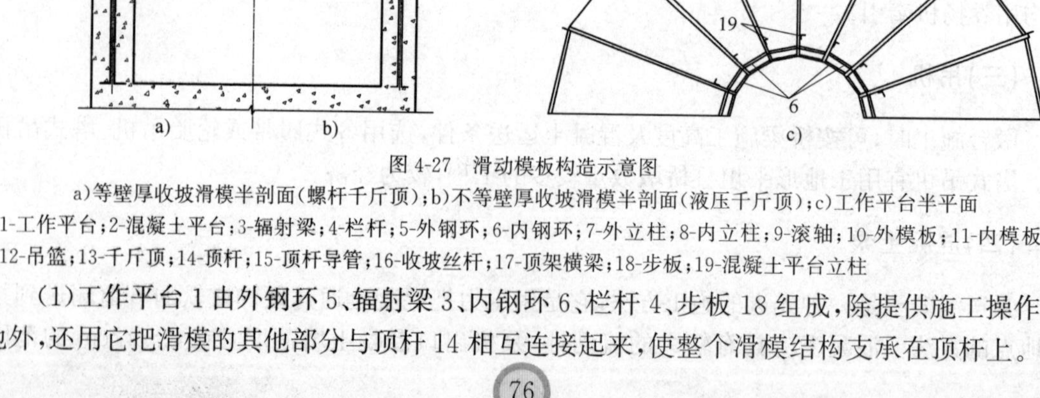

图4-27　滑动模板构造示意图

a)等壁厚收坡滑模半剖面(螺杆千斤顶)；b)不等壁厚收坡滑模半剖面(液压千斤顶)；c)工作平台半平面

1-工作平台；2-混凝土平台；3-辐射梁；4-栏杆；5-外钢环；6-内钢环；7-外立柱；8-内立柱；9-滚轴；10-外模板；11-内模板；12-吊篮；13-千斤顶；14-顶杆；15-顶杆导管；16-收坡丝杆；17-顶架横梁；18-步板；19-混凝土平台立柱

(1)工作平台1由外钢环5、辐射梁3、内钢环6、栏杆4、步板18组成，除提供施工操作场地外，还用它把滑模的其他部分与顶杆14相互连接起来，使整个滑模结构支承在顶杆上。可以说，工作平台是整个滑模结构的骨架，所以，应具有足够的强度和刚度。

(2)内外模板 11、10 采用薄钢板制作。用于上下壁厚相同的直坡空心桥墩的滑模，内外模板均通过立柱 7、8 固定在工作平台的辐射梁上。用于上下壁厚相同的斜坡空心墩的收坡滑模，内外模板仍固定在立柱上，但立柱架（或顶架横梁 17）不是固定在辐射梁上，而是通过滚轴 9 悬挂在辐射梁上，并可利用收坡丝杆 16 沿辐射方向移动立柱架及内外模板位置。用于斜坡式不等壁厚空心墩的收坡滑模，则内外立柱固定在辐射梁上，而在模板与立柱间安装收坡丝杆，以便分别移动内外模板的位置。

(3)混凝土平台 2 由辐射梁、步板、栏杆等组成，利用立柱 19 支承在工作平台的辐射梁上，供堆放及灌注混凝土的施工操作之用。

(4)工作吊篮悬挂在工作平台的辐射梁和内外模板的立柱上，它随滑模的提升而向上移动，供施工人员对刚脱模的混凝土进行表面修饰和养生等施工使用。

(5)提升设备由千斤顶 13、顶杆 14、顶杆导管 15 等组成，通过顶升工作平台的辐射梁使整个滑模提升。

(二)滑模提升施工工艺

1. 螺旋千斤顶

滑动模板提升设备主要由提升千斤顶、支承顶杆及液压控制装置等几部分组成。螺旋千斤顶提升的主要步骤（如图 4-28 所示）如下：

(1)转动手轮 2 使螺杆 3 旋转，使千斤顶顶座 4 及顶架上横梁 5 带动整个滑模徐徐上升。此时，上卡头 6、卡瓦 7、卡板 8 卡住顶杆，而下卡头 9、卡瓦 7、卡板 8 则沿顶杆向上滑行，当滑至与上下卡瓦接触或螺杆不能再旋转时，即完成一个行程的提升。

(2)向相反方向转动手轮，此时，下卡头、卡瓦、卡板卡住顶杆 1，整个滑模处于静止状态，仅上卡头、卡瓦、卡板连同螺杆、手轮沿顶杆向上滑行，至上卡头与顶架上横梁接触或螺杆不能再旋转时为止，即完成一个整循环。

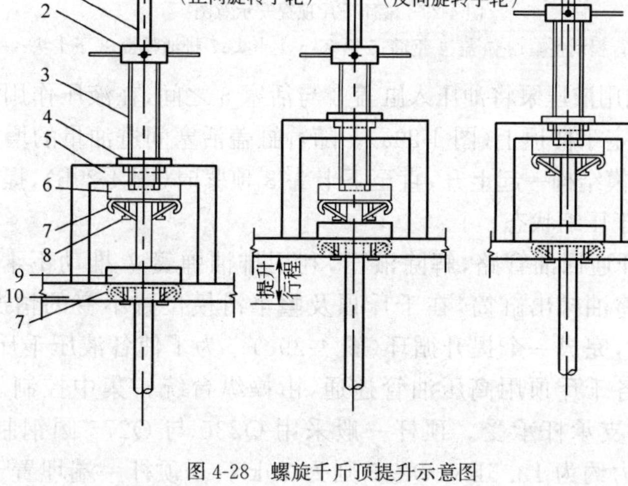

图 4-28　螺旋千斤顶提升示意图

1-顶杆；2-手轮；3-螺杆；4-顶座；5-顶架上横梁；6-上卡头；7-卡瓦；8-卡板；9-下卡头；10-顶架下横梁

2. 液压千斤顶

采用液压千斤顶的主要提升步骤(如图 4-29 所示)如下：

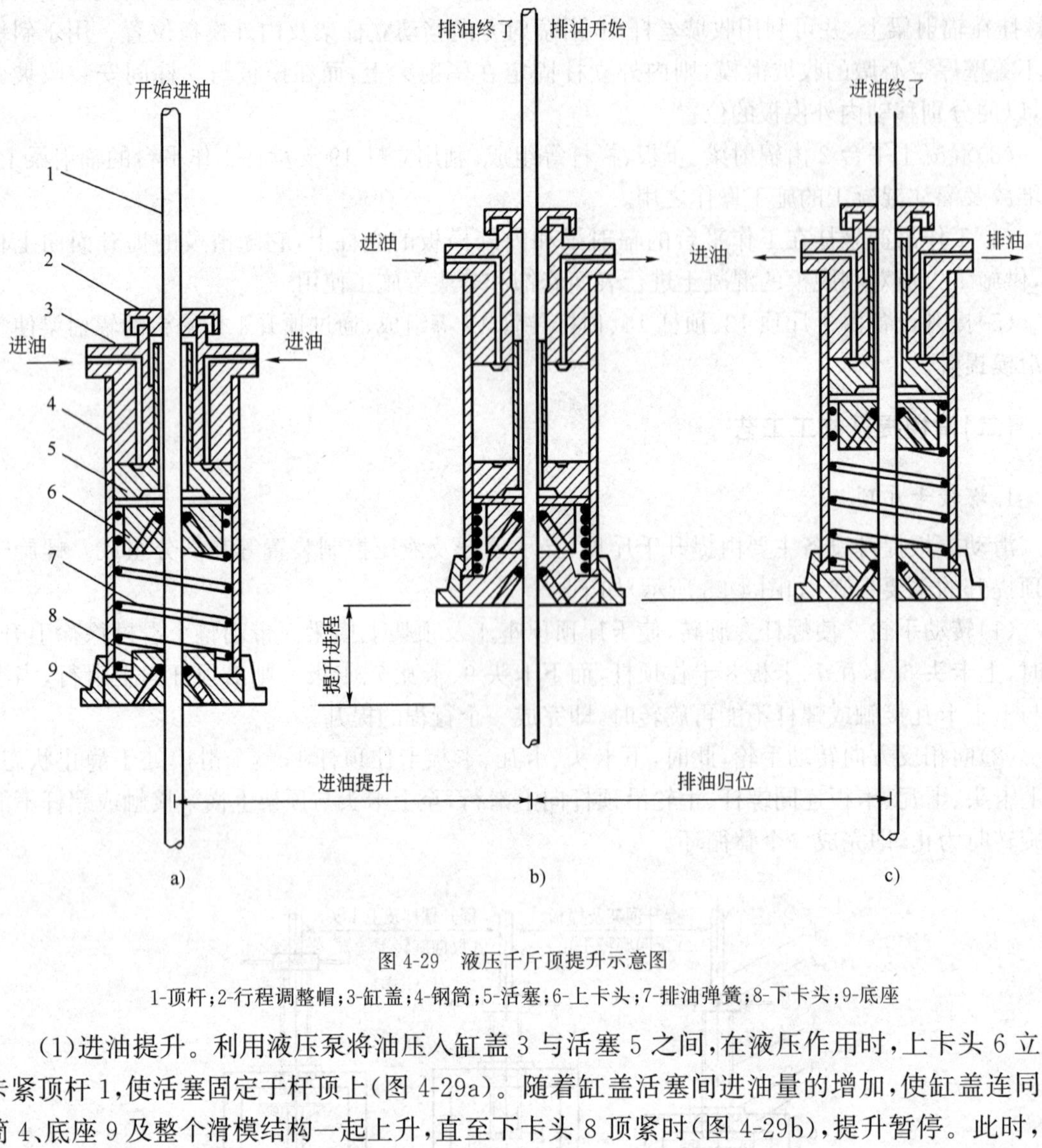

图 4-29　液压千斤顶提升示意图

1-顶杆；2-行程调整帽；3-缸盖；4-钢筒；5-活塞；6-上卡头；7-排油弹簧；8-下卡头；9-底座

(1)进油提升。利用液压泵将油压入缸盖 3 与活塞 5 之间，在液压作用时，上卡头 6 立即卡紧顶杆 1，使活塞固定于杆顶上(图 4-29a)。随着缸盖活塞间进油量的增加，使缸盖连同缸筒 4、底座 9 及整个滑模结构一起上升，直至下卡头 8 顶紧时(图 4-29b)，提升暂停。此时，缸筒内排油弹簧完全处于压缩状态。

(2)排油归位。开通回油管路，解除液压，利用排油弹簧 7 推动下卡头使其与顶杆卡紧，同时推动上卡头将油排出缸筒，在千斤顶及整个滑模位置不变的情况下，使活塞回到进油前的位置。至此，完成一个提升循环(图 4-29c)。为了使各液压千斤顶能协同一致地工作，应将液压泵与各千斤顶用高压油管连通，由操纵台统一集中控制。提升时，滑模与平台上临时荷载全由支承杆承受。顶杆一般采用 Q235 与 Q275 圆钢制作，直径 25mm，Q275 圆钢的承载能力约为 12.5kN(Q235 则为 10kN)。顶杆一端埋置于墩、台结构的混凝土中，一端穿过千斤顶芯孔，每节长 2.0～4.0m，用工具式或焊接连接。为了节省钢材，使支承顶杆能重复使用，可在顶杆处安上套管，套管随同滑模整个结构一起上升，待施工完毕后,可拔出支承杆。

(三)滑动模板浇筑混凝土施工要点

1.滑模组装要点

在高桥墩位上就地进行组装时,其主要的安装步骤为:

(1)在基础顶面搭枕木垛,定出桥墩的中心线。

(2)在枕木垛上先安装内钢环,并准确进行定位,再依次安装辐射梁、外钢环、立柱、顶杆、千斤顶、模板等。

(3)提升整个装置,拆去枕木垛,再将模板落下就位,随后安装余下的设施。

(4)内外吊架待模板滑升至一定高度后,要及时地进行安装。

(5)模板在安装前,表面需涂上润滑剂,以减少滑升时的摩阻力。

(6)组装完毕后,必须按设计要求及组装质量标准进行全面检查,并及时纠正偏差。

2.灌注混凝土要点

(1)滑模施工最适宜灌注低流动度或半干硬性的混凝土,灌注时应分层、分段对称地进行施工,分层的厚度以200~300mm为宜,灌注后混凝土表面距模板上缘宜有不小于100~150mm的距离。

(2)混凝土入模时,要均匀分布,应采用插入式振动器进行捣固,振捣时应避免触及钢筋及模板,振动器插入下一层混凝土的深度不得超过50mm。

(3)脱模时混凝土强度应为0.2~0.5MPa,以防在其自重压力下坍塌变形。

(4)同时,可根据气候温度、水泥的强度,经试验后掺入一定量的早强剂,以加速提升。

(5)脱模后8h左右开始养生,用吊在下吊架上的环绕墩身的带小孔的水管来进行。养生的水管一般设在距模板下缘1.8~2.0m处效果理想。

3.提升与收坡要点

(1)整个桥墩灌注过程可分为初次滑升、正常滑升和最后滑升三个阶段。从开始灌注混凝土到模板首次试升为初次滑升阶段。

(2)初灌混凝土的高度一般为600~700mm,分三次灌注,在底层混凝土强度达到0.2~0.4MPa时就可以进行试升作业。

(3)将所有千斤顶同时缓慢起升50mm,以观察底层混凝土的凝固情况。

(4)现场鉴定可用手指按其刚脱模的混凝土表面,基本按不动,但留有指痕,砂浆不粘手,用指甲划过有痕,滑升时能耳闻“沙沙”的摩擦声,这些表明混凝土已具有0.2~0.4MPa的脱模强度,可以开始缓和提升200mm。

(5)初升后,经全面检查设备,就可以进入正常的滑升阶段。即每灌注一层混凝土,滑模提升一次,但每次灌注的厚度与每次提升的高度基本一致。在正常的气温条件下,提升的时间不得超过1h。

(6)最后滑升阶段是混凝土已经灌注到所需要的高度,不再继续灌注,但模板尚需继续滑升的阶段。灌完最后一层混凝土后,每隔1~2h将模板提升50~100mm,滑动2~3次后就可以避免混凝土与模板胶合。

(7)滑模提升时应做到垂直、均匀一致,顶架间高差不得大于20mm,顶架横梁水平高差不得大于5mm。并要求三班连续作业,不得随意停工。

(8)随着模板的提升，应转动收坡丝杆，调整墩壁曲面的半径，使之符合设计要求的收坡坡度。

4. 其他

在滑动模板浇筑混凝土施工过程中，其接长转杆、绑扎钢筋的基本注意事项是：

(1)当滑动模板在施工过程中，每提升至一定高度后，就需要穿插进行接长顶杆、绑扎钢筋等工作。

(2)为了不影响提升的时间，钢筋接头应在施工前，事先配制好，并一定要注意将所有的接头错开。

(3)对预埋件及预埋的接头钢筋，在滑模抽离后，要及时清理，使之外露。

5. 混凝土停工后的处理

(1)在整个施工过程中，由于工序的改变，或发生意外事故，使混凝土的灌注工作停止较长时间，即需要进行停工处理。例如，每隔半小时左右就要进行一次模板的提升，以避免黏结。

(2)停工时在混凝土表面要插入短钢筋等，以便再施工时，加强新老混凝土的黏结强度，确保施工质量。

(3)复工时还需将混凝土表面凿毛，并用水冲走残渣，湿润混凝土表面，灌注一层厚度为20～30mm 的 1∶1 水泥砂浆，然后再灌注原配合比的混凝土，继续滑模施工。

(4)爬升模板施工与滑动模板施工相似，不同的是支架通过千斤顶支承于预埋在墩壁中的预埋件上。

(5)待浇筑好的墩身混凝土达到一定强度后，将模板松开，千斤顶上顶，把支架连同模板升到新的位置，模板就位后，再继续浇筑墩身混凝土。如此往复循环，逐节爬升，每次升高约 2m。

五 墩台混凝土灌注

(一)混凝土的配制

桥涵工程一般使用强度等级为 32.5 以上的普通水泥。受水流冲刷或冰冻作用部分不得使用火山灰质水泥。对大体积的实体墩台，为减少水化热应优先使用大坝水泥或矿渣水泥，不宜使用快硬高强水泥。水泥用量不得超过 3 500kN/m^3，水泥强度等级不宜小于混凝土强度等级的 1.2 倍，也不宜过高，一般为混凝土强度等级的 1.5～2.0 倍。

粗细集料应清洁和有良好的级配，才能保证混凝土的强度、耐久性及和易性。粗细集料的用量应精确到±2%。

拌和用水不得含有影响水泥正常凝结和硬化的有害杂质、油类和糖类，水的用量精确到±1%。

拌和混凝土应用搅拌机。只在工程规模很小时，才用人工拌和。在投料时必须按配合比进行，要求拌和均匀。

(二)混凝土的灌注

灌注混凝土前，应检查模板的位置和尺寸是否正确，钢筋及预埋件是否符合设计要求。模板应湿润，必须清除模板内一切杂物并用水冲洗干净。墩台混凝土的灌注应连续进行，分节施工或因故停工时，必须做好接头处理；混凝土灌注的自由落体高度不超过1.5m，超过时应用滑槽、串筒或减速串筒，以减小倾落高度，尽量减少离析现象。

混凝土灌注和捣固应分层进行，每层厚度15～40cm，视所用捣固方法及混凝土的坍落度而定。应在下层混凝土开始凝固前将上层混凝土捣固完毕。混凝土捣固密实的标志是：混凝土不再下沉，表面平整并浮现一层薄水泥浆，此时应立即停止振捣，否则将造成离析。同时也不允许漏捣。

为了节约水泥，在实体混凝土墩台中，可以填放抗压强度不低于30MPa的片石，填放量不超过全部混凝土体积的20%。片石应分层竖放，其间距不小于10cm，石块与模板净距不少于25cm，最上层片石顶面有不少于25cm厚的混凝土。

第四节 参考案例

案例一

图4-30为某大桥主墩滑模构造示意图。该滑模的最大平面尺寸为18.5m×11.9m，高度为4.6m，是按自重、施工卷扬机重力（600kN）、操作人员荷载、施工机具（600kN）、起吊荷载（90kN）及摩阻力等总计1 540kN提升力进行设计的。选用84个QY3.5液压千斤顶，为安全考虑，每个千斤顶按20kN顶升力计，共可预计1 680kN；千斤顶共分9组，供油根据滑模各部受力的大小，布置在35个提升架上，由一台液压泵给各个千斤顶供油。支承顶杆用Q235钢（ϕ28mm），共计4根。该桥主墩的施工高度为30～40m。

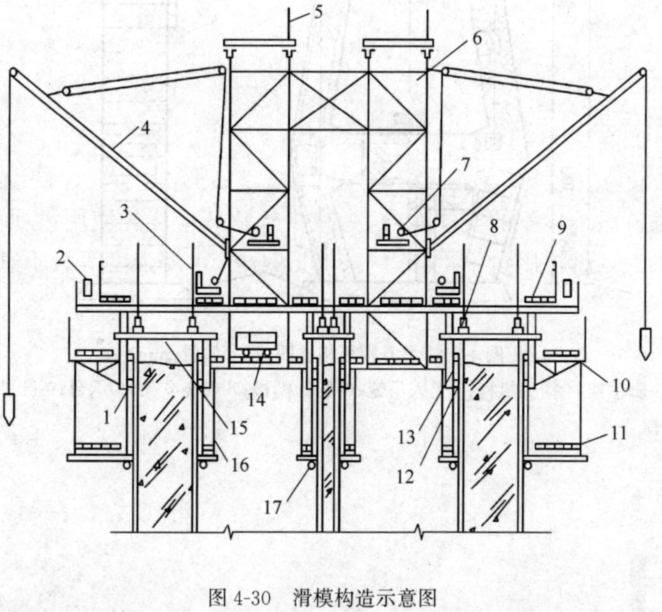

图4-30 滑模构造示意图

1-滑模骨架；2-电焊机；3、4-扒杆；5-避雷针；6-随升井架；7-卷扬机；8-千斤顶；9-第一工作平台；10-第二工作平台；11-吊脚手平台；12-模板；13-提升架；14-液压泵；15-下横梁；16-内脚手架；17-养生水管

案例二

图 4-31 为某大桥滑模构造示意图。

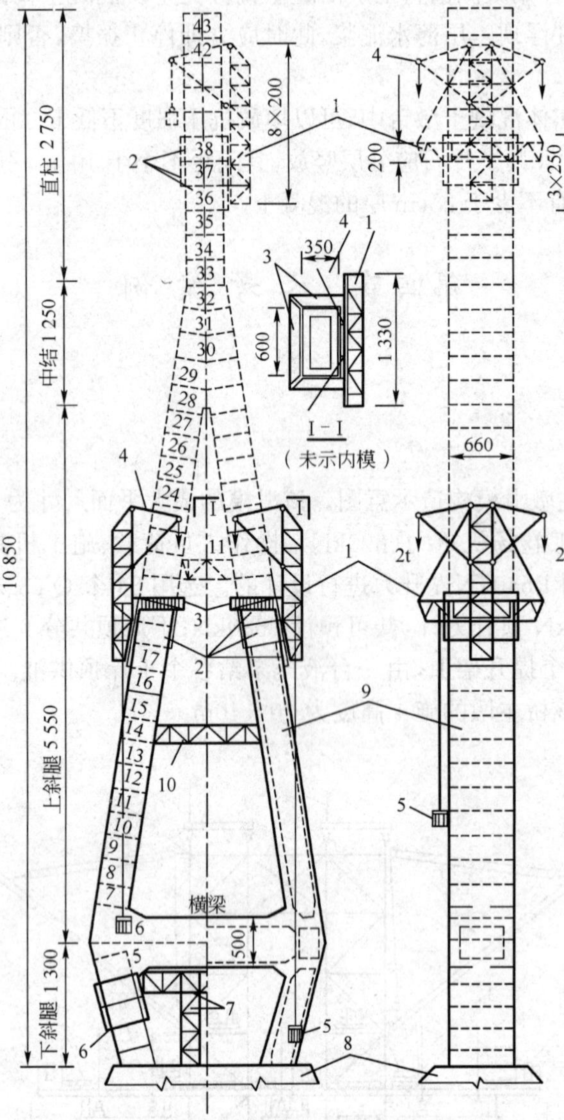

图 4-31　滑升模板构造图（尺寸单位：mm）

1-滑升桁架；2-钢模；3-脚手架；4-摇头机杆；5-上人吊笼；6-翻升模板；7-现浇支架；8-承台；9-已成塔柱；10-第一道临时支撑；11-第二道临时支撑

思考与练习

4.1　桥墩的作用是什么？

4.2　简述重力式桥墩的类型及其适用条件。

4.3 简述空心桥墩的类型及其适用条件。

4.4 柱式桥墩的优点是什么?

4.5 柱式桥墩的类型有哪些?并简述其适用条件。

4.6 简述拼装式桥墩的优缺点。

4.7 简述桥墩在直线、曲线上布置的不同点。

4.8 什么是预偏心桥墩?

4.9 空心桥墩上为什么要设置进人洞和通风孔?

4.10 简述桥台的作用。

4.11 简述重力式桥台的类型及其适用条件。

4.12 简述轻型桥台的类型及其适用条件。

4.13 简述混凝土墩台施工的基本方法。

4.14 简述墩台模板的类型。

4.15 混凝土墩台施工提升设备有哪些?

4.16 简述对墩台模板的要求。

第五章　梁部现浇施工

本章知识目标

通过本章的学习，学生应掌握以下知识：

1. 高架桥梁的类型；
2. 拱架、支架制作安装要点；
3. 模板、拱架及支架的拆卸与模板隔离剂；
4. 施工预拱度的设置；
5. 就地浇筑钢筋混凝土的施工工艺与施工要点。

第一节　梁部断面形式与构造

一　轻轨高架桥梁断面形式

轻轨高架桥桥面主要承受列车荷载，一般宽度较小。

轻轨高架桥梁断面设计实际上是桥梁的上部结构设计。其断面的建筑高度、断面的形式、材料的选用，必须从实用、经济、施工及美观等方面综合考虑。一方面要求结构安全，经济美观，满足桥下交通要求等，同时还要结合工程及场地的特点，采用既经济又成熟的施工工艺、施工方法与结构形式；另一方面还需满足无碴、长枕式整体道床及长钢轨结构对高架桥梁结构的特殊要求。目前，比较适合作城市轨道交通高架桥梁的上部结构有预应力混凝土箱梁、后张法预应力混凝土 T 形梁、下承式槽形梁、脊梁式箱梁及槽形梁结构。常用断面如图 5-1 所示。

(一)预应力混凝土箱梁

桥梁上部桥跨结构的箱形断面是目前比较先进且已被广泛采用的梁跨断面形式。这种闭合薄壁断面抗扭刚度大，整体受力性能好，尤其对于弯桥、斜桥，优点更是突出。同时，梁顶部和底板都具有较大的面积，所以能够满足配筋要求，并能有效抵抗正负弯矩等作用效应。箱形断面具有良好的动力特性，其收缩变形系数小，材料用量小，箱形断面外形简洁，箱底面平整，线条流畅，再配以造型简洁的圆柱墩或 Y 形墩，非常适宜于现代化的城市桥梁。

箱形断面有各种形式。单室双箱梁宜作为标准区间梁使用，适用于景观要求高、设备技术好、施工能力强、场地干扰少的环境条件。单室单箱及单箱双室梁材料用量少，外形可做成流线型，造型新颖美观、景观效果好，常用现浇法施工，可以用在大跨度桥梁或曲线桥梁上。

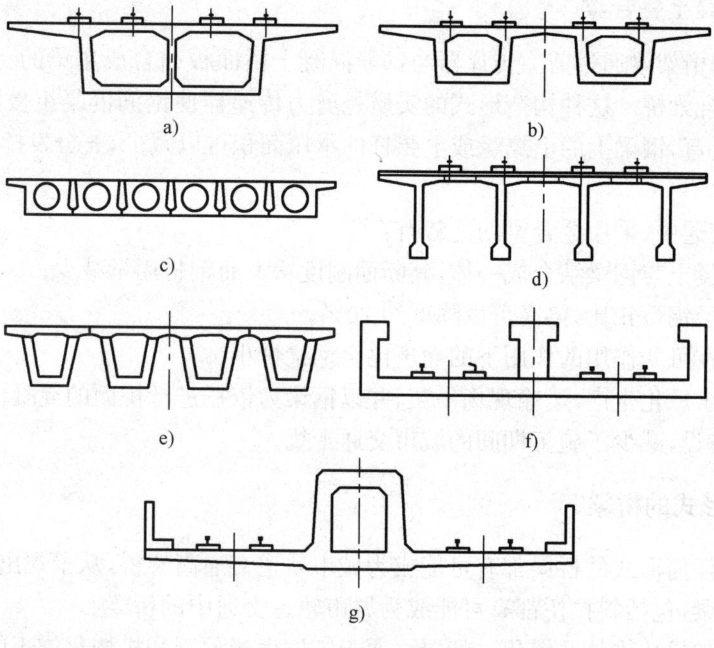

图 5-1　高架桥常用梁断面

a)单箱双室箱梁；b)单室双箱梁；c)空心板梁；d)T 形梁；e)组合箱梁；f)槽形梁；g)脊梁式箱梁

(二)预应力混凝土板梁

板梁结构建筑高度小，外形简洁，便于预制吊装施工。预应力板梁的经济跨度为 16～20m，板梁断面主要有空心板、低高薄板和异形板。空心板梁每跨可根据桥宽采用 4～8 片梁拼装成桥，每片梁吊重约 40～50t；而低高度板梁采用 2 片拼装，吊装重力相对较大；异形板梁在美观上占有优势。桥跨的单片梁形式，一般采用支架现浇施工，可以用在斜桥和曲线桥梁上，但工期相对较长。板梁的抗扭刚度小，对抵抗列车偏载不利。多片空心板梁也可用在道岔区及有配线的地段。

(三)预应力混凝土 T 形梁

T 形梁与箱梁同属肋梁式结构，它兼具箱梁刚度大、材料用量省的特点，主要采用预制场预制，运输至现场吊装，每跨梁由多片预制主梁相互连接组成，吊重小，构件容易修复或更换，施工便利。简支 T 形梁经济跨度为 20～25m。

(四)预应力混凝土组合箱梁

预应力混凝土组合箱梁，即用先张法预制槽形梁，吊装就位后，再在它上面现浇筑钢筋混凝土连续桥面板，将槽形梁连成整体，形成组合式箱梁。每跨区间由 4 片简支梁组成，经济跨度 23m，吊重约 25t。本方案兼具箱梁整体性好、抗扭刚度大的优点，同时通过现浇连续桥面结构克服了简支梁接缝多的缺点，并使行车条件得到改善。从施工上讲，组合梁预制、运输、吊装方便，架桥速度快；缺点是桥面板需就地浇筑，增加了现场混凝土施工量，且先张法只能直线预制，不适于弯梁桥，美观上也逊色于其他方案。

(五)钢-混凝土叠合梁

钢板梁或钢桁架梁通过剪力传递器与钢筋混凝土桥面板结合成主梁的一种桥梁,称为组合梁桥,又称叠合梁桥。这种构造形式的实质是剪力传递器使钢筋混凝土板与钢梁在竖向荷载作用下共同受弯,钢梁上的上翼缘或上弦杆的承压面积可以减少,充分发挥了混凝土和钢材的受力特征。

高架轨道交通中,采用叠合梁的优势有:

(1)钢筋混凝土与钢梁结合成一体,其断面刚度增大而钢材用量减少。

(2)与同跨径钢桥相比,梁高可以降低约20%。

(3)组合梁在可变作用的作用下的噪声比全钢梁桥小。

(4)钢梁由工厂化生产,运输现场吊装,并以钢梁为依托进行桥面的混凝土施工,从而免除桥跨下的支架搭设,减少了施工期间的城市交通干扰。

(六)其他形式的桥梁

一般认为,任何形式的桥梁都有可能成为城市轨道交通高架桥,从景观出发各种形式的拱桥、拱梁组台体梁,包括斜拉桥都有可能成为城市轨道交通中的桥梁。

综上所述,如果从构件系统化、标准化、便于工厂生产预制和机械化施工的原则出发,那么在同一条高架桥线路上的结构类型不宜过多。综合进度工期、施工工艺及经济造价等方面的要求,应当优先推荐中、小跨径的预制梁桥方案。在特殊的地理条件下,考虑环境的协调、美观等因素,特殊类型的桥梁也常常成为因地制宜的合理选择。

二 高架桥上部断面构造

目前,轻轨高架桥上通常以无碴整体道床为主,且桥面采用无碴无枕承轨台结构。因此,进行桥面施工时应预留足够空间,以便于施工承轨台。高架桥断面设计构造尺寸如图5-2所示。桥面断面构造尺寸应根据轨距宽度、轨道限界、设备与管线布置所需断面设定。断面构造尺寸的拟定必须符合各相关规范的构造要求。

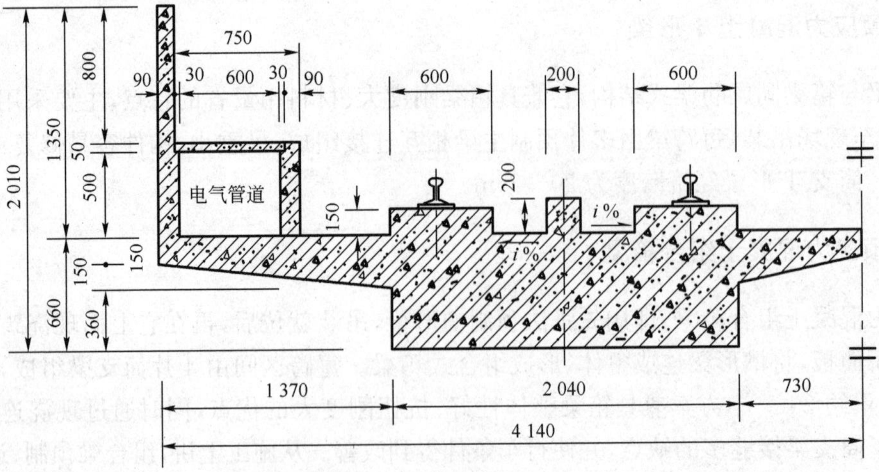

图5-2 轻轨高架桥上部断面构造图(尺寸单位:mm)

第二节　现浇支架、拱架与模板

一　支架、拱架和模板的分类

(一)简介

就地浇筑是传统施工方法中最古老的方法之一，施工过程中需用大量的模板支架，过去只在一些小型跨径的桥梁或交通不便的边远地区采用。但是，随着桥梁结构形式的发展，出现了许多变宽桥、弯桥等复杂的预应力混凝土结构，又因为20世纪90年代大量应用钢构件和万能杆件，在其他施工方法比较困难或经过比较，施工方便、费用较低时，就地浇筑的施工方法也在大、中型桥梁和高架桥中广泛应用。

在支架上砌筑施工，多应用于石拱桥、混凝土预制块等圬工拱桥的施工。

(二)支架

图5-3～图5-5为常用支架构造示意图，其主要类型有如下三种。

1. 立柱式支架

图5-3为立柱式支架构造示意图，主要由排架和纵梁等构件组成。其中排架由枕木或桩、立柱及盖梁组成。

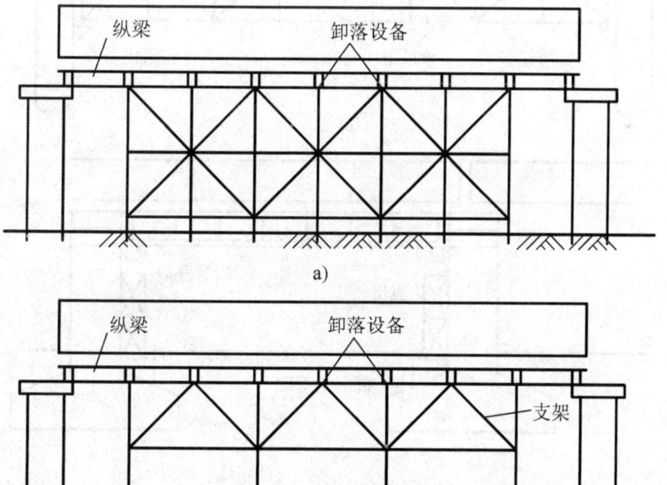

图5-3　立柱式支架构造示意图

一般排架间距为4m，桩的入土深度按施工设计要求设置，但是不能低于3m。当水深大于3m时，桩要采用拉杆加强，还需要在纵梁下布置卸落设备。立柱式支架的特点是构造简单，主要应用于城市高架桥或不通航道的桥及桥墩不高的小跨径桥梁施工。

(1)立柱式支架还可以采用直径48mm、壁厚3.5mm的钢管搭设，水中支架需要事先设置基础、排架桩，钢管支架在排架上设置。

(2)在城市里现浇高架桥，一般在平整路基上铺设碎石层或砂砾石层，在其上浇筑混凝土作为支架的基础，钢管排架纵、横向密排，下设槽钢支承钢管，钢管间距根据高架桥的高度及现浇梁的自重、施工荷载的大小而定，一般为 0.4～0.8m。

(3)钢管主要由扣件接长或者搭接，上端采用可调节的槽形顶托固定纵、横木龙骨，形成立柱式支架。

(4)搭设钢管支架需要设置纵、横向水平杆加劲，高架桥较高时还需要加剪刀撑，水平加劲杆与剪刀撑均需要扣件与立柱钢管连成整体。排架顶高程应适当考虑设置预拱度。

(5)方塔式重力支撑脚手架是一种轻型支架，主要采用焊接钢管制成的方塔，上下均有可调底座和顶托，其高度可由标准架组拼调整，方塔间用连接杆连成整体。通过测试，每个单元塔架的安全承载力约为 180kN。

(6)该种支架装拆方便，用钢量少，通常可在高度 5m 以下的支架上使用。塔架需要架设水平加劲杆及剪刀加劲杆，但是对高架和重载桥不适宜。

2. 梁式支架

根据高架桥的跨径不同，梁可采用工字钢、钢板和钢桁梁，如图 5-4 所示。一般工字钢用于跨径小于 10m，钢板梁用于跨径小于 20m，钢桁梁用于跨径大于 20m 的情况。梁可以支承在桥墩上预留的托架或支承在桥墩处的横梁上。

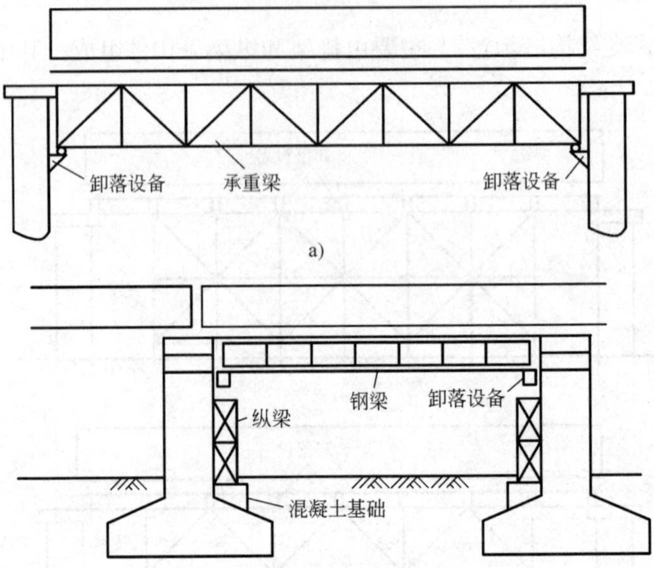

图 5-4　梁式支架构造示意图

3. 梁-柱式支架

当高架桥较高、跨径较大或必须在支架下设孔通航或排洪时，可采用梁-柱式支架，如图5-5所示。梁支承在桥墩台及临时支柱或临时墩上，形成多跨的梁-柱式支架。

(三)拱架

拱架按结构分有支柱式、撑架式、扇形、桁式、组合式拱架等，按不同材料可分为木拱架、钢拱架、竹拱架和土牛拱胎。木拱架的加工、制作简单，架设方便，但耗材较多，在当前已应用不多。目前采用最多的是钢、木混合拱架，以减少木材用量。钢拱架多用常备构件拼装，虽一次投资大，但可多次周转使用，宜在多跨拱桥中选用。

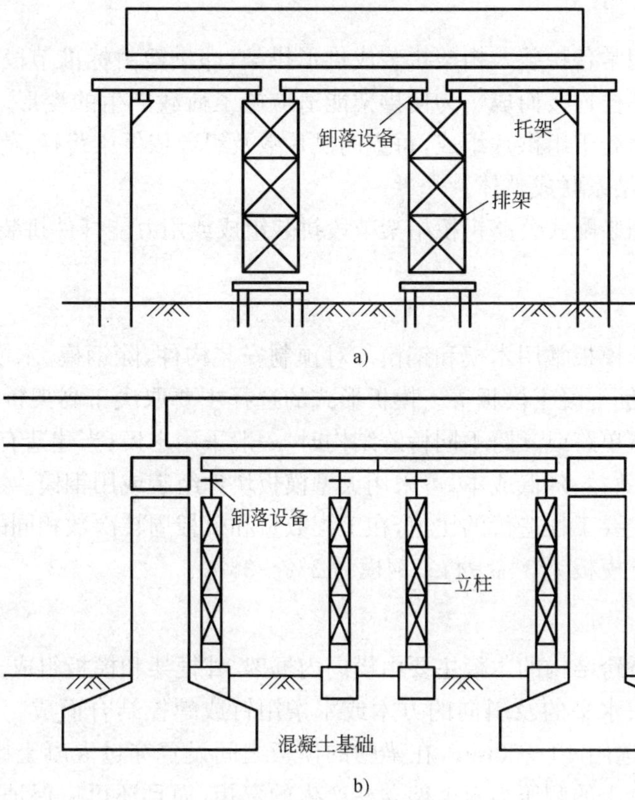

图 5-5　梁-柱式支架构造示意图

1. 支柱式拱架

该种拱架支柱间距小，结构简单且稳定性好，适用于城市高架桥、干岸河滩和流速小、不受洪水威胁、不通航的河道。

2. 撑架式木拱架

该种拱架构造较为复杂，但支点间距可较大，对于较大跨径且桥墩较高时，可节省木材并可适应通航需求。

3. 扇形拱架

该种拱架是从桥中的一个基础上设置斜杆，并用横木连成整体的扇形，用以支承砌筑的施工荷载。扇形拱架比撑架式拱架更加复杂，但支点间距可以比撑架式拱架更大些，特别适宜在拱度很大时采用。

4. 钢-木组合拱架

该种拱架在本支架上用钢梁代替木斜梁，可以加大支架的间距，减少材料用量。在钢梁上可设置变高的横木形成拱度，并用以支撑模板。

5. 钢桁梁或贝雷梁与钢管脚手架组拼的拱架

该种拱架由在钢桁梁形成的平台上搭设立柱式钢管组成。如贵州省建造的跨径 40m 双曲拱桥，广东省建造的清远北江大桥，为跨径 3×45m＋8×70m＋4×45m，全长 1 058m 的钢架拱桥，均采用这种类型的钢组合拱架。

6. 桁式钢拱架

该种拱架通常采用常备拼装式桁架拼装成拱形拱架，即拱架由标准节段、拱顶段、拱脚段和连接杆等以钢销或螺栓连接而成。为使拱架能适应施工荷载产生的变形，一般拱架采用三铰拱。拱架在横向可由若干组拱片组成，每组的拱片数及组数依桥梁跨径、荷载大小和桥宽而定，各组间可用横向联结系联成整体。

桁式钢拱架也可用装配式公路钢桥桁架节段拼装组成或用万能杆件拼装组成。

（四）模板

就地浇筑高架桥的模板常用木模和钢模。对预制安装构件，除钢模、木模外，也可采用钢木结合模板、土模和钢筋混凝土模板等。模板形式的选择主要取决于高架桥跨结构的数量和模板材料的供应。建造单跨或 n 跨不同桥跨结构时，一般采用木模；当建造有 n 跨同样的桥跨结构时，为了提高经济效益、降低成本，可采用大型模板块件组装或用钢模。实践表明：模板工程的造价与上部结构主要工程造价的比值，在工程数量和模板周转次数相同的情况下，木模为 4%～10%，钢筋混凝土模板为 3%～4%，钢模为 2%～3%。

1. 木模

钢筋混凝土肋式桥跨结构的木模主要由横向内框架、外框架和模板组成。

(1)框架由竖向的、水平的及斜向的方木或木条用钉或螺栓结合而成。框架间距一般取 0.7～1.0m，模板厚可选用 40～50mm，在梁肋的模板之间设置穿过混凝土撑块的螺栓，不仅可以减少新浇筑的混凝土的侧压力对框架立柱产生的弯矩，而且还可以保证梁肋的施工尺寸符合设计规定。

(2)木模包括胶合板木模，可制成整体定型的大型块件。它可按结构要求预先制作，然后在支架上用连接件迅速拼装。

(3)模板制造宜选用机械化方法，以保证模板形状的正确和尺寸的精度。模板制作尺寸与设计要求的偏差、表面局部不平整度、板间缝隙宽度和安装偏差均应符合有关规定。

2. 钢模

钢模大多做成大型块件，一般长 3～8m，由钢板和加劲骨架焊接而成。通常钢板厚取用4～8mm。骨架由竖直肋和水平肋形成，肋由钢板和角钢做成，肋距 500～800mm。大型钢模块件之间用螺栓或销连接。在梁的下部，常集中布置受力钢筋或预应力索筋，必要时可在钢模板上开设天窗，以便浇筑或振实混凝土。多次周转使用的钢模，在使用前可用化学方法和机械方法清扫，在浇筑混凝土前模板内壁要涂润滑油或废机油，以利脱模。

二 支架、拱架及模板要求

对支架、拱架及模板的一般要求如下：

(1)支架、模板、拱架虽然是临时结构，但它们要承受大部分恒荷载，为保证结构位置和尺寸的准确，必须有足够的强度、刚度和稳定性。支架、模板等受力要明确，计算图式应简单、明了。为了减少变形，构件应主要选用受压或受拉形式，并减少构件接缝数量。

(2)在河道中施工的支架，要充分考虑洪水、漂流物及通过船只(队)的影响，要有足够的安全措施，同时在安排施工进度时，尽量避免在高水位情况下施工。

(3)支架、拱架在受荷后会产生变形与挠度，在安装前要有充分的估计和计算，并在安装时设置预拱度，使就地浇筑的桥跨结构线形符合设计要求。

(4)模板的接缝必须密合，如有缝隙，用胶带、泡沫、塑料等塞堵严密，以免漏浆。

(5)为减少施工现场的安装和拆卸工作，便于周转使用，模板、支架、拱架应尽量做成装配式组件或块件。

(6)具有必需的强度、刚度和稳定性，能可靠地承受施工过程中可能产生的各项荷载，保证结构物各部形状、尺寸准确。

(7)尽可能采用组合钢模板或大模板，以节约木材，提高模板的适应性和周转率。

(8)模板面要求平整，接缝严密不漏浆，装拆容易，施工操作方便，保证安全。

三 模板、拱架及支架的拆卸注意事项

1. 承重模板、拱架及支架的拆卸

(1)钢筋混凝土结构的承重模板、拱架和支架，应在混凝土强度能承受其自重力及其他可能的叠加荷载时，方可拆除。

(2)一般跨径小于或等于 3m 的板和拱达到设计强度的 50%，跨径大于 3m 的板、梁、拱达到设计强度的 70%时，方可拆除。

2. 非承重模板、拱架及支架的拆卸

非承重模板与支架的拆卸应在混凝土强度能保证其表面及棱角不因拆除模板而受损坏时，方可拆除。

3. 拆除程序

(1)在卸落前，应在卸落设备上画好每次卸落量的标记。

(2)满布式拱架卸落时，可从拱顶向拱脚依次循环卸落；拱式拱架可在两支座处同时卸落。

(3)简支梁、连续梁宜从跨中向两支座依次循环卸落；悬臂梁应先卸挂梁及悬臂的支架，再卸无铰跨内的支架。

(4)多孔拱桥卸架时，若桥墩容许承受单孔施工荷载，可单孔卸落，否则应多孔同时卸落，或连续孔分阶段卸落。

(5)卸落拱架时，应设专人用仪器观测拱圈挠度和墩台变化情况，并做好详细记录。

4. 模板拆卸

桥墩、桥台模板宜在其上部结构施工前拆除。拆除模板卸落拱架时，不允许用猛力敲打和强扭等粗暴的方法进行。

四 模板常用隔离剂的配置

模板常用隔离剂的配置可见表 5-1。

模板常用隔离剂的配置表 表5-1

材料的配合比	配 置 方 法	适 应 范 围	主 要 特 点
肥皂液	将肥皂切成小片，然后泡水，涂刷于模板表面1～2遍	主要适用于木模、混凝土模、砖模、土模等	使用方便，便于涂刷，易脱模，但冬季和雨季不能使用
	首加水1～2倍进行煮沸，待溶化后冷却使用，涂刷2～3遍	主要适用于木模、混凝土模、土模及台模等	
皂角：水：滑石粉＝1：1.5：适中	将皂角加水进行煮沸，拌至糊状，使用时加入滑石粉	主要适用于升板模板与台模	
废旧机油	若是较稀的废机油则刷两遍，而较稠的废机油只刷一遍	适用于各种模板和固定的台模	隔离较稳定，可用废料，但是钢筋和构件表面容易粘油
废机油：滑石粉：汽油：水＝1：1.3：0.15：0.4	首先将废机油与汽油、滑石粉拌和，然后加水拌和至均匀乳状为止，再刷1～2遍	主要适用于各种固定的台模	容易脱模，便于涂刷，其表面较光滑
废机油：柴油＝1：(1～4)	将较稠的废机油掺柴油或者煤油稀释均匀搅动后，涂刷1～2遍	适用于大模板、钢模及各种台模	隔离较稳定，可利用废料，但钢筋和构件表面容易粘油
石蜡：柴油：滑石粉＝1：3：4	首先将一份石蜡与两份柴油混合用水加热后加入粉料拌匀，涂刷1～2遍	主要适用于混凝土台座、钢模、木模	容易脱模，板面光滑，但成本高，蒸汽养护时不能使用
石蜡：煤油：滑石粉＝1：(2～2.5)	将石蜡与煤油溶化涂于模板面，溶化温度在70°C左右	适用于混凝土台座、钢模	容易脱模，板面光滑，但成本较高
石蜡	将石蜡与煤油用喷灯溶化涂于模板面，并采用干布均匀涂擦，再均匀喷烤至渗入木质内	主要适用于木定型模板	容易脱模，板面光滑，但成本比较高
石灰水	将石灰膏加水拌成稀糊状，涂刷1～2遍于模板面上	适用于木模、混凝土模、砖模、水泥面台座	取材容易，成本低，涂刷方便，但较易脱落
石灰膏：黄泥＝1：1	将石灰膏与黄泥加水拌和至糊状，均匀地涂刷1～2遍	适用于水泥面台座、混凝土模	取材容易，成本低，涂刷方便，但较易脱落
107号建筑水胶：滑石粉：水＝1：1：1	将水胶与水调均匀，再与滑石粉调匀，涂刷1～2遍	适用于钢模板	操作方便，容易脱模，材料源广泛
有机硅共水解物：汽油＝1：10	将有机硅共水解物加汽油混合调匀使用	适用于钢模和大模板	为长效脱模剂，可使用多次

第三节　施工预拱度的设置

一　确定预拱度时需考虑的因素

支架在荷载作用后将产生弹性变形与非弹性变形，高架桥上部结构在自重作用下会产生一定的挠度，为了确保高架桥竣工后尺寸的准确，施工时，支架必须设置一定数量的预拱度。在确定预拱度时应考虑以下因素：

(1)拆除支架后高架桥上部构造本身及荷载一半所产生的竖向挠度 δ_1。

(2)支架在荷载作用下所产生的弹性变形 δ_2。

(3)支架在荷载作用下所产生的非弹性变形 δ_3。

(4)支架基础在荷载作用下所产生的非弹性沉陷 δ_4。

(5)混凝土收缩和温度突然变化引起的挠度 δ_5。

二　预拱度的计算方法

上部结构和支架的各项变形值之和即为应设置的预拱度，各项变形值可按下列方法计算和确定：

(1)桥跨结构应设置预拱度，其值等于恒荷载和半个静荷载所产生的竖向挠度，当恒荷载和静荷载产生的挠度不超过跨径的 1/1 600 时，可不设预拱度。

(2)满布式支架，其弹性变形为：

$$\delta_2 = \sigma L / E \tag{5-1}$$

式中：σ——压应力；

L——杆件长度；

E——弹性模量。

(3)支架在每一个接缝处的非弹性变形，在一般情况下，横纹木料为 3mm，顺纹木料为 2mm，木料与金属或木料与木料的接缝为 1～2mm，顺纹与横纹木料接缝为 2.5mm。

卸落设备砂筒内砂料压缩和金属筒变形的非弹性压缩量，根据压力的大小、砂子细度模量及筒径、筒高确定。一般，200kN 压力砂筒为 4mm，400kN 压力砂筒为 6mm，砂未预先压紧者为 10mm。

(4)支架基底的沉陷，可通过试验确定或参考表 5-2 估算。

支架的基底沉陷量(单位：mm)　　表 5-2

土　壤	枕　梁	柱	
		当柱上有极限荷载时	柱的支承能力不充分利用
沙土	5～10	5	5
黏土	15～20	10	5

三 预拱度的设置

根据梁的挠度和支架的变形所计算出来的预拱度之和，为拱度的最高值，应设置在梁的跨径中点。其他各点的预拱度，应以中间点为最高值，以梁的两端为零，按直线或二次抛物线进行分配。

四 预拱度的曲线方程

主梁预拱度沿跨度方向变化的曲线，按二次抛物线处理（图 5-6），取左支点（图 5-6 中 O 点）为坐标原点，跨长为 L，主梁跨中矢高为 f，则曲线方程为：

$$y=-f\left(\frac{2}{L}x-1\right)^2+f$$

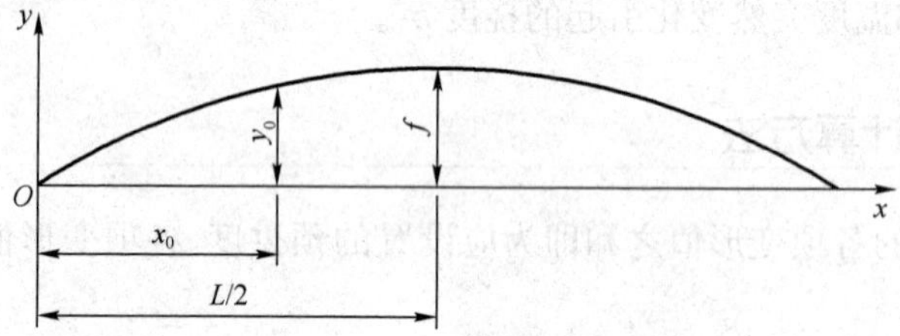

图 5-6　预拱曲线示意图

第四节　现浇施工工艺

一 高架桥就地浇筑施工流程

高架桥就地浇筑钢筋混凝土施工流程见图 5-7。

二 高架桥施工准备

现场浇筑高架桥，首先要进行周密的准备工作和严格检查。因为就地浇筑施工是一次性浇筑混凝土，其工作量很大，且需要连续作业，所以准备工作相当重要，不可疏忽大意。

1. 支架与模板的检查

在浇筑混凝土前应对支架进行全面、严格的检查，核对设计图纸要求的尺寸、位置；检查支架的接头位置是否准确、可靠，卸落设备是否符合要求；检查模板尺寸及制作是否密贴，螺栓、拉杆、撑木是否牢固，是否涂抹模板油及其他脱模剂等。

2. 钢筋和钢索位置的检查

检查钢筋与套管是否准确地按设计图纸规定的位置部设，钢筋骨架绑扎是否牢固；套管端部、连接部分与锚具处应特别注意防止漏浆；检查锚具位置、压浆管和排气孔是否可靠。

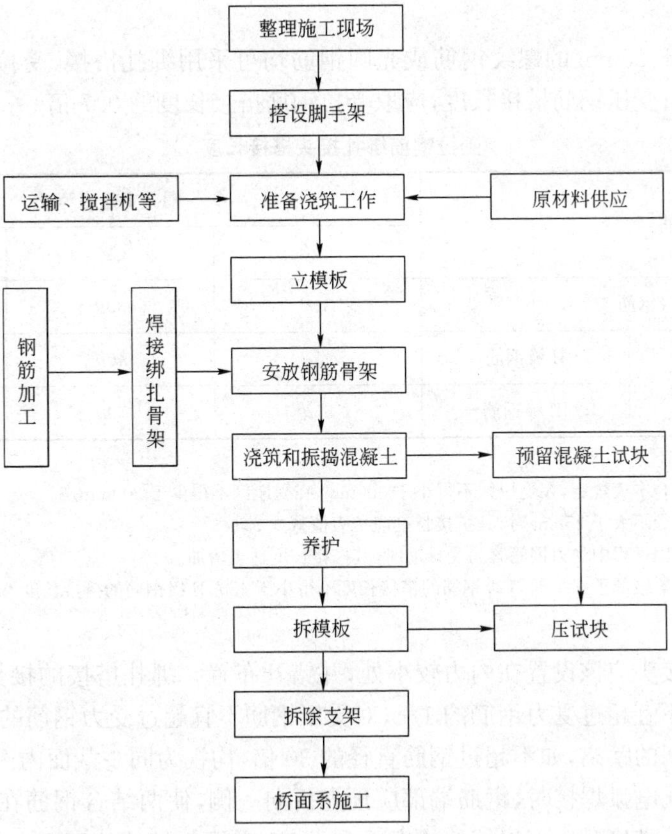

图 5-7　高架桥就地浇筑钢筋混凝土施工流程图

3. 浇筑混凝土前的准备工作

应检查混凝土供料、拌制、运输系统是否符合规定要求，在正式浇筑前对浇筑的各种机具进行试运转，以防在使用中发生故障。要依照浇筑顺序布置好振捣设备，检查螺母紧固的可靠程度。对大型就地浇筑的施工结构，必须配备备用的机械和动力。

在浇筑混凝土前，还应会同监理部门对支架、模板、钢筋、预留管道和预埋件进行检查，合格后方可进行混凝土浇筑工作。

三 高架桥钢筋及钢筋骨架的安装施工要点

1. 骨架制作

(1)在骨架上浇筑混凝土梁时，为减少钢筋的安装工作量，梁内的钢筋宜预先在工厂或桥梁工地制成平面或立体骨架。

(2)当梁的跨径较大时，可预先分段制成骨架。

(3)当不能预先制成骨架时，则钢筋的接长应尽可能预先进行。制作钢筋骨架时，必须焊扎坚固，以防在运输和吊装过程中变形。

(4)多层钢筋焊接时，可采用侧面焊缝，形成平面骨架，焊接缝设在弯起钢筋的弯起点处。如斜筋弯起点之间的距离较大，在中间部分适当增加短段焊缝，以便有效地固定各层主钢筋。

2. 钢筋接头

(1)直径不大于 25mm 的螺纹钢筋或光圆钢筋均可采用绑扎搭接，受拉钢筋搭接长度不小于表 5-3 中规定；受压钢筋搭接长度，应取受拉钢筋搭接长度的 0.7 倍。

受拉钢筋绑扎接头搭接长度 表 5-3

钢筋类型		混凝土强度等级		
		C20	C25	C30
I 级钢筋		34d	30d	25d
月牙螺纹	II 级钢筋	45d	40d	35d
	III 级钢筋	55d	50d	45d

注：1. d 为钢筋的直径。
2. 搭接长度应符合本表规定，在受拉区不得小于 300mm，在受压区不得少于 200mm。
3. 当螺纹钢筋直径不大于 25mm 时，其搭接长度应按表值减少 5d。
4. 当混凝土在凝固过程中受力钢筋容易受扰动时，其搭接长度适当增加。
5. 当混凝土强度等级低于 C20 时，I 级钢筋的搭接长度不得小于 45d，II 级钢筋的搭接长度不得小于 55d，III 级钢筋不宜使用。

(2)对于钢筋接头应该设置在内力较小处，并错开布置。绑扎搭接的接头数量，在同一截面内，对受拉钢筋不宜超过受力钢筋的 1/4，对受压钢筋不宜超过受力钢筋的 1/2。

(3)接头相互间的距离，如不超过钢筋直径的 30 倍，均视为同一截面内。

(4)采用搭叠式电弧焊接时，钢筋端部应预先折向一侧，使两结合钢筋在搭接范围内轴线一致，以减少偏心。搭接时双面焊接的长度不少于 5d，单面焊接的长度不少于 10d。

(5)采用夹焊式焊接时，夹杆总面积不少于被焊钢筋的面积。夹杆长度，如用双面焊接，应不小于 5d；如用单面焊缝，应不小于 10d。

3. 钢筋骨架的拼装

(1)用焊接的方法拼接骨架时，应用样板严格控制骨架位置。

(2)骨架的焊接顺序，宜用骨架的中间到两边，对称地向两端进行，并应先焊接下部后焊接上部，每条焊缝应一次成活，相邻的焊缝应分区对称地跳焊，不可顺方向施焊。

(3)为保证混凝土保护层的厚度，应在钢筋骨架与模板之间错开放置适当数量的水泥砂浆垫块、混凝土垫块或钢筋头垫块，骨架侧面的垫块应绑扎牢固。

4. 钢筋骨架的运输和吊装

(1)运输预制钢筋骨架时，骨架可放在平车上或在骨架下面垫以滚轴，用绞车拖拉。运输道路可根据现场条件，或设在高架桥上或设在高架桥侧面，以设在桥侧面为宜。

(2)由高架桥侧面运进和吊装时，侧面模板应在骨架入模后再安装。用起重机吊装骨架时，为防骨架弯曲变形，宜加设扁担梁。

(3)对于箱形梁钢筋的安装和预应力筋的配置，应与混凝土的浇筑程序和模板的安置顺序配合进行。

5. 钢筋及钢筋骨架质量要求

(1)高架桥上所使用的钢筋应有出厂质量保证书或试验报告单，并做好机模性能试验。

(2)钢筋必须按不同钢种、等级、牌号、规格及生产厂家分批验收、分别堆放，不得混杂，且应立标牌说明。钢筋运输、存放,应避免锈蚀、污染,露天堆放时,应垫高并加以遮盖。

(3)钢筋外表有严重锈蚀、麻坑、裂纹夹砂和夹层等缺陷时,不得使用。

(4)钢筋的类别和直径应按设计规定采用。如采用另外一种强度等级或直径的钢筋代替设计中所规定的钢筋,应了解其工程设计意图和代用材料性能,并必须符合设计规范。对重要结构中的主钢筋,在代用前,必须征得有关方面的同意。

(5)预制构件的吊环钢筋,应采用未经冷拉的Ⅰ级热轧钢筋制作。

(6)要加强对进口钢筋的管理,做到账物相符,并按国别、级别、规格、原捆分批堆放,不得混淆,存放期间应避免锈蚀和污染;使用进口钢筋时,应严格遵守先试验、后使用的原则,严禁盲目使用。

(7)钢筋骨架除按规定对加工质量、焊接质量及各项机械性能进行检验外,还应检查其焊扎和安装的正确性,其允许偏差的详细情况可见表 5-4、表 5-5。

焊接钢筋骨架时的允许偏差 表 5-4

偏差名称	允许偏差值(mm)
骨架长度	±10
骨架高度与宽度	±5
骨架箍筋间距	点焊±10,绑扎±20

钢筋位置允许偏差 表 5-5

主要项目		允许偏差值(mm)
两排以上受力钢筋的钢筋排距		±5
同一排受力钢筋的钢筋排距	梁	±10
	基础、墩、台、柱	±10
钢筋弯起点位置		20
箍筋、横向钢筋间距		±20
焊接预埋件	中心线位置	5
	水平高差	±3
保护层厚度	基础、墩、台	±10
	柱、梁、拱肋	±5
	板	±3

四 高架桥钢筋加工时的施工要点

1. 调直和除锈

(1)钢筋的表面应洁净,使用前应将表面油、漆皮、鳞锈等清除干净。

(2)钢筋应平直,无局部弯折,成盘的钢筋和弯曲的钢筋均应调直。

(3)采用冷拉的办法调直钢筋时,Ⅰ级钢筋的冷拉率不宜大于 2%,HRB335、HRB400 钢筋的冷拉率不宜大于1%。

2. 钢筋配料要求

(1)钢筋加工配料时，要准确计算钢筋长度，如有弯钩或弯起钢筋，应加其长度，并扣除钢筋弯曲成型的延伸长度，拼配钢筋实际需要长度。

(2)同直径、同钢号、不同长度的各种钢筋编号(设计编号)应先按顺序填写配料表，再根据调直后的钢筋长度，统一配料，以便减少钢筋的断头废料和焊接量。

3. 箍筋末端弯钩形式

对箍筋末端弯钩形式的主要要求是：

(1)采用Ⅰ级钢筋制作的箍筋，其末端应做成弯钩，弯钩的直径应大于受力钢筋直径，而且不小于箍筋直径的2.5倍。

(2)弯钩平直部分长度，一般结构不宜小于箍筋直径的5倍，有抗震要求的结构不宜小于箍筋直径的10倍。弯钩形式，如无特殊要求时，可以参照表5-6图a)、b)施工，有抗震要求的结构则参照表5-6图c)施工。

箍筋末端弯钩形式

表5-6

弯钩角度	箍筋末端弯钩角度示意图	弯钩角度	箍筋末端弯钩角度示意图
90°/180°	 a)	135°/135°	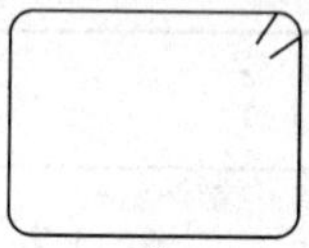 c)
90°/90°	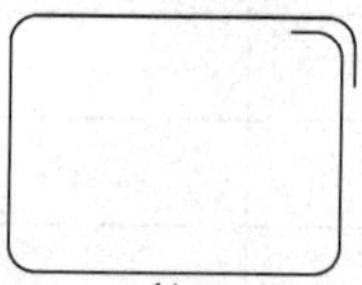 b)		

4. 受力主筋制作和末端弯钩形式(表5-7)

受力主筋制作和末端弯钩形式

表5-7

弯曲部位	弯曲角度	弯曲形状示意图	钢筋种类	弯曲直径	平直部分长度
末端弯钩	180°	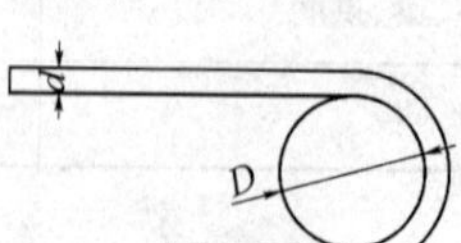	Ⅰ	≥2.5d	≥3d
末端弯钩	135°	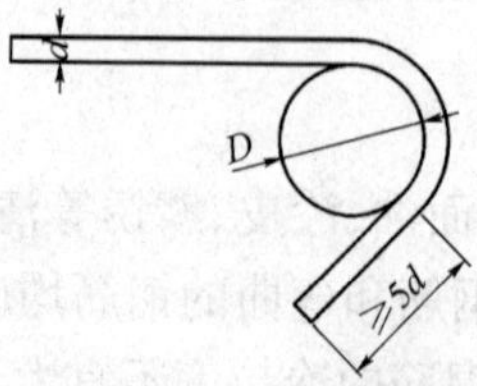	HRB335 (φ8~25mm)	≥3d	≥3d
			HRB400 (φ28~40mm)	≥5d	

续上表

弯曲部位	弯曲角度	弯曲形状示意图	钢筋种类	弯曲直径	平直部分长度
末端弯钩	90°	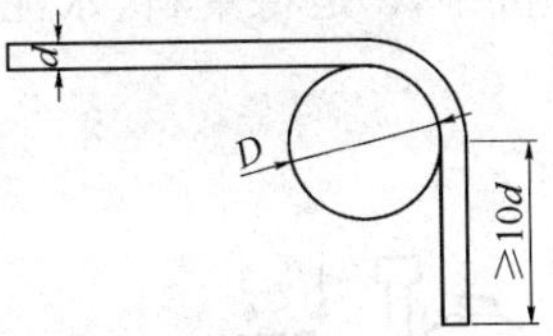	HRB335 (ϕ8～25mm)	≥3d	≥3d
			HRB400 (ϕ28～40mm)	≥5d	
中间弯钩	90°以下	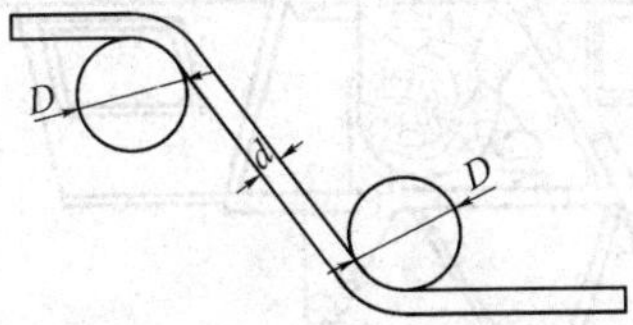	各类钢筋	≥20d	

注：环氧树脂涂层钢筋当进行弯曲加工时，对于直径 d 不大于 20mm 的钢筋，其弯曲直径不小于 4d，对于直径 d 大于 20mm 的钢筋，其弯曲直径不小于 6d。

5. 钢筋样板

弯曲钢筋时，应先反复修正并完全符合设计的尺寸和形状，作为样板使用，然后进行正式加工生产。

6. 钢筋的不逆转

弯筋机弯曲钢筋时，在钢筋弯到要求角度后，先停机再逆转取下弯好的钢筋，不得在机器向前运转时，立即逆向运转，以免损坏机器。

7. 钢筋加工后存放

(1)钢筋成型后，应详细检查尺寸和形状，并注意有无裂纹。

(2)同一类型的钢筋应存放在一起，一种形式弯完后，应捆绑好，并挂上编号标签，写明钢筋规格尺寸，必要时还应注明使用的工程名称。

(3)成型的钢筋，如需两根扎结或焊接者，应捆在一起，连接时不会出错。

(4)弯曲成型的钢筋在运输时，应谨慎装卸，避免变形，存放时要避免雨淋、受潮、生锈及其他有害气体的腐蚀。

五 混凝土的拌制

1. 混凝土搅拌站的工作流程

高架桥上现浇的混凝土，一般是由混凝土搅拌站(楼)提供。混凝土搅拌站(楼)是用来集中搅拌混凝土的联合装置。由于它机械化、自动化程度很高，所以生产率也很高，并能保证混凝土的质量和节省水泥，故常用于混凝土工程量大、施工周期长、施工地点集中的大型工程，如城市高架桥工程、桥梁工程、建筑施工等。随着市政建设的发展，采用集中搅拌、提供商品混凝土的搅拌楼(站)具有很大的优越性，因而得到迅速发展，并为推广混凝土泵送施工，实现搅拌、输送、浇筑机械联合作业创造条件。

混凝土搅拌站(楼)的工艺流程如图5-8所示。1是用径向拉铲机或自动拦运机将砂石等集料拦运至称量处,2是将砂、石集料送入称量斗中,3是将水定量器放入水量分配斗中,4是借助螺旋输送器将水泥送入水泥秤盘中,5是将称量斗中的砂、石集料放入搅拌机中,6是将定量水放入搅拌机中,7是将水泥放入搅拌机中,8是将集料、水泥及水进行搅拌,9是将已搅拌完毕的混凝土放入混凝土搅拌输送车中。

图5-8 混凝土搅拌站(楼)的工作流程示意图

2. 配料允许偏差

对于高架桥上使用的混凝土要求较高,因此拌制混凝土配料时,各类计量器具必须准确无误。对于集架的含水率应经常进行检测,雨天施工应增加测定次数,以及时调整集料和水的用量。配料数量的允许偏差可见表5-8所列。

混凝土搅拌要求　表5-8

材料种类	拌制混凝土的技术要求	
	现场拌制	混凝土搅拌站拌制
水泥、混合材料	±2%	±1%
粗、细集料	±3%	±2%
水、外加剂	±2%	±1%

3. 称量正确

放入混凝土搅拌机内的第一盘混凝土材料应含有适量的水泥、砂和水,用于覆盖搅拌筒的内壁而不降低混凝土所需的含浆量。每一道工作班称量前,应对其计量设备进行重点校核。所有计量器具都要定期检查,如若经过大修、中修或者迁移至新的地点,也要进行一次认真的检测,确定无误后,才能使用。

4. 混凝土搅拌时间

高架桥上所有的水泥混凝土都必须由混凝土搅拌站提供,由机械搅拌时,自全部材料装入搅拌筒至开始出料的最短时间应按设备出厂说明书的规定,并经试验确定,且不得低于表5-9的规定。

混凝土最短搅拌时间 表 5-9

搅拌机类型	搅拌机容量(m³)	混凝土坍落度(mm)		
		<30	30~70	>70
		混凝土最短搅拌时间(min)		
强制式	≤400	1.5	1.0	1.0
	≤1 500	2.5	1.5	1.5
自落式	≤400	2.0	1.5	1.0
	≤800	2.5	2.0	1.5
	≤1 500	—	2.5	1.5

注:1.搅拌细砂混凝土或掺有外加剂的混凝土时,搅拌时间应适当延长 1~2min。
2.外加剂应先调成适当浓度的溶液再掺入。
3.搅拌机装料数量不应大于搅拌机标定容量的 110%。
4.搅拌时间不宜过长,每一工作班至少抽查两次表列时间。
5.如若采用其他形式的搅拌设备,搅拌的最短时间应按设备说明书中的规定确定。

5.混凝土均匀性检查

(1)混凝土拌和物应搅拌均匀,颜色必须一致,不得有离析和泌水的现象。

(2)对混凝土拌和物均匀性的检测,其方法应按现行国家标准的规定进行。

(3)检查混凝土拌和物的均匀性时,应在搅拌机的卸料过程中,从卸料槽的 1/4~3/4 部位,采取试样,并进行试验,其检测结果应符合如下规定:

①混凝土中砂浆密度两次测值的相对误差不应大于 1.8%;

②单位体积混凝土中粗集料含量两次测值的相对误差不应大于 5%。

6.混凝土性能检测

(1)混凝土拌和物的坍落度,应在搅拌地点和浇筑地点分别取样检测,每一工作班或每一单元结构物不应少于两次。

(2)评定时应以浇筑地点的测值为准。

(3)在检测坍落度时,还应观察混凝土拌和物的黏聚性和保水性。

(4)根据需要还应检测混凝土拌和物的其他质量指标并应符合现行国家规定。

7.混凝土强度要求

(1)在进行混凝土强度评定和试配时,混凝土的抗压强度应以边长为 150mm 的立方块标准试件,在温度为(20±3)℃、相对湿度不低于 90%的环境中养护 28d,做抗压试验来测定(单位为 MPa),且取其保证率为 95%。

(2)试件以同龄期者三块为一组,并以同等条件制作和养护,每组试件的抗压强度应以三个试件所测得的算术平均值为测定值。如有一个测值与中间值的差值超过中间值的 15%,则取中间值为测定值;如有两个测值与中间值的差值均超过 15%,则该组试件无效。

8.混凝土强度的换算(表 5-10)

混凝土试件抗压强度换算系数 表 5-10

集料最大粒径(mm)	试件的尺寸(mm)	换算系数
60	200×200×200	1.05
30	100×100×100	0.95

注:采用 150mm×150mm×150mm 的标准试件,其集料最大粒径 40mm。

六 混凝土运送基本要求与提升方法

1. 运送混凝土的基本要求

(1)高架上的混凝土拌和料的运输,应尽可能地使运距短、转载少,以缩短运输时间,满足浇筑速度要求,使混凝土保持应有的塑性。每盘混凝土由开始搅拌至浇筑完毕的时间,在干燥暖和的天气时不超过 1h,低温潮湿天气也不宜超过 2h,如有特殊情况也可以例外。

(2)运输过程中,不得使混凝土出现离析现象。运输后,从运输机具所装混凝土料高度的 1/4 处和 3/4 处取料样试验时,其坍落度与设计坍落度之差不宜超过 3cm。

(3)混凝土运到浇筑地点后,一般应直接放到浇筑部位,不再移动。倒料的高度应不超过 1.5m,超过 1.5m 时,应通过串筒浇筑或分层立模浇筑或在模板侧面开窗口浇筑。

2. 混凝土运输及提升方法

(1)在高架桥的桥面上运输:跨径不大的桥梁,可在上部构造模板上运送。运送方法可采用手推车、小型机动斗车或轻轨斗车。

(2)索道吊机运输:在跨河流的高架桥浇筑混凝土时,采用索道吊机施工,一般以顺桥方向跨越全部桥跨设置,可设一条或两条索道,在桥的横向可用牵引的方法或搭设平台分送混凝土。索道吊机适用于河谷较深或水流湍急的桥梁。

(3)在河滩上或软基础上运输:当桥下为平坦的河滩或软基础时,可用汽车或轻轨斗车进行水平运输,用吊机进行垂直或横向运输。

(4)水上运输:城市中,若在较大的、可通航的河流上修筑高架桥,可在浮船上设置水上混凝土工厂和吊机,以便向高架桥供应混凝土和将混凝土运送至浇筑部位。需另用小船运送时,应尽可能使用同一装载工具。

(5)输送泵的运输:混凝土数量较大的大型桥梁,宜在岸或船上设置混凝土拌和厂,采用输送泵运输。

七 混凝土的浇筑施工要点

(一)混凝土浇筑的一般要求

(1)浇筑混凝土前的检查:在浇筑混凝土前,应认真对所有模板、支架及预埋件进行一次全面的检查,并做好记录,只有在符合设计要求后才能进行混凝土的浇筑。模板内的所有杂物、积水和钢筋上的污垢必须清理干净。如模板上有缝隙,则应填塞严密,所有模板内应涂刷隔离剂,同时还要进行混凝土的均匀性与坍落度的检查工作,确保混凝土浇筑质量。

(2)当从高处向模板内倾卸混凝土时,为防止其离析,操作方法应符合以下要求:

①从高处向模板内倾卸混凝土时,其自由倾落高度不得超过 2m;

②如倾落高度已超过 2m,则必须通过串筒、溜管或振动溜管等设施下落;

③如倾落高度已超过 10m,则应设置减速装置来完成卸料工作。

(3)浇筑混凝土时必须按一定的厚度、方向、顺序分层进行,并应在下层混凝土初凝或者能够重塑前浇筑完成上层混凝土。如上、下层同时浇筑,上层与下层同时浇筑距离应保持 1.5m 以上。如在倾斜面上浇筑混凝土,则应从最低处开始逐层扩展升高,保持水平分层。其分层厚度不宜超过如表 5-11 所示要求。

混凝土分层浇筑的厚度 表 5-11

捣实方法		浇筑厚度(mm)
用插入式振动器		300
用附着式振动器		300
用表面振动器	无筋或配筋稀疏时	250
	配筋较密时	150
人工捣实	无筋或配筋稀疏时	200
	配筋较密时	150

注:表中的规定可根据混凝土结构物和振动器的型号等多种情况进行适当的调整。

(4)混凝土振捣的要求:浇筑混凝土时,除少量塑性混凝土可以采用人工捣实外,其他必须采用振动器来振实。

(5)混凝土结构的表面部分需要特别密实,而混凝土沿模板间的摩擦力又有阻碍混凝土沉实的作用,因此靠近模板处应加强振捣。

(6)浇筑混凝土时,应经常观察模板、支架、钢筋、预埋件和预留孔洞的情况。当发现有变形、走动或堵塞的情况时,应立即停止浇筑,并应在混凝土凝结前修整完好。

(7)浇筑混凝土时要按计划程序进行,为了使准备好的模板一次浇筑完而不中断,应注意做到:有足够的混凝土生产能力,有足够运输混凝土的工具设备,所有的机械和设备能保证正常工作,并留有备份。

(8)钢筋混凝土结构的施工缝应按设计文件中的有关规程办理。柱的施工缝表面,应垂直于构件轴线;板和墙的施工缝,则应与其表面垂直。

(9)混凝土浇筑的时间:混凝土的浇筑必须连续进行,并应在前层所浇筑的混凝土尚未初凝之前,即将次层混凝土浇筑捣实完毕。如必须间断,其间断时间应少于前层混凝土的初凝时间或重塑时间。其最大间歇时间应根据水泥的凝结时间、水灰比及混凝土的硬化条件等因素来确定,混凝土的运输、浇筑及间歇的所有时间不得超过表 5-12 的要求。

混凝土的运输、浇筑及间歇的全部允许时间(单位:min) 表 5-12

混凝土强度等级	气温在 5~25℃	气温在 25℃以上
≤C30	210	180
>C30	180	150

(10)在浇筑施工中断后接着浇筑新层混凝土时,应按下述要求对硬化的前层混凝土表面进行处理。

①将前层混凝土表面上的水泥浆薄膜用钢丝刷刷毛。必要时,对已充分硬化的混凝土表面进行凿毛。

②前层混凝土表面上如有瑕疵、裂纹、泥垢、脏物或松弱混凝土层等不良部分,应彻底清除,使坚实的混凝土层外露。

③前层混凝土表面经清刷洗净后,应用水冲洗,并维持润湿状态,然后再进行次层混凝土的浇筑,但前层混凝土表面低洼处在浇筑时不得有积水。

(11)在浇筑施工中断后接着浇筑新层混凝土时,一般应在清刷处理后的混凝土的整个接缝面上,再仔细铺盖一层水泥砂浆,其配合比与混凝土中的砂浆相同,水灰比宜略小于混凝土本身的水灰比，厚度为15～20mm。

(12)对于与柱或墙等整体连接的(即不设施工缝)梁或板的混凝土，应在浇筑完柱或墙等的混凝土后停歇1～2h，以使混凝土获得初步沉实再继续浇筑；对于梁和板的混凝土，应尽量同时浇筑，使其表面不留施工接缝。

(13)浇筑混凝土时，严禁在混凝土中随意加水，以免影响混凝土的质量和速度。

(14)当气温低于5℃时，应采取相应措施，确保混凝土能正常凝结硬化。

(15)在浇筑混凝土的过程中，应认真填写混凝土施工记录。

(二)施工缝的处理

(1)首先应凿除处理层混凝土表面的水泥砂浆和松弱层，但在凿除过程中，处理层的混凝土需达到下列强度：

①用水冲洗凿毛时，需达到0.5MPa；

②用人工凿除时，需达到2.5MPa；

③用风动机凿毛时，需达到10MPa。

(2)经凿毛处理的混凝土面，应用水冲洗干净，在浇筑次层混凝土前，对垂直施工缝应刷一层水泥砂浆，对水平缝宜铺一层厚为10～20mm的1∶2水泥砂浆。

(3)重要部位及有防震要求的混凝土结构或钢筋稀疏的钢筋混凝土结构，应在施工缝处补插锚固钢筋；有抗渗要求的施工缝宜做成凹形、凸形或设置水带。

(4)施工缝为斜面时应浇筑成或凿成台阶状。

(5)施工缝处理后，需待处理层混凝土达到一定强度后才能继续浇筑混凝土，需要达到的强度，一般最低为1.2MPa，当结构物为钢筋混凝土时，不得低于2.5MPa。

(三)混凝土浇筑速度

在混凝土浇筑施工中，为达到高架桥跨结构的整体性要求和防止浇筑上层时破坏下层，浇筑次层需要有一定的速度，保证在先浇筑的一层混凝土初凝以前完成次一层的浇筑，最小增长速度的计算方法可采用下式：

$$v \geqslant s/t \tag{5-2}$$

式中：v——浇筑时混凝土面上升速度的最小允许值(m/h)；

s——搅动深度，以浇筑时的规定为准，一般可为0.25～0.5m；

t——水泥实际初凝的时间(h)。

(四)简支梁混凝土浇筑

跨径不大的简支梁高架桥，可在钢筋全部扎好之后，将梁与板沿一跨全部长度分层浇筑，或用斜层法从两端对称地向跨中浇筑，在跨中合拢。为避免支架不均匀沉陷的影响，浇筑工作宜尽量快速进行，以便在混凝土失去塑性前完成。较大跨径的城市高架桥梁的施工，可分层或采用斜层法先浇筑纵横梁，待纵横梁浇筑完毕，再沿桥的全宽浇筑桥面板，此时桥面板与纵横梁间应设置工作缝，其位置如图5-9虚线所示。采用斜层法浇筑时，混凝土的适宜倾斜角(如图5-10所示)与混凝土稠度有关，一般可为20°～25°。

当桥面较宽且混凝土数量较多时，可分为纵、横单元分别浇筑。每个单元的纵、横梁应沿其全长分层浇筑或用斜层法浇筑。分层纵向浇筑时，应在纵梁的横梁上留置工作缝，纵横梁分别浇筑完成后，以全面积一次浇筑完成，不设工作缝。

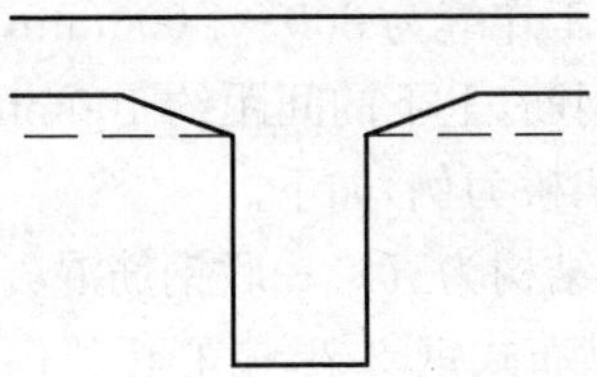

图 5-9　板与梁的水平接缝

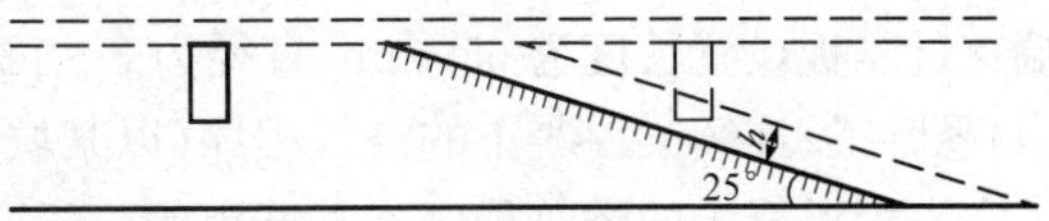

图 5-10　斜层法浇筑梁

(五)悬臂梁、连续梁混凝土的工作缝与浇筑

(1)设置工作缝的主要原因如下：

①当高架桥桥墩为刚性支墩时，桥跨下的支架为弹性支撑，在浇筑上部构造的混凝土时，其桥墩和支架将会发生不均匀的沉降。所以，在浇筑混凝土的过程中，必须采取有效的措施，防止上部结构在高架桥的桥墩处产生裂缝。

②防止桥墩处产生裂缝的办法是：在浇筑悬臂梁、连续梁时，在桥墩上设置临时工作缝，待梁体混凝土浇筑完成，支架稳定、上部结构沉降停止后，再将这些工作缝填筑。

③当支架中有较大跨径的梁式结构时，在该梁的两端支点上也应设置临时工作缝。

应说明，混凝土在空气中凝固时，因水分蒸发，将使混凝土产生收缩。特别是一次浇筑的时间过长时，会在梁体中发生收缩裂缝，所以设置工作缝分段浇筑混凝土就可以避免产生此收缩裂缝。

为了避免出现不均匀沉降现象，还可以采取同时预压支架的方法。即预先对支架施加与梁体相同重力的荷载，使支架预先完成变形。预压的荷载可随混凝土浇筑进程逐步拆除。

(2)工作缝设置的位置：主要设置在桥墩顶部及支架的顶部。图 5-11 为单悬臂梁工作缝设置位置示意图。

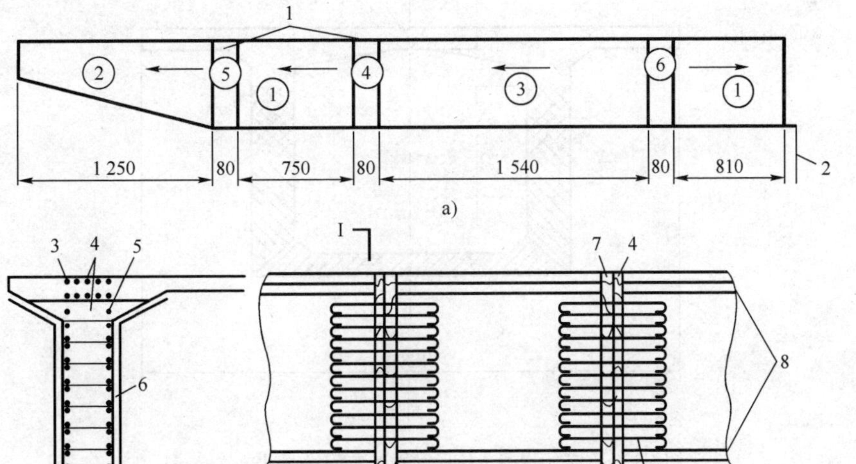

图 5-11　悬臂梁工作缝设置的位置与构造示意图(尺寸单位：mm)

a)纵面图；b)工作缝大样图

1-工作缝；2-桥墩；3-主梁钢筋；4-隔板；5-分布钢筋；6-主梁模板；7-垂直木条；8-穿过隔板的主钢筋

(3)工作缝的结构:一般的工作缝两端采用木板与主梁体隔开,并留出加强钢筋通过的孔洞。由主梁底一直到桥面板顶部,木板外侧用垂直木条钉牢,其工作缝为800～1 000mm,工作缝两端穿过隔板设置长度为650mm、直径为8～12mm的分布钢筋,上下的间距约100mm。

(4)悬臂梁、连续梁混凝土的浇筑程序(以某城市的一段高架桥为例)如下。

①空心板混凝土的浇筑程序。某城市的一段高架桥的上部结构为五跨一联钢筋混凝土连续空心板梁,每跨14.68mm,高架桥桥面净空10m。支架采用满布式钢支架,空心板梁内采用钢圆筒,混凝土采用混凝土泵车浇筑,其浇筑程序及工作缝的设置如图5-12所示。

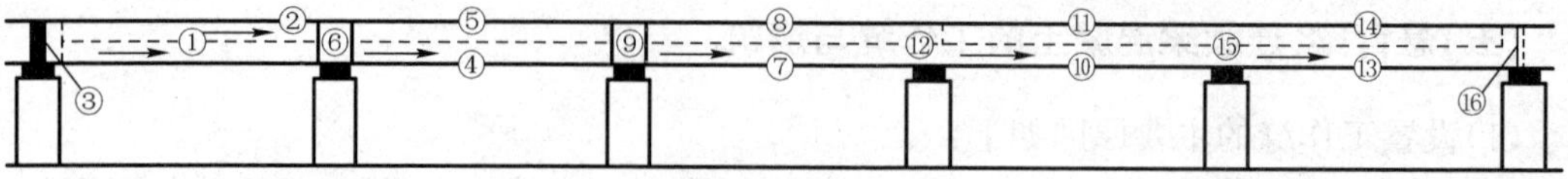

图5-12　空心板梁混凝土浇筑程序

②悬臂梁及连续梁钢筋混凝土的浇筑程序。采用移动式挂篮作为主要施工设备,以桥墩为中心,利用挂篮对称向两岸逐段浇筑梁段混凝土,待混凝土达到要求强度后,张拉预应力束,再移动挂篮,进行下一节段的施工。浇筑混凝土时,可以从前端开始,应尽量对称平衡浇筑。浇筑时应加强振捣,并注意对预留管道的保护。

(5)预应力混凝土箱形梁的浇筑程序:上部结构为某高架桥的预应力混凝土连续箱形梁,其施工方法采用满布式支架浇筑,其浇筑程序见图5-13。

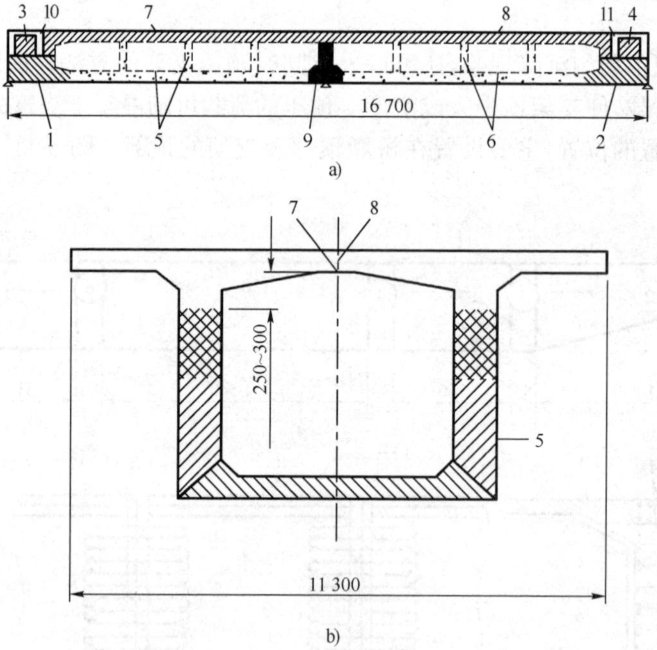

图5-13　预应力混凝土箱形梁的浇筑程序(尺寸单位:mm)

a)侧面图;b)剖面图

1、2-梁板及张拉端;3、4-张拉块;5、6-底板及腹板;7、8-顶板及张拉端;9-中间交点处;10、11-张拉缝及其他

(6)钢筋混凝土基础结构中各种跨度的连续梁或悬臂梁等,在浇筑混凝土前,应检查预埋的锚固螺栓、支座、排水管、支柱等位置是否正确,埋设是否牢固。浇筑时,如排水管尚未设置,可采用木塞插入排水管预留处,混凝土浇筑完毕后再拔除,并需特别仔细检查钢板的位置与活

动支座和固定支座的接触紧密程度。

(7)浇筑高架桥的混凝土梁时,一般在梁上操作。如梁较高,可在模板侧面预留窗口,以便振捣;如梁内钢筋密集,为便于混凝土的浇筑和振捣,在某些地点可以预留位置而暂不放钢筋,等浇筑到相当部位以后,再将预留钢筋补足。

(8)在满堂红支架上浇筑跨径较大的简支梁混凝土,或在基底刚性不同的支架上浇筑连续梁和悬臂梁混凝土时,为了避免所浇筑混凝土因支架沉落不均产生裂缝,必须按下列方法之一进行浇筑:

①尽量加速混凝土的浇筑工作,以使在浇筑完全梁混凝土时,其最初浇筑的混凝土层尚不致产生强度,并仍具有随支架下落沉陷而变形的可塑性;

②在浇筑混凝土前,先在支撑架上架全部圬工的重量,使其充分变形,以后浇筑混凝土时,再将该项预加的载重从支架上逐渐撤除;

③将梁分成数段,并制订适当的能消除支架不均匀沉降影响的混凝土浇筑程序,但分段计划及浇筑顺序,均应征得设计人员同意后方能进行。

简支梁的混凝土,应尽量加速浇筑,连续一次浇筑完毕。

(六)混凝土拱桥就地浇筑

1.混凝土、钢筋混凝土拱桥就地浇筑施工概述

(1)在支架上就地浇筑上承式拱桥可分三个阶段进行。第一阶段浇筑拱圈或拱肋混凝土,第二阶段浇筑拱上立柱、连系梁及横梁等,第三阶段浇筑桥面系。后一阶段混凝土浇筑应在前一阶段混凝土强度达到设计要求后再进行。

(2)拱圈或拱肋的拱架,可在拱圈混凝土强度达到设计强度的70%以上时,在第二阶段或第三阶段开始施工前拆除,但应对拆架后的拱圈稳定进行验算。

(3)在浇筑主拱圈混凝土时,立柱的底座应与拱圈或拱肋同时浇筑,钢筋混凝土拱桥应预留与立柱的联系钢筋。主拱圈的浇筑方法主要根据桥梁跨径选择,其浇筑方法有:连续浇筑、分段浇筑及分环、分段浇筑法。

2.连续浇筑施工法

(1)跨径在16m以下的混凝土拱圈或拱肋,主拱高度比较小,全桥的混凝土数量也较少。因此,主拱可以从两拱脚开始对称向拱顶方向浇筑混凝土,而使全拱浇筑完毕时,最先浇筑的混凝土虽然部分可能因本身荷载使拱架下沉而随之下沉,但仍具有可塑性,不致使拱圈或拱肋开裂。

(2)如果预计因混凝土数量多而不能在限定时间内完成,则需要在两拱脚处留出隔缝,于最后浇筑成拱。

3.分段浇筑施工法

(1)跨径在16m以上的混凝土拱圈或拱肋,为避免先浇筑的混凝土因拱架下沉而开裂,并为减小混凝土的收缩力,而沿拱跨方向分段浇筑,各段之间留有间隔槽。这样,在拱架下沉时,拱圈各节段有相对活动的余地,从而避免拱圈开裂。

(2)拱段的长度一般取6~15m,划分拱段时应使拱顶两侧保持对称、均匀。间隔槽宽0.5~1.0m,一般宜设在拱架受力的反弯点、拱架节点处、拱顶或拱脚处,如间隔槽内需设置钢筋接头,其宽度尚应满足钢筋接头的需要。拱段的浇筑程序应符合设计规定,在拱顶两侧对称进行浇筑,以使拱架变形保持均匀和最小。图5-14为不同跨径的拱分段浇筑的程序,可参考选用。

(3)间隔槽应在拱圈各段混凝土浇筑完成,且强度达到设计强度的70%以上后进行,浇筑的顺序可从拱脚向拱顶对称进行,在拱顶浇筑间隔槽使拱合拢。拱的合拢温度应符合设计要求,一般应接近当地的年平均温度或在5~15℃之间为宜。为加速施工进程,间隔槽混凝土可采用比拱圈混凝土高一级的半干硬性混凝土。

4.分环、分段浇筑施工法

大跨径钢筋混凝土拱圈,为减轻拱架负荷,通过计算可采用分环浇筑混凝土。即将拱圈高度分成两环或三环,先分段浇筑下环混凝土,分环合拢,再浇筑上环混凝土。

可见分环浇筑的施工时间较长,但下环混凝土在达到设计强度后,与拱架共同承担上环浇筑混凝土的重量,可节省拱架。

分环、分段浇筑也可采取先分环、分段浇筑,最后一次合拢的方式。上下环间隔槽互相对应、贯通,一般宽度取2m左右,有钢筋接头的槽宽可取4m左右。

按这样的浇筑程序,仅减少每次浇筑的混凝土数量,而拱架必须按全部主拱圈自重设计。图5-15为箱形拱主拱圈采用分环、分段浇筑的程序。

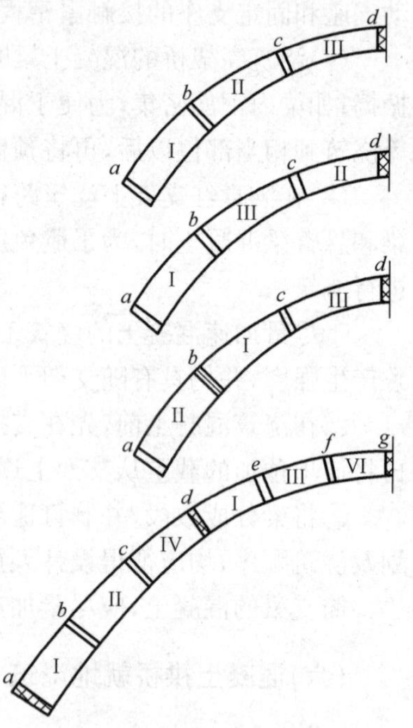

图5-14 拱圈分段浇筑的施工程序

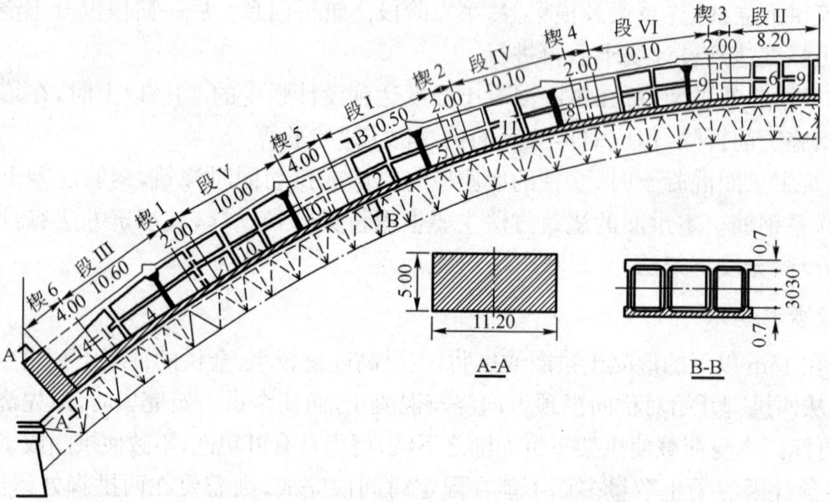

图5-15 箱拱主拱圈分环、分段浇筑施工程序(尺寸单位:m)

分环浇筑,由于各环混凝土龄期不同,混凝土的收缩和温差影响在环面间会产生剪力和结构的内应力,容易造成环间裂缝。因此,其浇筑程序、养护时间和各环间的结合必须按计算确定。

八 高架桥上部结构施工

轨道交通的高架桥上部结构施工方法受到桥梁类型、跨径、城市环境要求、施工机械化水平等因素影响,主要有就地现浇混凝土、移动模架逐孔现浇、预制拼装、顶推施工、悬臂施工、提升浮运。不同施工方法各具有优缺点和适用条件,在选择施工方法时,应做到因地制宜。

(一)无支架施工

T 梁、空心板梁一般采用预制场制作,运输至现场,运用设备进行吊装成桥或由架桥机铺设,因此采用无支架施工的方法,下面以板梁施工为例说明。

板梁分为先张法预应力空心板梁和后张法预应力空心板梁两种。板梁长度大,重量大,吊装高度大,一般采用双机台吊的方法。即使用两部 50t 履带吊,把杆长 22m,把杆仰角 75°～80°,起重量 19～31t,幅度 7～15m,吊钩高度 19m。实现双机台吊作业的关键是因地制宜地选择吊车的最佳作业位置和动作协调,大都采用隔跨同向位或同跨同向位作业,板梁运输进入的位置基本和架设方向平行。

(二)有支架施工

对于箱梁结构或曲线桥梁等某些桥梁结构需要现场就地浇筑混凝土,就必须采用有支架施工的方法,下面以箱梁施工为例说明。

某高架桥的桥跨断面设计采用单箱双室截面,桥跨结构主要采用简支梁,标准跨径为 30m,梁高 1.90m,梁宽 9.00m,腹板厚 200～300mm,标准断面如图 5-16 所示。预应力钢筋采用直径 $d \leqslant 15.4$mm 的高强度低松弛钢绞线,标准强度 1 860MPa,预应力系统采用每束 7 根钢绞线,在标准跨径断面上配置了 21 束,锚具采用 OVM15-7。预应力钢束在断面上的配置如图 5-17 所示。

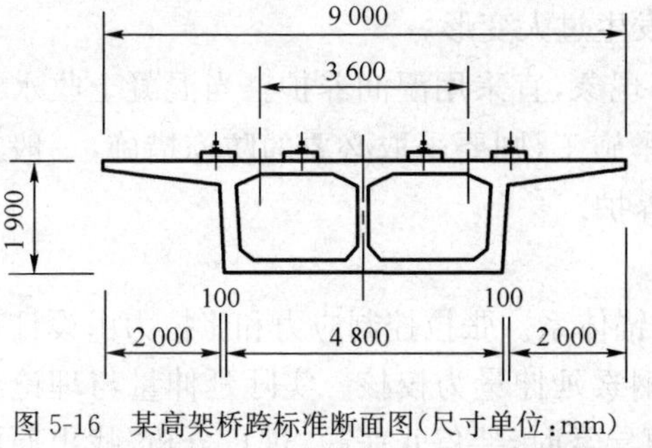

图 5-16　某高架桥跨标准断面图(尺寸单位:mm)

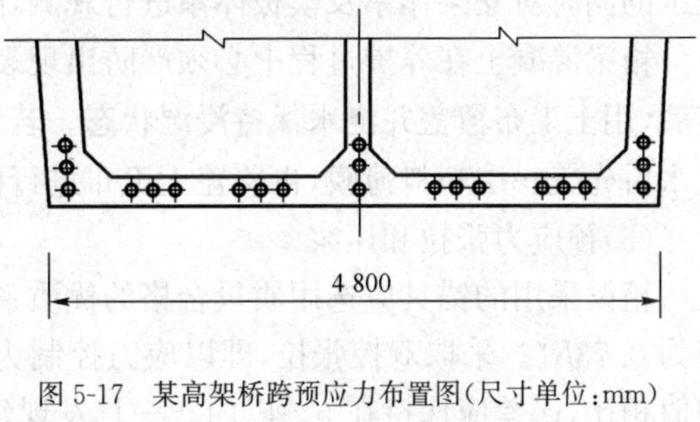

图 5-17　某高架桥跨预应力布置图(尺寸单位:mm)

1. 满堂脚手支架现场浇筑施工技术

箱梁施工流程为:地基处理→测量放样→脚手架→底模→第一次钢筋绑扎→钢绞线及波纹管安装→第一次混凝土浇筑→第一次拆模→第二次钢筋绑扎→钢绞线及波纹管安装→第二次混凝土浇筑→拆模→张拉→落架。

(1)基础处理

施工过程中分批张拉预应力,箱梁自重力逐步从临时支架转移到永久桥墩上,在施工过程中,临时支撑出现了较大反力,因此搭设支架前必须对地基进行处理。处理方式同盖梁脚手架搭设对地基的处理要求。

(2)支模体系

支模采用两种形式:一是 ϕ45mm 钢管满堂脚手排架,用于不影响交通的部位,在 ϕ48mm 脚手管上端放置 75mm×150mm 板组成牵杆格栅,满铺夹板;二是 ϕ580mm 钢支撑平台排架用于交通要道处,确保交通的正常通行。以 30 号工字钢作横梁搭设在 ϕ580mm 钢管支撑上,横梁上搁置 28 号工字钢纵梁,上面用厚 50mm 木板满铺作为操作平台,再在平台上搭设满堂支架,ϕ48mm 钢管下用 75mm×150mm 板横桥向布置作为垫木。

箱梁箱孔内的模板采用大模板形式,并用木架支撑、固定。在每仓两头各开一个洞,作为工作人员进入拆除模板的入口。

(3)绑扎钢筋及安装预应力波纹管

由于是预应力构件，普通钢筋的用量并不多，但梁端头的锚具区钢筋较密，因此在钢筋绑扎同时，必须注意到波纹管安放的位置，部分钢筋要等到波纹管穿好后再进行绑扎。波纹管在安装中，一是要确保位置的正确性，二是要满足线形的连续畅顺。管道与管道的接口用密封胶带缠紧，并保证接口的严密性，张拉端与固定锚垫板后通常设有螺旋筋和钢筋网。在浇混凝土时要预防管道漏浆造成穿索和张拉困难。

另外，钢筋焊接时严格控制火星溅落，防止模板烧焦。对于使用的张拉设备，要提前进行标定检查，保证油表数据的准确性。

(4)混凝土施工

箱梁混凝土应分两次浇筑：第一次先施工箱梁翼缘以下部分，第二次施工翼缘以上部分。混凝土施工缝严格按图纸设置，水平方向在翼缘的下口设置。第二次浇筑混凝土前，按要求对施工缝进行凿毛处理。由于每次浇筑混凝土数量都较大，因此在每一次浇筑前需协调混凝土的供应，充分做好混凝土浇筑准备工作，每次混凝土浇筑应在初凝前完成。要求混凝土供应有连续性并控制混凝土初凝时间。混凝土浇筑由一端向另一端进行（由低向高处），泵车放料控制好速度，浇筑高度要均匀。在混凝土浇筑过程中，避免振捣器直接碰撞波纹管和预埋件等。施工的同时对支架体系及模板体系进行观测，防止发生过大变形。

箱梁混凝土在养护过程中必须严防出现裂缝等现象，宜采用湿润养护。当混凝土收水结束后，用土工布覆盖并浇水保持浸湿状态。若为冬季施工，则要采取必要的防冻措施，一般在收水后先盖一层塑料薄膜，再覆盖土工布进行保温养护。

(5)预应力张拉和压浆

箱梁采用的锚具应选用质量合格的优质系列群锚体系。张拉控制应力和张拉力由设计确定为 0.73R_b^y。采取双控张拉，即以应力控制为主，钢索延伸量为校核。实际延伸量与理论延伸值相比，误差应保持在 6%以内。一旦发现延伸值异常时，要停止张拉，进行分析，找出原因后，再继续施工。张拉时采取对称张拉，先中心轴附近各束，后上下各束。张拉采用超张拉工艺，张拉程序为：0→初应力→105%σ_k（持荷 5min）→σ_k（锚固）。张拉结束后，应随即压浆，一般不超过 24h，最迟不超过 3d，以免预应力索松弛。在压浆前要先用压力水冲洗孔道，并用压缩空气排除孔内积水。浆液由波纹管一端向另一端压入，管端部设置排气孔，当出现原浆后即可堵住气孔，并再增压两次，保持 3min 左右再关闭阀门。在压浆施工前，应提前 2h 用快速水泥封堵夹具与钢束间的缝隙，防止漏浆。另外，需对排气孔、压浆孔等全面检查，并对压浆设备系统安装检查。

压浆顺序为：先压下面孔道，后压上面孔道，并应将集中一处的孔道一次压完，以免因孔道漏浆堵塞临近孔道，如集中孔道无法一次压完，则应将相邻未压浆的孔道用压力水冲洗，使得再次压浆时孔道能通畅无阻；曲线孔道由侧向压浆时，应由最低点的压浆孔压入水泥浆，并由最高点的排气孔溢出浓浆。

压浆浆液采用水泥浆，U 型膨胀剂，SI-II 减水剂，水泥采用 42.5 级普通硅酸盐水泥，配置完成的水泥浆水灰比为 0.4，流动速度可采用 14～20s。

2.桩基支墩和贝雷架平台支模方案

对于特别软弱的地基，又要跨越一定跨度的障碍时，可以选用桩基支墩和贝雷架平台支模

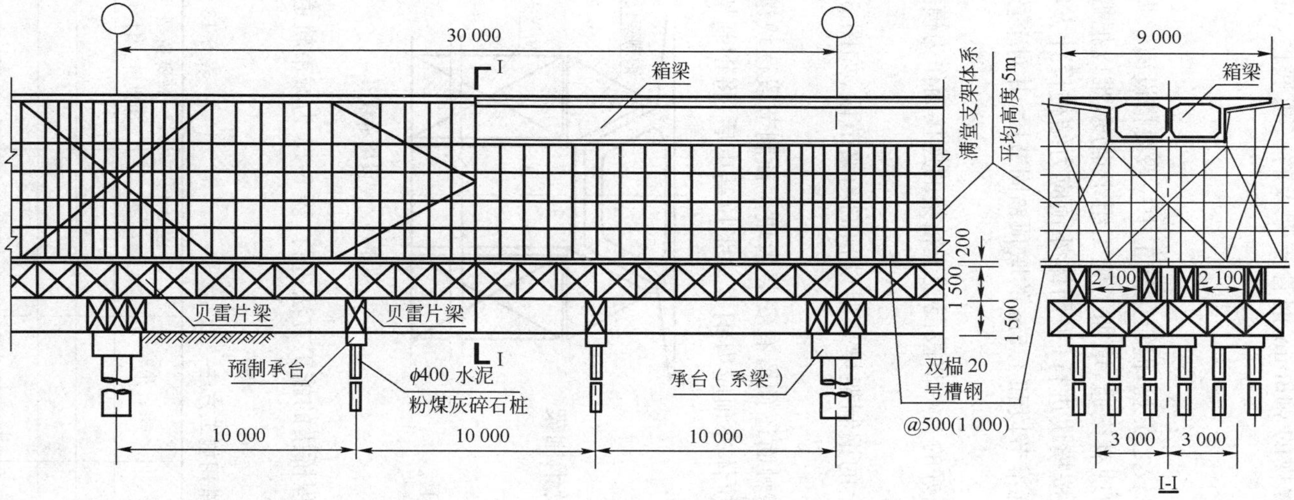

a)

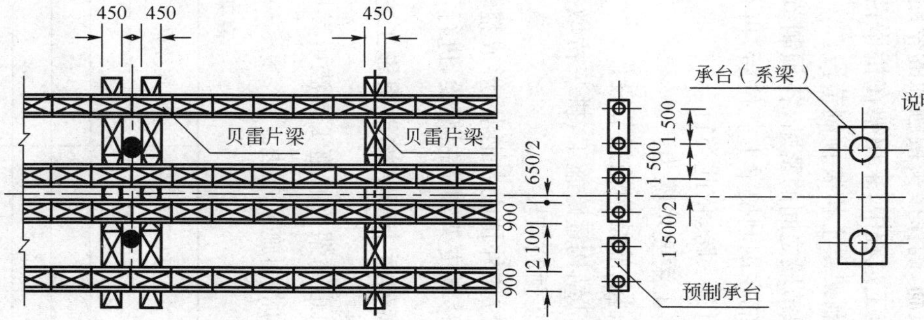

b)

说明：

1. 本图尺寸除高程以 m 计外，其余均以 mm 为单位计。
2. 贝雷片梁组合断面为 900mm×1 500mm、450mm×1 500mm。
3. 满堂支架体系的平均高度为 5m。

图 5-18　某高架桥支架构造示意图（尺寸单位：mm）
a) 立面图；b) 平面图

方案。

跨中布置两排桩基支墩，两侧用原结构系梁(承台)作支墩，实际形成 10m＋10m＋10m＝30m 的跨度布置。跨中每排桩基支墩设 3 个支承台，每个支承台下布置 2 根 ϕ400mm、长约 20m 的泥粉煤灰碎石桩，如图 5-18a)所示。

贝雷架平台以纵横梁形式布置，横梁为主梁，双榀贝雷片组合，横桥向搁置于支承台上；纵梁为次梁，双榀贝雷片组合，纵桥向搁置于贝雷片横梁上。在贝雷桁架平台上布置双榀 20 号槽钢作为枕梁，间距为 1m。槽钢枕梁之上为常规的 ϕ48mm 钢管支架及竹夹板底模，如图 5-18b)所示。

3. 预制节段拼装施工

箱梁跨径比预制空心板梁大，桥梁完成后也较之美观，但箱梁施工中一般要搭设满堂脚手架，因此施工过程中有时会严重妨碍周围环境和现有交通，增加了施工组织难度，难以把握施工质量，也难以形成产业化。为此，设计把箱梁按模块进行，采用体外预应力结构设计方案。相应的施工方法即根据跨径把箱梁分成 3m 的标准节段和 1.5m 的墩顶锚固节段，并对节段进行编号。

在预制过程中，下一节段的接头利用已预制好的上一节段混凝土箱梁的连接面作为模板，进行镶接预制，确保接头接触面的密贴吻合。

现场施工过程中，采用架在桥墩两侧支架上的钢制架梁来架设预制箱梁节段，如图 5-19 所示，在钢制架梁上拼装预制节段。

为确保节段之间的密贴，各预制节段接头接触面还预留有安装齿块。预制节段逐块镶接拼装，待全部在钢制架梁上就位后，再布置并张拉体外预应力钢索。张拉结束后，将钢制架前移并安装到下一跨，依此类行。

全桥施工主要步骤为：

(1)预制上部结构箱梁节段；

(2)上部结构逐跨施工，拼装桥墩支架，架设钢制架梁，梁上拼装预制节段；

(3)张拉体外预应力钢索，形成整跨结构；

(4)前移墩支架和钢制架梁，进行下一跨施工。

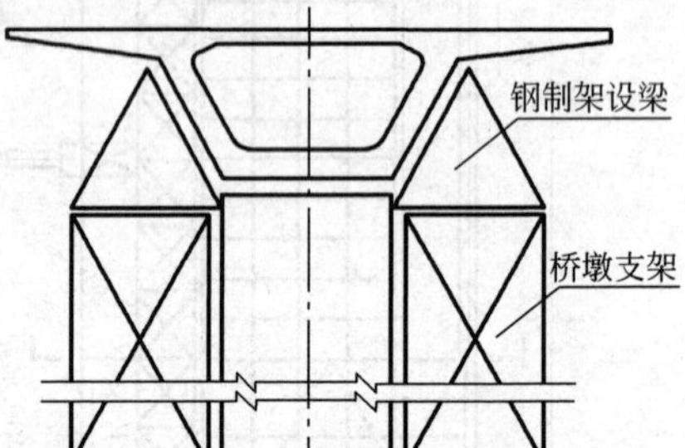

图 5-19　架设梁示意图

(三)高架桥上部结构常用施工方法归类

城市轨道高架桥的施工方法可参照公路工程桥梁的施工方法进行，表 5-13 为城市轨道高架上部结构常用施工方法。

高架上部结构常用施工方法　　表 5-13

施工方法	PC 简支梁	PC 连续梁	PC 刚架	组合箱梁	钢-混凝土叠合梁	特殊桥型(如拱桥、斜拉桥)
就地现浇	√	√	√	√	√	√
逐孔现浇		√				
预制拼装	√	√	√	√	√	√
顶推施工		√			√	
悬臂施工		√	√			√
提升与浮运	√	√	√	√		

第五节　参考案例

案例一

图 5-20 为木拱架加设支架示意图，当拱圈自重较大时，其拱架的负荷较重，必须在拱架下设置支撑，在浇筑混凝土或浆砌块石拱圈时，拱架上满铺模板。如为粗凿定型石砌拱圈，可不满铺模板，仅在骑缝位置钉上 70mm 宽板条即可。拱跨小于 2m 时，用两排木柱支撑；大于 2m 时，则采用三排木柱来支撑。

案例二

图 5-21 为钢轨拱架示意图，该方法主要适用于拱涵拱圈施工。当涵跨在 3m 以内时，可用 12～18kg 型废旧小钢轨制成；跨径在 3～6m 时，可用 18～32kg 型轻便钢轨弯制而成。

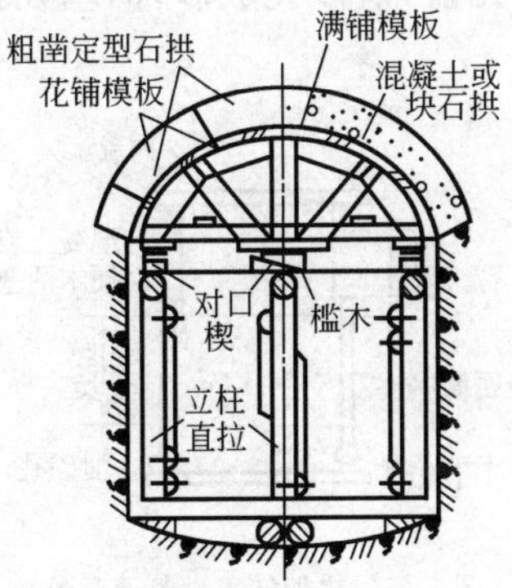

图 5-20　木拱架加设支架示意图

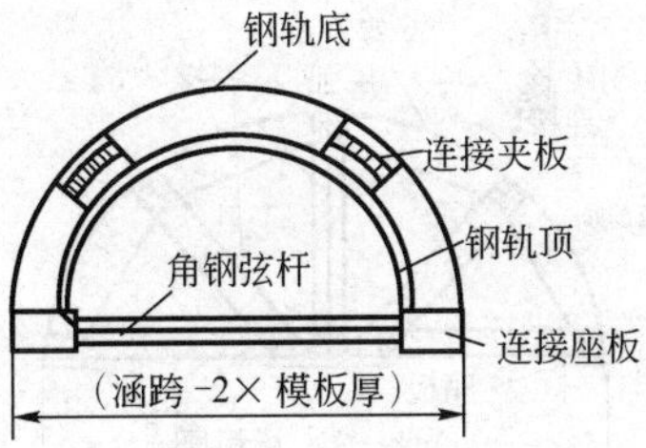

图 5-21　钢轨拱架示意图

案例三

图 5-22 为无支撑木拱架示意图，通过槛木两端伸入支撑于边墙预留孔洞内，可省去槛木以下的木桩、拉撑等。但是，如果跨径较大，槛木强度不够，则中间应加设顶柱。

案例四

图 5-23 为具有中间支架的拱架示意图，安装时必须注意下面几点：

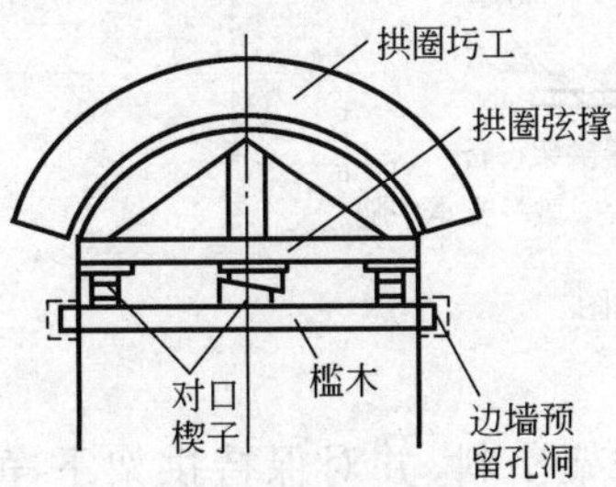

图 5-22　无支撑木拱架示意图

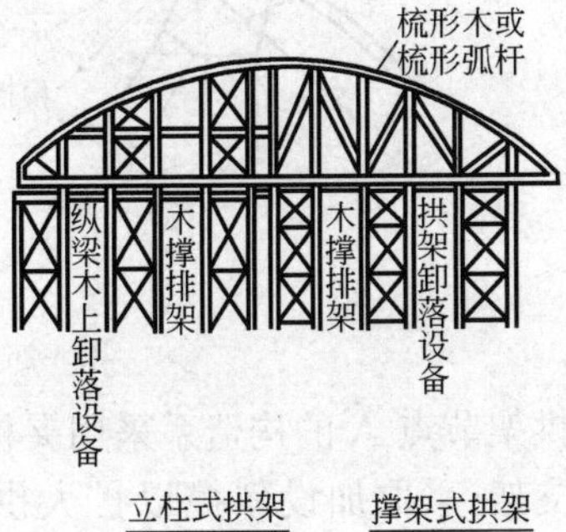

图 5-23　具有中间支架的拱架示意图

(1)必须按设计图纸放样制作拱架,制作杆件和弧件;

(2)按照所测定排架位置,清理基础,竖立排架,并纵横支撑,排架顶抄平,安装纵梁木;

(3)安装纵梁木后,应及时卸落其设备;

(4)为了防止排架的不均匀沉降,或出现承载力不足的现象,必要时可以砌石或者打桩基础,保证桩基的稳固。

案例五

图 5-24 为小型木拱架示意图,通常采用 50mm 厚的木板锯成梳形弧板,实行双层叠合,并采用铁钉或螺栓组合,广泛用于砖、石、混凝土拱涵、砖拱沟及门窗等拱圈砌筑等。

案例六

如图 5-25 所示,在施工安装拱架时,将砂筒置于楹木下端的墩台支承牛腿上。

当要求降落拱架以便拆卸时,首先打开砂筒上的螺钉孔盖,泄砂孔放砂,活塞在拱架重压下降落。

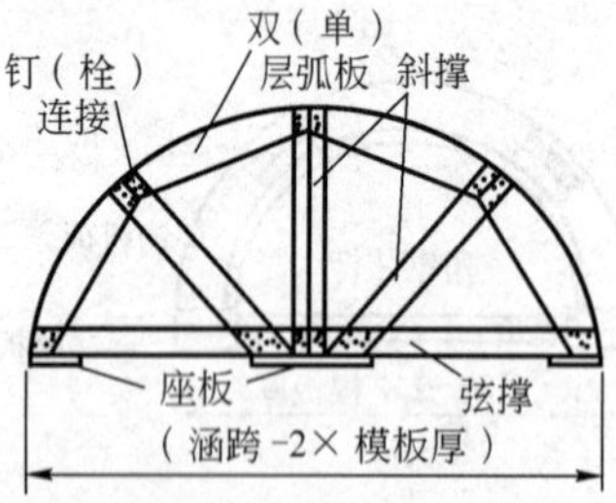

图 5-24　小型木拱架示意图

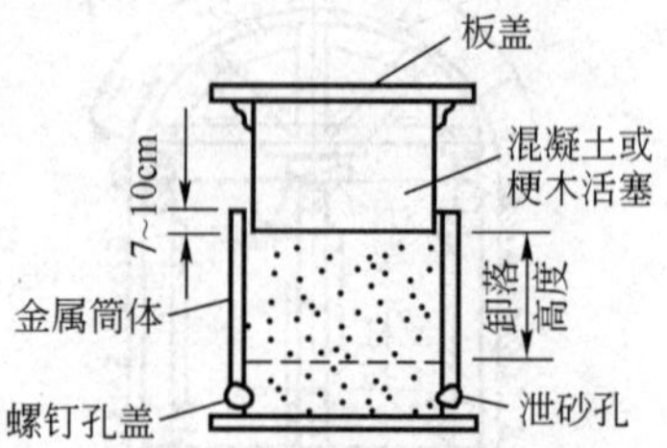

图 5-25　拱架卸落设备示意图

案例七

如图 5-26 所示,当有支架时,在支架上采取正楣吊装或就地拼装好拱架,最后校正高程,装钉模板。

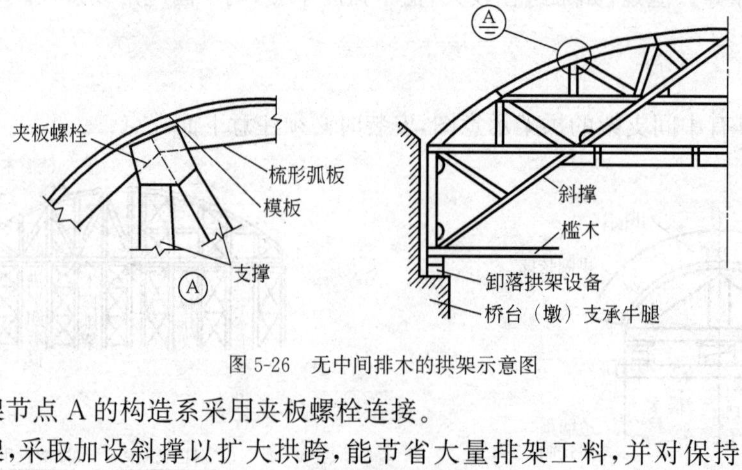

图 5-26　无中间排木的拱架示意图

对于拱架节点 A 的构造系采用夹板螺栓连接。

不用支架,采取加设斜撑以扩大拱跨,能节省大量排架工料,并对保持拱架下净空、净宽有利。

思考与练习

5.1　简述轻轨高架桥梁断面形式及其特点。

5.2　什么是钢-混凝土叠合梁？采用叠合梁的优势是什么？

5.3　简述高架桥就地浇筑常用支架主要类型及其各自的适用范围。

5.4　简述拱架的主要类型及其各自的适用范围。

5.5　简述支架、拱架与模板的一般要求。

5.6　简述模板、拱架及支架的拆卸注意事项。

5.7　支架在设置预拱度时应考虑哪些因素？

5.8　简述高架桥施工准备工作。

5.9　高架桥钢筋加工时的施工要点是什么？

5.10　略述高架桥就地浇筑施工流程。

5.11　简要说明高架桥混凝土强度需满足的要求。

5.12　略述高架桥混凝土施工缝的处理方法。

5.13　简述悬臂梁、连续梁设置工作缝的主要原因及其位置。

5.14　略述混凝土、钢筋混凝土拱桥就地浇筑施工工艺与施工要求。

5.15　试比较混凝土拱桥连续浇筑施工法与分段浇筑施工法的异同点。

第六章　预应力材料设备与张拉施工

本章知识目标

通过本章的学习，学生应掌握以下知识：

1. 混凝土制备所需材料和制备工序；
2. 预应力钢筋的品种和加工方法；
3. 锚具和张拉设备的作用；
4. 施加预应力的方法。

第一节　概　　述

由于混凝土的极限拉应变很小(约为 $0.1\times10^{-3}\sim0.15\times10^{-3}$)，所以普通钢筋混凝土构件的抗裂性能较差。一般情况下，当钢筋的应力超过 20～30MPa 时，混凝土就会开裂。因此，普通混凝土结构在正常使用时一般都是带裂缝的。对于允许开裂的普通钢筋混凝土构件，当裂缝宽度限制在 0.2～0.3mm 时，受拉钢筋的应力只能达到 250MPa 左右。可见，在普通混凝土构件中若配置高强钢筋，则钢筋的强度将远不能被充分利用。同时，由于构件的开裂，将导致构件刚度降低、变形增大。这样，对于具有较高密闭性或耐久性要求的结构，以及对裂缝控制要求较严的结构，均不能采用普通混凝土，而应采用预应力混凝土。

预应力混凝土施工的关键在于，采用有效和方便的施工方法及可靠的施工工艺和锚具，按照设计要求来建立预应力值。预应力混凝土结构的生产方法主要有先张法和后张法。先张法是在灌注混凝土前张拉预应力，并将张拉的预应力筋临时固定在台座或钢模上，当混凝土达到设计强度时，因混凝土与预应力筋已具有足够的黏结力，松开两端临时固定，预应力筋靠与混凝土的黏结力起作用。先张法适宜于中小构件的生产，工艺简单、成本较低，但需要较大生产场地。后张法则是在结构、构件或块体制作时，安置预应力筋孔道，待灌注混凝土达到设计强度时，在孔道内穿入预应力筋，用张拉机具夹住预应力筋张拉，再借助预应力锚具在构件两端锚固，孔道内灌入水泥浆，锚具也封于混凝土中。后张法适用于运输不便的大型预应力混凝土构件，应用较灵活，不需要台座，可在工厂预制，也可在现场施工，但操作复杂且成本高。

第二节　混凝土的制备

一　混凝土材料

混凝土通常采用常规的水泥和砂石作原材料，使用常规的制作工艺生产。在混凝土材料中，引气剂、膨胀剂、高效减水剂与水下不离析等混凝土外加剂及粉煤灰、矿渣和硅灰等混凝土辅助胶凝材料可对混凝土性能与混凝土生产工艺作出重要贡献。高效减水剂的应用出现了高强度混凝土、流动混凝土与高性能混凝土。辅助胶凝材料的应用进一步提高了混凝土的抗渗性、耐久性与结构的可靠度等性能。高强、高性能混凝土在桥梁结构中的应用,可有效地降低结构自重和结构高度,增大结构刚度和桥梁跨度,增加结构耐久性并降低养护维修费用。

(一)高强度混凝土

通常把抗压强度高于50MPa的混凝土归类于高强混凝土,把抗压强度高于100MPa的混凝土称为超高强混凝土。

制造高强度混凝土需要认真地选用混凝土材料,如水泥、外加剂、混合材料、集料及粗集料最大粒径、品种等,仔细地设计混凝土配合比,高强度混凝土施工还需严格控制工程质量。

(二)高性能混凝土

新型外加剂和胶凝材料的出现,使得既具有良好的施工性能,又具有优异的力学性能和耐久性的混凝土的生产成为现实,这种混凝土被称为高性能混凝土(HPC)。

高性能混凝土可以应用普通混凝土的设备进行施工,但施工质量要控制严格,配料计量误差要在允许范围内,原材料质量变化的检查次数要增加,混凝土的拌和要彻底均匀,要保证新拌混凝土的良好施工性能。

二 混凝土制备工序

混凝土的制备是预应力混凝土施工过程中非常重要的环节,混凝土制备的好坏直接影响混凝土工程的最终质量,故应该加以重视,必须做到所需数据计算正确、所需原材料称量准确、混凝土搅拌制度明确。混凝土制备的工序大概分为混凝土配制强度的确定、混凝土施工配合比的计算、混凝土的搅拌等。

(一)混凝土配制强度的确定

为达到95%的保证率,首先应根据设计的混凝土强度标准值按下式确定混凝土的配制强度:

$$f_{\mathrm{cu},0}=f_{\mathrm{cu,k}}+1.645\sigma$$

式中:$f_{\mathrm{cu},0}$——混凝土的施工配制强度(MPa);

$f_{\mathrm{cu,k}}$——混凝土立方体抗压强度标准值(MPa);

σ——混凝土强度标准差(MPa)。

当施工单位具有近期的同一品种混凝土强度资料时,其混凝土强度标准差应按下式计算:

$$\sigma=\sqrt{\frac{\sum_{i=1}^{N}f_{\mathrm{cu},i}^{2}-N\mu_{f_{\mathrm{cu}}}^{2}}{n-1}}$$

式中:$f_{\mathrm{cu},i}$——统计周期内同一品种混凝土第i组试件的强度值(MPa);

$\mu_{f_{\mathrm{cu}}}$——统计周期内同一品种混凝土n组强度的平均值(MPa);

n——统计周期内同一品种混凝土试件的总组数,$n\geqslant25$。

当混凝土强度等级为C20或C25时,如计算得到的$\sigma<2.5$MPa,取$\sigma=2.5$MPa。

当混凝土强度等级高于C25时,如计算得到的$\sigma<3.0$MPa,取$\sigma=3.0$MPa。

对预拌混凝土厂和预拌混凝土构件厂，统计周期可取一个月；对现场拌制混凝土的施工单位，统计周期可根据实际情况确定，但不宜超过3个月。

当施工单位不具有近期的同一品种混凝土强度资料时，其混凝土强度标准差σ可按表6-1取用。

σ 值 选 用 表(单位:MPa)　　表6-1

混凝土强度等级	≤C15	C20～C35	≥C40
σ	4.0	5.0	6.0

(二)混凝土施工配合比

混凝土的配合比应根据混凝土原材料品质、设计强度等级、耐久性及施工工艺对工作性的要求，通过试配、调整的步骤选定。一般情况下，是根据试验室提供的纯料(不含水)配合比及考虑现场砂石的含水率而确定的。

假设试验室配合比：水泥：砂：石子$=1:s:g$，水灰比为w/c，现测得砂的含水率为w_s，石子的含水率为w_g。

则施工配合比：水泥：砂：石子$=1:s(1+w_s):g(1+w_g)$，水灰比w/c不变，但用水量应扣除砂石中所含水的质量。

(三)混凝土的搅拌

搅拌混凝土前应严格测定粗细集料的含水率，准确测定因天气变化而引起粗细集料含水率的变化，以便及时调整施工配合比。一般情况下每班抽测2次，雨天应随时抽测。

搅拌混凝土应采用强制式搅拌机，计量器具应定期检定。搅拌机经大修、中修或迁移至新的地点后，应对计量器具重新进行检定。每一工班正式称量前，应对计量设备进行校核。

应严格按照经批准的施工配合比准确称量混凝土原材料，其最大允许偏差应符合下列规定(按质量计)：胶凝材料(水泥、矿物掺和料等)为±1%，外加剂为±1%，粗、细集料为±2%，拌和用水为±1%。

混凝土原材料计量后，宜先向搅拌机投入细集料、水泥和矿物掺和料，搅拌均匀后加水并将其搅拌成砂浆，再向搅拌机投入粗集料，充分搅拌后再投入外加剂，并搅拌均匀。应根据具体情况指定严格的投放制度，并对投放时间、地点、数量的核准等作出具体的规定。

自全部材料装入搅拌机开始搅拌起，至开始卸料时止，延续搅拌混凝土的最短时间应经试验确定。表6-2规定的混凝土最短搅拌时间可供参考。

混凝土最短搅拌时间(单位:min)　　表6-2

搅拌机容量(L)	混凝土坍落度(mm)		
	<30	30～70	>70
≤500	1.5	1.0	1.0
>500	2.5	1.5	1.5

注:1.搅拌掺用外加剂或矿物掺和料的混凝土，搅拌时间应适当延长。
2.使用搅拌车运输混凝土时，可适当缩短搅拌时间，但不应少于2min。
3.搅拌机装料数量不应大于搅拌机核定容量的110%。
4.混凝土搅拌时间不宜过长，每一工作班至少应抽查2次。

搅拌机拌和的第一盘混凝土粗集料数量宜用到标准数量的 2/3。在下盘材料装入前，搅拌机内的拌和料应全部卸清。搅拌设备停用时间不宜超过 30min，最长不应超过混凝土的初凝时间。否则，应将搅拌筒彻底清洗后才能重新拌和混凝土。

混凝土制备好以后，首先要进行混凝土的运输、浇筑、养护和拆模等工序，紧接着对制好的构件施加预应力，最后对此构件经过一段时间的定期监测，若达到相关规范要求，才算完成了预应力混凝土施工的整个工序。

第三节　预应力钢筋

一 预应力钢筋

预应力钢筋的品种分为钢丝、钢绞线和钢筋几类。预应力钢筋的发展方向为：高抗拉强度、低松弛损失、粗直径、良好的伸直性、捻线不松散及耐腐蚀等。

（一）碳素钢丝

碳素钢丝也称为高强度钢丝，是用含碳量 0.7%～0.9%的优质碳素钢盘条加热至 850～950℃，并在 500～600℃的盐浴中淬火，然后经过酸洗冷拔而达到所需的直径和强度。冷拔后，为消除钢丝冷拔中产生的残余应力，提高钢丝的比例极限、屈服强度和弹性模量并改善塑性和解决钢丝的伸直问题，需对钢丝进行矫直回火（350～400℃）处理。碳素钢丝直径有 3～9mm 等 7 种，铁路高架桥常用的直径为 4～7mm 等 4 种，其技术条件应符合现行国家标准《预应力混凝土用钢丝》（GB/T 5223—2002）的规定。

先张法预应力筋为了改善碳素钢丝与混凝土的黏结性能，保证其强度的发挥，对钢丝的表面进行刻痕处理，这种钢丝称为刻痕钢丝。

（二）钢绞线

钢绞线系将碳素钢丝在绞线机上以一根钢丝为中心，其余钢丝围绕着它进行螺旋状绞合，最后经低温回火处理而成。有 1×2，1×3，1×7 标准型和 1×7 模拔型等 4 种形式，城市轨道高架桥用的是 1×7，其公称直径为15.2mm，技术条件应符合现行国家标准《预应力混凝土用钢绞线》（GB/T 5224—2003）的规定。

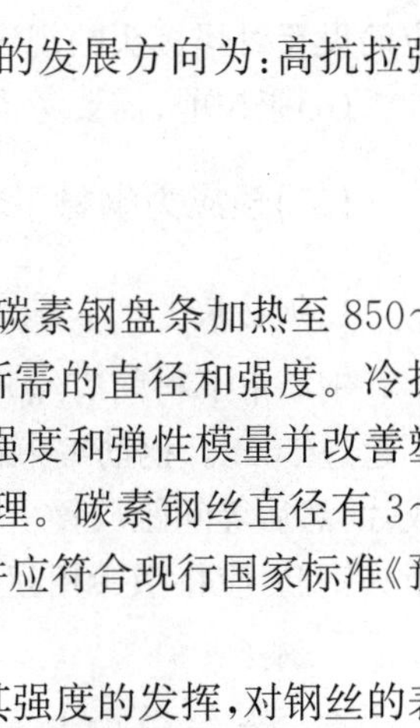

图 6-1　普通钢绞线截面示意图

普通钢绞线的截面见图 6-1。

（三）热处理钢筋

热处理钢筋是将普通中碳低合金钢，经过连续式高沸炉加热、机油淬火及等温盐浴回火而得到的一种高强钢筋。

（四）精轧螺纹钢筋

精轧螺纹钢筋是用热轧方法在整根钢筋表面轧出不带纵肋的螺旋外形的直条钢筋。钢筋接长用连接器，端头锚固可直接利用螺母，避免了焊接。其连接可靠，锚固简单，施工方便，预应力筋黏结效果好。由于不用焊接，可通过添加合金元素或改善轧制方法等提高钢筋强度。

二 预应力钢筋加工

(一)下料长度

预应力筋下料前,应根据实际情况,确定其下料长度。

(1)先张法和后张法对预应力钢材在构件外预留的长度不同。

(2)下料长度应考虑构件长度、孔道弯曲、一端张拉或两端张拉等因素。

(3)各种锚、夹具的长度不同,需要留出的预应力筋长度也不同。

(4)张拉机具不同,需留出的预应力筋长度不同。

(5)要考虑钢筋冷拉后的弹性回缩。对长条钢筋,还要考虑对焊接头的数量,并要遵守预应筋设置对焊接头的规定。对钢丝需考虑预应力下料及预应力下料后的弹性回缩问题。

(6)张拉前,需要考虑构件端头采用的垫板数量及其厚度等。

(二)预应力钢材下料及编束

1.钢筋束

钢筋束下料前应经开盘、冷拉、调直、墩粗等工序,下料时每束内钢筋的长度应一致,误差不超过5mm。钢筋编束按规定根数逐根排列理顺,一端对齐,每隔1m用18～22号铁丝编织成片,然后等间距放置一个与钢筋束内径相同的弹簧圈,将钢筋片围捆、圈紧即成。若采用镦粗头钢筋,应将镦头相互错开5～10cm,待穿入孔道后用锤敲平。

2.钢丝束

直径为5mm的大盘径钢丝用调直机调直后下料;小盘径钢丝应采用应力下料的方法,以300kPa的下料应力冷拉,并量出需要的长度,然后放松切断。当用镦粗头锚具时,同束钢丝中下料长度的相对差值不应大于$L/5\,000$,且不得大于5mm。当用锥形锚具时,不需应力下料。夏季下料应考虑温度影响。钢丝束宜采用有衬管(衬管可用钢管或铁丝缠制)的工艺,并应在平台或支架上进行,钢丝按规定根数逐根排列理顺,并用带孔眼的梳板编扎,将各根钢丝顺直,沿钢丝束每1.0～1.5m放置一个衬管,然后在衬管位置用铁丝密缠20mm。

3.钢绞线

钢绞线在下料时可进行预拉,以减少钢绞线的构造变形和应力松弛损失,同时也便于等长控制。预拉应力值取钢绞线抗拉强度的80%～85%,预拉保持5～10min再放松。下料时,切割口的两侧各5cm处先用铅丝绑扎,然后再切割。切割后应立即将切口焊牢,以防止钢绞线松散。

(三)预应力钢材的切断

钢丝、钢绞线及钢筋的切断,应采用切断机或摩擦圆片锯切断,不得采用电弧切断。

(四)预应力钢材的镦粗

采用镦头锚具时,预应力筋的端头需要镦粗。镦粗方法一般有两种:一种是电热法,适用于直径12mm以上的Ⅱ、Ⅲ、Ⅳ级钢筋;另一种是冷镦法,适用于直径4～12mm的钢丝或钢筋。

电热镦粗法采用对焊机及镦头模具，通过多次脉冲通电加热软化钢筋，加压镦粗至要求形状，然后进行通电热处理后，即完成镦粗头。

冷镦粗头法采用机械压力镦粗，冷镦机有液压镦头机和机械镦头机两种。这种墩粗法工作简单，效率高，成型较好。

第四节 锚具和张拉设备

一 锚具和夹具

锚具、夹具是在张拉过程和张拉后锚夹预应力筋的部件。作为构件组成部分，一次使用的叫锚具，临时锚固预应力筋，作为工具重复使用的叫夹具。锚具、夹具所用钢材的性能必须符合设计要求，其结构应简单和易于装拆使用，加工尺寸应准确，保证预应力筋安全可靠地锚固。现将目前国内预应力筋锚固体系归纳介绍如下：

（一）螺丝端杆张拉锚固体系

本体系是利用螺纹的连接作用对冷拉II、III级热轧钢筋进行张拉和锚固，可用于后张法、先张法和电热张拉的预应力构件。螺丝端杆锚具由螺丝端杆、螺母及垫板组成。使用时，将螺丝端杆与预应力钢筋焊成一整体，张拉后由螺母锚固预应力钢筋，见图 6-2。

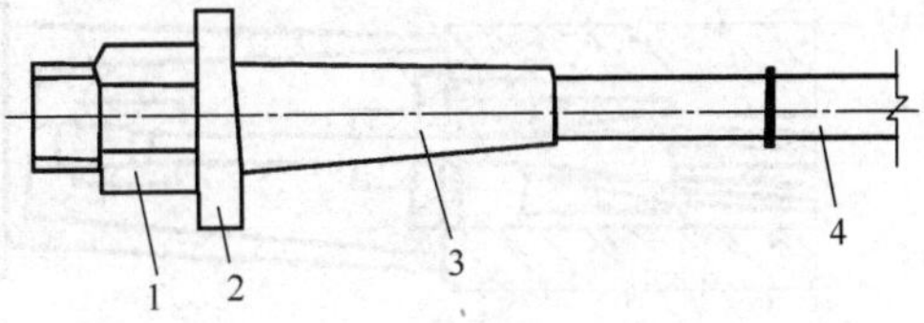

图 6-2 螺丝端杆锚具构造图

1-螺母；2-垫板；3-螺丝端杆；4-预应力筋

（二）夹片式张拉锚固体系

夹片式张拉锚固体系是我国首创的张拉锚固体系，它利用双重的楔紧锚固作用原理来制造锚具，由锚圈和夹片组成，简称为 JM 型锚具，其构造见图 6-3。

（三）锥形锚塞式张拉锚固体系

钢质锥形锚具是用于锚固 $\phi 5$mm 钢丝的一种楔紧式锚具。它由锚圈和锚塞组成，采用 45 号优质碳素钢，其构造如图 6-4 所示。

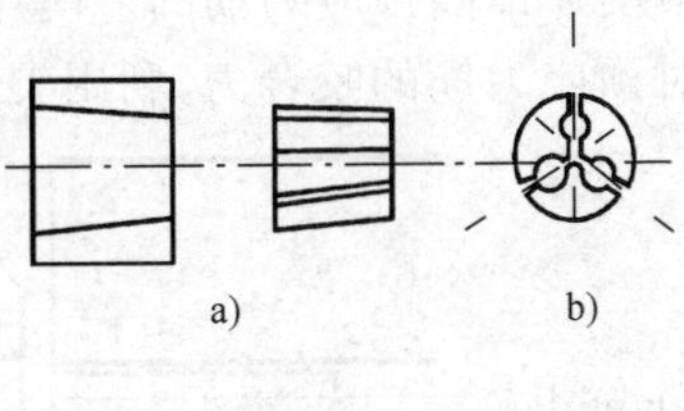

图 6-3 JM-3 型锚具构造图

a)锚具；b)夹片

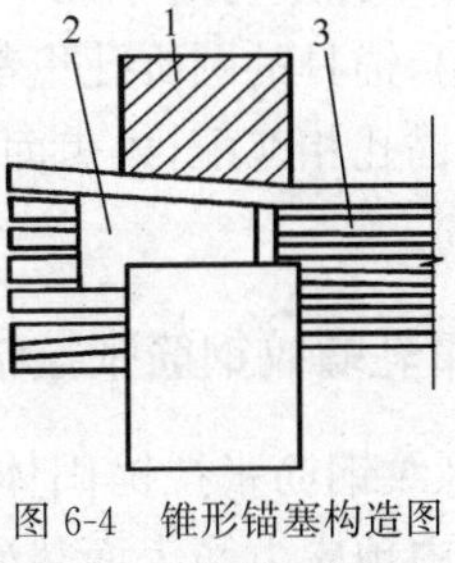

图 6-4 锥形锚塞构造图

1-锚圈；2-锚塞；3-钢丝束

（四）锥形螺杆张拉锚固体系

本体系利用锥形的楔紧作用固定 $\phi 5$mm 高强钢丝束，利用螺纹调整固定锥体的位置，从而进行张拉和锚固。该锚具由套筒、锥形螺杆、垫板和螺母组成。楔紧锚固钢丝依靠套筒和锥形螺杆的圆锥面完成，垫板放在预先埋入混凝土端部的锚垫板上。张拉完成后，用螺母把垫板拧紧在锚垫板上锚固，并用电焊将螺母与锥形螺杆点焊，使螺母不致松动为度。它主要适用于锚固 28 根以下 ϕ5mm 的碳素钢丝。锚具与千斤顶共同使用时的安装方法见图 6-5。

(五)镦头张拉锚固体系

镦头张拉锚固体系是把预应力筋的端头部分在常温状态下镦粗，形成锚固端头。它可用于后张法、先张法或电热拉张直径 ϕ5mm 的碳素钢丝。钢丝束镦头锚具可锚固 12～54 根钢丝，锚具分 A 型和 B 型两种。A 型锚具由锚环和固定锚环的锚母组成，用于张拉端。锚环内装上工具或张拉螺杆，再通过工具螺母与千斤顶相连，即可进行张拉。B 型锚具为锚板，用于固定端。锚环或锚板均采用 45 号优质碳素钢，调质处理，调质硬度 HB257～291。使用时，先将钢丝一端镦粗，然后将钢丝穿过锚环或锚板孔眼及孔道。用专用镦头机进行冷镦或热镦形成另一端圆形镦头，即可进行张拉。在张拉端为满足镦头需要，应进行扩孔，一般孔比 A 型锚具的锚环外径大 4～6mm。镦粗头形状如图 6-6 所示，$d=7\sim7.5$mm，$h=4.8\sim5.3$mm，头形要求圆整，肉眼不见偏歪。

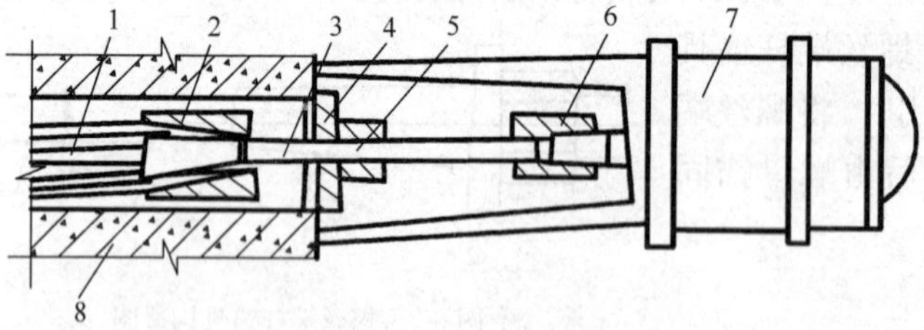

图 6-5　千斤顶安装示意图

1-钢筋束；2-套筒；3-锥形螺杆；4-垫板；5-螺母；6-千斤顶连接螺母；7-千斤顶；8-预应力构件

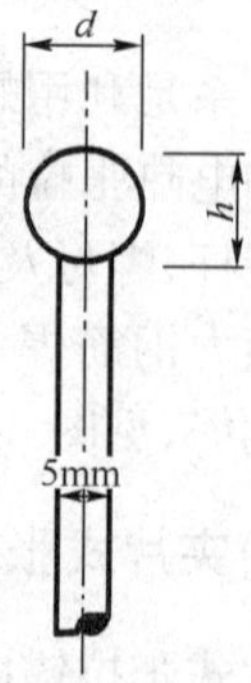

图 6-6　镦粗头形状

(六)楔片式张拉锚固体系

楔片式张拉锚固体系适用于钢丝束、钢绞线的锚固。本体系的锚具、夹具都是用一个锚固单元锚固一个预应力筋单元，用单个或多个锚固单元组成的锚具锚固钢绞线或钢丝束。每个锚固单元内，锚具的圆锥孔里都是用一组(2 片或 3 片)楔片锚固预应力筋的。楔片外表面为圆锥体，与锚孔相匹配，内表面有横向齿，以增加楔片对预应力筋的咬合力，利用尖劈作用，夹紧预应力筋。

(七)精轧螺纹钢筋张拉锚固体系

精轧螺纹钢筋张拉锚固体系起源于联邦德国的 Dywidag 体系，体系中预应力筋表面热轧后形成连续的短齿梯形螺纹，可以用螺母连接进行张拉或锚固，如图 6-7 所示。

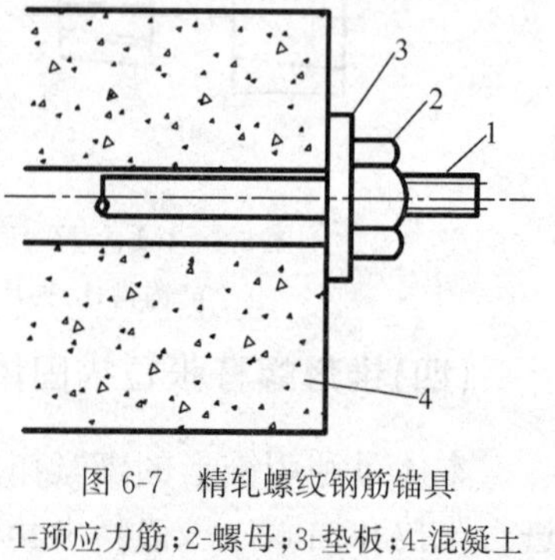

图 6-7　精轧螺纹钢筋锚具

1-预应力筋；2-螺母；3-垫板；4-混凝土

(八)常用夹具

在预应力构件时，对于先张法中预应力筋的锚固，先采取临时锚固，待混凝土达到一定强度时，拆除临时锚固，由混凝土握裹力来承受预应力。临时锚固预应力的锚具被称为夹具，这是一种重复使用的锚具。

1. 单根镦头钢筋螺杆夹具

在张拉螺杆的一端连接一开着凹槽的大头，将预应力镦粗头嵌入凹槽中，即可通过螺杆进行张拉。这种夹具在先张法中，可用于锚夹单根带镦粗头的II、III、IV级钢筋，如图6-8所示。

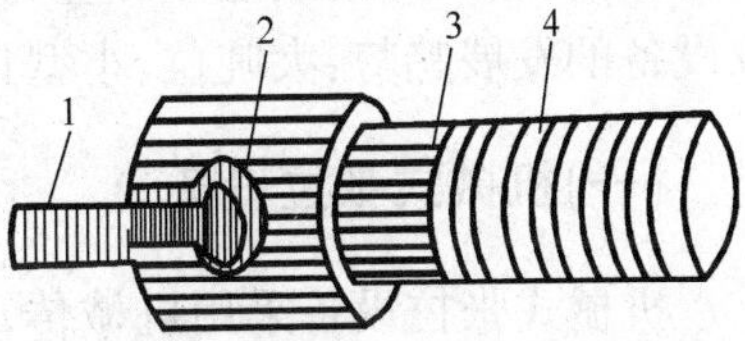

图6-8　镦头钢筋螺杆夹具

1-钢筋；2-镦头孔；3-螺杆；4-螺丝

2. 螺杆销片夹具及螺杆镦粗夹具

该类夹具主要适用于锚夹直径12mm的冷拉II、III、IV级钢筋。螺杆销片还适用于锚夹直径8mm的V级钢筋。螺杆销片夹具由锚板、销片、螺杆及螺母等组成，如图6-9和图6-10所示。

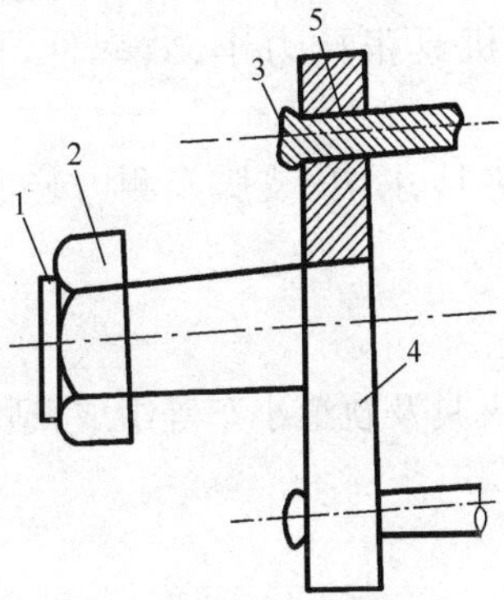

图6-9　螺杆镦粗夹具

1-螺杆；2-螺母；3-镦头钢筋；4-锚板；5-槽口

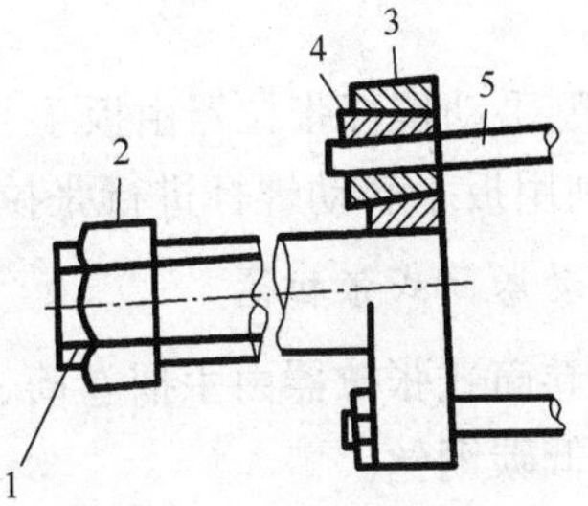

图6-10　螺杆销片夹具

1-螺杆；2-螺母；3-锚板；4-夹片；5-预应力筋

3. 圆锥形两片式夹具

圆锥形两片式夹具用于锚夹12～16mm直径的冷拉II、III、IV级预应力筋，由圆锥套管及圆锥形夹片组成。夹片为两片或三片，半圆锥形，内侧开成半圆形凹槽，并刻有细齿，钢筋夹紧在夹片中的凹槽，如图6-11所示。

4. 圆锥槽式及齿板式夹具

圆锥槽式及齿板式夹具是常用的两种单根钢丝夹具，适用于锚固直径3～5mm的冷拔低碳钢丝和直径5mm的碳素(刻痕)钢丝。它由圆套筒与销子组成，套筒为圆形，中开圆锥形孔，如图6-12所示。

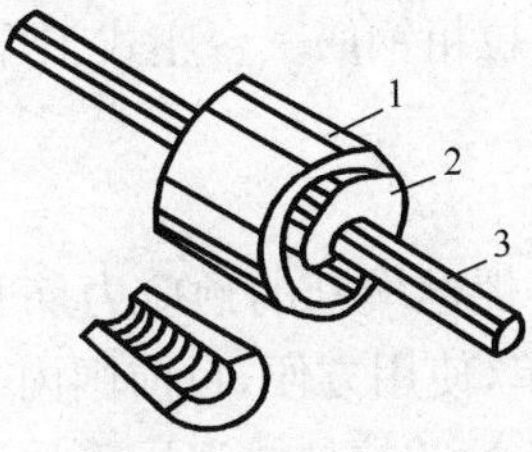

图6-11　圆锥两片式夹具

1-套管；2-夹片；3-钢筋

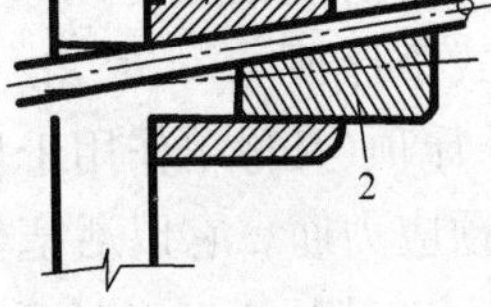

图6-12　圆锥齿板式夹具

1-套管；2-齿板；3-定位板；4-钢筋

二 张拉设备

张拉机具是制作预应力混凝土构件时，对预应力筋施加张拉力的专用设备。张拉设备应装有测力仪表，以准确建立预应力值。张拉设备应由专人使用和保管，并定期维护与标定。张拉设备的发展趋势：大吨位、小型化和轻量化。常用的有机械式张拉设备、液压张拉设备等。

(一)机械式张拉设备

机械式张拉设备采用机械传动的方法张拉预应力筋，主要用于小吨位、长行程的直线张拉、折线张拉及环向张拉等工艺中。

1. 手动张拉机具

手动张拉机具，有的是利用现有设备改装的，如平衡重、绞车、手动卷扬机、倒链和测力扳手等，也有专用设备，如手动螺杆张拉器等。手动张拉机具张拉力小、效率低，但使用方便、经济。

SL_1 型手动螺杆张拉器由扳手、张拉螺母、张拉螺杆、夹具、撑杆、支脚及测力装置等组成。使用时，利用扳手转动螺杆进行张拉，每次张拉一根钢丝。

2. 手动卷筒式张拉器

手动卷筒式张拉器由手摇卷筒、钢丝绳、弹簧测力器、夹具及轨道小车等组成，适用于张拉单根冷拔低碳钢丝。

3. 电动张拉机

张拉预应力钢丝用的电动张拉机有卷扬机式和螺杆式两种。卷扬机式张拉机由电动卷扬机、齿轮箱、弹簧或杠杆测力装置、张拉夹具组成。螺杆式张拉机由电动机、螺杆、张拉螺母及行走小车等构成。测力装置及张拉夹具两部分单独使用，工作时临时组装即可使用。

(二)液压张拉设备

液压张拉设备由液压千斤顶、高压油泵和供油管路等组成。

1. 液压千斤顶

液压千斤顶与高压油泵配套使用，按其作用可分为单作用、双作用；按其构造特点，则可分为台座式、拉杆式、穿心式和锥锚式等四种形式。

(1)台座式千斤顶(或普通油压千斤顶)

台座式千斤顶只能进行单向顶升，因此要与横梁或张拉架配合使用。制作先张法构件时，可成组张拉粗钢筋、钢丝或钢绞线等；制作后张法构件时，可拉粗钢筋。台座式千斤顶类型多、吨位大，但使用时需设张拉架。

(2)拉杆式千斤顶

拉杆式千斤顶(又称单作用千斤顶)，主要用于拉张带有螺丝端杆的预应力筋和采用镦头锚具、夹具的预应力筋。它以活塞杆作为拉力杆件，构造简单，使用方便，目前国内有张拉力为200kN、300kN、600kN、1 200kN、3 000kN、4 500kN和6 000kN的拉杆式液压千斤顶。

(3)穿心式千斤顶

穿心式千斤顶的构造特点是沿千斤顶轴心线有一穿心孔道，供穿预应力筋用。这种千斤顶主要用于张拉带有夹片式锚具的单根筋、钢绞丝或钢丝束；还可以加装张拉装置，张拉螺杆式、镦头式和锥销式锚具或夹具的预应力筋。

(4)锥锚式千斤顶

锥锚式千斤顶按其功能可分为双作用和三作用两种。双作用锥锚式千斤顶是具有张拉和顶锚两个功能的千斤顶。三作用锥锚式千斤顶是具有张拉、顶锚和退楔功能的千斤顶。锥锚式千斤顶适用于张拉高强钢丝束，主要由油缸端盖、活塞、油缸、卡盘、楔块、顶楔活塞、分丝头及油嘴、密封圈、防尘圈和回程弹簧等件组成。

2. 高压油泵

高压油泵与液压千斤顶配套使用，为液压拉伸机的动力和操纵部分，主要由电动或手动高压油泵、换向阀或控制阀、压力表、管路和车架组成。高压油泵具有小流量、超高压、泵阀配套和可移动等特点，常用的有 ZM4/500 电动高压油泵、LYB-44 电动立式高压油泵及 58M-4 型电动卧式高压油泵等。电动高压油泵有径向和轴向两种形式。小规模生产或在无电源等情况下，手动高压油泵有一定实用意义。在选用高压油泵时，高压油泵的额定压力应大于或等于所配套的油顶的额定压力，表 6-3 为配套值。

选用配套油泵的额定压力(单位:MPa)　　表 6-3

千斤顶额定压力	配套油泵额定压力	千斤顶额定压力	配套油泵额定压力
32～40	40	50～63	63
40～50	50		

第五节　张拉施工工艺

一　预应力混凝土施工方法

预应力混凝土施工的方法主要有先张法和后张法两种。

(一)先张法

1. 先张法的基本工序

建立张拉台座→预应力筋及钢筋骨架制作→预应力筋张拉→混凝土灌注→预应力筋的张放等。

2. 先张法张拉台座

(1)墩式台座(图 6-13)

采用混凝土墩作为承力节后的台座为墩式台座。它由台墩、台面、横梁、定位板等组成。墩式台座必须有足够的强度和刚度，且不得倾覆和滑移。台座长度和宽度由场地大小、构件尺寸、产量等因素确定。

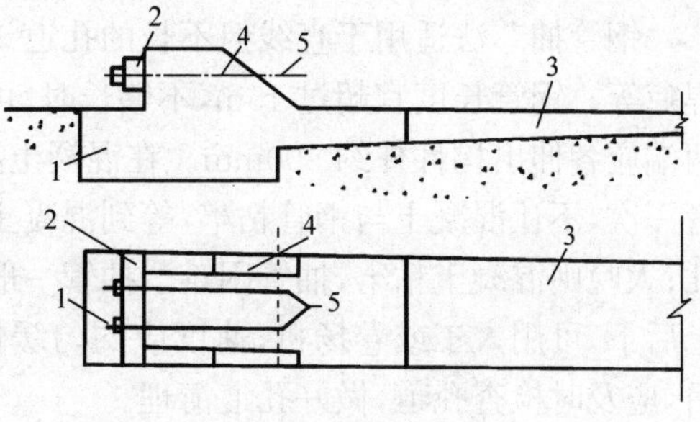

图 6-13　墩式台座图

1-台座；2-横梁；3-混凝土台面；4-牛腿；5-预应力钢筋

(2)构架式台座

当张拉力和倾覆力矩较大时，采用实体墩台

座不经济，可采用构架式台座。它的构件为装配式预应力混凝土结构，使用时可根据台座需要的张拉力来设置构架的结构尺寸和数量。

(3)槽式台座

当构件需要进行立式浇筑，且张拉力及倾覆力矩均较大时，为了加速台座的周转，需要进行蒸汽养护，一般常用钢筋混凝土槽形台座。它由传力墩、传力柱、砖墙、横梁和台面等组成，一般长度不大于76m，宽度随构件而定，但不小于1m。

3. 张拉程序

为了减小预应力筋的应力松弛损失，可采用超张拉的方法。

张拉预应力筋时，应以稳定的速率逐渐加大拉力，保证使拉力传到台座横梁上。为了避免台座承受过大的偏心力，应从截面重心处的预应力筋开始张拉。当同时张拉多根预应力筋时，应预先调整初应力，使其相互之间的应力一致。

4. 预应力筋的张放

在构件混凝土达到一定强度后，方可放松预应力筋，然后再切割每个构件端部的钢筋。放张前，应拆除模板，使构件能够自由伸缩。放松预应力筋应分阶段、对称、相互交错地进行。放张后的预应力筋可采用氧割、锯断、剪断等方法切断。最后采用砂浆封闭或涂刷防腐材料，防止预应力筋生锈。

(二)后张法

1. 工艺流程

后张法是先预制混凝土结构，在放置预应力筋的部位预先留出孔道，待混凝土达到设计强度后，在孔道内穿入预应力筋，并用张拉机具张拉，借用锚具锚固在构件端部，最后进行孔道灌浆并封头。

2. 预留孔道制作

在后张法预制构件生产过程中，要保证预留孔道的相对位置、数量、孔径及线形正确无误。孔道的界面尺寸应能使预应力钢材顺利通过并能保证压浆的质量。一般孔道的尺寸，对于预应力钢丝束，其截面积不应小于钢丝束截面积的2.5倍；对于单根预应力钢材，其孔道直径应比预应力钢材外径大10～15mm。预留孔道的方法有抽芯法或预埋管道法。

(1)抽芯法

所谓抽芯法，就是在预制构件时，采用钢管或胶管固定在钢筋骨架上，灌注混凝土达到一定强度后，将钢管或胶管拔出，在混凝土中形成孔道。抽芯法一般有两种，即钢管法与胶管法。

钢管抽芯法适用于直线但不长的孔道。钢管应平直，表面光滑，无锈蚀、污物、局部凹陷或焊疤等。钢管长度宜超过15m，不够长时，可用白铁皮套连接，白铁皮套长300～500mm，钢管两端应各伸出构件外约500mm。在混凝土灌注过程和混凝土初凝后，每隔5～15min转动钢管一次，不让混凝土与钢管粘牢，等到混凝土终凝前抽出钢管。抽管不宜过早，否则会造成坍孔；太晚则混凝土粘牢，抽管困难。抽管一般约在混凝土灌注后的3～6h进行。抽管顺序宜先上后下，可用人工或卷扬机，速度应均匀缓慢，边抽边转，与孔道保持平行直线抽拔。抽出管后，应及时检查孔道，做好孔道清理。

胶管抽芯法适用于直线或曲线孔道制孔。胶管弹性好，便于弯曲，易于抽拔。常用的胶管有帘布胶管和钢丝胶管两种。由于胶管较软，受压后容易变形，引起管道变形，因此可在胶管内穿入一根芯棒或衬管，其直径较管内径小 8～10mm，长度较管长 1～2m，其接头应磨光。

当孔道较长或为曲线孔道时，为了便于抽拔胶管，胶管宜以中间两根对接而成，接头处可套一长为 300～500mm 的白铁皮管，接头须牢固、严密，防止脱节或漏浆。

如果胶管内充水或充气，其压力应保证在 0.6～0.8MPa，一端密封，另一端安装阀门。从安装到抽拔前，应保持压力不变。抽拔时，打开阀门将水或气放掉，管断面回缩而自动脱离混凝土，然后抽拔。

抽拔胶管时，先将管中芯棒抽出 1/3 长度，余下与胶管一起抽出。抽拔各种芯管时，速度要均匀且缓慢。抽拔宜在混凝土抗压强度达到 4～8MPa 时进行，抽拔预留管宜两端交替进行，并沿孔道轴线施力。自混凝土(C50)灌注完毕算起，强度达到 4MPa 的时间：环境温度 30℃时约为 3h，20～30℃时约为 3～5h，10～20℃时约为 5～8h，10℃以下时约为 8～12h。

抽拔胶管后，应立即用橄榄形栓孔器检查成孔质量，检孔器直径应比带衬管的钢丝束直径大 2～4mm，经检查不能通过者，应立即处理，如有个别不能通过时，可再用较小的检孔器作通过检查，其直径应大于不带衬管的钢丝束直径，以便于压浆。孔道口应用木塞临时塞住，以免水或杂物进入孔道，引起后续工作困难。冬季水进入孔道内结冰，可能引起混凝土开裂。还应用高压水逐孔检查有无串孔漏水现象。

(2)预埋管道法

目前，国内预应力混凝土结构施工中采用预埋管道时，以金属波纹软管为主。它由镀锌薄钢带经波纹管机压波卷制而成，具有重量小、刚度好、弯折方便、连接简单、与混凝土黏结较好等优点。目前使用的波纹管外形有单波纹与双波纹两种，有圆管，也有扁形波管。圆形波纹管内径为 30～130mm，管壁厚 0.25～0.3mm。波管长度不足需连接时可用大一号的短管连接，并用胶带包缠连接处，防止漏浆。此种管道的预应力钢材，可在灌注混凝土后穿入，或在灌注混凝土前穿入管内。

对于连续结构中呈波浪形布置的曲线管，应在孔的峰顶及弯曲的低点设置排气孔、排水孔或泌水孔及灌浆孔。其制作方法是：在波纹管上开洞，将一块特别的塑料弧形接头板用铅丝同管子绑扎在一起，再用塑料管插在嘴上，并将其引出构件顶面。接头板的周边用宽塑料胶带缠封严密。

二 预应力筋张拉

(一)张拉控制应力及预应力损失

预应力筋的张拉控制应力，应达到设计要求。为了减少预应力筋松弛损失，可采用超张拉法。张拉程序为：以零应力开始张拉至 1.05 倍预应力筋的张拉控制应力，持荷 5～10min 后，卸荷至预应力筋的张拉控制应力；或从零开始张拉至 1.03 倍预应力筋的张拉控制应力。预应力筋在张拉时及张拉后会损失一部分应力，引起预应力损失的主要因素有以下几个方面：混凝土的收缩及徐变、预应力筋与孔道壁之间的摩擦力、钢筋的应力松弛、锚具的变形及钢筋内缩、温度变化的影响等。这些损失在设计中已充分考虑，但在张拉时如发现控制应力和伸长率不正常，应核对后予以纠正。

(二)张拉原则

后张法预应力混凝土构件的张拉应根据构件的类别、长度、截面形式及预应力筋的种类、数量、部位、锚具等因素加以综合考虑，制定适合的张拉原则。

(1)预应力筋张拉时，结构的混凝土强度应符合设计要求。

(2)预应力筋的张拉顺序应符合设计要求，采用分批、分段对称张拉。分批张拉时，应计算分批张拉的预应力损失值，并计入张拉控制应力值内。

(3)抽芯成形孔道，对曲线预应力筋和长度大于 24m 的直线预应力筋，宜在两端张拉，其他情况可在一端张拉。对于采用预埋波纹管孔道，曲线预应力筋及长度大于 30m 的直线预应力筋，宜在两端张拉，其他情况下可在一端张拉。

(4)张拉时，应避免构件截面偏心受压过大，宜从重心部位开始张拉。

(5)受弯构件在受拉、受压区均有预应力筋时，为防止张拉过程中混凝土出现裂缝，应先张拉受压区的预应力筋，再张拉受拉区的预应力筋。

(6)张拉时，千斤顶张拉力作用线应与预应力筋的轴线重合。

(7)预应力筋在张拉控制应力达到稳定后，方可锚固。

(三)张拉方法

(1)粗钢筋配用螺丝端杆锚具，采用拉杆式千斤顶的张拉步骤与方法。

①张拉前，按照计算的下料长度进行预应力筋下料，用专用车床在预应力筋两端车螺纹，对不够长度的预应力筋进行对焊。使用螺丝端杆锚具时应在预应力筋两端焊接螺丝端杆，然后去除焊接毛刺、整平，将螺丝扣用麻布、扎丝绑紧，避免丝扣碰坏。将穿引器穿入孔道内，用绞车或卷扬机拉出来，两端丝扣外露长度为 2 倍螺母高加 10mm 的富余量。当锚固螺母丝扣不够长时，可加垫垫板。垫板孔心应与孔道及端杆中心相吻合，穿入预应力筋后要调整好垫板的位置，将螺母拧紧固定，使丝扣螺杆能顺利通过垫板，避免丝扣碰擦垫板，损坏丝扣而不能锚固。

②预应力筋就位后，锚固端的螺母杆套上垫板拧紧螺母，张拉端的螺杆套上垫板，先拧紧螺母，后拧上拉头。

③开动高压油泵，千斤顶回程缸进油，活塞杆伸出，将拉头套入千斤顶套碗中，扭转 90°卡牢，随即将千斤顶就位找平。

④千斤顶回程缸回油，向张拉缸供油，拉杆回缩，通过张拉头和工具式带耳螺母张拉预应力筋，绷紧时，稍停，检查千斤顶位置是否正确，并及时校正，然后继续供油张拉。

⑤按规定的程序张拉完毕后，拧紧螺栓，锚固预应力筋。对张拉完毕的预应力筋锚固螺母点焊两点，防止螺母松动。

⑥张拉缸回油，回程缸进油，推出拉杆，将工具式带耳螺母扭转 90°，卸下千斤顶，张拉结束。

(2)钢丝束配用夹片锚具，采用穿心式千斤顶张拉的步骤及方法。

①穿束前，先将锚环安装就位，锚环应中心对正，端头平面与孔道中心线垂直。

②穿束时，将每一束内的各根钢筋顺序编号，在构件两端对号检查，防止钢筋在孔道内交叉扭结。将夹片按顺序号依次嵌入预应力筋之间，然后用手锤将夹片轻轻敲入锚环中夹紧钢丝，夹片外露部分要求平整。

③在张拉端，将钢筋束穿入千斤顶时，千斤顶中心线应与锚环中心相重合。将千斤顶伸出 2～4cm，再在尾部安装工具锚，锚紧钢筋束。

④张拉时，顶压油缸回油，张拉油缸进油，开始张拉钢筋束，至设计值时，将张拉油缸油阀

关闭，顶压油缸进油，顶压锚固，直至规定的顶压吨位。

⑤在保持继续向顶压缸供油的情况下，使张拉油缸缓慢回油，完成油缸回程动作。

⑥打开顶压缸的回油阀，油泵停车，千斤顶借助其内部回程弹簧作用，顶压活塞自动回程，张拉锚固结束。

⑦当预应力筋束较长，千斤顶一次张拉行程不能满足预应力要求时，可以两端张拉或多次重复张拉。

(3)钢丝束配用钢质锥型锚具，采用锥锚式千斤顶的张拉步骤和方法如下。

①检查制作好的钢丝束绑扎是否牢固，总长是否符合要求，并按编号在一端套上穿束器，将穿束器的引线穿孔道，逐渐拉至另一端。

②安装锚固端的锚具。将锚环套在钢丝束上，然后放入锚塞，并将钢丝按顺序均匀分布在锚塞周围，用锤打紧锚塞。

③安装张拉端的锥锚式千斤顶。先将锚环套在钢丝束外面，放入锚塞将钢丝分开，千斤顶就位，把钢丝按顺序放进千斤顶顶头的槽口内，加上马蹄形铁垫板，再将钢丝放入千斤顶外圈卡环的槽口里，用楔块卡住，初步固定，找平千斤顶，其支承面与锚环端面贴紧，用手锤敲紧楔块。

④初始张拉。先对千斤顶主油缸充油，使钢丝束略为拉紧，并随时调整锚圈及千斤顶的位置，使孔道轴线、锚具轴线和千斤顶轴线三者在一条直线上。同时对较紧的钢丝采用打松千斤顶卡盘上楔片的方法，以使钢丝束中的各根钢丝受力均匀。随后使千斤顶加载到钢丝应力为控制应力的10%左右的初始应力阶段，在钢丝束上做控制记号。一个记号做在千斤顶支承圆锥的钢丝出口处，以此作为钢丝束张拉时伸长量计算的起点；另一记号做在千斤顶卡盘的楔片前钢丝上，以此观察钢丝的滑丝情况。

⑤超长拉。钢丝束张拉采用两端轮流分级加载的办法进行，每级加载量为5MPa油压值，到接近钢丝束的控制应力时，两端再分别加载到钢丝束的最大临时超张拉力。钢丝束张拉可采用两端同时加载的办法进行，两端同时加载到钢丝束的最大临时超张拉应力。

⑥控制应力。钢丝束在达到临时超张拉应力时(一般为控制应力为1.05倍)，油泵不能关闭，应使油压保持5～10min，以补偿钢丝松弛产生的应力损失。然后根据在钢丝上所做的记号，测出钢丝束的伸长量，并与规定值比较，预施应力以应力控制为主，伸长量为校核，如两端伸长量之和超过计算值的±6%，则应研究处理。之后进行顶压锚塞工作。

⑦顶压锚塞。顶压锚塞的力不低于张拉力的60%。

⑧退楔。顶压锚塞后，锥锚起作用，千斤顶油缸回油回缩，钢丝束回顶楔块，楔块松动。

⑨顶塞退楔工作宜在两端分别进行，待一端完成后，另一端方能进行。千斤顶楔块退除后，应认真检查有无滑丝现象。

三 孔道压浆及封锚

孔道压浆用专门的压浆泵进行，压入的灰浆应在预应力筋全长范围内填满钢束内部及周围的所有空隙，对压浆的要求为密实、饱满。压浆用的水泥应采用强度等级不低于42.5的硅酸盐水泥或普通硅酸盐水泥，水灰比不得大于0.45，强度不得低于设计规定，水泥浆应有适度的流动性，不能过早地凝结，不应有大量析水和收缩，3h后的泌水量不得超过2%，水泥浆中宜掺用缓凝、减水作用的外加剂，但不得掺用氯盐。

水泥浆自调制至压入孔道内的时间间隔不得大于40min。为避免收缩，必要时可掺加经脱脂处理过的铝粉，掺量为水泥量的万分之一左右。对孔隙较大的孔道，水泥浆中还可掺入质量不大于水泥质量50%的细砂，砂子粒径不大于1.2～2.0mm。压浆前，应用清水将管道冲洗干净，然后将水泥浆缓缓压入，但不得中断，过快可能混入空气，压浆泵最高压力一般为0.6～0.7MPa。

压浆工艺有一次压浆法和二次压浆法两种，前者用于不太长的直线形孔道，对于较长的孔道或曲线形孔道以二次压浆法为好。二次压浆时，第一次从甲端压入直至乙端流出浓浆后，将乙端的阀关闭，待灰浆压力达到要求再将甲端的阀关闭。在第一次压浆30min后，打开甲、乙两端的阀，自乙端进行第二次压浆，借以驱出空气和填充空隙。

冰冻期间不宜进行压浆。

对于应埋置在构件内的锚具，在压浆完成以后，应用混凝土将锚具封闭在结构混凝土内，以防止锚头及钢筋的锈蚀。

第六节　参考案例

案例：现场预制箱梁静力荷载试验

1. 静力荷载试验方法

严格执行TB/T 2092—2003的有关规定。

2. 检验项目及质量标准

静力荷载弯曲抗裂系数$K_f \geqslant 1.20$；

在静活荷载作用下的竖向挠度限值$\psi_f \leqslant 1.05 f_{设计}$。

3. 箱梁静力荷载试验条件

当有下列情况时，应进行静力荷载弯曲抗裂性及挠度试验：

(1)新建梁场生产首孔梁时；

(2)正式生产后，原材料、工艺有较大变化，可能影响产品性能时；

(3)批量生产中出场检验时，即现场制梁每批50孔应对不同梁别的梁各抽一片；

(4)有质量缺陷、可能对产品的抗裂性及刚度有较大影响时；

(5)生产条件有较大改变而可能影响产品的使用性能时；

(6)交库技术资料不全，或对资料产生怀疑时。

4. 设备及静力荷载试验设备布置图

试验台：由存梁台位、加力架及加力架的锚固连接构件组成。

试验设备：选用250t油压千斤顶，千斤顶的摩阻系数不大于1.05，并配以0.4级精密压力表、油泵、操作台、百分表、钢卷尺、放大镜。

图6-14为静载试验设备布置图。

5. 静力荷载试验的时间和加载力

静力荷载试验应在混凝土承受全部预应力15d后进行。试验梁和试验日期确定后，根据梁的设计抗裂安全系数，考虑混凝土未完成的预应力损失（包括钢绞线的松弛、混凝土收缩徐变造成的预应力损失、试验设备重量对试验产生的影响等因素)，计算出各加载等级的外加力，并根据各千斤顶校验记录，换算为各千斤顶各级加力油表读数，经复核无误后，交给每台千斤顶、操作台工作人员及指挥人员各一份。

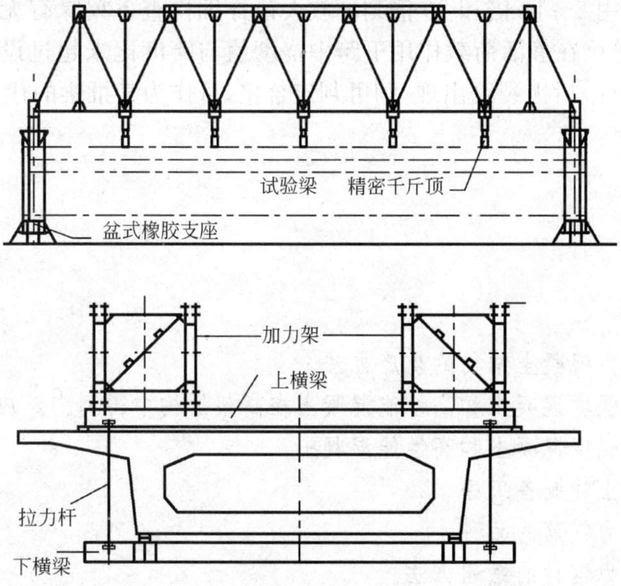

图 6-14 静力荷载试验设备布置图

6. 其他准备工作

试验梁移入试验台后，先钻加力架的连接孔，然后调整并安装加力架。在梁顶面画出梁中心线、腹板中心线和加力点，每个加力点画好十字线，铺上砂垫层、钢板及枕木头，钢板应用水平尺找平，再在每个加力点上放好千斤顶(千斤顶的中心必须与加力点重合)。为避免损伤千斤顶，千斤顶与加力架底部接触面以工作锚相连，底部用加工件连接千斤顶。

试验前，制订试验大纲，核实试验仪器、仪表及钢尺的型号、规格、精度、量程、检定证书，配套标定加载千斤顶及标准压力表，用普通 5 倍放大镜检查梁体两侧跨中 8m 区段，对初始裂缝(收缩裂纹和损伤裂缝)及局部缺陷按规定的方法使用蓝色铅笔标记。在加载过程中，随时用 10 倍放大镜观察规定部位的裂缝变化，对受力裂缝(征兆裂缝和判定裂缝)规定用红色铅笔标记，并注明开裂荷载等级。在梁跨中和支点处用百分表测量挠度。

7. 加载程序及操作方法

32m 单、24m 双线箱梁采用普通千斤顶、集中泵站和百分表进行五处十点加载及控制。静力荷载试验加力分两个阶段进行，以加力系数表示加载等级，其加载程序如下(括号内数字为持荷时间)。

第一循环：0→基数级 K_a(5min)→0.70(5min)→0.80(5min)→静活荷载级 K_b(5min)→1.00(20min)→逐渐卸载至 0。

第二循环：0→基数级 K_a(5min)→0.70(5min)→0.80(5min)→静活荷载级 K_b(5min)→1.00(10min)→1.05(10min)→1.10(10min)→1.15(10min)→1.20(20min)→逐渐卸载至 0。

加载及卸载速度不宜过快，加载速度应不超过 3kN/s。各千斤顶应同速、同步、同时达到同一荷载值。加载只许由低向高加载达到加载值，严禁油压超过某规定加载值后再减少油压的办法达到某规定进行试验，以免油顶反向摩阻产生虚假加载值。

8.裂纹检查

每级加载后，均用5～10倍和20倍刻度放大镜详细检查下翼缘有无裂纹出现，并用百分表测量挠度。如果箱梁在静活荷载作用下跨中挠度值与跨度比未超过设计值，且当箱梁承受最大加力并保持20min后无裂纹出现，则可判定合格，可作为某批梁的代表。

思考与练习

6.1 简述预应力混凝土结构的生产方法。

6.2 为什么高强度混凝土和高性能混凝土在高架结构中得到广泛应用？

6.3 什么是高强度混凝土和高性能混凝土？

6.4 简述混凝土的制备工序。

6.5 简述预应力钢筋的品种。

6.6 简述预应力钢材的镦粗方法。

6.7 简述锚具和夹具的作用。

6.8 简述预应力混凝土施工方法中先张法的施工工序。

6.9 先张法张拉台座种类有几种？

6.10 简述预留孔道的方法。

6.11 简述压浆工艺中一次压浆法和二次压浆法。

第七章　预制件的架设与安装

本章知识目标

通过本章的学习，学生应掌握以下知识：

1. 吊装工具与设备基本知识；
2. 预制构件的移运与堆放；
3. 装配式墩台的安装；
4. 梁板的架设安装。

第一节　概　述

本章主要介绍装配式混凝土、钢筋混凝土及预应力混凝土构件在高架桥中的制作、移运、堆放和安装施工。其他的钢桥、吊桥、斜拉桥、拱桥等应按国家规范的有关章节规定执行。

一　质量及安全要求

(1)装配式高架桥构件在脱底模、移运、堆放、吊装等作业时，混凝土的强度不应低于设计所要求的吊装强度，一般情况下不得低于强度设计值的70%。

(2)对已压浆的预应力混凝土构件，水泥浆的强度不得低于设计要求，如设计无规定时，不应低于梁本身设计强度的55%。

(3)在吊装高架桥构件时，支承结构(包括墩台、盖梁、拱座等)的强度应符合设计要求。支承结构和预埋件(包括预留锚栓孔、锚栓、支座钢板等)的尺寸、高程及平面位置应符合设计要求。

(4)装配式高架桥构件大小、轻重、结构形式、梁跨长短等各有不同，其施工现场的条件也各有特点。但是，其吊装都属于高空作业，对构件的起吊、安装经常要与起重、移运等工作密切联系，所以，必须特别注意采用有效的安全防护措施，确保安全架桥。

二　安装准备

(1)高架桥的预制构件必须符合质量要求，因此，其构件运送到施工现场时必须是经过检验、附有出厂合格证的。

(2)彻底清除支座钢板上的铁锈、砂粒等杂物。

(3)检查支承结构的尺寸、高程、平面位置，认真检查桥墩、台支座与构件的尺寸。

(4)采用全站仪来校核桥墩、台盖梁和预埋件的位置，并在支承结构的预埋件(支座)上画出安装轴线与端线，以使构件能准确无误地就位。

(5)构件安装前必须检查其外形和构件的预埋件尺寸、位置，其允许偏差不得超过设计规定。

三 吊装注意事项

(1)应用于高架桥吊装施工的所有起重、运输设备,施工前必须进行一次检验,特别是起重吊装设备,必须经过施工前的试运行和荷载试验合格后,才可正式使用,在架设安装过程中,应由专人进行定期和不定期的检查,以确保架设安全。

(2)吊装施工中必须按照国家规范的手势信号,在统一指挥下进行吊装作业。

(3)吊运设备的使用技术要求,应参照起重吊装的有关规定执行。

四 安装注意事项

(1)根据结构设计特点,考虑安装构件的先后顺序。对于特殊的安装方法,如预应力混凝土梁悬臂拼装法、预应力连续梁顶推法、无支架架设法等,在制订施工组织设计或施工大调方案后,应报经上级组织审查批准执行。

(2)预制构件安装时,应注意上、下工序衔接。如果在安装构件时与设计所规定的条件不同,应及时联系设计单位,提出有效的措施,并应办理变更手续。

(3)分层、分段安装的构件继续安装时,必须在先安装的构件固定和受力较大的接头混凝土达到设计要求的强度后,方可进行。设计无规定时,应达到设计强度的70%后方可进行。

(4)分段拼装梁的接头混凝土或砂浆,其强度不应低于构件的设计标准,不承受内力的构件的接缝砂浆也应符合要求。

(5)需与其他混凝土或砌体结合的预制构件的砌筑面应按施工缝处理。

(6)安装高架桥钢筋混凝土预制结构构件时,支承结构的混凝土强度,应符合安装构件所要求的强度。

五 其他要求

(1)构件吊运安装时,必须遵守有关安全操作技术规程。

(2)构件安装就位固定应进行测量校正,符合设计要求后,才允许焊接或浇筑接头混凝土,在焊接完毕后进行复核,并仔细做好记录。

(3)对于未达到设计强度的钢筋混凝土构件,在架设安装后必须继续养护,确保混凝土有继续硬化的条件。

(4)对于承受内应力的混凝土构件接头,采用混凝土或砂浆进行灌注时,其强度不得低于构件混凝土的强度。同时宜在搅拌时加入早强剂,促使接头快速凝固。在灌注的施工过程中,要特别注意仔细捣实。

第二节　吊装工具与设备

一 吊装工具

(一)麻绳与尼龙绳

1. 麻绳

(1)麻绳的种类与特点

麻绳有土法制造和机器制造两种。其中土制麻绳应用的较少，在此不予介绍。机制麻绳质量较好，搓拧松紧较均匀，用国产龙舌兰麻做成的叫做白棕绳，用大麻混合做成的叫混合麻。麻绳的拉力强度不大，磨损较快，受气候影响大，而且新旧强度变化很大，所以只宜用于手动起重设备、临时性吊装作业、捆绑配件和次要拉索等。同时在使用过程中应随时检查磨损情况。

(2)麻绳的制造

各种麻绳一般由三大股合成，也有四股或九股合成的。另外，还有浸油麻绳和不浸油麻绳之分。浸油麻绳不宜腐烂，但质料变硬，不易弯曲，强度要降低10%～20%，所以在吊装作业中一般用不浸油的麻绳，但未浸油的麻绳要注意防潮。

2. 尼龙绳

尼龙绳是一种拉力较强、质料较软、受潮后不宜腐烂的绳索，普遍用作高空作业安全绳、吊装构件质量不大的起重绳和船舶系缆绳、锚绳等。

尼龙绳分锦纶绳和丙纶绳两种，前者用7支两股锦纶帘子线织成，后者用聚丙烯粒子经老化处理后抽丝织成。因国家无统一技术标准，故各厂制造的尼龙绳直径规格不完全一致。

尼龙绳的破断拉力一般较麻绳、棕绳大2～3倍。在一般气候温差不大的条件下使用，其拉力不受影响，受拉时其伸长率较麻绳、棕绳或钢丝绳大30%左右，在海水中使用不怕侵蚀。但使用过久或储存期较长，尼龙绳会因老化而影响其拉力，故使用时应按出厂说明书处理。

3. 麻绳与尼龙绳使用时的注意事项

(1)人力起重配用滑车时，其滑车直径应大于或等于绳径的10倍；机械起重时，不宜将有机纤维绳配滑车使用，临时使用时，其滑车直径应大于或等于绳径的30倍。

(2)成卷绳拉开使用时，应把绳卷竖放在地上，将有绳头的一段放在底下，从卷内拉出绳头(不可以从卷外拉绳头，以免打结)。绳头切断后要使用麻绳线绑好，以免松散。

(3)使用时，如发现扭结，应设法抖直，否则绳索容易折断。

(4)绳索应放在干燥或通风良好的地方，避免和油漆、酸碱等有腐蚀性的化学药品接触。

(5)不要在尖锐或粗糙物上拖拉，用绳索绑扎边缘锐利构件时，应衬垫麻袋、木板等物，以免被尖锐棱角割断。

(6)绳索应存放于干燥处，储放的地点必须与腐蚀性物品隔开。酸性类、碱性类及容易生烟等化学品，最容易损伤绳索。

(7)对于手动起重而荷载小于绳索允许拉力的25%时，滑轮或卷筒的直径应不小于绳索直径的7倍。

(二)钢丝绳

1. 钢丝绳的主要特点及应用范围

钢丝绳具有耐磨、拉力强、挠性好、弹性大、能承受冲击荷载、运行时无噪声、破断前有断裂预兆便于检查预防、防潮性能好、寿命较长等优点，但是不容易弯曲，因此，如若穿绕滑轮或缠绕卷筒，则滑轮或卷筒的直径要相应地增大。

钢丝绳广泛应用于各种起重吊装作业和机械转动，水平、垂直运输以及用于缆风绳、千斤绳及拉绳等。

2. 钢丝绳的种类与构造

(1)钢丝绳的种类

按钢丝绳的性能和钢丝的表面情况，分为特号、1号光面钢丝和镀锌钢丝。

按绳与股的捻拧方向，分为右交互捻、左交互捻、右同向捻、左同向捻4种。另外，多层股钢丝绳，各相邻层股的捻向相反，1×19和1×37单股钢丝绳与相邻层钢丝的捻向相反。

按股内各钢丝接触方式，可分为点接触钢丝绳和线接触钢丝绳。

按钢丝绳周围表面形状，可分为普通结构钢丝绳和封闭式结构钢丝绳。

(2)钢丝绳的构造

钢丝绳一般是由几股钢丝子绳和一根绳芯拧成。绳芯用经防腐、防锈润滑油浸透过的有机纤维芯或软钢丝芯制成，而每股钢丝子绳是由许多根直径为0.4～3.0mm、强度为1 400～2 000MPa的高强钢丝组成。6×19钢丝绳即表示为6股，每股19丝。

3.钢丝绳的选择计算

(1)选用钢丝绳时，首先根据钢丝绳的使用情况来确定形式，优先选用线接触的钢丝绳，在腐蚀性较强的场合下采用镀锌钢丝绳，然后再根据受力情况决定钢丝绳的直径。

(2)钢丝绳受力比较复杂，在工作中承受拉伸、弯曲、扭转、压缩等复合应力。除此之外，还有冲击荷载的影响，因此很难精确计算。为了简化计算，设计规范推荐了以下两种计算方法：

①安全系数法。即算出钢丝绳的最大工作拉力 S_{max}，然后乘以安全系数 n，得出破断拉力 $S_{破}$，以此作为依据，其公式为：

$$S_{破} \geqslant nS_{max} \tag{7-1}$$

式中：$S_{破}$——钢丝绳的破断拉力(N)；

n——安全系数，可参见表7-1所列选用。

选择系数 C 与安全系数 n 选用表 表7-1

机构工作级别		钢丝公称抗拉强度 σ_b(MPa)			安全系数 n
		1 550	1 700	1 850	
轻级	M1～M3	0.093	0.089	0.085	4
	M4	0.099	0.095	0.091	4.5
中级	M5	0.104	0.100	0.096	5
	M6	0.114	0.109	0.106	6
重级	M7	0.123	0.118	0.113	7
特重级	M8	0.140	0.134	0.128	9

②最大工作拉力法。钢丝绳直径可根据计算出绳的最大工作拉力用公式求出，即：

$$d = C\sqrt{S_{max}} \tag{7-2}$$

式中：d——钢丝绳最小直径(mm)；

C——选择系数，见表7-1所列；

S_{max}——钢丝绳最大工作拉力(N)。

计算出来的 d 应根据钢丝绳的产品规格进行圆整，使其为标准值。当缺乏钢丝绳的资料时，钢丝绳的最大允许工作拉力(单位为kN)可用下列经验公式进行估算：

$$S_{max} = 10d^2 \tag{7-3}$$

式中：d——钢丝绳最小直径(cm)。

4.钢丝绳的使用要点

(1)原卷钢丝绳解开时，应特别防止发生纽结；切断钢丝绳时，必须在切断前先在切割处两边以钢丝扎结牢靠。

(2)钢丝绳应特别注意不得与电焊线接触，避免与金属锐角或房屋角、碎石等经常摩擦破损。

(3)应防止已破损或不合格的钢丝绳在滑轮上穿过，并需要定期涂抹钢丝绳润滑油料。

(4)注意防止钢丝绳在绞车卷筒上卷绕不正或由于牵引方向不正，而造成钢丝绳脱出滑轮卡坏、压扁、断折。

(5)在起重吊装作业中，不应有冲击性动作，钢丝绳运转必须由慢变快，防止急剧性变化，以避免钢丝绳断裂，造成不应有的人身与设备安全事故。

5.钢丝绳的报废标准

(1)由于钢丝绳在使用过程中要经常进入滑轮及卷筒绳槽而反复弯曲，造成了金属疲劳，再加上反复磨损，就使外层钢丝磨损折断。随着折断钢丝数的增加，钢丝绳破坏的速度逐渐加快。当外层钢丝的径向磨损量或腐蚀量达到钢丝直径的40%时，不论断丝多少，均应报废。

(2)当一个捻距内的断丝数达到总数的10%时，钢丝绳就必须报废。

(三)吊钩

吊钩一般都是采用碳素钢锻成，也有钢板铆接成的。前者叫锻钩，后者叫板钩。吊钩按形式不同可分为单面吊钩、钢丝绳用单钩及双面吊钩，具体见图7-1和图7-2。

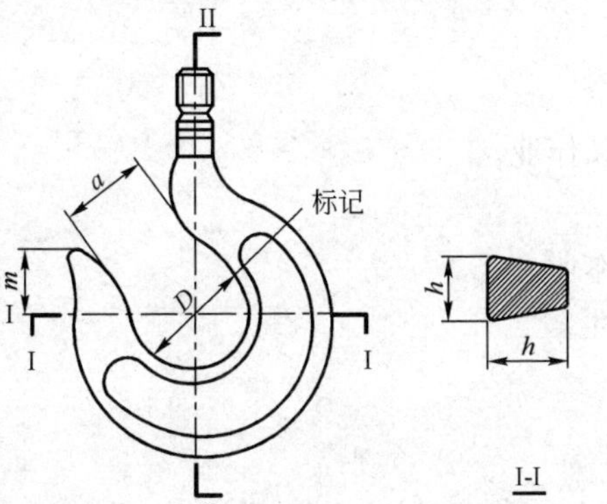

图7-1 单面吊钩结构示意图

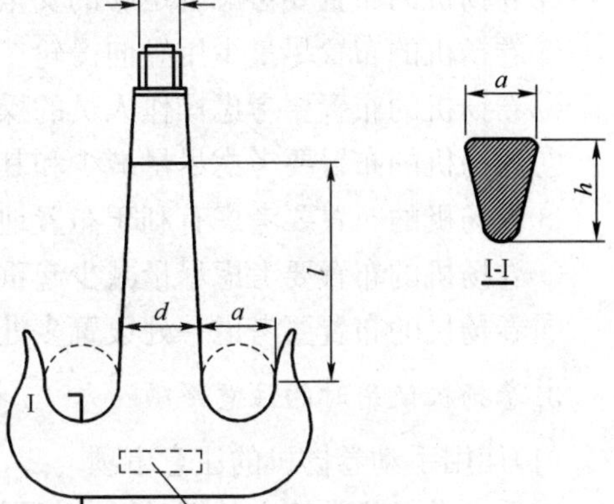

图7-2 双面吊钩结构示意图

所有吊钩都应有制造厂的牌号和载重能力的说明，否则应经过试验。试验时以比设计荷载中25%的荷载试吊10min，然后检查吊钩上有无裂缝和残余变形。吊钩表面应光滑，不得有毛刺、剥落、刻痕、锐角、细纹、裂缝和加工切削痕迹等存在。吊钩应每年至少检查1～2次，凡发现裂纹等情况不得再使用。

(四)卷扬机

1.卷扬机的分类

卷扬机的种类很多，一般有如下几种分类方法：

(1)按动力装置不同，可分为电动式、内燃式和手动式三种。

(2)按卷筒数量，可以分为单筒、双筒和三筒。

(3)按卷扬速度不同，可以分为快速型和慢速型。

在高架桥的施工中，应用最多的是电动单筒快速型卷扬机。

2.卷扬机的选择与布置

(1)卷扬机的选择

①在高架桥的施工中，首先必须根据被吊装的混凝土构件重量来选择卷扬机，一般情况下，卷扬机的牵引力按其本身的80%～90%来考虑，这样既能确保施工安全，又可延长卷扬机的使用寿命。

②根据被吊装构件的精密程度及安装难度来考虑。对于较精密的设备及其他构件，必须选择性能较好、速度较慢、安全系数足够的卷扬机。

③根据被吊装构件的数量多少和起吊速度的需要来选择。

④根据移动卷扬机工作的难易程度及地锚的布置来选择。

⑤根据施工地点的电气条件进行选择。

(2)卷扬机的布置

①卷扬机要布置在方便施工的地方。

②卷扬机的布置还要考虑施工现场的电源设施。

③卷扬机布置的位置最好能让驾驶员看到起吊的全过程，或能看清指挥人员的信号。

④卷扬机的布置要考虑有足够的安全距离，一般为滚筒长度的20倍。

⑤卷扬机的布置尽量少用导向滑轮。

⑥卷扬机的布置要考虑操作人员的操作方便和安全。

⑦卷扬机的布置要考虑尽量减少和其他工作的交叉作业。

⑧卷扬机的布置要考虑有利于布置地锚。

⑨卷扬机的布置要考虑尽量减少起重工的拉绳等作业。

⑩卷扬机的布置要考虑一处设置多处使用的可能性。

3.卷扬机使用时的注意事项

(1)使用手动卷扬机的注意事项

①手动卷扬机卷筒上的钢丝绳，必须从卷筒下方引出，以保证制动能起到应有的作用。

②卷筒与牵引绳索的方向应尽可能使之垂直，从而在卷筒上不致发生斜向卷绕，形成互相错叠挤压。

③卷扬机必须锚固稳定，不致滑动或倾覆。

④卷扬机固定位置的选择，应是操作人员能清晰地看到起吊或移运重物状态，以免发生事故。

⑤当吊起混凝土构件在高架桥上处于悬空状态时，在未进行制动前，不得任意放松卷扬机的手柄。

⑥操作过程中，一经发现卷筒上的钢丝绳绕向不正，必须随时停车加以校正后，方可继续进行。

⑦手摇卷扬机，须在齿轮上加设防护罩，确保安全。

⑧卷扬机每次结束工作停止运转后，必须将操作手柄取下，并放入工具箱中，以防发生意

外事故。

(2)使用电动卷扬机的注意事项

①开车前，须先检查卷扬机的装置是否牢固，移动部分及齿轮传动处是否有防护装置。

②电动卷扬机应该接地，接地工作须由电工负责进行。

③必须注意检验卷扬机制动器的准确性及灵敏程度。

④电动卷扬机的操纵者，必须带胶皮手套、穿绝缘胶鞋进行操作，操作过程中，还应遵守相应的安全操作规程。

⑤施工中，应严密注意切勿使钢丝绳触及焊接的导电线或其他带有电源的导线，并同时防止钢丝绳扭结。

⑥电动卷扬机一般采用6×37+1(麻芯)的钢丝绳。

⑦不允许使用被折断后连接起来的钢丝绳，以防发生事故。

⑧供应电动卷扬机的电源线，应采用外包绝缘材料的绝缘导线。

⑨电动卷扬机断电后应拆去导线，因为导线有可能仍然带电。

⑩应控制起吊混凝土构件的质量，坚决不得进行超负荷作业，但是可以在荷载试验时，允许以3～5倍安全荷载的重量，吊起高度为0.5～1.0m(最大不超过1m)，校验卷扬机和制动装置的可靠性。

二 吊装机械设备

(一)汽车式起重机

1.特点与范围

汽车式起重机是指各工作机构全部装在通用或专用汽车底盘上的一种起重机。其特点是动作灵活、操作平稳、使用安全、操作轻便。

汽车起重机起重范围大，特别适用于流动性大、场所不固定的作业，某些较低高度的高架桥吊装也常应用到汽车起重机施工。其不足之处是车身较长，转变半径较大，工作时需要打出支脚，而且工作时只能在车的左、右和后方吊装作业，限制了工作范围。

2.安全操作注意事项

(1)操作人员必须熟悉安全操作规程、各种指挥信号和机械技术性能，严禁超载作业。

(2)起重机作业场地必须平整。

(3)起重作业时，动臂回转范围内不准有障碍物，动臂最大仰角不得超过使用说明书的规定，无资料可查时，其最大仰角不得超过78°。

(4)作业时，起升、变幅、回转都要平稳操作，严禁猛起、猛落动臂，不准斜拉、斜吊。

(5)作业中若发现起重机倾斜、支脚变形等不正常现象时，应立即放下重物进行调整，绝对不准在负载状态下去调整支脚。

(6)起重机在架空电线下作业时，动臂最高点与架空线路要保持规定的安全距离。

(7)伸缩臂汽车式起重机作业完毕，应将臂杆全部缩回，放在支架上，吊钩挂在保险杠的挂钩上，并将起重钢丝绳稍微拉紧。

(二)龙门式起重机

1.概述

龙门式起重机同其他类型起重机一样，在车站、码头、海洋工程、预制场、高架桥及其他桥梁工程等露天场所，担负着生产、装卸、机电设备及大型构件安装等作业过程中的物料搬运任务，是企业生产经营活动中实现机械化和自动化的重要生产力。

该机型的主要特点是主梁、支脚、下横梁全部采用箱形结构，而小车架则采用板梁结构；外形美观大方，结构简洁；主梁与支脚、支脚与下横梁均采用法兰连接，可靠性好，装拆方便；小车轨道呈偏轨形式布置在主梁盖板上；驾驶室固定在主梁下方靠近支脚一侧的安装架上，视野开阔。

2.分类与构造

龙门起重机在构造上由金属结构(包括桥架、起重小车架、支脚、驾驶室)、机构、电气系统与控制系统组成。龙门起重机的桥架支承在金属机构制成的支脚上，因此也被俗称为带腿的桥式起重机。

龙门起重机根据主梁的形式不同，可分为单梁式和双梁式两种；根据使用的动力不同，可分为电动式、柴油机式、发电机式、柴油机—液压传动式 4 种；根据整机钢结构不同，可分为桁架式和箱形两种结构；按行走机构不同，又可以分为轮胎式和轨道运行式；根据支脚的形式不同，可分为“八”字形、“C”形和“L”形等几种。也有在特殊情况下用的龙门起重机，只有一个支脚，另一端直接装钢轮，支承在厂房和轨道上。

为了扩大龙门起重机的作业范围，桥梁主梁常伸出支脚之外，成悬臂结构，悬臂长度一般是桥梁跨度的 30%～40%。

L 形通用吊钩龙门起重机的构造由主梁、支脚、小车架、下横梁、驾驶室、机构与传动、电气及控制系统组成。

第三节　预制构件的移运与堆放

一　一般规定

(一)混凝土强度

高架桥上所用的预制构件在移运、堆放时，混凝土的强度不得低于设计对吊装所要求的强度，如若设计无规定时，其构件不得低于设计强度标准的 70%；对于预应力混凝土构件，其孔道所用水泥浆的强度不应低于设计要求，如设计无规定时，应不得低于 30MPa。

(二)移运前的准备

(1)构件拆模后应检查其外形的实际尺寸，伸出钢筋、吊环和各种预埋件的位置及构件混凝土的质量。

(2)预制构件场内移运，遇有上下坡时，应将有攀构件适当垫高，以防构件底面在坡度变换处着地硌断，场内道木应铺平整、坚实，如有松软地基，则需要加固。

(3)尖角、凸出或细长构件在移运、堆放时应用木板和相应的支架保护。

(4)安装时需要测量高程的构件在移运前应定好标尺,分段预制的组拼构件应注上号码。

(5)场内吊移工具的选择视构件尺寸、质量和设备条件,可选用A形小车、平板车、扒杆、龙门架、拖履、滚杠、聚四氟乙烯滑板、汽车起重机、履带起重机。

(三)吊运时的注意事项

(1)构件移运时的起吊点位置,应按设计规定布置。

(2)构件的吊环应顺直,如发现弯曲,必须校正,使吊钩能顺利吊入。

(3)板、梁、柱构件移运和堆放时的支承位置应与吊点一致,并应支承牢靠。用千斤顶顶起时必须用木垛保险。

(4)拱肋移运时的吊点位置应结合构件形状、构件内钢筋布置及吊运、搁置过程中的受力情况综合考虑,以保持移运过程中的稳定安全。

(5)拱形构件,当采用两点吊时,吊点位置应设于拱肋弯曲平面重心轴上,一般可设在离拱肋端头0.22~0.24L处(L为拱肋长度)。

(6)拱形构件,特别是矢跨比小的构件,在运输和堆放时若采用卧放,应设三垫点,垫木位置应在中央及离两端0.15L处。

(7)桁架和梁运输时应竖直放置,同时应采取固定措施防止倾倒。

(8)使用平板拖车或超长拖车运输大型构件时,车长应能满足支承点间距要求。

(四)成垛堆放构件注意事项

(1)堆放混凝土预制构件的场地应该是平整夯实,使其不致有积水存在,并在场地周围开挖排水沟。

(2)根据构件的使用先后和吊装顺序进行堆放,注意留出适当通道,防止越堆吊运。

(3)堆放构件时,应按构件刚度、受力情况,采用平放或竖放保持稳定。

(4)构件堆垛时,应放置在垫木上,垫木位置应与吊点相符;同时,应使吊环向上,标志向外,以利吊运。

(5)水平分层堆放构件时,其堆垛高度应按构件强度、地面承载力、垫木强度及堆垛的稳定性而定。小型构件一般不宜多于6~10层,各层之间以垫木隔开,并要求各层垫木必须在同一竖直线上,以防构件折断;大型构件一般以2层为宜,不应超过3层。

(6)雨季与春季冻融期间,必须注意防止地面软化下沉造成构件折裂损坏。

二 移运设施

(一)桅杆

桅杆在场地内主要作出坑用,即把构件从预制的底座上吊移上来。

(二)龙门吊机

用龙门架起吊移运构件出坑,横移至预制构件运输轨道,再卸落在运输平车或汽车上,较其他设备使用方便。

吊机由底座、脚架和横梁、跑车组成,运行在专用轨道上,操作时分构件上下升降、跑车横向运行及龙门架整体纵向运行,三个方向运动,其动力可用人力或电力。

(三)轨道平板车

混凝土预制场地均有轨道平板车,并在其上设有转盘装置,主要是便于装上混凝土构件后能在曲线上安全运行。同时还应设置制动装置,以便在发生意外时能制动刹车,保证安全。轨道平板车的构造如图 7-3 所示。

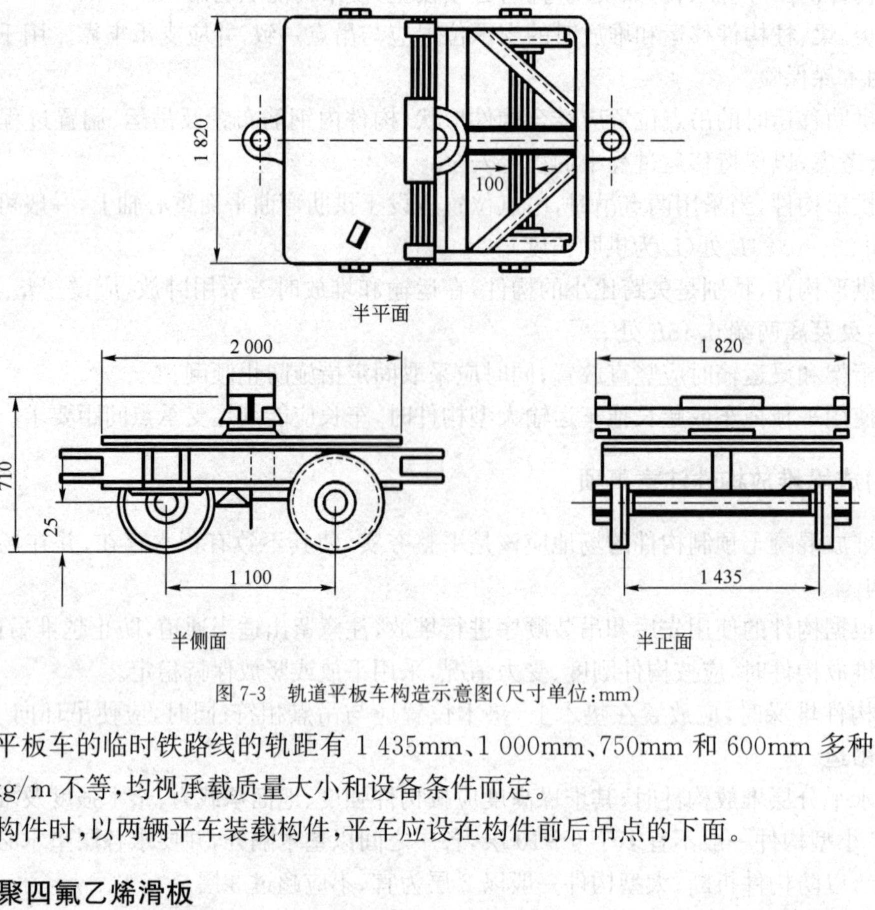

图 7-3 轨道平板车构造示意图(尺寸单位:mm)

轨道平板车的临时铁路线的轨距有 1 435mm、1 000mm、750mm 和 600mm 多种,钢轨质量 50～5kg/m 不等,均视承载质量大小和设备条件而定。

运输构件时,以两辆平车装载构件,平车应设在构件前后吊点的下面。

(四)聚四氟乙烯滑板

聚四氟乙烯俗称塑料王,是一种热塑料,成型品色泽洁白,半透明,有蜡状感觉。

将聚四氟乙烯制成模压板作为滑板时其摩擦系数很低,起动阶段为 0.04,它与铸铁和钢的动摩擦和静摩擦系数也很低,而且在摩擦过程中,静摩擦和动摩擦系数很接近。

由于聚四氟乙烯具有以上特性,国内外将其用作桥梁活动支座。

(五)自行式起重机

汽车式起重机,是把起重机构装在载重汽车底盘上,由汽车发动机供给动力,起重操作室和行驶驾驶室是分开的。

轮胎式起重机与汽车式起重机的区别在于：前者是装在特别的轮胎盘上的回转台上，不论起重量大小，一般全机只有一台发动机，起重和行驶在一个驾驶室内操纵，行驶速度较低，一般不超过 30km/h，没有外伸支脚，可吊较小的载重行驶，也要求较好路面。

履带式起重机由回转台和行驶履带两部分组成。履带式起重机在回转台上装有起重臂、动力装置、绞车和操纵室，在尾部装有平衡装置，回转台能绕中心轴线转动 360°；履带架既是行驶机构，也是起重机的支座。它的主要优点是起重量大，可在崎岖不平及松软泥泞的施工场地行驶，稳定性较好。

三 钢筋混凝土预制梁的拖拽移运与存放构件堆放法

(一)直道上滚筒拖移法(图 7-4)

首先铺好木道板，将滚筒置于拖板之下，然后将构件平稳地放置于拖板上，运用绞车牵引移运，滚筒随着拖板的前进而向前移动。

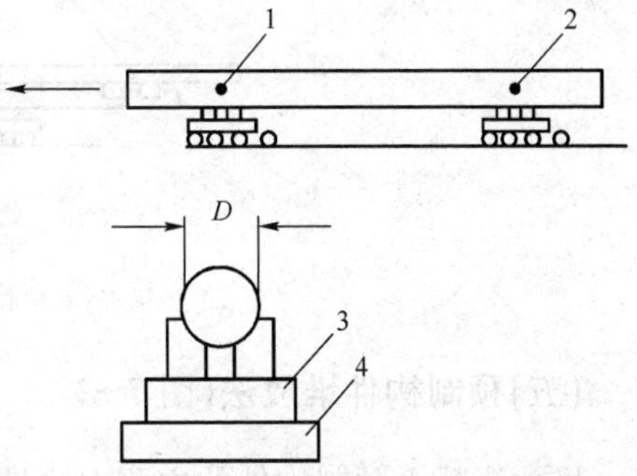

图 7-4　直道上滚筒拖板移运

1、2-吊点；3-木拖板；4-铁管

(二)弯道拖板滚筒放置法(图 7-5)

当拖板经过弯道时，必须将滚筒倾斜放置，以改变走向；斜向大小，视弯道缓急变化而定，弯转较急时斜向放大，弯转较缓时则斜向放小。

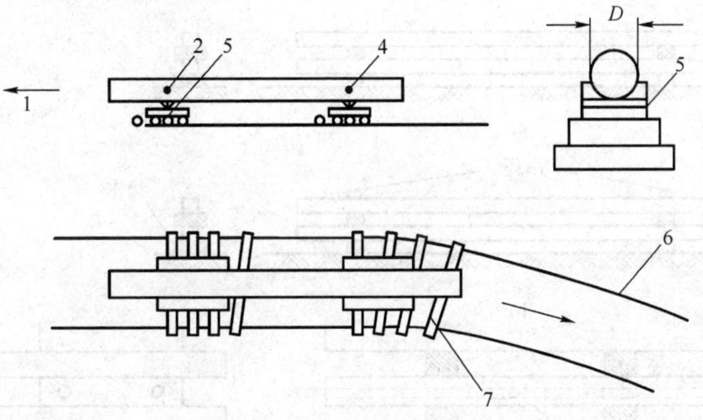

图 7-5　弯道拖板滚筒放置法

1-拖板；2、4-吊点；3-纵向有圆底托板；5-纵向拖板；6-轨道；7-铁管斜放

(三)柱形桩梁吊运法(图 7-6)

这种运输方法必须注意将宽边立置并支垫稳固，遇坡道上拖拽时，必须防止构件端部触及地面，而垫处则应适当垫高。

(四)四点吊拼支垫法(图 7-7)

该法主要是铺平站定板，拖拽的速度不得过快，并必须支垫稳固，防止移运过程中出现支点走动现象。

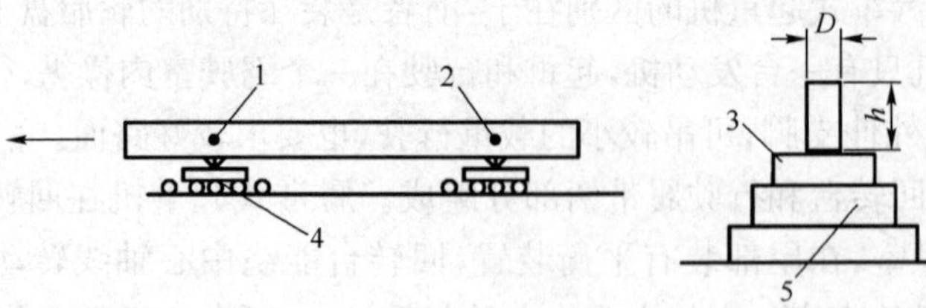

图 7-6　柱形桩梁吊运法

1、2-吊点；3-垫木；4-铁管滚筒；5-拖板

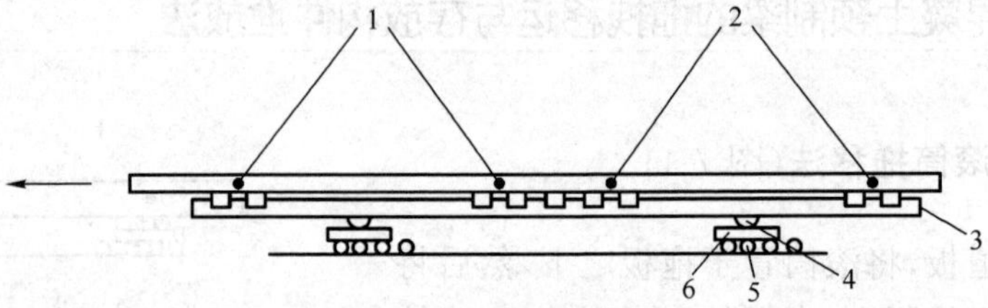

图 7-7　四点吊拼支垫法

1、2-吊点；3-方木；4-圆木底垫脚石板；5-铁管；6-拖板

(五)预制构件堆放法(图 7-8)

堆放混凝土预制构件的主要方法是根据构件的刚度和受力情况，采用水平放置和垂直放置，以确保构件不受损坏。成垛堆放时要用垫木在规定吊点的位置垫平放稳，各层垫木竖向应在一直线上，使受力均衡。钢筋混凝土 T 形梁必须进行双面撑固，以防止倾倒。

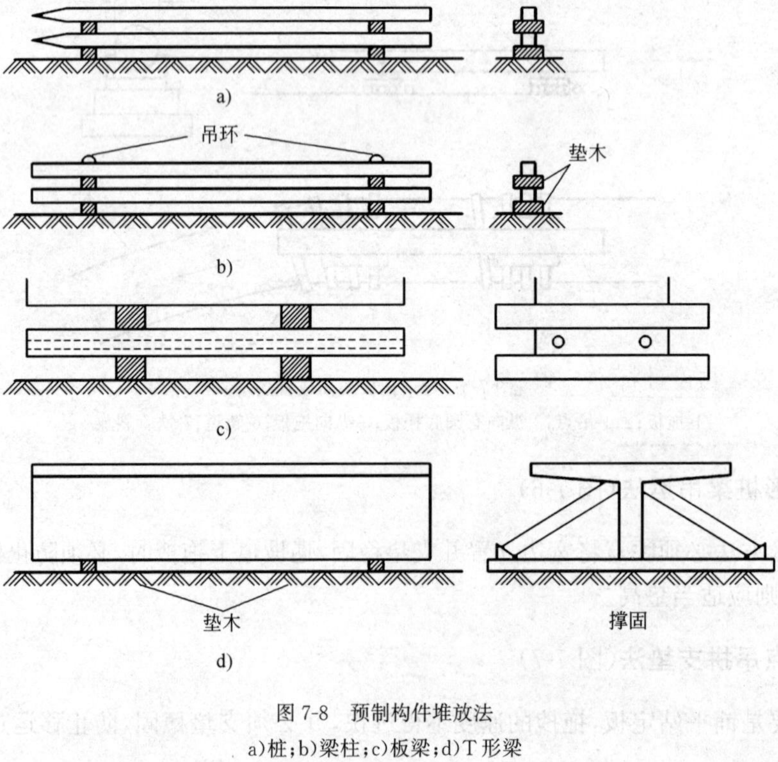

图 7-8　预制构件堆放法

a)桩；b)梁柱；c)板梁；d)T 形梁

第四节 装配式墩台的安装

一 墩台基本形式

(一)砌块式

高架桥上采用砌块式墩台是以预制的混凝土块用砂浆砌筑而成。其操作工艺与砌石圬工相同。但是,砌块式墩台每一块的体积质量较大,必须采用机械吊装砌筑施工,而砌石圬工则可采用人工抬运或简易的桅杆吊移砌筑施工。

(二)桩柱式

桩柱式墩台常采用单排架和双排架两种形式,其帽梁采用现浇式或装配式。前者是就地搭架浇筑混凝土而成墩台,后者是通过吊装而成墩台。高架桥上采用的柱式排架不是靠锤式或振动沉入地下,而是将柱安装在预先埋置的杯形基础的杯口中。

二 砌块式墩台安装

安装方法与注意事项如下:

(1)基坑挖到设计高程后,平整好坑底,经检验合格后铺设砂、砾石或碎石垫层并夯实整平,再铺好坐浆准备安装墩台;

(2)吊机可采用各种简易缆索吊、汽车吊、轮胎吊、履带吊、龙门架及桅杆等;

(3)砌块安装时应对准位置安放平稳,若位置不准确时,应重新起吊放置,不得用撬棍大尺寸地拨移;

(4)在安装预制砌块时,吊环宜设置于凹窝内,不致凸出顶面,以免拼装不方便,同时也省去吊环切除工序;

(5)施工过程中,砌筑平缝一般采用较干的砂浆,竖缝采用塑性砂浆;

(6)墩台砌筑中,其竖向砌缝的所有砂浆应捣插密实,在砌筑外露面时应预留 20mm 的空缝备作勾缝用,隐蔽面砌缝可随砌随刮平;

(7)每安装高度 1 000mm 左右时,应找平以控制灰缝厚度和高程,特别要注意墩帽下的最后一层,其位置应与设计标准一致。

三 柱式墩台安装

(一)安装方法与注意事项

(1)首先应对所有的立柱、杯形基础进行编号,并仔细检查各墩、台的高度和杯形基础高程是否符合要求,否则应进行调整。

(2)对于柱式墩台的安装,最好选用自行式起重机,如有困难,也可采用木制桅杆吊装。

(3)基坑挖好后,随即铺设砂、砾石或碎石垫层并夯实整平,符合设计高度后,吊装杯形基础。

(4)首先将立柱用起重机吊入杯口就位,要注意在纵横方向吊线,使墩、台身竖直,然后使各柱顶平面位置和高度符合要求,最后用楔子塞入杯口内打紧,对于大型、细长的墩与台柱,打紧楔子后,必须采用风缆或木撑给予校正固定。墩柱的定位方法如图 7-9 所示。

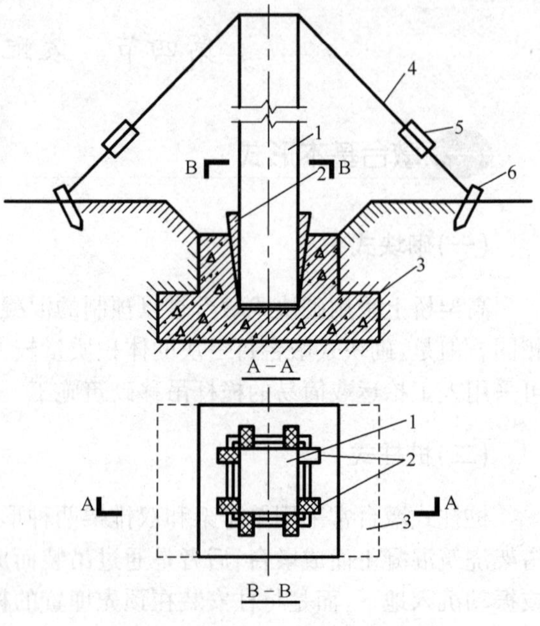

图 7-9　墩柱定位

1-立柱;2-木楔;3-杯形基础;4-风缆;5-花篮螺栓;6-木桩

(二)旋转法

在高架桥墩、台的施工中,可采用旋转安装法(适用于一台起重机吊装中小型立柱)。其立柱堆放的位置如图 7-10a)所示。

安装过程中,应使立柱的下端、立柱的绑扎点和杯形基础中心三点在起重机的同一回转半径的圆弧上。

起吊时,起重机边转动起重臂,边收紧起重钢丝绳,使立柱上端绕下端旋转至竖直状态,见图 7-10b),然后将立柱吊起,移至杯口上方落下就位。

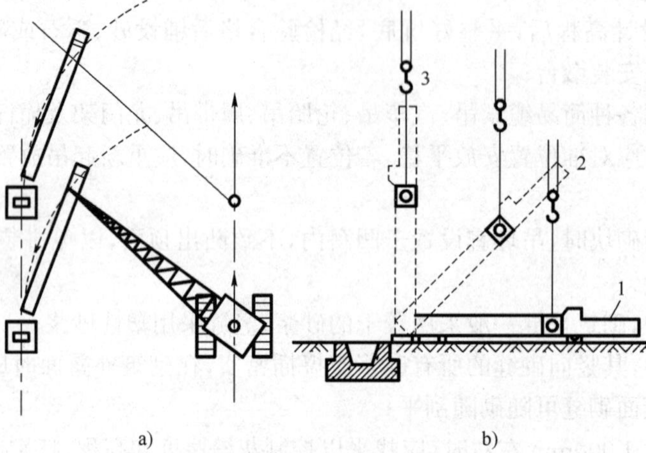

图 7-10　旋转法吊装立柱示意图

a)旋转吊装立柱平面布置图;b)旋转过程

1-始发旋转;2-旋转过程;3-旋转终止

(三)独脚桅杆起吊法

在施工现场,将立柱斜向布置,使绑扎点靠近杯口,起吊时采用独脚桅杆起吊法。用卷扬机将立柱拉起,立柱根部用绳拉住,以免滑行过快,造成与基础相撞。

当立柱吊到基础杯口的上空时,再把立柱吊成竖直,缓慢放下就位,如图 7-11 所示。

待用楔子固定并卸钩后,桅杆再向前移动起吊另一根立柱。

(四)滑行法

滑行法主要应用于现场就地预制、施工条件受到限制和吊装较长的立柱。立柱的绑扎点宜放在杯口基础附近或基础上,并使绑扎点和柱基中心同在吊机的回转半径上,以便立柱吊离地面后,稍转动起重臂即可就位。

采用滑行法时(图 7-12),应首先平整场地,对较重的立柱必须在柱底设置走板、滚杠、滑道等助滑措施,以减少滑行的摩擦阻力。

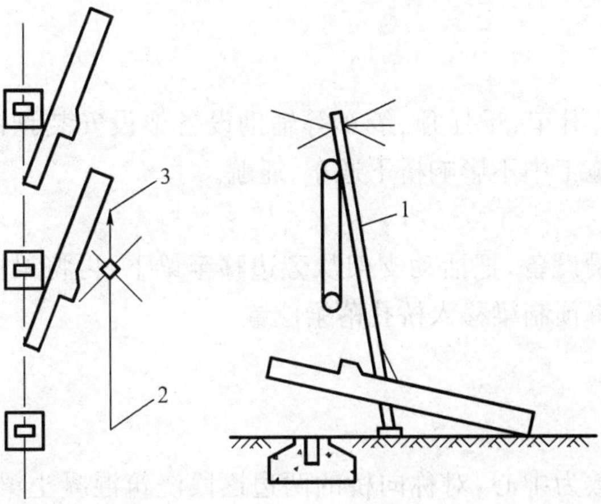

图 7-11　独脚桅杆吊装法示意图

1-独脚桅杆;2-接卷扬机;3-桅杆前进方向

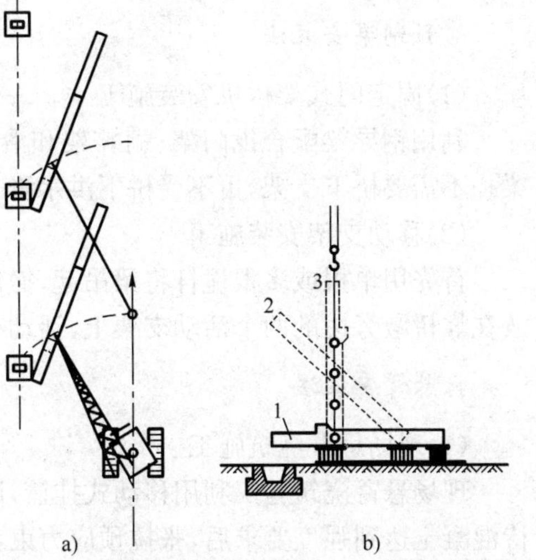

图 7-12　滑行吊装示意图(图中 1、2、3 为滑行顺序)

a)平面布置图;b)滑行过程

(五)斜吊法

当吊装较长的立柱,而起重机的吊臂不够长时,可用斜吊法将立柱吊至杯口上方,再用人力拉缆风绳和撬棍使立柱就位。

待立柱的下端进入杯口 200～300mm 时,刹住吊车,旋转起重臂,并将立柱拨正,然后立柱继续下降至离杯口约 50mm 时再一次刹车,校正好中心线后放好楔子,将立柱放到杯底,再打紧楔子即完成吊装。

第五节　梁板的架设安装

一　架设安装前的准备

(一)架设的种类及选择

1. 固定支架式施工法

固定支架式施工法,是与移动支架式施工法相对而言的。实际上,它是直接在地基上设立支架的方法,或者在现有的结构物上设立支架,或者在已有的结构上直接设置固定梁,使之形成支架作用的一种施工方法。固定支架式施工的方法主要有立柱式支架施工法、梁柱式支架施工法、梁与柱混合式支架施工法等。

2.预制桥安装法

(1)双导梁安装施工

在架设跨间设置两组导梁,导梁上配套有悬吊预制梁的轨道平车和起重行车或移动龙门吊机,将预制梁在双导梁内吊着运到所设位置后,再行落梁,横移就位。

(2)悬吊式横移安装施工

在架设好的缆索吊装设备的主索上设置两个跑车,下面连接起吊滑轮组,跑车上安装前后牵引钢丝绳,牵引预制构件到架设安装桥墩的上空,下落、横移、就位、安装等。

3.预制梁安装法

(1)固定门式架桥机安装施工

利用钢导梁配合拢门架、蝴蝶架和滑车链、滑车、千斤顶、绞车等辅助设备架设安装预制梁。不需要桥下支架,更不受桥下洪水影响。施工中不影响桥下通车、通航。

(2)移动支架安装施工

首先用单根或多根桅杆将梁吊起,撤出运梁设备,把活动支架从旁边移至梁下,再将梁搁放在靠桥墩旁边的两个活动支架上,活动支架将预制梁移入桥孔落梁位置。

4.悬臂安装法

(1)现场悬臂浇筑施工

现场悬臂浇筑施工利用移动式挂篮,以桥墩为中心,对称向桥的两边逐段浇筑混凝土梁,待混凝土达到强度要求后,张拉预应力束,再移动挂篮,进行下一节段的施工。

(2)导梁安装施工

该法利用钢桁架导梁安装桥跨上部的构件,可适应各种跨径和形式的预制梁,设备较简单,不受江河水位影响。

(3)塔架安装施工

塔架式起重机是一种具有竖立塔身,吊臂装在塔身顶部的转臂起重机。由于吊臂装在塔身顶部,形成"Γ"形工作空间,因此有较大的工作范围和起升高度,其幅度利用率比其他起重机高,广泛应用于桥梁工程的垂直与水平运输和预制混凝土构件的安装。

(4)索道安装施工

在架设好的缆索吊装设备的主索上设置两个跑车,下面连接起吊滑轮组,跑车上安装前后牵引钢丝绳,牵引预制构件到架设安装桥墩的上空,下落、横移、就位、安装等。

(5)门式架桥机安装施工

利用总长大于2倍桥跨的导梁,在上面铺设轨道,而预制梁用平车在导梁上运至桥孔,由两桥墩上的龙门架起吊预制梁横移就位。

(6)汽车起重机安装施工

汽车起重机为安装在标准或专用的载货汽车底盘上的全部转臂架式起重机,可进行单机或双机吊装施工。

(7)浮吊安装施工

首先采用各种方法将预制梁移装至浮船上,然后浮运到架设桥墩之处,再进行起吊安装就位。

(二)架设方法的选择

在高架桥的架设安装过程中,应结合如下具体情况来选择一种安全可靠、经济简单的架设混凝土构件的方法。

1.架设安装施工地形条件

(1)所架设梁下空间利用的可能性,地面及地下埋设物的障碍对架设安装的影响程度。

(2)施工现场是否有高压电源,架设地点的上空安全高度有无保证。

(3)架设施工过程中,外界的噪声、振动、光线对安装的影响程度。

(4)预制板、预制梁对施工机械的运输道路条件、空间条件是否合适。

2.建设工程规模条件

主要是考虑架设孔数和宽度、预制板与梁的总数。

3.下部构件条件

如下部构造的形状、尺寸和施工状况等。

4.工期条件

如安装进度要求和架设时期、场所、时间等。

5.架设安装机械设备条件

如已有架设机械设备的完好情况,能租赁到的机械设备情况,以及架设安装的机械操作人员配备情况。

6.架设安装安全

对于大型架设安装设备和相应的临时构筑物的强度、刚度和稳定性应按假设安装的荷载进行验算。

二 架梁的基本内容

(一)注意事项

1.选择起落梁、板的方法

(1)选用千斤顶放在梁下面起落梁的重心,操作过程中不够稳定,操作人员应细心谨慎,不能粗心大意,否则会出现梁倾斜掉下的危险。

(2)选用人字桅杆、龙门架或自行式起重机来吊梁时,只需对系点位置和起吊梁、板时瞬间给予高度注意即可。其稳定性比千斤顶起落好,而且进度快、费时较少。

2.注意梁、板的重心

安装施工过程中,要特别注意构件的重心位置,尤其是验算其稳定性。同时还要采取必要的措施,确保梁处于平衡状态,才可进行吊装工作。

3.梁移位时的操作要点

在对梁、板进行纵向或横向移动时,在坚固的轨道上采用平车较安全,且移动速度快。如采用走板滚筒移动,由于滚筒直径较小,梁的重心和滚筒所受的荷载都随着梁的移动而发生较大的变化,尤其滑道条件较差时,采用滚筒移动的稳定性很差。

4. 布置好控制方向所用的钢丝绳

在高架桥上吊装梁、板或移动时，应特别注意施加作用与移动方向的力和控制好相反方向移动的力。因为构件的质量较大，开始移动时，很难准确控制位置，所以一定要准确控制钢丝绳的移动。

(二)千斤顶起落梁

1. 千斤顶的选择

一般情况下，起落较轻的钢筋混凝土预制梁或钢梁时可选用液压千斤顶或螺旋千斤顶；起落大型混凝土梁时，因为重量大，适合选用液压千斤顶。

2. 顶梁操作注意事项

(1)施工过程中，每次只允许顶落梁的一端，而另一端必须稳妥垫实，防止向一端走动与倾斜。

(2)千斤顶的下面或者上面若需要扩大承压面积时，应垫上厚钢板，为了防止产生滑动，必须在千斤顶上面和梁底之间加垫麻袋片和硬质木板。

(3)在承受主要荷载时，千斤顶的受力部分应分置在中央，不得倾斜，若必须倾斜时，其上下应以适合斜度的楔形硬木承垫，并加垫厚钢板。

(4)在顶落T形钢筋混凝土预制梁时，两端必须有稳妥的斜支撑式托架支护，在起落架的下面需有随梁起作用的木楔和垫木保险。

(5)钢筋混凝土梁起顶和保险支承的部位，应尽可能靠近设计支点的梁梗底面，T形梁的支承应顶在梗肋上，如图7-13所示。

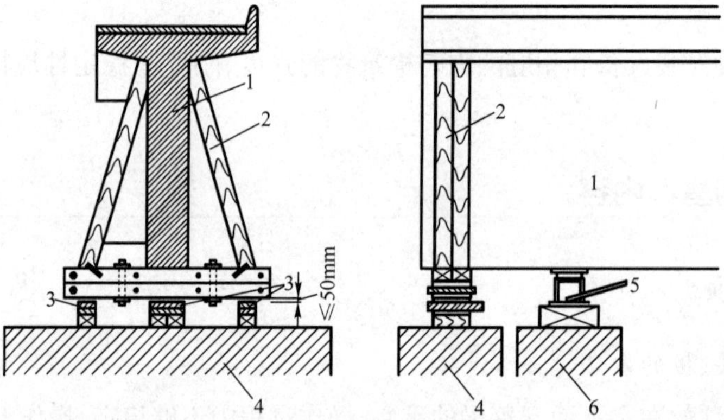

图7-13 T形梁的支顶示意图

1-梁梗；2-斜撑；3-木楔；4-保险枕木垛；5-千斤顶；6-顶梁枕木垛

3. 墩台顶上落梁

(1)在施工过程中，如若墩台顶的排水坡面采用千斤顶落梁时，一般可不必考虑其滑动问题，只需要采用楔形硬质木垫平，并有足够的安全承压面积就可以了。

(2)高架桥梁下的净空不够安放千斤顶时，可将千斤顶安放在端横隔板的下面，如若其净空仍然不够，可以凿低一小部分顶帽混凝土，或者在灌注顶混凝土时，有意识地留下其缺口，待梁架设好后再进行填补。

(3)当墩台不高且无水时，可以在桥孔内搭枕木垛、排架等支承千斤顶。若墩台高或者水深，则可在墩台身前面设置牛腿安放千斤顶，待梁架设好后再凿除(其牛腿也可以进行预埋组合型钢，待梁架设好后再切割)。

4. 墩台上起落架的其他方法

(1)配合梁底托具采用千斤顶起落钢筋混凝土预制梁,其操作办法如图 7-14 所示。

(2)配合梁面托具采用千斤顶起落钢筋混凝土预制梁,其操作方法如图 7-15 所示。

(3)配合托具采用千斤顶起落钢筋混凝土预制板,其操作办法如图 7-16 所示。

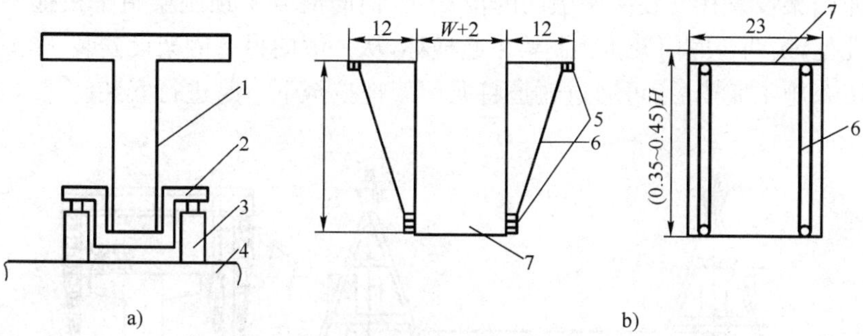

图 7-14 采用梁底托具起落钢筋混凝土预制梁示意图(尺寸单位:cm)

a)顶落梁示意图;b)梁底托具示意图

1-预制梁;2-梁底托具;3-千斤顶;4-墩台;5-焊缝;6-加固钢筋;7-10mm 厚钢板;*H*-梁高;*W*-梁梗宽

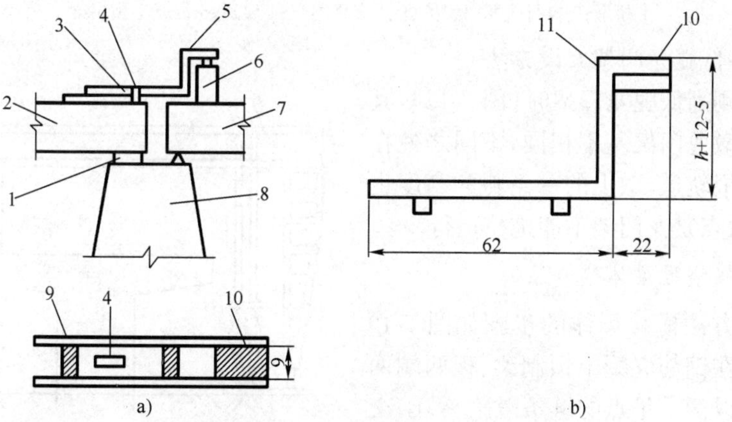

图 7-15 采用梁面托具起落钢筋混凝土预制梁示意图(尺寸单位:cm)

a)顶落梁示意图;b)梁面托具构造示意图

1-轨道与平车;2-待架设梁;3-短铁栓;4-吊环;5-梁面托具;6-千斤顶;7-已架好的梁;8-墩台;9-钢瓶;10-钢板;11-2 根钢轨;*h*-千斤顶净高

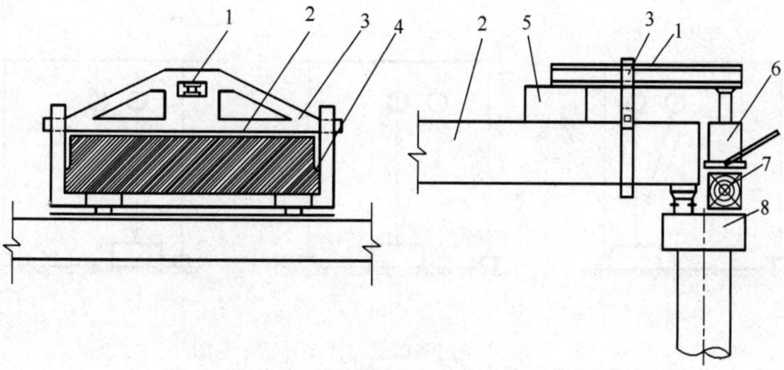

图 7-16 采用托具起落钢筋混凝土预制板示意图

1-工字钢;2-预制板;3-托具;4-平板;5-钢垫板;6-千斤顶;7-垫木;8-墩帽

(三)横移梁与板的方法

1.跨墩龙门架或墩侧高低腿龙门架横移法

(1)跨墩龙门架架设方法

首先将龙门架设置在安装跨两墩间的位置处,钢筋混凝土预制梁由平板拖车或轨道平车送至架设桥孔处,由两台龙门架将预制梁吊起横移,从一侧向另一侧架设安装,如图 7-17 所示 。当一跨安装工人施工完毕后,可通过轨道将龙门架拖拉至下一跨进行安装。

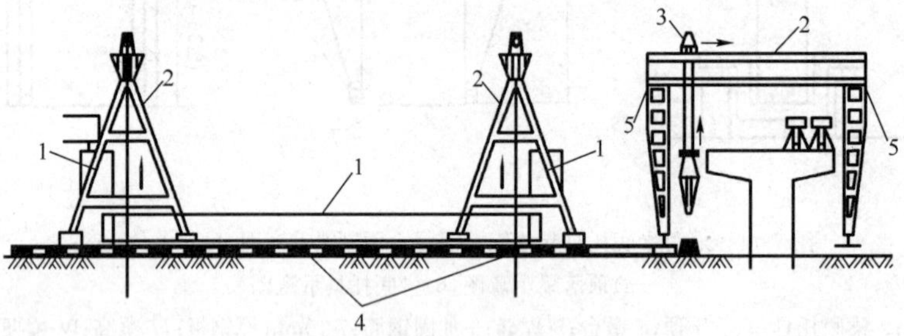

图 7-17　跨墩龙门架安装示意图

1-桥墩;2-自行式龙门架吊机;3-横移跑车;4-轨道;5-混凝土预制梁

(2)墩侧高低腿龙门架架设方法

当采用墩侧高低腿龙门架时(图 7-18),其架设程序与跨墩龙门架基本相同,不同之处在于其减少了一根轨道,墩上的一条腿的高度也可以降低,其缺点是龙门架不能拖拉运行。

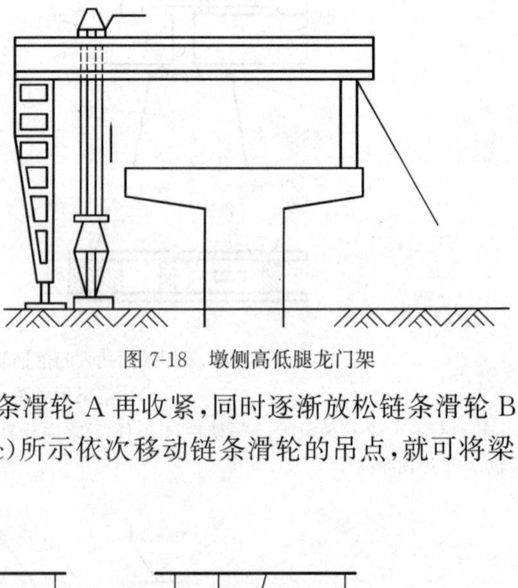

图 7-18　墩侧高低腿龙门架

2.小龙门架横甩梁体横移法

采用这种方法横移梁体的步骤如图 7-19 所示,具体为:在钢筋混凝土预制梁、板两端两个龙门架上各设两个吊点的链条滑轮 A、B,交替使用。图 7-19a)中两个龙门架上的链条滑轮 B 先收紧,把梁、板吊起来,两个龙门架上的链条滑轮 A 再收紧,同时逐渐放松链条滑轮 B,梁、板就移向链条滑轮 A 方向了。如图 7-19b)、c)所示依次移动链条滑轮的吊点,就可将梁、板由龙门架右侧移向左侧。

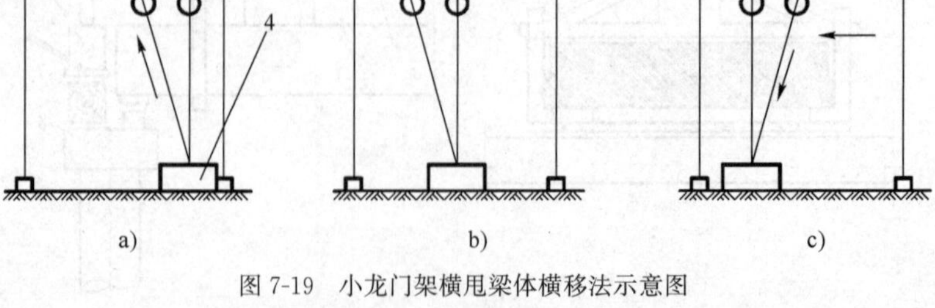

图 7-19　小龙门架横甩梁体横移法示意图

1-小龙门架;2-链条滑轮 A;3-链条滑轮 B;4-钢筋混凝土梁、板

(四)吊放梁、板方法

在高架桥的吊装施工过程中，无论采用何种起重机来吊放钢筋混凝土预制梁、板，均必须达到以下技术要求：

(1)在起吊钢筋混凝土预制梁、板时，其捆绑吊点距梁端悬出的长度不得超出设计规定，若无高度规定时，应进行验算，以防止捆绑吊点梁顶面超过允许应力而使梁开裂破损。起吊钢桁梁时，千斤绳应捆在节点部位；吊钢板梁的千斤绳应捆在靠近梁的横向连接处；吊Ⅱ形梁的千斤绳应捆在靠近梁的横接板附近，否则应在梁内加设横撑木或在梁底使用横托架。

(2)起吊钢筋混凝土预制 T 形梁时，如吊钩不是钩住预埋的吊环，而是千斤绳捆绑吊放，则应采用如图 7-20a)或 b)所示方法，而不能采用如图 7-20c)所示方法，以免压坏梁的两个翼板。若吊机只有一个吊钩，则应该附挂横扁担起吊。

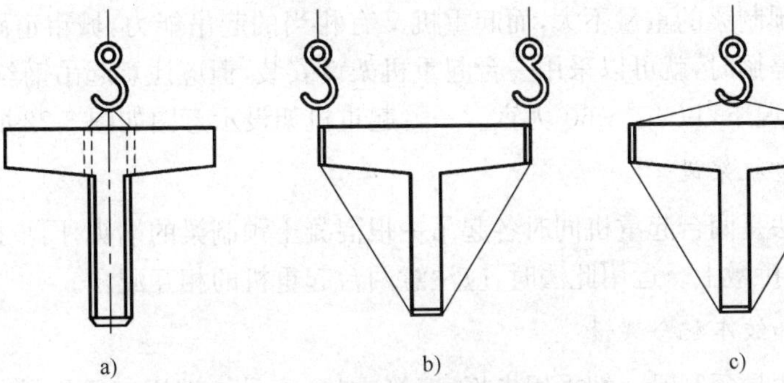

图 7-20　T 形钢筋混凝土预制梁的捆吊方法

a)正确；b)正确；c)不正确

(3)当钢梁及小跨度的钢筋混凝土预制梁、板经过验算不会发生超允许应力时，可采用人字千斤绳起吊，如图 7-21 所示，或者由一个吊点在梁的重心起吊。较大跨度的混凝土梁如用一个主钩起吊，则必须配以纵向扁担，确保吊装的安全。

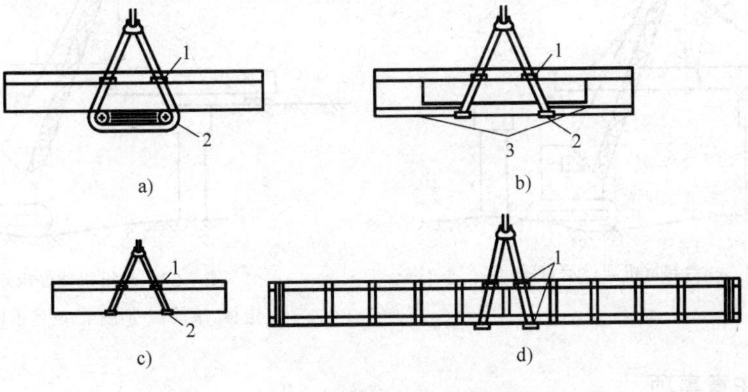

图 7-21　采用人字千斤绳起吊钢筋混凝土预制梁

a)加纵向木撑架；b)加带钩的拉绳；c)、d)不设拉撑

1-木块衬垫；2-铁块衬垫；3-拉绳带钩

(4)各种起吊设备在每次组装后，第一次使用时，必须先进行试吊。试吊时，将梁吊离支承面约 20～30mm 后暂停，对各种主要受力部位的作用情况作仔细的检查，确认受力良好，方可撤除支垫继续起吊作业。

三 自行式起重机架设法

(一)概述

自行式起重机因其本身有动力，不需要架设桥梁的临时动力设备，也不需要架设设备的准备工作，架设速度快，可缩短施工期限，而广泛应用于高架桥的架设安装施工中，且尤其适用于中小跨径的混凝土预制梁的架设安装。

(二)架设方法

1.采用一台起重机架设

当钢筋混凝土预制梁的重量不大，而起重机又有相当的起吊能力，城市道路无障碍物，起重机能自由行驶和停搁时，就可以采用一台起重机架设安装，但应注意起吊钢丝绳与梁面的夹角不能太小，一般情况下，以 45°～60°为宜。一台起重机架设示意图如图 7-22 所示。

2.采用两台起重机架设

其主要施工方法是两台起重机同时各起吊一根混凝土预制梁的端头，同步提升，同步转方向，同时将梁安装在桥墩上。运用此法时，应注意两台起重机的相互配合。

3.采用起重机和绞车配合架设

其主要施工方法是预制梁一端采用走板、滚筒支垫，而另一端用起重机吊起，前方采用一台绞车牵引预制梁前进，梁在前进过程中，其起重机的起重臂也随着转动，将梁向前移动，至前端就位后，卸掉吊点，起重机移到梁的后端，提起梁的后端取出走板、滚筒，将梁放下就位，直至将整根预制梁安装在桥墩上。起重机与绞车配合架设施工示意图如图 7-23 所示。

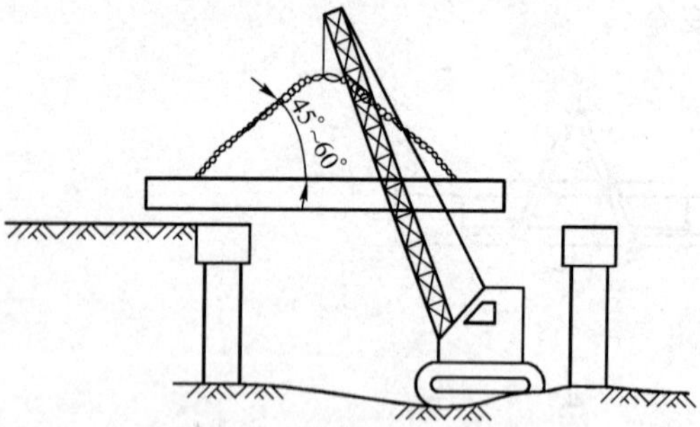

图 7-22　一台起重机架设示意图

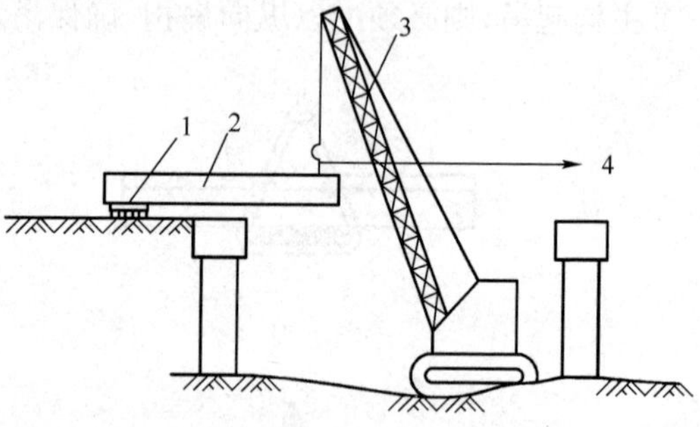

图 7-23　起重机架设示意图

1-走板、滚筒；2-预制梁；3-起重机；4-绞车

(三)安全注意事项

(1)起吊安装前，必须认真检查梁的质量、梁的外形几何尺寸、梁的运输路线、梁的架设顺序、起重机进出路线状况及起重机作业位置有无障碍物等。同时，必须检查起重机的起重臂长度及作业时所要求的伸幅半径和高度等。

(2)了解起重机通行路线的宽度、弯道半径、高度限制和载重限制等。

(3)对架设方法的选择可按前述三种方法进行，应从施工现场情况、荷载、作业半径、起重臂长度等多方面选定能满足要求的起重机。

(4)在起重机施工过程中,应严格按照吊装安全技术操作规程进行,并特别注意防止因下列情况造成事故:

①对起重机的起吊构件超重估计不足,起重臂俯角太大超过允许值,而使起重机倾斜或倒塌;

②对起重荷载和作业半径的配合验算不足,使起重机超荷载而倾斜;

③吊装施工过程中,起重机的起重臂过度旋转,导致起重臂弯曲或折断;

④起重机的支腿安装处地基松软,造成吊装施工中起重机倾斜;

⑤起重机在吊装施工过程中,驾驶员操作失误造成吊钩和钢丝绳破断。

四 缆索吊装法

(一)概述

缆索吊装施工方法是在架设好的缆绳吊装设备的主索上设置两个跑道,下面连接起吊滑车组,跑车上安装前后牵引钢丝绳,牵吊预制构件到架设安装孔上空,下落、横移、就位、安装,其布置形式如图 7-24 所示。

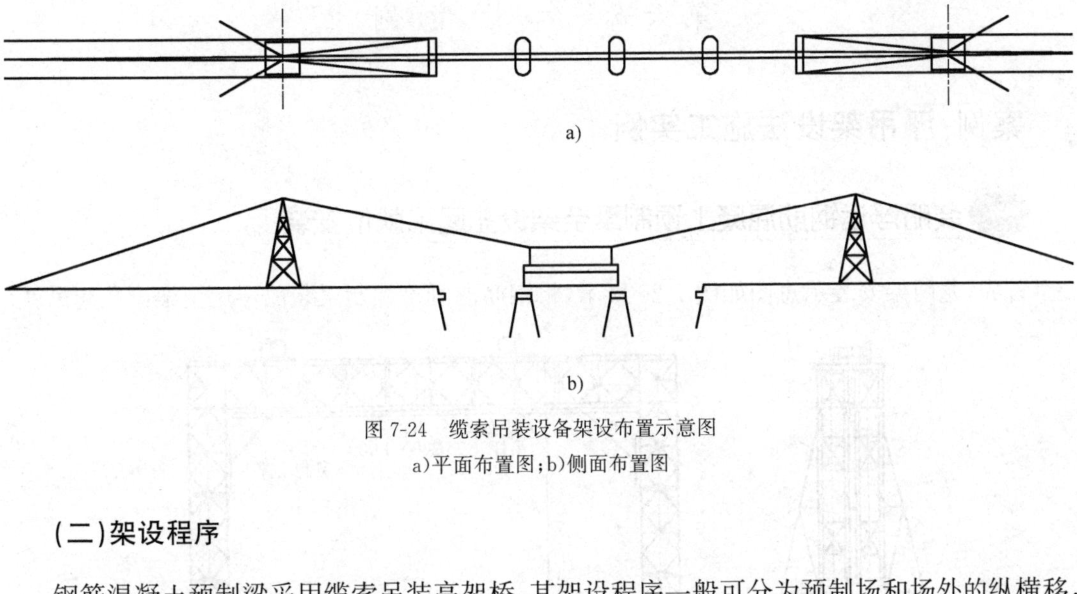

图 7-24 缆索吊装设备架设布置示意图

a)平面布置图;b)侧面布置图

(二)架设程序

钢筋混凝土预制梁采用缆索吊装高架桥,其架设程序一般可分为预制场和场外的纵横移,缆索下系吊点、吊点起吊提升、牵拉运行、就位安装,具体步骤如下:

(1)从预制场通过龙门架、轨道、平车将混凝土预制梁运送到塔架前的主索下面,由主索承吊牵拉运行时,划分起吊点至全跨度的$\frac{1}{3}$为一区段、离吊装终点的全跨度的$\frac{1}{3}$为三区段及全跨度中间的$\frac{1}{3}$为二区段。

(2)系好吊点并提升前吊点(一区段),移开前端运载平车,放松牵引索后端,梁即沿主索顺下坡滑动前进,而后吊点只稍收紧不受力随后端运载平车移动。待后吊点运行到纵移轨道末端 2m 左右处,暂停牵引,将后吊点起吊至适当高度,让梁全部悬空并同时将前后吊点升高至需要高度,收放前后牵引索,使梁连续前进。在运行过程中应随时调整吊点高度,使梁身保持水平前进。

(3)当梁运行至主索二区段上坡时,可用前吊点的牵引索牵引,则后吊点的牵引索引力更大,前吊点牵引索牵引有困难时,可同时稍提升前后吊点滑车组,减少钢丝绳与滑车组间摩阻力,以达到牵引就位目的。若牵引力过大,则需增设辅助牵引。

(三)注意事项

(1)索塔的中线位置,最好设在高架桥的中线上(一般是指跨越城市大江、大河的中线上),使吊装方便,并使墩台上的横移工作与吊装工序均衡进行。

(2)为了确定索塔跨距和位置,应考虑塔前有停放起吊梁的位置。

(3)主索下最低工作净空高度以3～5m最为理想。

(4)架设主索时,必须按计算所要求的空载垂度严格控制。若为多根主索,为使主索能受力均匀,宜在锚碇主索转向处设置调平滑车。

(5)扣索滑车组特别适宜布置在地平面上,并注意要有足够的收放距离。

(6)在选定锚碇位置时,适宜考虑主索锚固段的水平夹角与吊装过程中跨间主索重载时水平夹角相近,以减少索塔水平力。

第六节 参考案例

案例:浮吊架设法施工实例

一 装船浮运钢筋混凝土预制梁至架设孔起吊就位安装

首先,龙门架安装示意图如图7-25所示,将钢筋混凝土预制梁装船浮运至架设孔起吊就

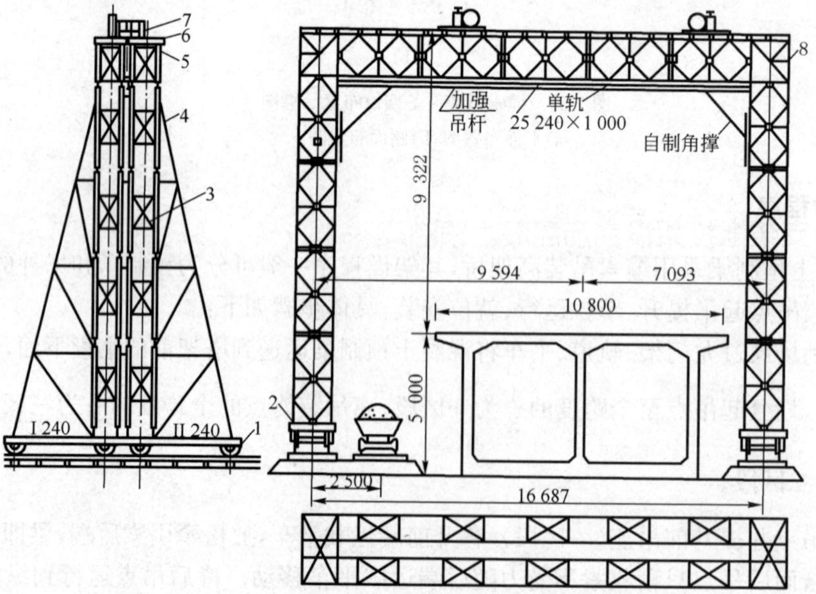

图7-25 装配式钢桥龙门架示意图(尺寸单位:mm)

1-轨道平车;2-自制端柱;3-自制撑架;4-贝雷桁片;5-枕木;6-通板;7-卷扬机;8-自制三角桁片

位安装的施工过程如图 7-26 所示。对于钢筋混凝土预制梁上船，可采用在引道栈桥或岸边设置栈桥码头，在码头上组拼龙门架，再采用龙门架吊运预制梁上船。

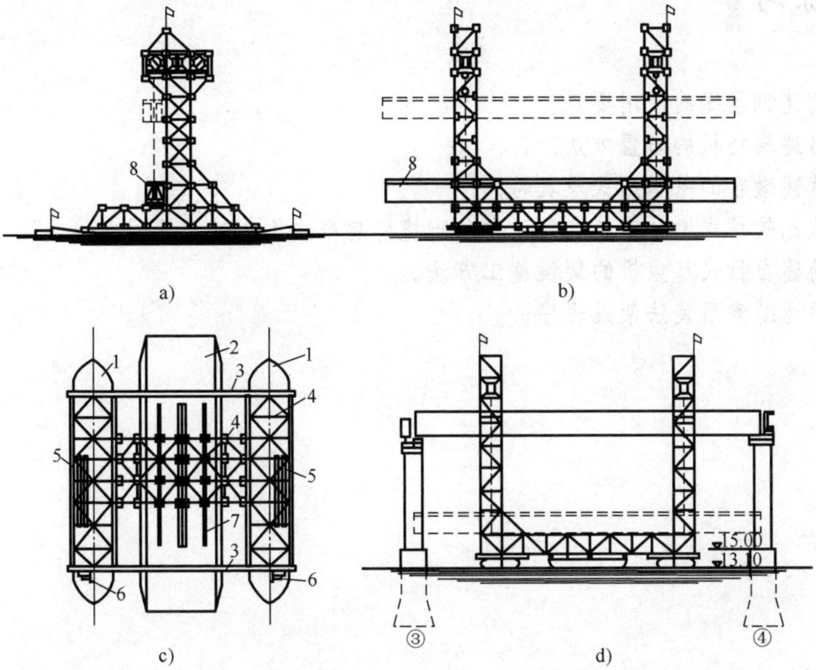

图 7-26　吊装钢筋混凝土预制梁浮船结构示意图

a)侧面示意图；b)正面示意图；c)平面示意图；d)墩位安装示意图

1-19t 浮桥船；2-80t 铁驳船；3-连接 36 号工字钢；4-万能杆件；5-吊点位置；6-5t 卷扬机；7-56 号工字钢；8-钢筋混凝土预制梁

二　浮船充排水架设钢筋混凝土预制梁

将钢筋混凝土预制梁装载在一艘或两艘浮船中的支架枕木垛上，使梁底的高度高于墩台支座顶面 20～30mm，然后将浮船拖运至架设孔处，充水入浮船，使浮船吃水加深，降低梁底高度使预制梁安装就位。在有潮汐的河流上架设钢筋混凝土预制梁时，可利用潮汐时水位的涨落来调整底标的高度，安装就位。若潮汐水位高差不够，可在浮船中用水泵充水或排水进行解决。

三　浮船支架拖拉架设钢筋混凝土预制梁

浮船支架拖拉架设的方法是将钢筋混凝土预制梁拖拉滚移到岸边，并将其一端拖至浮船支架上，再采用移动支架架设法沿桥轴线拖拉浮船至对岸，预制梁亦相应拖拉至对岸，预制梁前端抵达安装位置后，用龙门架或人字桅杆安装就位。其主要结构如图 7-27 所示。

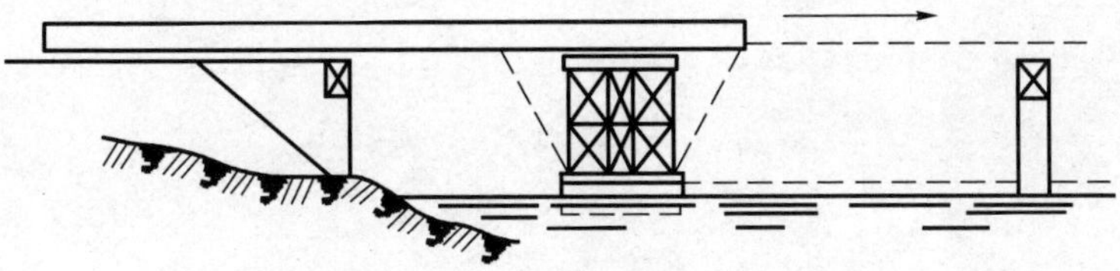

图 7-27　浮船支架拖拉架设示意图

思考与练习

7.1　简述钢丝绳的使用要点。

7.2　略述卷扬机的布置方法。

7.3　试述墩台的基本形式及其特点。

7.4　试比较柱式墩台安装旋转法和独脚桅杆起吊法作业时的异同点。

7.5　简述自行式起重机的架设施工方法。

7.6　简述缆索吊装法架设程序。

第八章 大跨度梁桥施工

本章知识目标

通过本章的学习，学生应掌握以下知识：

1.有支架现浇法的概念和施工方法；

2.悬臂施工的概念、类型、适用条件及施工程序；

3.施工挂篮的概念和类型；

4.顶推施工法的概念、类型、适用条件及施工控制；

5.装配-整体施工法的概念和应用；

6.逐孔施工法的概念和应用。

桥梁结构的发展，对施工方法提出了各种不同的要求，促进了施工方法的发展来满足各种结构的需要；同时，先进施工方法的应用，也会反过来促使新的桥梁结构形式的实现。从混凝土连续梁桥的发展，可以清楚地看到，施工技术的发展对桥梁的跨径和桥梁的纵、横截面形式等方面起着重要的作用。最初，混凝土连续梁的施工采用搭设支架就地现浇的方法，进入20世纪60年代以后，悬臂施工法和顶推法的应用，使预应力混凝土连续梁桥得到了迅速发展，其跨度也从30～40m发展到200m以上。当然，其他一些比较成熟的施工方法也一直在沿用。

目前所用的施工方法大致可分为有支架现浇法、逐孔架设法、装配-整体施工法、节段施工法、顶推施工法等。

1.逐孔施工法

它又可分为落地支架施工和移动模架施工两种。

2.节段施工法

它是将每一跨结构划分成若干个节段，采用悬臂浇筑或者悬臂拼装（预制节段）两种方法逐段地接长，然后进行体系转换。

3.顶推施工法

它是在桥的一岸或两岸开辟预制场地，分节段地预制梁身，并用纵向预应力筋将各节段连成整体，然后应用水平液压千斤顶施力，将梁段向对岸推进。若依顶推施力的方法，又可分为单点顶推和多点顶推两类。

下面将分别详细介绍这些施工方法的特点。

第一节　有支架现浇法

有支架现浇又可分为固定支架现浇和移动支架现浇。

一 固定支架现浇

这种方法最古老但也最简便易行。现在使用的支架一般都用钢支架或钢木混合支架代替以前的木支架。它的主要特点是桥梁的整体性好，施工简便可靠，对机具和起重能力要求不高。对预应力连续梁来说，不存在结构施工中的体系转换问题，也就不引起恒荷载徐变等的二次矩，但是需要大量的施工脚手架且施工工期长。

这种方法需采用一联同时搭设支架，按照一定的程序一次完成灌注工作，待张拉预应力筋、压浆后移架。小跨径板梁桥一般采用从一端向另一端灌注的施工顺序，先梁身后支点依次进行(图 8-1)。

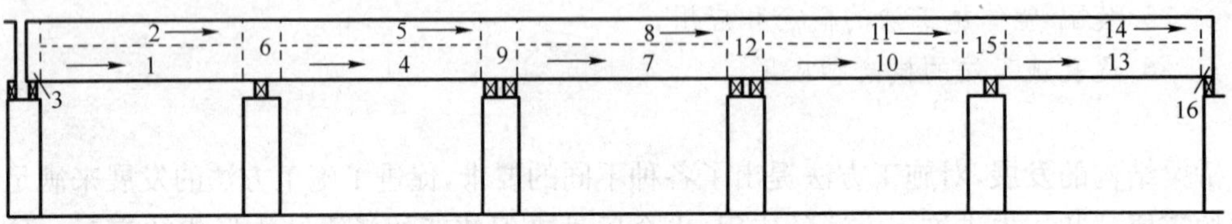

图 8-1　连续空心板梁桥的施工顺序

大跨径箱形截面梁施工时常分段进行。一种方法是水平层施工法，即先灌注底板，待达到一定强度后进行腹板施工，最后灌注顶板，若工程量较大，也可以让各部位分数次灌注。另一种是分段施工法，根据施工能力每隔 20～25m 设置连接缝，此连接缝一般设在弯矩较小的区段内，接缝的宽度约为 1m，待各段混凝土灌注完成后，最后在接缝处施工合拢。

二 移动支架现浇

当制造等截面的桥梁超过三孔时，就值得使用可移动支架。这种方法逐孔架设支架、逐孔浇筑混凝土(或一直浇筑到下一孔的弯矩零点为止)，待已做完的一孔预施应力完毕后，可将模板连同支架一起落下并移至下一孔。如图 8-2 所示。

这种方法仅在地面比较平坦、地基有一定的承载能力、桥梁离地面不是太高时应用才是合理的。

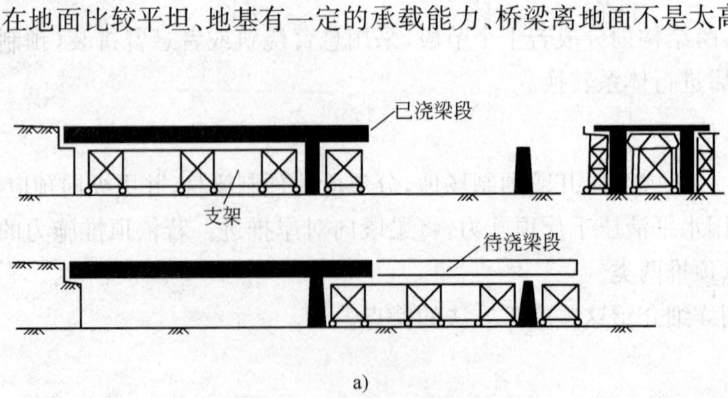

图　8-2

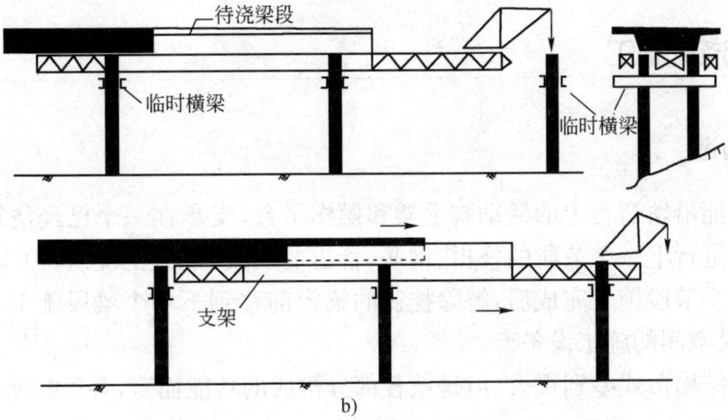

图 8-2　移动支架逐孔现浇施工

a)落地支架；b)梁式支架

第二节　悬臂施工法

由德国U·劳斯特氏尔特发明的混凝土悬臂浇筑法已被证实是建造大跨度桥梁的一种高产而又能多方面使用的方法。其优点在于施工设备较少，不影响桥下通航、通车，施工不受季节、河道水位的限制。悬臂施工法是预应力混凝土连续梁最常用的一种施工方法。

悬臂施工法一般分为悬臂浇筑法和悬臂拼装法。前者是在桥墩两侧对称地、逐段地就地浇筑混凝土，待混凝土达到一定强度后，张拉预应力筋，移动机具和模板继续施工；后者则是将预制节段块件从桥墩两侧依次对称地安装，同时张拉预应力筋使悬臂不断接长，直至合拢。

预应力混凝土连续梁采用悬臂施工有体系转换的问题。悬臂施工过程中，由于墩梁铰接而不能承受弯矩，因此，施工时要将墩、梁固结，等到悬臂施工结束，相邻悬臂端连接成整体，并张拉了承受正弯矩的下缘预应力筋之后，才卸除固结措施，使悬臂体系恢复到连续梁的墩梁铰接状态。图 8-3 显示了某三跨连续梁悬臂施工时的体系转换过程。当然，体系转换的方式有多种，应从结构受力好、施工方便的角度择优。

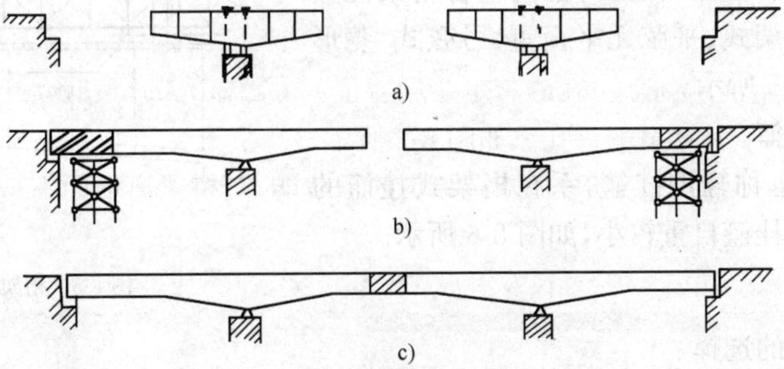

图 8-3　三跨连续梁悬臂施工体系转换过程

图 8-3a)表示从桥墩向两侧用对称平衡的悬臂施工法建造双悬臂梁，此时结构体系如同 T 形刚架；图 8-3b)为在临时支架上浇筑(或拼装)不平衡的边孔边段，安装端座，拆除临时固结，使墩上永久支座工作，此时结构为单悬臂体系；图 8-3c)表示浇筑或拼装中跨中央段，使体系转化为三跨连续梁。

下面就悬臂施工的方法作简要介绍。

一 悬臂浇筑施工

(一)挂篮构造

挂篮是一个能沿轨道行走的活动脚手架和操作平台，支承在一个已经浇筑完成的箱梁节段上。利用挂篮进行下一个节段的模板、钢筋、管道的安设，混凝土浇筑，预应力筋的张拉、灌注等作业。当一个节段施工完成后，解除挂篮的锚定前移到下一个梁段施工。挂篮既是梁段的承重结构，又是空间的施工设备。

尽管挂篮的结构形式差别很大，但是就各部分构成的功能而言，各类挂篮基本相同。挂篮的基本构成见图 8-4。

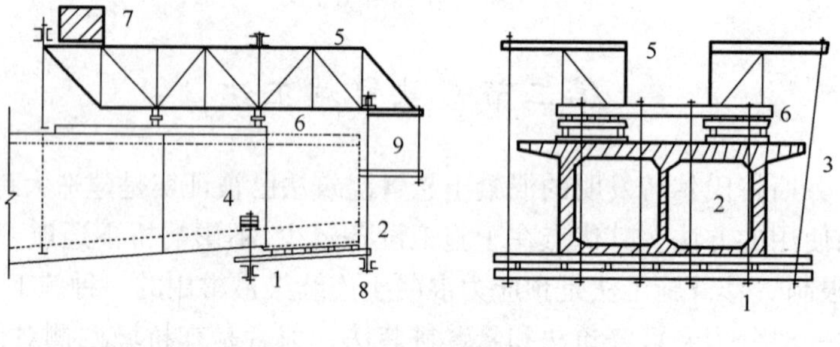

图 8-4　挂篮结构简图

1-底模架系统；2、3、4-悬吊系统；5-承重系统；6-行走系统；7-平衡重；8-锚固系统；9-工作平台

(二)挂篮设计与安装

1. 自锚式挂篮的种类

(1)桁架式挂篮

桁架式挂篮主要分为万能杆件挂篮、贝雷梁或装配式公路钢桁架组合式挂篮、型钢组合桁架挂篮等，又分为平行桁架式、平弦无平衡重、弓弦式、菱形式等多种，如图 8-5 所示。

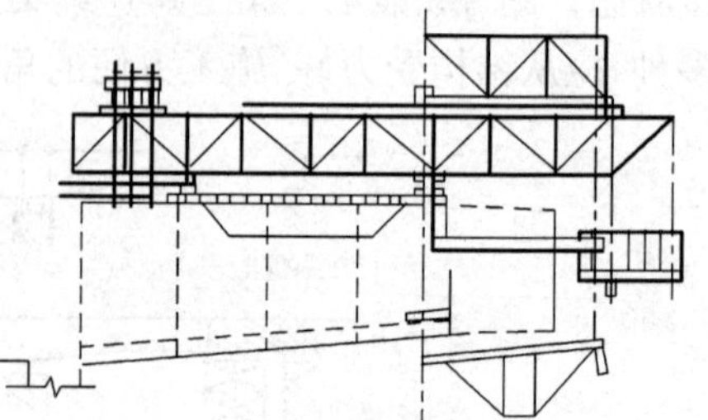

图 8-5　桁架式挂篮

(2)斜拉式挂篮

斜拉式挂篮也称轻型挂篮，系在桁架式挂篮的基础上研制而成，挂篮自重较小，如图 8-6 所示。

2. 挂篮设计

(1)挂篮形式的选择

选择挂篮形式主要考虑结构简单、自重轻、受力明确、变形小、安全、装拆方便。

(2)悬臂浇筑分段长度的确定

若每一节段梁体较长，整座桥的节段数就少，施工进度就快，而每次灌注的混凝土量就多，挂篮的尺寸和相应的设备就需增加；若每一节段梁体尺寸小，挂篮的承重要求小，尺寸和设备也不大，但节段数多，周转次数多，总的施工进度慢。悬臂长度应根据施工条件权衡利弊综合考虑确定，我国近来修建 T 形刚构的分段长度一般约为 3～5m。

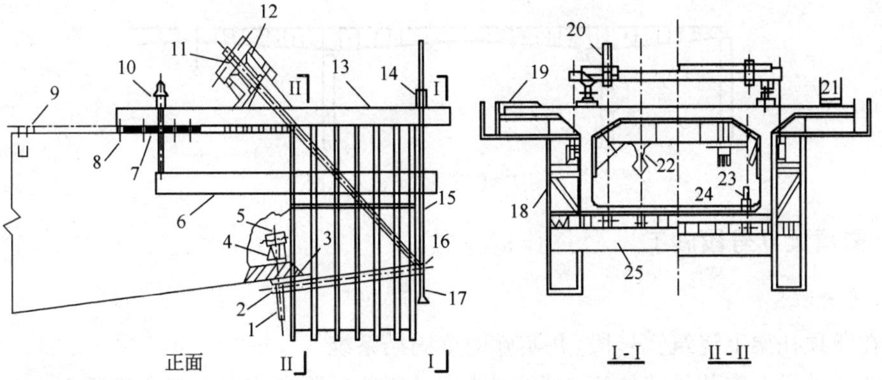

图 8-6 斜拉式挂篮

1-后托梁；2、24-主纵梁；3-下限位；4、12、20-千斤顶；5、23-后吊带；6-外滑梁；7-枕木；8-压紧器；9-上限位；10-后上横梁；11-主横梁；13-主梁；14-前上横梁；15-前支架；16-活动槽钢；17-前托架；18-侧模板；19-挂篮拉筋；21-压轮；22-内模架；25-内滑梁

(3)挂篮横断面布置

挂篮横断面布置一般取决于桥梁宽度和箱梁横断面形式。桥梁横断面为单箱时，全断面用一个挂篮；桥梁横断面为双箱时，一般采用两个挂篮。在一般情况下，桥宽 10m 以内可用一个挂篮，桥宽 10m 以上可用两个或三个挂篮。

(4)荷载

设计荷载主要有挂篮自重、模板支架自重(包括侧模、内模、底模和端模等)、施工机具(包括振动器自重和振动力、千斤顶、油泵及其他有关设备自重)、最大节段梁体混凝土重量、施工人群荷载等。

3. 挂篮安装

(1)载重试验

挂篮组拼后，应全面检查安装质量，做载重试验测定各部位的变形量，并设法消除永久变形。

(2)拼装挂篮

在起步长度内梁段浇筑完成，并获得要求的强度后，在墩顶拼装挂篮，拼装时应对称进行。有条件时，应在地面进行试拼装。

(3)安全设施

挂篮的操作平台下应设置安全网，防止物体坠落，确保施工安全。挂篮应呈全封闭形式，四周设围护，且上下应有专用扶梯，方便施工人员上下挂篮。

(4)尾部锚固

挂篮行走时，必须在挂篮尾部压平衡重，以防倾覆。浇筑混凝土时，必须在挂篮尾部将挂篮与梁进行锚固。

4. 梁体分段

悬臂浇筑施工时，一般将梁体分为四部分浇筑，如图 8-7 所示。*A* 为墩顶梁段(又称 0 号段)，*B* 为 0 号段两侧对称悬臂浇筑部分，*C* 为边孔在支架上浇筑部分，*D* 为主梁在跨中合龙段。

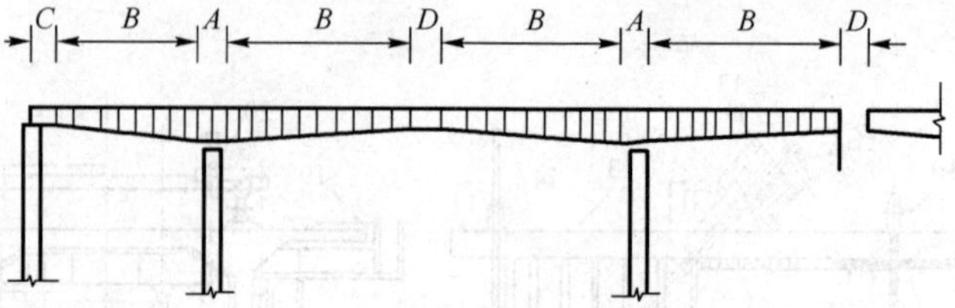

图 8-7　悬臂浇筑分段示意图

(三)悬臂梁 0 号段施工

1. 工艺流程

(1)在墩顶托架上浇筑 0 号段,并实施墩梁固结系统。

(2)在 0 号段上安装悬臂挂篮,向两侧依次对称地分段浇筑主梁至合拢段。

(3)在临时支架或梁端与边墩间临时托架上支模浇筑现浇梁段。当现浇梁段较短时,可利用挂篮浇筑;当与现浇段相接的连接桥是采用顶推法时,可将现浇梁段锚固在顶推梁前端,并顶推到位。

(4)主梁合拢段可在改装的简支挂篮托架上浇筑。多跨合拢段浇筑顺序按设计或施工要求进行,图 8-8 为悬臂梁 0 号段施工工艺流程图。

图 8-8　悬臂梁 0 号段施工工艺流程图

2.施工工艺

(1)墩顶托架

①悬臂浇筑施工时，墩顶的0号段在托架上立模浇筑，并在施工过程中设置临时梁墩锚固，使0号段能承受两侧悬臂施工时产生的不平衡力矩。施工托架可根据承台形式、墩身高度和地形情况，分别支承在承台、墩身或地面上。托架可采用万能杆件、贝雷桁架、六四军用桁架及型钢组成，也可采用钢筋混凝土构件作为临时支承。

图8-9为扇形托架构造，图8-10为高墩托架构造，常用的还有墩顶预埋牛腿托架及临时墩和型钢结构支承平台。

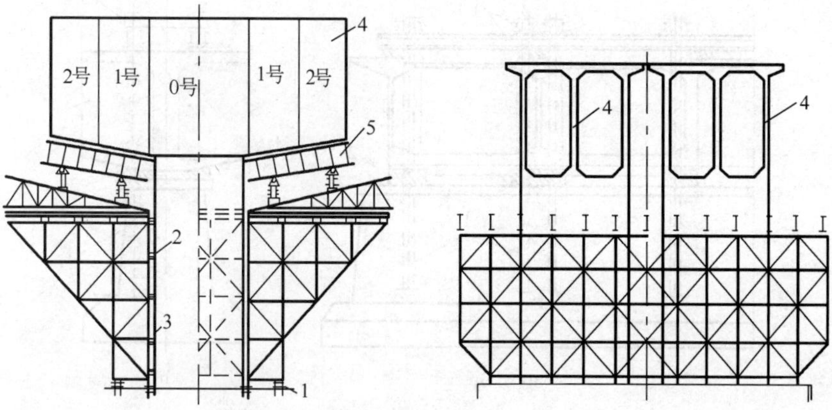

图8-9 扇形托架构造示意图

a)纵桥向构造；b)横桥向构造

1-预埋螺栓；2-预埋钢筋；3-硬木；4-箱梁；5-底模垫梁

②托架的顶面尺寸由拼装挂篮的需要和拟浇梁段的长度确定，横桥间的宽度比箱梁底板宽出1.5～2.0m，以便设立箱梁边肋的外侧模板。托架顶面应与梁底面纵向线形的变化一致。

③由于在托架上浇筑0号梁段混凝土，托架变形对梁体质量影响很大，在设计托架时，除考虑托架强度要求外，还应考虑托架的刚度和整体性。由于托架弹性变形、杆件连接缝隙、地基沉降等因素，可能使托架下沉，引起混凝土梁段出现裂缝，在混凝土浇筑前，需采用预压、抛高或调整等措施，以减少托架变形，并检验托架是否安全。

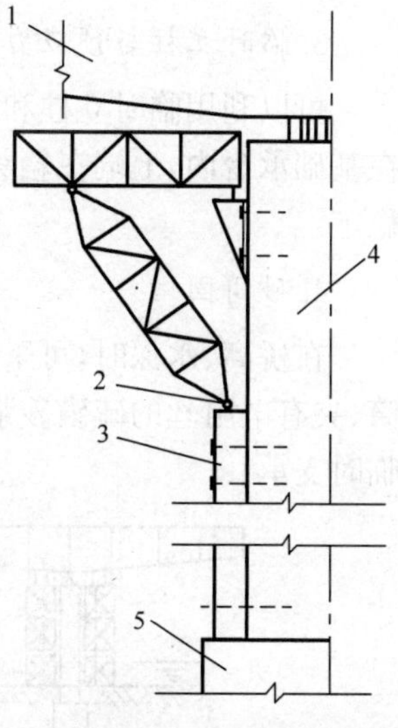

图8-10 高墩托架构造示意图

1-箱梁；2-圆柱形铰；3-承托槽钢；4-墩身；5-承台

(2)支座垫石

垫石为永久支座的基石。由于支座安装对平整度和中度要求高，因此垫石四角及平面高差应小于1mm，故垫石分两层浇筑。首层浇筑高程比设计低15cm。第二层利用带微调整平器的模板，控制浇筑高程比设计稍高，再利用整平器及精密水准仪量测，反复整平混凝土面。在安装支座前凿毛垫石。铺2～3cm厚与墩身等强度的砂浆，砂浆浇筑高程较设计略高，然后安放支座就位，用锤振击，使之符合设计高程，高程偏差不大于1mm，水平位置偏差不大于2mm。

(3)模板和支架要求

对于模板和支架，主要是要具有足够的刚度和强度；准确计算在浇筑过程中结构的弹性和非弹性变形，施工偏差和定位要求应符合有关规范的规定；便于操作，确保施工质量。

(四)梁墩临时固结

1. 钢筋混凝土固结

0 号梁段浇筑前，在墩顶靠两侧先浇筑混凝土(一般为 C40)，待 0 号段达到设计强度的 70%以上时，在桥墩两侧各用预应力钢筋从梁段顶部张拉固定，如图 8-11 所示。

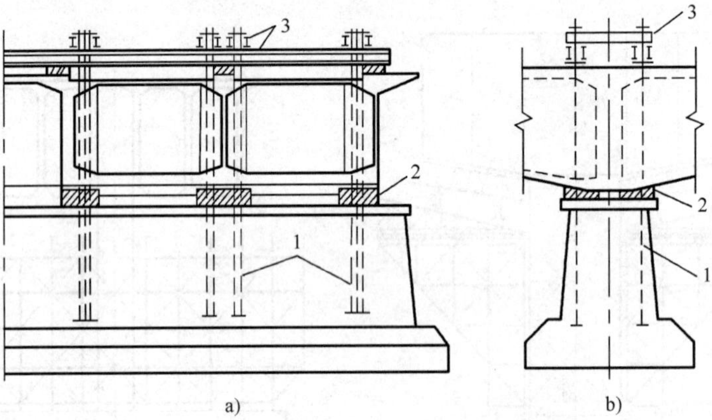

图 8-11　0 号段与桥墩临时固结构造示意图

1-预埋临时锚固用预应力筋；2-支座；3-工字钢

2. 临时支墩

当桥不高，水又不深而易于搭设临时支架时，可在桥墩的一侧或两侧加临时支承或支墩，如图 8-12a)所示。

3. 临时立柱与预应力筋锚固

可以利用临时立柱和预应力筋来锚固上下结构，如图 8-12b)所示。预应力筋的下端锚固在基础承台内，上端在箱梁底板上张拉并锚固，借此使立柱在施工过程中始终受压，以维持稳定。

4. 砂筒固结

在桥高、水深时，可采用围建在墩身上部的三角形撑架来布设梁段的临时支承，并使用砂筒、夹有电阻丝的硫磺砂浆或混凝土块等卸落设备(图 8-12c)，以使体系转换时较方便地解除临时支承。

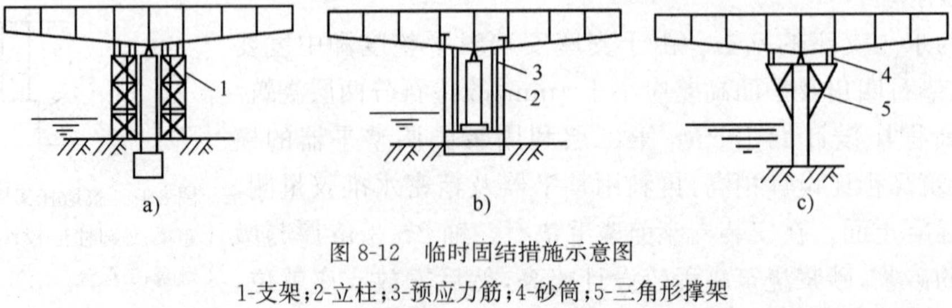

图 8-12　临时固结措施示意图

1-支架；2-立柱；3-预应力筋；4-砂筒；5-三角形撑架

(五)分段悬浇施工

1.工艺流程图(图 8-13)

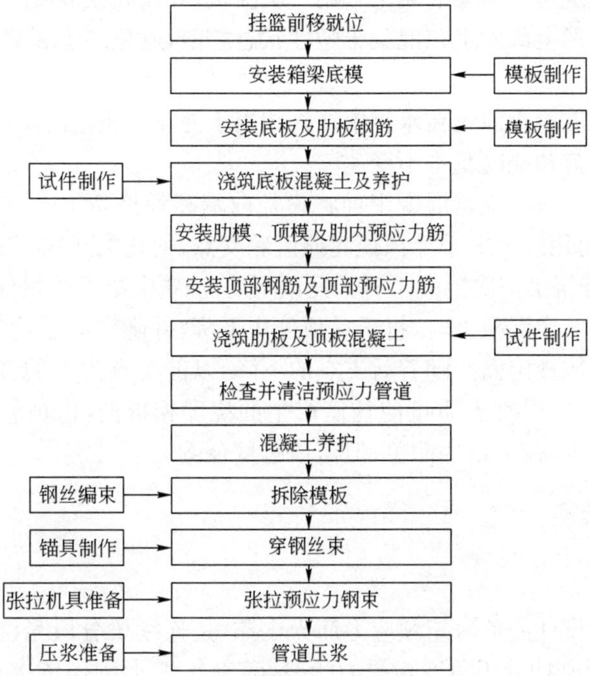

图 8-13　悬臂梁浇筑施工工艺流程图

2.施工工艺

(1)模板安装

组装模板并校正中线、外模及框架的长度和高度,应能适应各节段的变化。内模由侧模、顶模和内框架组成,应便于拆模和修改。模板安装后应严格测定位置、核对高程(注意预留拱度即抛高量)、校正中线。模板和前一节段的混凝土面应平整密贴。

(2)管道连接与定位

放置预应力管道时要注意和前一节段的管道连接接头严密、线形和顺,并设置足够的定位钢筋,以保证混凝土浇筑过程中的位置准确。

(3)混凝土浇筑顺序

浇筑混凝土时必须从悬臂端开始,两个悬臂端对称均衡地进行浇筑,并在浇筑混凝土的同时注意对预应力管道的保护,浇筑后应及时对管道清孔,以利对接。

(4)高程测定

挂篮桁架行走前要测定已完成节段梁端高程,并定出箱梁的中轴线。当解除挂篮的后锚后,挂篮沿箱梁中轴线对称,向两端推进,每前进 50cm 作一次同步观测,防止挂篮转角、偏位造成挂篮受扭。

(5)混凝土浇筑

可视箱梁截面高度情况采用一次或两次浇筑法。采用一次浇筑法时,可在顶部中间留一洞口以供浇筑底板混凝土,待浇好底板后立即补焊钢筋封洞,并同时浇筑肋板混凝土,最后浇筑顶部混凝土。在浇肋板混凝土时，两肋板应同时分层进行。在筑顶板及翼板混凝土时，应从外侧向内测一次完成，以防止发生裂纹。

(6)混凝土浇筑时挂篮变形消除措施

①混凝土一次浇筑法。箱梁混凝土采用一次浇筑，并在底板混凝土凝固前全部浇筑完毕。也就是要求挂篮的变形全部发生在混凝土塑性状态之前，避免产生裂缝，但需在浇筑混凝土前预留准确的下沉量。

②水箱法。浇筑混凝土前先在水箱中注入相当于混凝土质量的水，在混凝土浇筑过程中，逐步放水使挂篮的负荷和挠度基本不变。

③抬高挂篮后支点法。浇筑混凝土前将模板前端高程抬高 10～30mm，预留第一次浇筑混凝土的下沉量，同时用螺旋式千斤顶顶起挂篮后支点，使之高于滑道或钢轨顶面(一般顶高约 20～30mm)。在浇筑第一次混凝土时千斤顶不动，浇筑混凝土质量使挂篮的下沉量与抬高量相抵消。在浇筑第二次混凝土时，将千斤顶分次下降，并随即收紧后锚系的螺栓，使挂篮后支点逐步贴近滑道面或规定面。随着后支点的下降，以前支点为轴的挂篮前端必然上升一数值，此数值正好与第二次混凝土质量使挂篮产生的挠度相抵消，保证箱梁模板不发生下沉变形。此法需要设备很少，较水箱法简单，但需顶起量合适。

(六)结构体系转换

1. 结构体系原理

利用连续梁成桥设计的负弯矩预应力筋为支撑，是连续梁分段悬浇施工的受力特点。悬臂浇筑中各独立 T 形刚构处于负弯矩受力状态，随着各 T 形刚构依次合拢，梁段也依次转化为成桥状态的正负弯矩交替分布形式，这一转化就是连续梁的体系转换。连续梁悬浇施工的过程就是其应力体系转换的过程，也就是悬浇时实行支座临时固结、各 T 形刚构的合拢、固结的适时解除、预应力分配及分批依次张拉的过程。

2. 临时固结放松时的要求

对 0 号节段放松墩顶临时锚固时，应注意均衡对称，确保均匀地释放。在放松前应测量各节段的高程，在放松过程中，须注意各节段的高程变化，若有异常情况应立即停止，以保证施工安全。

3. 对转为超静定结构的多因素控制

对转为超静定结构，应考虑钢材张拉、支座变形、温度变化等各种因素引起结构的次内力，若按设计要求需进行内力调整时，应以高程、反力等多种因素控制，相互校核，如出入过大应分析研究。

(七)合拢段施工

1. 合拢段施工措施的必要性

合拢段施工过程中，由于昼夜温差变化，新浇筑混凝土的早期收缩、水化热影响，已完成结构混凝土的收缩、徐变，结构体系的变化及施工荷载等因素，直接影响合拢段的质量。因此，需采取必要措施，以保证合拢施工质量。

2. 合拢段长度

在满足施工要求的前提下，应尽量缩短合拢段的长度，一般取 1.5～2m。

3. 合拢顺序

通常多跨连续梁合拢段施工的顺序为先各边跨，再各次边跨，最后为中跨。

4. 混凝土浇筑时间和材料要求

合拢段混凝土浇筑时间宜在一天中最低气温时进行；所用于合拢段的混凝土强度等级可提高一级，或选用早强、高强、少收缩或微膨胀的水泥拌制的混凝土，以便尽早张拉；防止接缝处出现裂缝。

5. 加强混凝土养护

合拢段混凝土浇筑完毕，立即加强养护，使之保持湿润，并覆盖以减少日照直射的温度影响。

6. 挂篮后移距离相同

合拢段施工时，通常可将两侧挂篮向后移动，其距离应对等，使两悬臂端的施工荷载对称相等。移动的距离则应满足合拢施工需要。

7. 拆除挂篮防止后倾

拆除挂篮时，应先拆除模板，再从悬吊系统开始逐步拆卸，拆除过程中应防止挂篮后倾，为此，在平衡重下应设临时垫木支承。

二 悬臂拼装施工

(一)悬臂拼装法

1. 工艺特点

(1)施工方法

悬臂拼装法是利用移动式悬拼吊机将预制好的节段起吊至梁位，然后采用环氧树脂和预应力钢丝束连接成整体。一个节段张拉锚固后，再拼装下一节段。悬臂拼装的预制长度主要取决于吊机的起重能力，一般以 2～5m 为宜。节段过长则块件自重大，需要庞大的起重设备；节段过短则拼装接缝多，并使工期延长。一般在根部因截面积较大，预制长度比较短，以后逐渐增长。悬臂拼装施工适用于预制场地及运吊条件好，特别是工程量大和工期较短的桥梁工程。

(2)主要工序

悬拼的核心是梁的吊运与拼装，梁体节段的预制是悬拼的基础。主要工序包括梁体节段的预制、移位、堆放运输；梁段的起吊拼装，悬拼梁体体系转换；合拢段施工。

(3)悬拼法特点

①进度快。梁体节段的预制可与桥梁下部构造施工同时进行，平行作业缩短了施工工期，且拼装速度快。

②制梁条件好，混凝土质量高。预制场或工厂化的梁体节段预制有利于整体施工质量，操作方便、安全。

③收缩、徐变小。预制梁段的混凝土龄期较长，减少了悬拼成梁后混凝土的收缩和徐变。

④线性好。采用长线法预制梁体时，在按梁底曲线制作的固定模板上分段浇筑混凝土，能

保证梁底线性。

2. 悬臂拼装与悬臂浇筑比较

(1)施工进度

悬臂浇筑利用挂篮进行，每个节段的施工周期通常约为 6～9d；采用底板、腹板一次浇筑的施工工艺时，一个节段的施工周期可以缩短至 5～7d。

悬臂拼装梁体节段制作工序和悬臂浇筑法大体相同，但其预制工作是在预制场提前进行，拼装占用施工周期仅有吊装定位和穿束张拉等工序，一个节段的施工周期仅 1～1.5d，在施工进度方面，悬臂拼装比悬臂浇筑快得多。

(2)施工质量

悬臂浇筑梁体的钢筋连续性好，混凝土的整体性较好，但空中作业工作量大，工作面小，节段混凝土浇筑质量较难保证。悬臂拼装梁体节段在预制场预制，布料、振捣与养护条件均较好，预制块的质量易于保证，梁的整体性在采用湿接缝和环氧树脂接缝以后得到改善。

(3)施工变形控制

悬臂浇筑对施工过程中的变形控制比较容易，可以逐段测量；而悬臂拼装对施工变形不易控制，个别桥在拼装过程中，上翘值达 30cm 以上。

(4)适应性

悬臂浇筑挂篮施工一般不受桥孔下的地形、地质、水文、船只或建筑物的影响；悬臂浇筑施工时，一般希望气温比较高，利于混凝土早强，若冬季施工，采用混凝土蒸汽养生则比较复杂。悬臂拼装要求桥孔下的地形或水文情况允许安全运送块件、吊装预制段；梁体的预制不受或少受气温的影响，拼装时若用干接缝结合，则不怕低温影响。

(5)施工起重能力

挂篮浇筑仅要求起重量为 1.5t 以上的吊机吊运钢筋骨架和混凝土，挂篮本身的转移可视起重能力的大小而将杆件拆成相应的单元。

预制拼装时，一般需要有 40t 以上的起重能力。用贝雷桁架或万能杆件拼装起重量为 100t 左右的悬臂吊机也比较容易。

(二)梁段预制

1. 预制方法

(1)长线预制

长线预制是在工厂或施工现场按桥梁底缘曲线制作固定的底座，在底座上安装底模进行节段混凝土的浇筑工作。组成 T 形刚构半悬臂或全悬臂的诸梁段均在固定台座的活动模板内浇筑且相邻段应相互贴合浇筑，缝面浇筑前涂抹隔离剂，以利于脱模。

长线预制需要较大的场地，其底座最小长度应为桥孔跨径的一半，长线预制台座如图8-14所示。

底座的形成有多种方法：可以利用预制场的地形堆筑土胎，加固夯实后，铺砂石层并在其上做混凝土底板；盛产石料的地区可用石砌成所需的梁底缘形状；地质情况较差的预制，常采用打短桩基础，在桩基础上搭设排架形成梁底曲线。排架可用木材或型钢组成。

梁体节段的预制一般在底板上进行。模板常采用钢模板，每段一块，以便于装拆使用。为加快施工进度，保证节段之间的密贴，常采用先浇筑奇数节段，然后利于奇数节段混凝土的端面弥合偶数节段；也可以采用分阶段的预制方法。当阶段混凝土强度达到设计强度的70%以上后，可吊出预制场地。

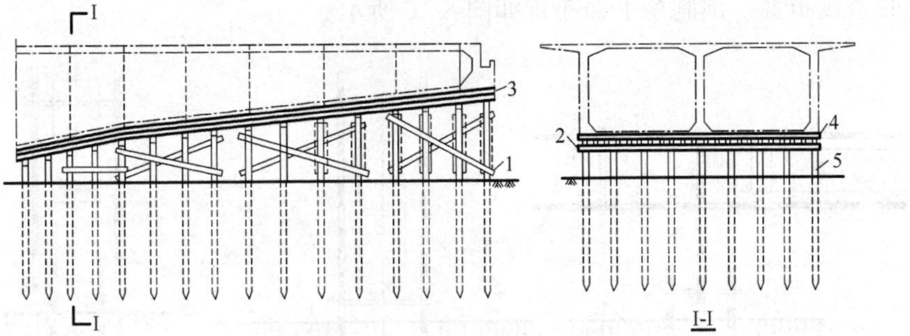

图 8-14　长线预制台座

1-斜撑；2-帽木；3-底板；4-纵梁；5-木桩

(2)短线预制

短线预制是在固定台位且能纵移的模板内浇筑，由可调整内、外模板的台车与端模架组成。当第一节段混凝土浇筑完成后，在其相对位置上安装下一节段模板，并利用第一节段混凝土的端面作为第二节段的端模，完成第二节段混凝土的浇筑工作。

短线预制法特别适合工厂化生产预制，设备可周转使用，台座仅需3个梁段长，但节段的尺寸和相对位置的调整要复杂一些。台座除基础部分外，多采用钢材制作。此法亦称活动底座法。短线预制台座如图8-15所示。

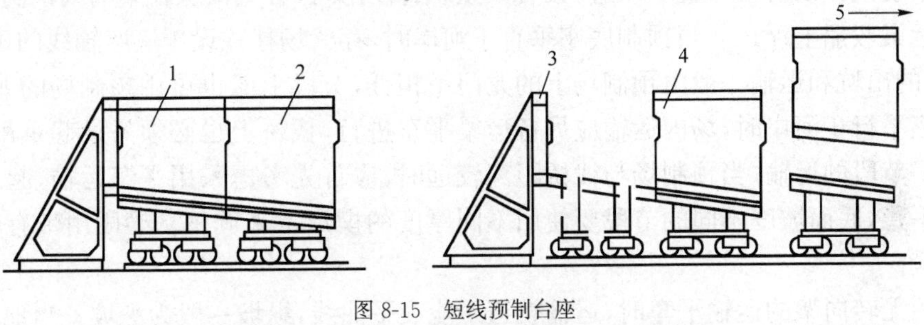

图 8-15　短线预制台座

1-浇筑单元；2、4-配合单元；3-封闭端；5-运往储存

(3)卧式预制

主梁为桁架梁时，具有较大的桁高和节段长度，且桁架的桁杆截面尺寸不大时，常采用卧式预制。卧式预制需要有一个较大的地坪。地坪的高低要经过测量，并有足够的强度，不致产生不均匀沉陷。对相同的节段还可以在已预制完成的节段上安装模板进行叠制，两层构件常用塑料布或涂机油等方法分隔。桁架梁预制节段的起吊、翻身工作要求操作细致，并注意选择吊点和吊装机具。

(4)工艺对比

长线台座可靠，成桥后梁体线形较好；梁段存储有较大余地，但占地较大，地基要求坚实，混凝土的浇筑和养护移动分散。短线预制场地相对较小，模板及浇筑设备基本不需移动，可调的底模、侧模便于平竖曲线梁段的预制，但要求精度高，工艺严格，周转不便，工期相对较长。

2.预制场地布置

预制场地主要设施有预制台座、龙门吊、存梁台及拌和站等。布设时应便于梁段的移动和吊运，便于模板、钢筋及混凝土的运输。按照台座与河流及桥位的关系，场地布局可分为平行式、垂直式和沿河式。用缆绳起重机运输，宜作平行式布置；用驳船运输，宜作垂直式长线布置或平行式的短线布置。预制场平面布置如图 8-16 所示。

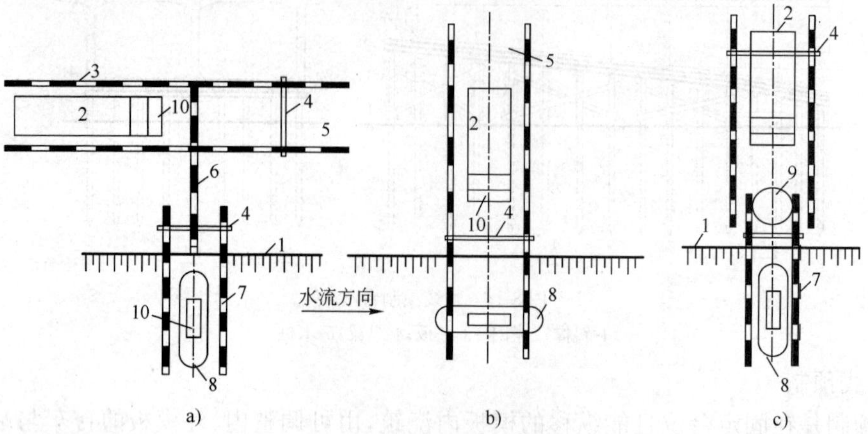

图 8-16　预制场平面布置

a)平行式；b)垂直式；c)垂直式附块件转向设施

1-河岸线；2-预制台座；3、6-轻便轨道；4-龙门吊机；5-存梁场；7-栈桥；8-运梁驳船；9-块件转向设施；10-预制块件

(三)梁段运输

当存梁场或预制台座布置于岸边，又有大型悬臂浮吊时，可直接从存梁场或预制台座将节段吊放到运梁驳船上浮运。当预制底座垂直于河岸时，存梁场往往设于底座轴线的延长线上，此时，节段的出坑和运输一般由预制场上的龙门吊担任，节段上船也可用预制场的龙门吊机。当预制底座平行于河岸时，场内运输应另备运梁平车进行，栈桥上也必须另设起重吊机，供运节段上船。节段的运输，当预制场与栈桥距离较远时，应首先考虑采用平车运输，起运前要将节段安放平稳，底面坡度不同的节段要使用不同厚度的楔形木来调整。梁段用带有花篮螺栓的缆索保险。

当采用无转向架的运输平车时，运输轨道不能设平曲线，纵坡一般为平坡。当地形条件限制时，最大纵坡不得大于 1%。下坡运行时，平车后背要用钢丝绳牵引保险，不得溜放。

(四)悬臂拼装施工

1. 悬臂吊机拼装法

悬臂吊机由纵向主桁架、横向起重桁架、锚固装置、平衡重、起重系、行走系和工作吊篮等部分组成，如图 8-17 所示。

纵向主桁为吊机的主要承重结构，可由贝雷片、万能杆件、大型型钢等拼装。一般由若干桁片构成两组，用横向联结系联成整体，前后用两根横梁支承。横向起重桁是供安装位于起重卷扬机之间起吊箱梁节段用的构件。纵向主桁架的外部荷载就是通过横向起重桁传递给它的。横向起重桁支承在轨道平车上，轨道平车搁置于铺设在纵向主桁上弦的轨道上，起重卷扬机安置在横向起重桁上弦。

设置锚固装置和平衡重的目的是防止主桁架在起吊梁段时倾覆翻转，保持其稳定状态。对于拼装墩柱附近块件的双悬臂吊机，可用锚固横梁及吊挂将吊机锚固于 0 号块上，对称起吊箱梁节段，不需要设置平衡重。单悬臂吊机起吊节段时，也可不设平衡重而将吊机锚固在节段的吊环上或竖向预应力筋的螺丝端杆上。

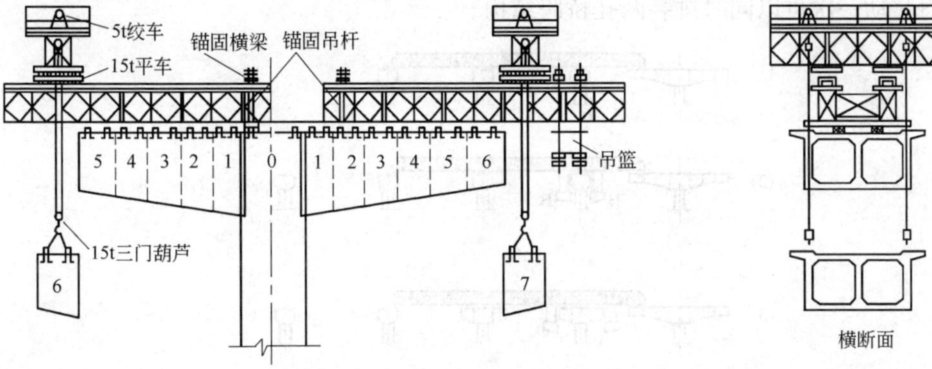

图 8-17 悬臂吊机构造图

0-0 号块；1～7-预制梁

起重系一般有电动卷扬机、吊梁扁担及滑车组等组成。起重系的作用是将由驳船浮运到桥位处的节段，提升到拼装高度以备拼装。滑车组要根据起吊节段的重量来选用。

吊机的整体纵移用钢管滚筒，由卷扬机牵引，在木走板上滚移。牵引绳通过转向滑车系于纵向主桁前支点的牵引钩上。横向起重桁架的行走采用轨道平车，用倒链滑车牵引。

工作吊篮悬挂于纵向主桁前端的吊篮横梁上，吊篮横梁由轨道平车支承以便工作吊篮的纵向移动。工作吊篮供预应力钢丝穿束、千斤顶张拉、压注灰浆等操作之用，可设上、下两层，上层供操作顶板钢束用，下层供操作肋板钢束用，也可只设一层，此时，工作吊篮可用倒链滑车调整高度。

这种吊机的结构较简单，使用最普遍。当吊装墩柱两侧附近节段时，往往采用双悬臂吊机（如图 8-17 所示）。但在桥的跨径不太大，孔数也不多的情况下，有的工地就不拆开墩顶桁架而在吊机的两端不断接长进行悬拼，以免每拼装一对节段将对称的两个单悬臂吊机移动和锚固一次。

当河中水位较低，运输箱梁节段的驳船船底高程低于承台顶面高程，驳船无法靠近墩身时，双悬臂吊机的设计往往要受安装 1 号节段时的受力状态所控制。为了不增大主桁断面以节约钢材，对这种情况下的双悬臂吊机必须采取特别措施，如斜撑法和对拉法。

斜撑法即以临时斜撑增加纵向主桁的支点以改善主桁的受力状况。斜撑的下端支于墩身牛腿上，上端与主桁加强下弦杆铰接。当节段从驳船上吊起并内移至安全距离以后，将节段临时搁置于承台上的临时支架上，再以千斤顶顶起吊机，松除斜撑，继续起吊节段，内移就位。用这种方法起吊节段安全可靠，但增加了起吊工序和材料用量。

对拉法是将横向起重桁架放置于起吊安全距离内，将节段直接由船上斜向起吊。两横向起重桁架用钢绳互相拉住以平衡因斜向起吊而产生的水平分力，防止横向起重桁架向悬臂端滚移。对拉法不需要附加任何构件，起吊程序简单，但必须确保节段与支承不致相撞。这种方法一般使用在起吊钢丝绳的斜向角度很小的情况下。

2. 连续桁架拼装

连续桁架（闸式吊机）悬拼施工可分为移动式和固定式两类。移动式连续桁架的长度大于桥的最大跨径，桁架支承在已拼装完成的梁段和待拼墩顶上，由吊车在桁架上移运节段进行悬臂拼装，固定式连续桁架的支点均设在桥墩上，而不增加梁段的施工荷载。

图 8-18 为移动式连续桁架拼装示意图，该种桁架的长度大于两个跨度，有三个支点。这种吊机每移动一次可以同时拼装两孔桥跨结构。

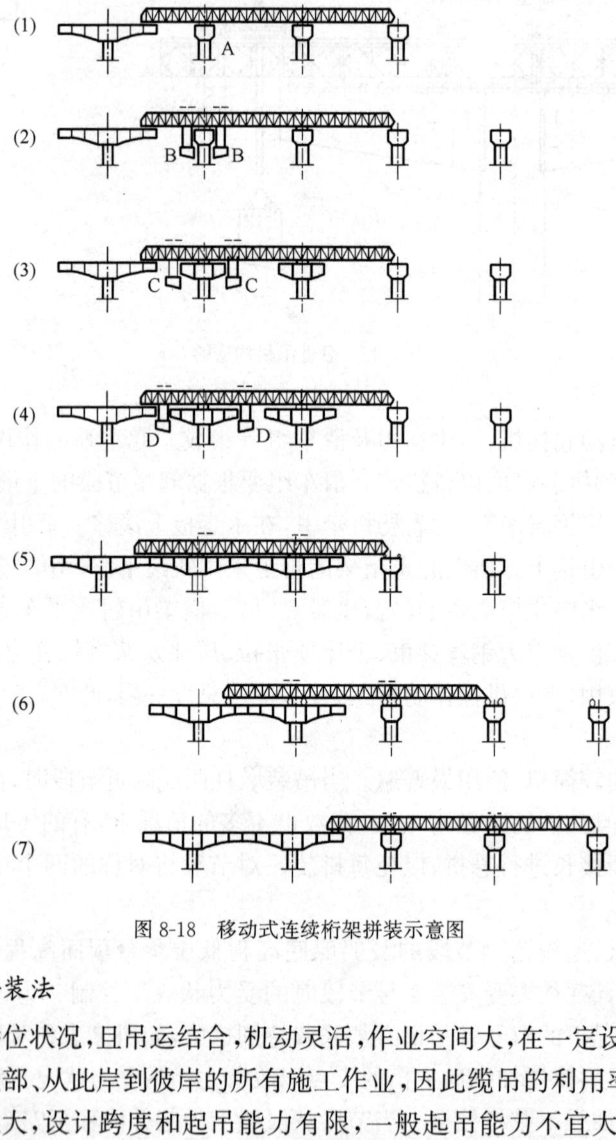

图 8-18　移动式连续桁架拼装示意图

3. 缆绳起重机拼装法

缆吊无需考虑桥位状况，且吊运结合，机动灵活，作业空间大，在一定设计范围内缆吊几乎可以负责从下部到上部、从此岸到彼岸的所有施工作业，因此缆吊的利用率和工作效率很高。其缺点是一次性投入大，设计跨度和起吊能力有限，一般起吊能力不宜大于 500kN。缆吊拼装作业时需增加风缆和临时手拉葫芦，以控制梁段的就位精度。吊机运吊结合的优势，大大缩短了采用其他运吊方式所需的转运时间，可以将梁段从预制场直接吊至悬拼结合面。图8-19为缆索悬拼布置示意图。

4. 导梁悬拼

移动式导梁悬拼施工方法需要设计一套比桥跨略长的可移动式导梁。导梁安装在悬拼工作位置，梁段沿已拼梁面运抵导梁旁，由导梁运到拼装位置用预应力拼合在悬臂端上。导梁设有两个固定支架，一对在导梁的后面，另一对设在中间，梁段可以从支柱中间通过。导梁前端有一个活动支柱，使导梁在下一个桥墩上能形成支点。导梁下弦杆用以铺设轨道以支承运梁平车。平车可使梁段水平和垂直移动，同时还能使其转动 90°。

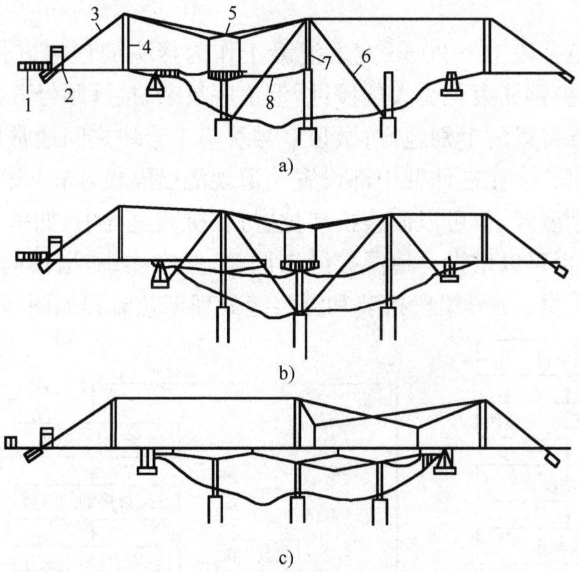

图 8-19　缆索悬拼布置示意图

a)悬拼 1 号墩；b)悬拼 2 号墩；c)悬拼 3 号墩

1-预制厂构件；2-龙门架；3-主索；4-双柱式塔架；5-挠度；6-风缆；7-双柱式辅助铁塔；8-缆索便桥脚手架

(五)悬臂拼装接缝

1. 干接缝

干接缝，即不用混凝土和其他黏结材料，将梁段两端面直接贴合，接缝间的内力通过施加预应力及腹板上的齿形缝传递。但它不易保证缝隙的紧密闭合，易受水气侵袭，常会逐步产生应力集中现象。为了增强梁段之间的抗剪力，可在腹板或顶板上预留榫块，用以克服梁段接缝处产生的上下滑动。顶板榫块除起导向和定位作用外，还能增强抗剪能力。为了加快拼装速度，可在箱梁顶板和底板上施加初始应力，如图 8-20 所示。

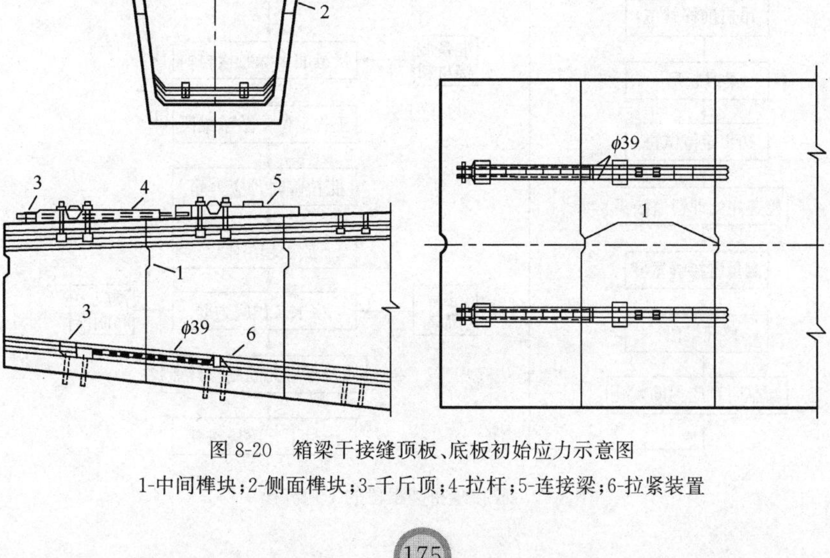

图 8-20　箱梁干接缝顶板、底板初始应力示意图

1-中间榫块；2-侧面榫块；3-千斤顶；4-拉杆；5-连接梁；6-拉紧装置

2. 湿接缝

在相邻梁段间浇筑一段10～20cm宽的混凝土作为接头的连接方式，即为湿接缝。它能增强梁体的整体性，保护钢筋束免受大气侵蚀，但工序复杂，接缝须经养护才能使用，导致工期延长。湿接缝可用于悬臂梁的个别地方；墩顶0号块与1号块之间通常用湿接缝；跨度大的T形刚构桥，由于悬臂很长，往往在伸臂中部设置一道现浇横隔板，同时设置一道湿接缝，这道湿接缝除了能增加结构刚度外，也可以调整拼装位置；在拼装过程中，如拼装上翘的误差很大，难以用其他办法补救时，也可以增设一道湿接缝来调整，但应注意，增设的湿接缝宽度必须用凿打节段端面的办法来提供。1号梁段拼装和湿接缝处理工艺流程如图8-21所示。

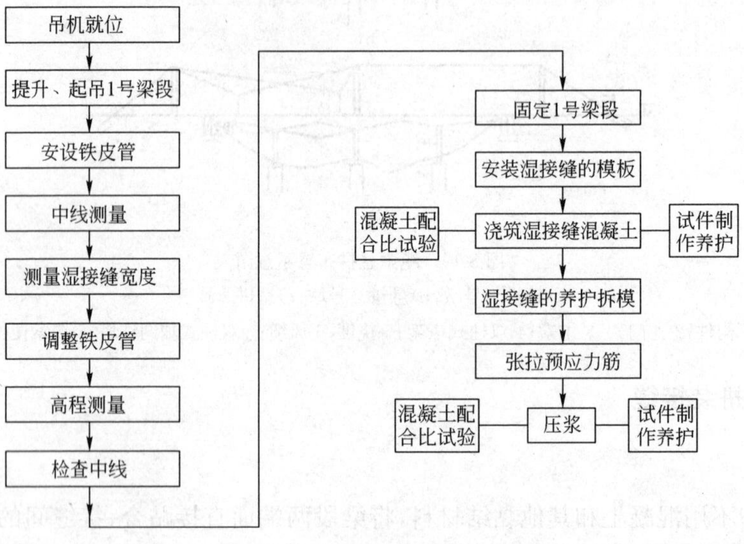

图8-21　1号梁段湿接缝拼装流程

3. 胶接缝

在接缝端面涂上一薄层能传递内力的胶接材料，将相邻节段彼此黏结密贴，可提高结构抗剪能力、整体刚度和不透水性，既有湿接缝的优点，又克服了湿接缝施工工期长的缺点。胶接材料主要采用环氧树脂，厚度1.0mm左右。用胶接缝拼装梁段的工艺流程如图8-22所示。

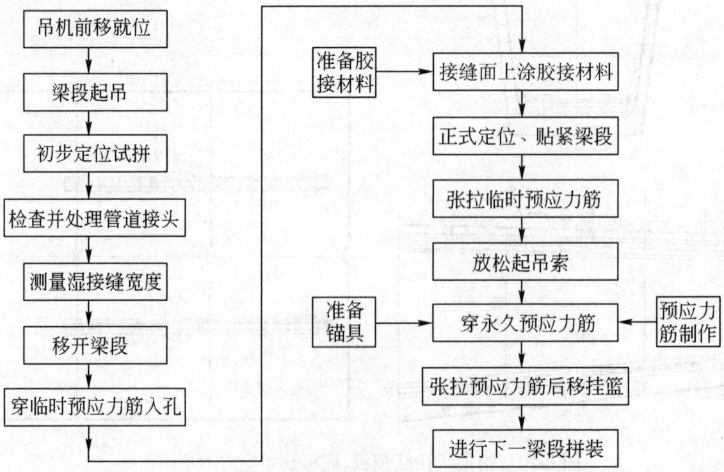

图8-22　胶接缝拼装梁段的工艺流程

(六)预应力施工

T 形刚构桥纵向预应力钢筋的布置特点为:较多集中于顶板部位,钢束布置对称于桥墩。因此,拼装每一对对称于桥墩梁段用的预应力钢丝束须按锚固这对节段所需长度下料。明槽钢丝束通常为等间距排列,锚固在顶板加厚的部分。加厚部分预制时留有管道,如图 8-23 所示。在穿束时,先将钢丝束在明槽内摆放平顺,然后再分别将钢丝束穿入两端管道内。钢丝束在管道两头伸出长度要相等。钢丝束张拉前要首先确定合理的张拉次序,以保证梁体在张拉过程中每批张拉合力都接近于该断面钢丝束总拉力重心处。钢丝束张拉次序确定与梁体横截面形式、同时工作的千斤顶数量、是否设置临时张拉系统等因素关系很大。一般情况下,纵向预应力钢丝束张拉次序的确定原则为:对称于梁中轴线,钢丝束两端同时成对张拉;先张拉肋束,后张拉板束;肋束的张拉次序是先张拉边肋,后张拉中肋;同一肋上的钢丝束先张拉下边,后张拉上边;板束的张拉次序是先张拉顶板中部的,后张拉边部的。

(七)线性控制

刚构悬臂梁挠度主要由活荷载、预应力及混凝土徐变、墩柱挠曲等引起。为了使预制节段在拼装时能准确、迅速地安装就位,在节段预制时,顶板处均设置定位器。有的定位器不仅能起到固定位置的作用,而且还能承受剪力,这种定位装置称抗剪楔或防滑楔。节段预制时,除注意预埋定位器装置外,尚需注意按正确位置预埋孔道形成器和吊点装置等。同时为了提高梁段拼接面的抗剪强度,拼接面做成齿形,即为剪力齿,如图 8-24 所示。

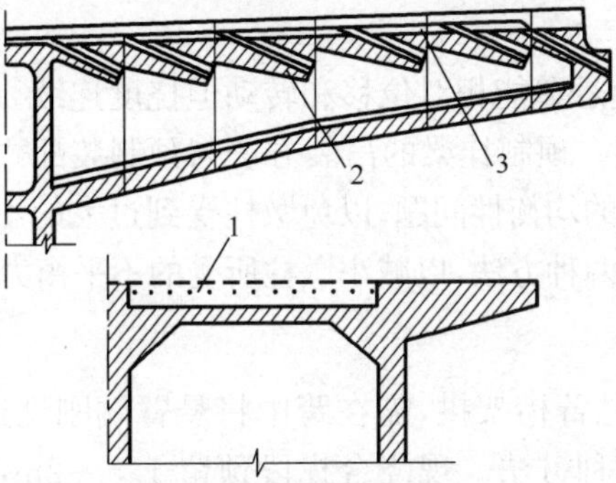

图 8-23　明槽钢丝束布置图

1-明槽;2-预应力钢束;3-顶板加厚部分

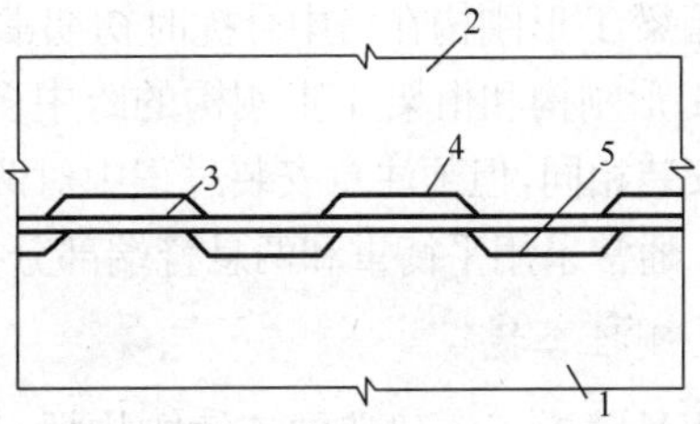

图 8-24　悬臂预制梁段拼接面剪力齿示意图

1-已浇筑箱梁;2-待浇筑箱梁;3-钢或木制分隔板;4-凹齿;5-凸齿

1. 预制场测量

建立基准三角网,选用平行于桥轴线的一直线作为控制中线,在预制场台座外控制中线放样。在梁段预制后、移运前,用控制中线在顶面上放出梁中线,并用最大的可能间距放出两条与中线垂直的横线,并在横线上测量 4 个固定点(每根横线取 2 点)的高程,测定记录横线间距及 4 点高程,供安装时使用。

2. 中线控制

悬拼时梁段的中线可能因为平面位移与平面转角而产生误差,为减小平面位移误差的叠加和传递,安装时可通过中线适当错位纠正。每次错位调节以小于 3mm 为宜。转角误差因梁段一般较短,中线上难以反映,可通过测量两梁段上横线是否平行来判断。转角容许误差由合拢中线最大偏差确定。调整方法是在一侧的腹板加垫金属板或刷厚环氧树脂。

3. 梁高程控制

施工时，影响梁高程的因素较多：预制梁高误差、梁自重误差、临时荷载、安装时立面转角及预应力筋张拉误差等。梁自重误差一般在±4%内，可不计其影响。混凝土徐变因总的悬拼时间短，预制时间长，在施工期内亦可不计。临时荷载由施工控制。预应力筋张拉引起的高程变化可通过计算求得，根据影响的大小决定是否修正。

4. 安装误差控制

影响安装误差的因素很多，最关键是1号梁段定位和胶接缝施工。1号梁段定位不准，则以后拼装的各个节段均将偏离预计的位置，其偏离值与该节段距梁根部的距离成正比。胶接缝施工时涂料太厚、接缝加压不均匀，势必引起梁的上翘。为控制和纠正过程中的上翘，可采取：1号梁段定位时按计算的悬臂挠度及需设的预拱度确定正确的定位位置，并仔细准确地进行定位；其他节段胶接缝的涂层尽量减薄，并使其在临时的均匀压力下固化。

5. 挠度调整措施

通过多次涂胶接缝做成上厚、下薄的胶接层，以调整上翘度；在接缝上缘的胶层内加垫钢板，增加接缝厚度；凿打端面，将节段端面凿去一层混凝土，凿去的厚度沿截面的上、下方向按需要变化，然后涂胶拼接；增加一个湿接缝，即改胶接缝（或干接缝）为湿接缝，将节段调整到要求的位置。

(八)合拢段施工

1. 挂梁合拢

箱梁T形刚构在跨中合拢时初期常用剪力铰，使悬臂能相对位移和转动但挠度连续。现在箱梁T形刚构和桁架T形刚构的跨中多用挂梁连接。预制挂梁的吊装方法与预制装配式简支梁的安装相同，但须注意安装过程中对两边悬臂加荷的均衡性问题，以免墩柱受到过大的不均衡力矩。通常采用平衡重和两悬臂端部分批、交替架梁两种方法，以减小墩柱所受的不平衡力矩。

2. 刚性合拢

用悬臂施工法建造的连续刚构桥、连续梁桥和悬臂桁架拱，需在跨中将悬臂端刚性连接、整体合拢。这时合拢段的施工常采用现浇和拼装两种方法。现浇合拢段预留1.5～2m，在主梁高程调整后，现场浇筑混凝土合拢，再张拉预应力索筋，将梁连成整体。节段拼装合拢对预制和拼装的精度要求较高，但工序简单，施工速度快。

(九)预应力悬臂桁架悬臂施工

1. 杆件拼装

当跨径较大时，桁架的单根杆件重量就较大，尤其是靠近根部节间的上弦杆和下弦杆特别重而大，故可按杆件分别预制，然后拼装成整体。这时一般采用斜拉杆式桁架，拼装顺序如图8-25所示。这种分块和拼装方式，在国外采用时一般先将节点做成临时铰，以便在拼装过程中调整悬臂挠度和消除杆端恒荷载次应力，完工前将节点铰封死。

2. 三角节段拼装

将每一节间的下弦、斜杆和前竖杆（或前斜杆）预制成三角形构件，上弦杆预制成单独构件。一般采用斜压杆式或三角形式桁架，拼装顺序如图8-26所示。

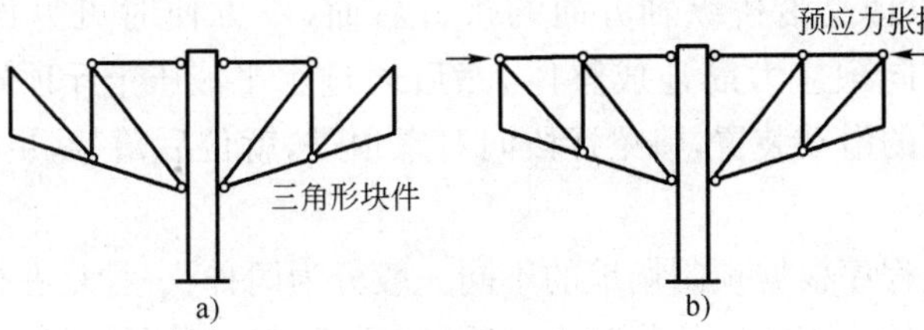

图 8-25　按杆件分段的拼装示意图

a)吊装三角形块件；b)吊装上弦杆施加预应力

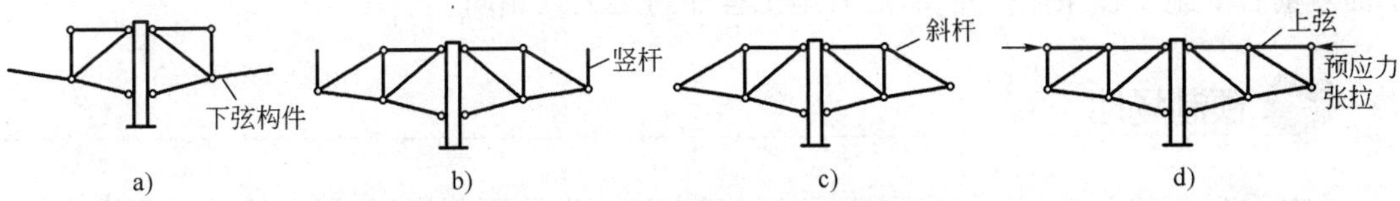

图 8-26　按三角形分块的拼装示意图

a)吊装下弦；b)立竖杆；c)安装斜杆；d)吊杆上弦杆施加预应力

3. 节间节段拼装

将桁架片沿竖杆中线分割，预制构件呈四边形，如图 8-27 所示，这时适宜采用斜压杆式桁架。拼装时，将节段沿接缝涂胶合拢后即可进行预应力张拉。

4. 桁架节段拼装

将桁架分成若干段，每段包含一个以上的节间，沿竖杆中线分割或沿节点附加杆段分割，进行节段预制和拼装，如图 8-28 所示。

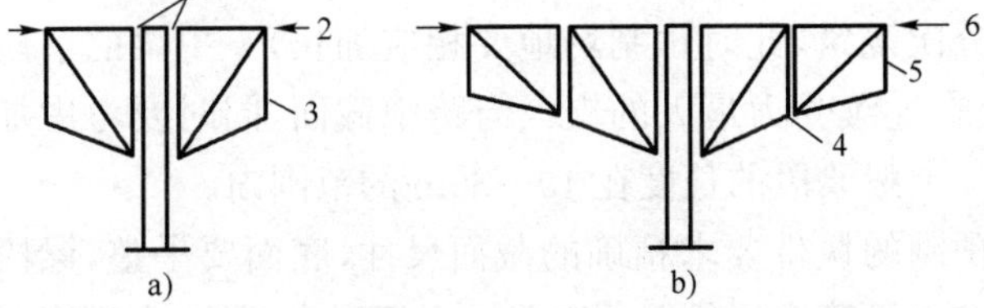

图 8-27　按节间分块的拼装示意图

a)拼装第一节块件；b)拼装第二节块件

1-湿接缝；2、6-预应力张拉；3-四边形块件(第一节)；4-干接缝；5-四边形块件(第二节)

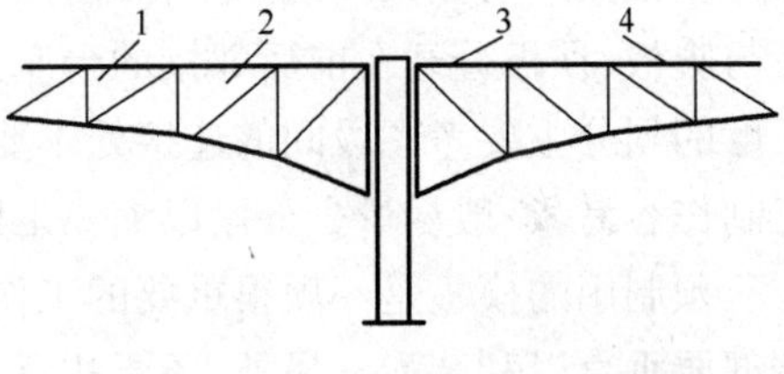

图 8-28　按节段分块的拼装示意图

1-第二段；2-第一段；3-预制段；4-拼接缝

第三节　顶推法施工

预应力混凝土连续梁的顶推法施工，实质是钢桥拖拉架设法在预应力混凝土桥中的具体运用和发展，它以千斤顶为顶进动力，采用摩擦系数很小的滑移材料为梁的支垫进行桥梁的安装。此法设备简单，施工安全，需用的劳动力少，桥下不需支架，可保证正常的通航，对气候适应性强，而且在纵坡上和平曲线上均适用，是较好的桥梁架设方法之一。其缺点主要是受到顶推悬臂弯矩不能太大的限制，使顶推跨径不能太大(一般不超过 50m，顶推跨径超过 63m 时要设临时支墩或其他辅助设施，一般认为大于 70～80m 是不经济的)，而且不适用截面高度变化的梁。此外，使用该方法梁的截面高度比其他方法施工要大，临时预应力索用得也比较多。

顶推法的施工原理是沿桥纵轴方向的桥台后面(不方便时可另设场地),分节段预制混凝土梁身,并用纵向预应力筋连成整体,然后通过水平液压千斤顶施力,借助不锈钢板和聚氟乙烯模压板特制的滑动装置,将梁逐段向对岸顶进,就位后落架,更换正式支座完成桥梁施工。

这种方法的工艺程序根据预制场地的不同一般分为两种:一种是在桥一端或两端(桥纵轴线上)的引道上(或引桥或刚性好的临时支架)预制梁段;另一种是在桥纵轴线外预制短的梁段(受起重运输设备影响,一般不超过5m),再移运到纵轴线上分段拼装,施加预应力,然后顶推。下面就前者的施工程序作一介绍,后者施工程序与之大致相同。

一 预制场地

在桥台后面的引道(引桥)或刚性好的临时支架上设置预制场,是预制箱梁和顶推过渡的场地,其长度一般为2倍预制梁段长度加2m,宽度为桥梁宽度加2m×2.5m。预制场地上空宜搭设固定或活动的作业棚,其长度应大于2倍的预制梁段长度,这样主要是为了使梁段预制作业不受天气变化(顶推法也适用于高寒地区施工)的影响及便于混凝土的养护。为了加快施工进度,可在桥两端均设预制场地,从两端相对顶推,但这样不但施工人员和各项设备均需加倍,而且在两端合拢时施工顶推也比较麻烦。

二 梁段预制及其养护

顶推预应力主梁一般采用箱梁,可根据现场的实际情况,采用全断面整段浇筑或将梁段底板与腹板、顶板分开在前后邻接的台座上分次浇筑(此时预制场地要相应加长)。主梁的节段长度的划分主要考虑段间的连接处不要设在连续受力最大的支点与跨中截面,同时要考虑加工制作容易,一般尽量少分段以缩短工期。一般梁段的长度在10~30m的范围内。

预制用的模板是一项很重要的工作,预制的块件要求精确的截面尺寸,底面要平整,梁段端部要垂直以利装配。另外,还要注意预应力筋管道的位置要准确。组织强大振捣、大型模板安装和提高施工机械化程度,不但能使块件预制质量高,而且还能提高施工速度。

预应力混凝土箱梁的顶推周期,若采用加早强剂并蒸汽养护(养护时间在2天左右)一般需10天,否则要延长。

三 梁段施加预应力

顶推安装的预应力混凝土连续梁,在顶推过程中各截面要多次承受交替变化的正负弯矩作用,相应梁段中的预应力索有些是从顶推开始到连续梁就位都必须具有永久索,有些是在顶推过程中所必需的,但到连续梁顶推就位后须拆除的临时索,还有些是为了减少在顶推过程中产生过大的反向弯矩,适当地减少张拉索数,等到全梁顶推就位后再按需要补充张拉的补充索。这三种预应力索都必须按设计规定进行穿束张拉或拆除,不得随意增减或漏掉。按照顶推需要,每预制接长一段梁,必须在顶板、底板张拉设计规定的预应力索后,才可以继续顶推。对通长的永久索,应在两梁段间留出适当空间用特制的预应力筋连接器予以连接,张拉以后,再用混凝土填塞。

四 梁段顶推

为了减少在顶推时产生的内力以节省临时预应力索，应从减少顶推梁的悬臂弯矩入手。常用的方法有：

(1)主梁前端设导梁，它是等截面或变截面的钢桁梁或钢板梁，且以刚度大、变形小的钢板梁为好，其长度一般为顶推跨径的$\frac{3}{5}\sim\frac{4}{5}$，刚度为主梁刚度的$\frac{1}{15}\sim\frac{1}{9}$，过大或过小都将增加主梁顶推时的内力。导梁最好采用从根部至前端为变刚度或分段变刚度的。导梁的结构需通过计算，从受力状态分析，导梁的控制内力是导梁与箱梁连接处的最大正负弯矩和下弦杆（或下缘）承受的最大支点反力。

(2)跨中设临时墩，临时墩可以减少主梁的顶推跨径，从而减少顶推时最大正负弯矩和它所产生的主梁截面应力。临时墩应能承受顶推最大荷载不致发生不能容许的沉陷，以及承受顶推最大水平摩阻力不致发生不能容许的水平位移。在有通航要求的河流中要防止船只的冲撞，同时除了要考虑水流的冲力外，也不能忽视流水的撞击。

(3)在桥墩旁顺桥向设临时撑架，用以减小顶推跨径和梁的受力。但必须注意导梁的前端滑移到撑架时，将增加桥墩的偏心受荷弯矩。临时撑架多用于水上施工，施工完毕构件大多全部拆除，但也有的桥梁在施工后把撑架和主梁连成整体，形成连续撑架桥。

(4)主梁前端设临时塔架，以斜缆索系于梁上加固，减少悬臂弯矩。这种加固方法的一般布置见图8-29。

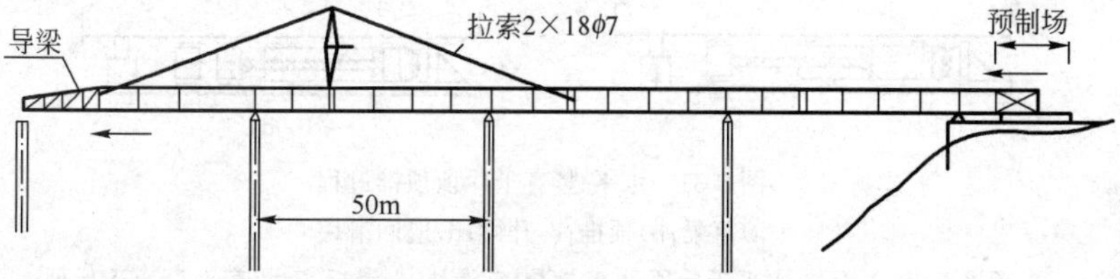

图 8-29 用斜缆索加固的顶推施工

(5)综合运用以上方法。

顶推时，根据顶推的施力方法，分为单点顶推和多点顶推；根据水平力的施加方式，分为水平-竖直千斤顶法和拉杆千斤顶法；根据顶推的方向，分为单向和双向顶推。以上几种分类方式联用，可以有多种顶推方式。顶推施工前，应根据主梁长度、设计顶推跨度、桥墩能承受的水平推力、顶推设备和滑动装置等条件，选择适当的顶推方式。

当顶推水平力是由水平千斤顶和竖向千斤顶交互使用而产生时，称为水平-竖直千斤顶法；顶推水平力是由固定在墩台上的水平张拉千斤顶通过张拉锚碇在主梁上的拉杆而使主梁前进的，称为拉杆千斤顶法。

单点顶推是顶推装置集中设置在主梁预制场临近的桥台或桥墩上，前方墩各支点上设置滑动支承。单点顶推装置又分为两种，一种是由水平千斤顶通过沿箱梁两侧牵动钢拉杆给预制梁一个顶推力（即单点拉杆千斤顶法，图8-30）；另一种则是由水平千斤顶与竖直千斤顶连用（即单点水平-竖直千斤顶法），将预制梁顶前（图8-31）。

对于特别长的多联多跨桥梁，也可以用多点顶推的方式使每联单独顶推就位。它是在每个墩台上设置一对小吨位的水平千斤顶，将集中的顶推力分散到各墩上，利用水平千斤顶传给墩台的反力来平衡梁体滑移时在桥墩产生的摩阻力。多点顶推法又分为多点水平-竖直千斤顶法和多点拉杆水平千斤顶法。其实,只要将单点顶推法中的两种方法所用机具分散布置到每个墩台上,即得到对应的两种多点顶推法。

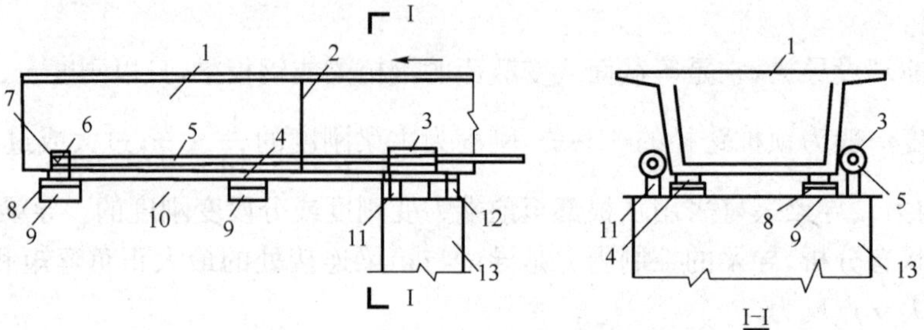

图 8-30　单点拉杆千斤顶法

1-主梁;2-主梁工作缝;3-水平千斤顶;4-滑板;5-拉杆;6-拉杆锚定架;7-拉杆锚定器;8-滑道;9-滑道底板;10-预制台座;11-水平千斤顶支架;12-竖向千斤顶;13-桥台

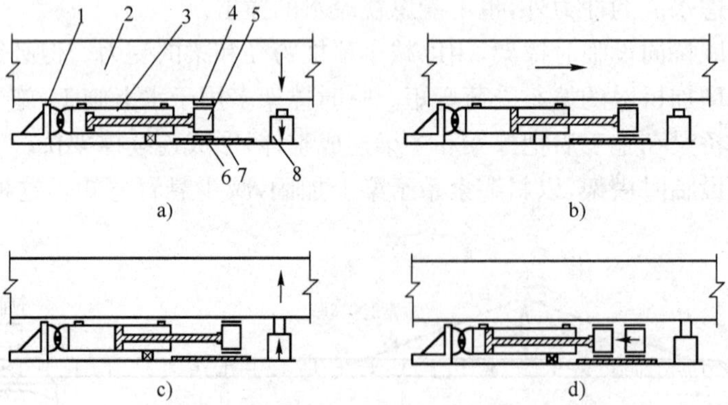

图 8-31　水平-竖直千斤顶顶推过程

a)落梁;b)顶推;c)升梁;d)退回滑块

1-顶推后背;2-梁;3-水平千斤顶;4-摩擦垫;5-滑块;6-滑板;7-滑道;8-竖直千斤顶

多点顶推法的这两种方法的顶推程序与单点顶推基本相同,但要注意多点顶推法中的同步运行问题,因为顶推水平力是分散在各桥墩上,一般均需通过中心控制各千斤顶的出力等级,保证同时起动、同步前进、同时停止和同时换向。所谓同步,包括桥墩左右两套顶推设备的同步运行和各个墩的顶推设备纵向同步运行。

用千斤顶在各支点处将梁顶起,拆除滑动支座的滑道钢板,安装正式支座落梁就位。

第四节　装配-整体施工法

装配-整体施工法包括两种施工方式,即简支变连续、悬臂变连续(单悬臂变连续和双悬臂变连续)。其思路是按起吊安装能力将连续梁分段预制,然后用各种安装方法将预制构件安装至墩台或轻型的临时支架上,再现浇接头混凝土,最后通过张拉部分预应力筋使梁体连接成连续梁。这种施工方法一般采用等高度梁,施工过程中存在体系转换问题。采用不同的施工方式,梁内在施工中的弯矩值是不同的。

图 8-32 表示简支变连续的施工方法。预制构件按简支梁配筋,安装时支承在墩顶两侧的临时支座上,待浇筑接头混凝土并达到规定强度后,张拉承受墩顶负弯矩的预应力筋并锚固

好，最后拆除临时支座，安上永久支座，使结构转换成连续体系。此法适用的最大跨径为 40～50m 左右。

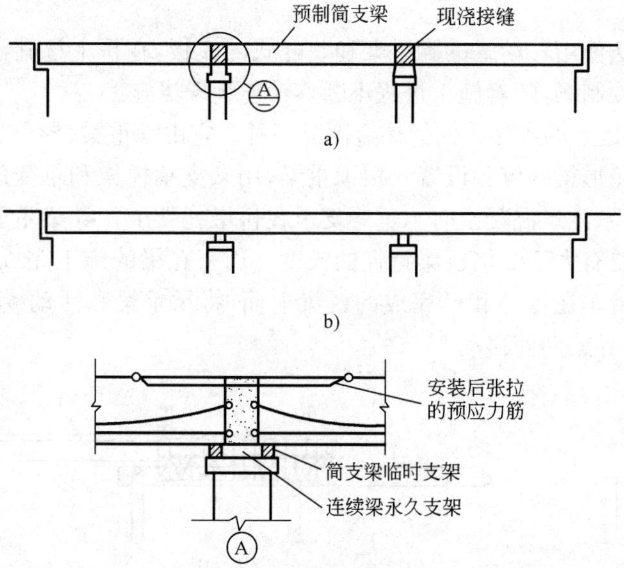

图 8-32　简支变连续施工法

对于跨径不大的连续梁，如起重能力足够，预制构件的长度大于设计跨径，则可以按悬臂变连续的方法施工。这种方法一般需要临时支架（若悬臂端做成临时牛腿来支承中间段，就可不设临时支架）以浇筑接头混凝土。当起重能力不是很大时，也可以将每联连续梁多分几段预制，先用简支梁段连成单悬臂，再形成连续的施工方法。图 8-33 给出了简支变单悬臂再变连续的某桥的施工过程，图中若在安装墩顶段后先安装中间段，再安装边段，则最后将从双悬臂梁转换成连续梁（两种施工形式最终的静荷载弯矩是不同的）。

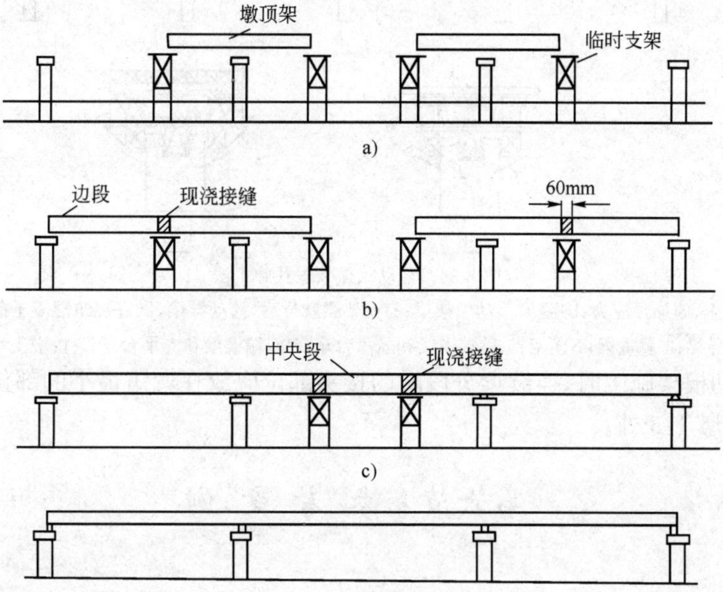

图 8-33　某桥施工过程

第五节　移动模架逐孔架设法

移动模架施工法使用移动式的脚手架和装配式的模板，在桥上逐孔浇筑施工。它像一座设在桥孔上的活动预制场，随着施工进程不断移动连续现浇施工。

如图 8-34 所示是上承式移动模架构造图的一种。它由承重梁、导梁、台车、桥墩托架和模架等构件组成。在箱形梁两侧各设置一根承重梁，用来支承模架和承受施工重力。承重梁的长度要大于桥梁跨径，浇筑混凝土时承重梁支承在桥墩托架上。导梁主要用于运送承重梁和活动模架，因此，需要有大于 2 倍桥梁跨径的长度。当一孔梁的施工完成后便进行脱模卸架，由前方台车和后方台车在导梁和已完成的桥梁上面，将承重梁和活动模架运送至下一桥孔。承重梁就位后，再将导梁向前移动。

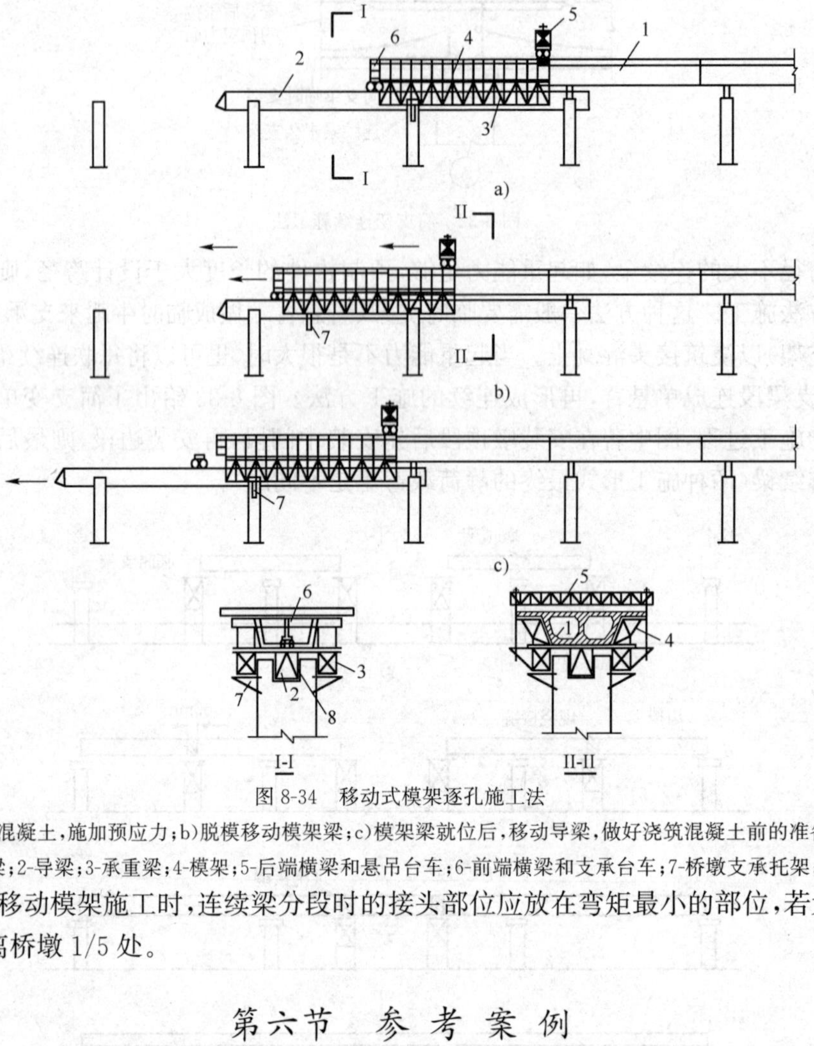

图 8-34　移动式模架逐孔施工法

a)浇筑混凝土，施加预应力；b)脱模移动模架梁；c)模架梁就位后，移动导梁，做好浇筑混凝土前的准备工作

1-已完成的梁；2-导梁；3-承重梁；4-模架；5-后端横梁和悬吊台车；6-前端横梁和支承台车；7-桥墩支承托架；8-墩台溜槽

当采用移动模架施工时，连续梁分段时的接头部位应放在弯矩最小的部位，若无详细计算时，可以取离桥墩 1/5 处。

第六节　参 考 案 例

案例：某桥箱梁施工简介

该桥示意图见图 8-35。

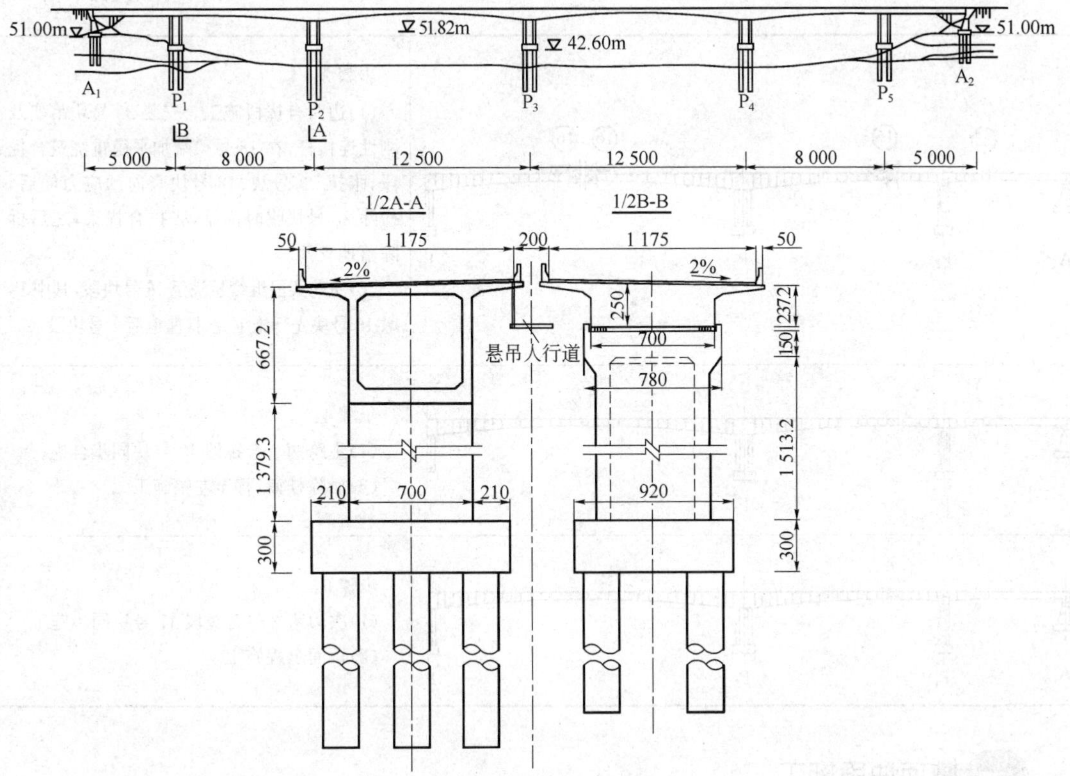

图 8-35 某桥示意图(尺寸单位:cm)

上部结构为 6 跨刚构连续组合梁,主梁为左右幅分离式单箱单室箱形梁,箱梁顶板宽 12.75m,底板宽 7m,根部最大梁高 6.8m,跨中梁高 2.5m;悬浇节段长度分为 3m、3.5m、4m 三种类型,梁段最大质量为 130t;本桥箱梁主要经济技术指标见表 8-1,施工程序见表 8-2。

箱梁主要技术经济指标 表 8-1

桥跨布置(m)	桥梁面积(m^2)	混凝土量(m^3)	钢筋量(t)	预应力筋量(t)	施工用料量		
					钢材(t)	周转材料(t)	竹胶板(m^2)
50+80+2×125+80+50	13 005	12 169.6	1 365	860	317	418	1 005

箱 梁 施 工 程 序 表 8-2

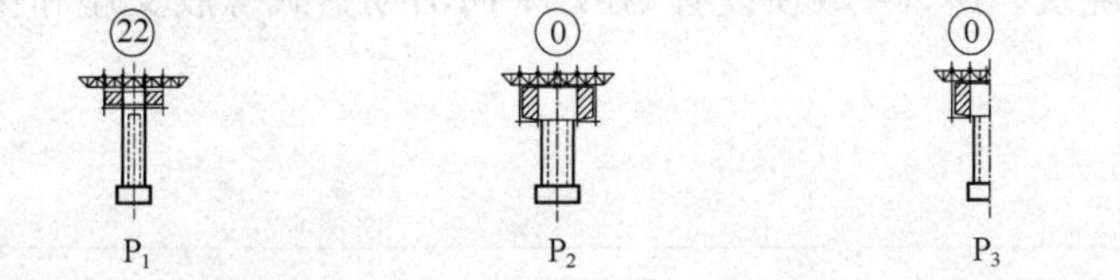	步骤 1: (1)安装墩旁托架,浇筑 P_1、P_5 墩顶 22 号块,P_2～P_4 墩顶 0 号块。 (2)22 号块与墩身临时固结,安装 P_1～P_4 墩挂篮
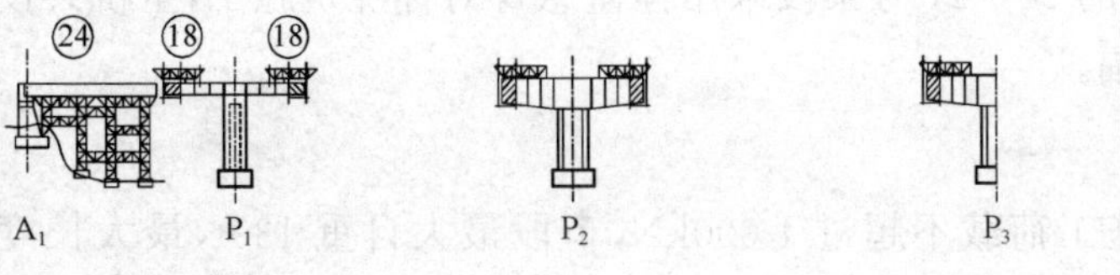	步骤 2: (1)用挂篮对称悬浇,施工完成 P_1 墩 18 号块之后挂篮转至 P_5 墩施工。 (2)安装 A_1 台 24 号块落地支架,施工 24 号块。 (3)主跨箱梁对称悬浇(各挂篮施工完 2 号块段后分体移位)

续上表

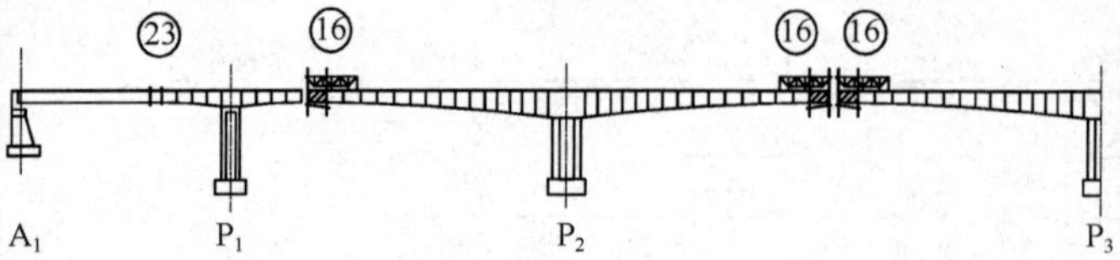	步骤 3： (1)边跨合拢段施工。安装 23 号块吊架及刚性连接杆，在 18 号梁端加平衡重浇筑合拢段，张拉 23 号块、18 号块竖向预应力筋后，撤除 22 号块临时固结，张拉合拢束，之后拆除落地支架。 (2)主跨梁段继续悬浇至 16 号块段，其中 P_3 墩 16 号块先行施工完，挂篮退后 1 号块段
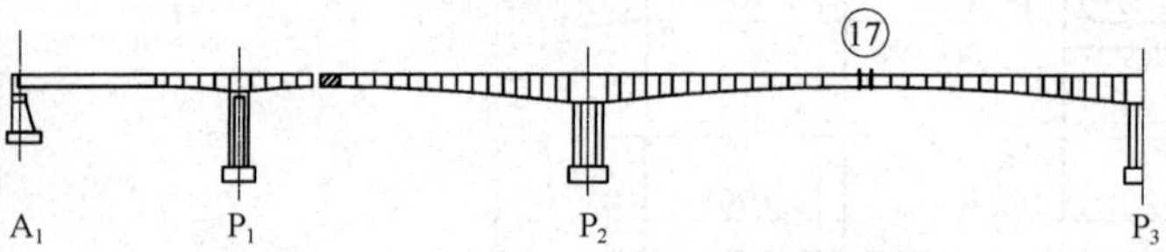	步骤 4： (1)主跨两个合拢段 17 号块同步合拢。 (2)撤除挂篮，移至左幅施工
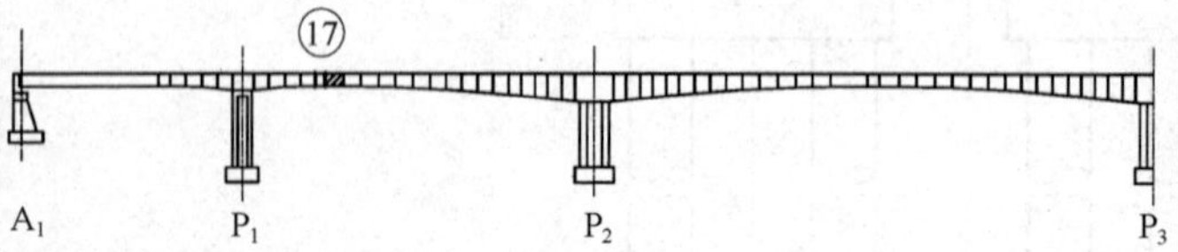	步骤 5： (1)次边跨 2 号合拢段 17 号块同步施工。 (2)桥面工程施工

一 墩顶块段施工

P_2～P_4 刚构墩顶为 0 号块段，P_1、P_5 墩顶为 22 号块段，均采用墩旁托架施工。墩旁托架根据承台和墩身结构分别采用万能杆件支架和桁梁，以及 ϕ0.8m 钢管柱和型钢分配梁，其总体承担能力按 0 号块或 22 号块自重加施工荷载设计，墩顶块段施工完成后即拆除倒用。

1. 箱梁 0 号块段施工

0 号块段长 9m，高 6.8m，处于墩梁结合部位，受力复杂，工程量大。为了保证 T 形刚构的整体性，分两次施工，薄壁墩身顶部约 3m 与 0 号块底板一起浇筑，底板以上部位再立模浇筑。墩中心处塔吊需在箱梁翼缘板上开槽。

2. 箱梁 22 号块段施工

22 号块段长 5m，高 2.5m，整体浇筑。P_1、P_5 墩顶设有 GPZ 单向活动盆式橡胶支座和梁段临时固结结构。

二 悬浇块段施工

“T 构”的 1～16 号梁段、连续梁的 18～21 号梁段采用挂篮悬臂对称浇筑施工，全桥共投入挂篮 4 套，先施工右幅，后施工左幅。

1. 挂篮(图 8-36)

本桥“T 构”悬臂大，设计要求施工荷载不超过 1 000kN，节段最大自重 130t，最大长度 4m，综合研究后采用万能杆件拼装桁架式挂篮，挂篮主桁由 4 榀桁架组成，每 2 榀组合在一起，中间通过联结系连成整体，见图 8-36，单只挂篮重 67.3t。

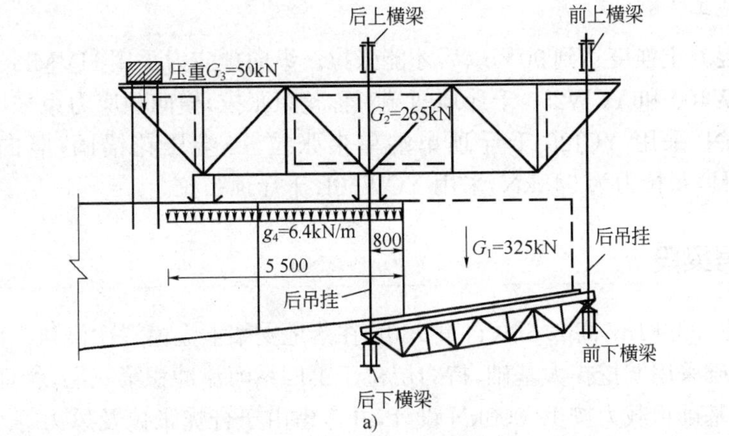

图 8-36 挂篮构造示意图(尺寸单位:cm)

挂篮满足如下性能:

(1)充分利用工地材料,制造安装简便。

(2)22 号块段长仅 5m,通过变换主桁支腿位置能够实现整体拼装,同时分体移位方便。

(3)主桁与吊挂平台分两次走行,减少后平衡重,降低移位阻力。

(4)后锚固利用箱梁竖向预应力筋,通过连接器直接锚固在主桁上,取消后锚梁。

(5)内、外模分别设有导梁,滑移及安装方便。

挂篮主桁拼装完成后,在地面对其进行加载试验,以确定主桁桁架的共同受力情况及最大荷载时主桁的连接强度和变形值,消除残余变形和准确设置预拱度。试验时两组主桁相对平置,锚固后用千斤顶加载,测得残余变形为 58mm,弹性变形为 24mm。

2. 22 号块段临时固结

安装挂篮悬浇 21～18 号块段前,必须先将 22 号梁段与桥墩临时固结,以保证施工安全。临时固结采用在墩顶两侧设置临时垫块,然后在 22 号块梁顶张拉锚固于墩身内的竖向预应力筋。临时固结的计算荷载为最后一个梁段的不平衡自重,安全系数取 2.0,在墩顶每侧预埋了 28 根 ϕ32mm 精轧螺纹钢筋,张拉力为 255kN。

在合拢完边跨 23 号梁段并张拉竖向预应力筋完毕后,拆除临时固结,转换成连续体系,然后张拉边跨各底板束。

3. 预应力施工

设计要求混凝土强度达到90%以后才能张拉。纵向预应力采用HVMl5-19和HVMl5-12锚具，采用YCW400和YCW250千斤顶两端对称整束张拉；横向预应力束采用BMl5-3锚具，张拉力为558kN，采用YCJ26千斤顶单端单束张拉，一端压花锚固；竖向预应力筋采用ϕ32mm轧丝锚具，张拉力为543kN，采用YCW60B千斤顶张拉。

三 24号梁段

24号梁段长30.84m，高2.5m，自重780t，在落地支架上立模一次浇筑。落地支架采用万能杆件拼装，基础采用明挖扩大基础，持力层位于第四系河流冲积第三层，物理力学性质良好，承载力高；支架基础承载力按12 000kN设计，并考虑由于合拢张拉及风力等水平荷载作用下的稳定。

混凝土浇筑采用斜向分段、水平分层的方法连续浇筑，由支架端向桥台端施工，在靠近桥台处设一工作缝最后浇筑。

四 合拢段施工

单幅全桥共6个合拢点，分3批合拢，首先2个边跨合拢段(23号块)合拢，然后2个主跨合拢段(17号块)同步合拢，最后2个次边跨合拢段(17号块)同步合拢，全桥成型。合拢段采用吊架施工。

1. 主跨合拢段施工

主跨“T构”一经合拢便成为超静定结构，其刚构跨度大、温度应力较高，设计对合拢温度有严格要求。对主跨温度的监测是监控的重要内容，施工时在1、4、7、10、13、16号梁段根部全断面埋设测温计，测定水化热温升和梁体各部温度，以确定合拢时机。

合拢要求：

(1)合拢温度指梁体锁定时温度，要求在18～20℃之间。

(2)梁体锁定通过安装合拢段刚性连接件，并预拉纵向顶、底板束各2束完成。

(3)安装平衡重，并在混凝土浇筑过程中分步撤除。

(4)混凝土浇筑选择一天中温度最低时进行。

监控主要成果：

(1)梁段混凝土浇筑后水化热24h达到峰值，最大温升达69℃(气温14℃)，6d后回到正常温度值。由于养护原因，腹板温升最高，底板次之，翼缘板最低。

(2)梁体低温较大气低温滞后约10h。

(3)合拢束张拉力总计达80 000kN，进行了应力和位移监测。“T构”墩身根部为最不利截面，张拉后未出现裂纹，测得有瞬时拉应力；P_2、P_4墩向P_3墩方向各位移8mm和12mm；次边跨悬臂端向上位移20mm，跨中向上位移35mm。

2. 次边跨合拢段施工

边跨和次边跨合拢没有合拢温度限制。受边跨、主跨合拢张拉及混凝土收缩徐变和温度对悬臂端位移的影响，次边跨合拢误差不易控制。主跨最后一个块段施工时要综合考虑以上因素预设好调整量，减少合拢偏差，最后通过梁端压重调整偏差。

思考与练习

8.1　简述大跨度梁式高架桥的施工方法及其优点。

8.2　简述支架现浇的类型和特点。

8.3　什么是施工挂篮？请简述其构造。

8.4　自锚式挂篮的种类有哪些？

8.5　简述悬臂梁0号段的施工工艺。

8.6　简述梁墩临时固结的作用和形式。

8.7　简述混凝土浇筑时挂篮变形的消除措施。

8.8　简述悬拼法施工的特点。

8.9　试比较悬臂拼装与悬臂浇筑的施工特点。

8.10　梁段预制的方法有哪些？

8.11　悬臂拼装施工的方法有哪些？

8.12　简述悬臂拼装接缝的类型。

8.13　什么是顶推法施工？

8.14　梁段顶推的方法有哪些？

8.15　什么是单点顶推、多点顶推、水平-竖直千斤顶法和拉杆千斤顶法？

8.16　什么是简支变连续、悬臂变连续？

8.17　什么是移动模架逐孔架设法？

第九章　其他高架桥梁的构造与施工

本章知识目标

通过本章的学习，学生应掌握以下知识：

1. 钢管混凝土拱桥的构造；
2. 拱桥的施工技术；
3. 下承式简支钢桁梁桥的施工技术；
4. 斜拉桥的施工技术；
5. 悬索桥的施工技术。

第一节　拱　　桥

一　拱桥的分类

拱桥的形式多种多样，大致有以下分类。

按照主拱圈(肋)所使用的建筑材料，可以分为石拱桥、素混凝土拱桥(以上两种简称圬工拱桥)、钢筋混凝土拱桥、钢管混凝土拱桥及钢拱桥。

按照拱上建筑形式，可以分为实腹式(图 9-1)、空腹式拱桥(图 9-2)。

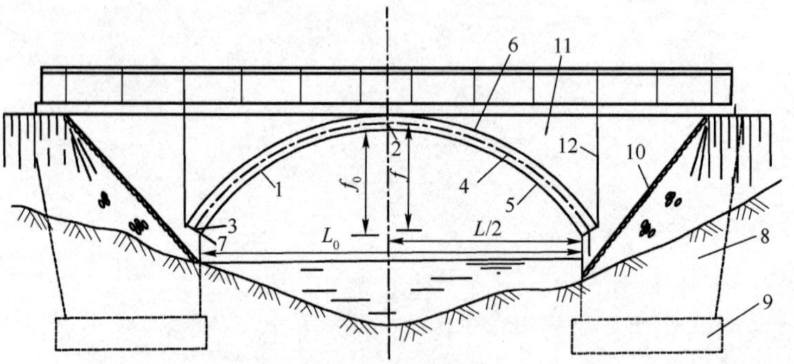

图 9-1　实腹式拱桥

1-主拱圈；2-拱顶；3-拱脚；4-拱轴线；5-拱腹；6-拱背；7-起拱线；8-桥台；9-桥台基础；10-锥坡；11-拱上建筑；12-断缝；L_0-净跨径；L-计算跨径；f_0-净矢高；f-计算矢高

按照桥面的位置，可分为上承式拱桥、下承式拱桥和中承式拱桥(图 9-3)。

按照墩台是否承受水平推力，可分为有推力拱桥和无推力拱桥(系杆拱桥)。

按照拱圈(肋)内是否设铰，分无铰、两铰和三铰拱桥等。

目前，钢管混凝土拱因其受力及施工上的优越性，得到了广泛应用与发展，最大跨度已达

420m。钢拱桥只在特大跨度时应用。中、下承式拱桥常用于建筑高度受到限制时。由于铰的构造复杂、价格贵(特别当铰的压力很大时),须经常注意维护,拱桥一般做成无铰拱;三铰拱的拱顶铰使拱的挠度曲线有明显转折,引起活荷载的附加冲击,因此一般均不采用;两铰拱也只在桥台基础可能发生位移或坦拱中采用,以减小基础位移、温度变化、混凝土收缩和徐变等引起的附加内力。

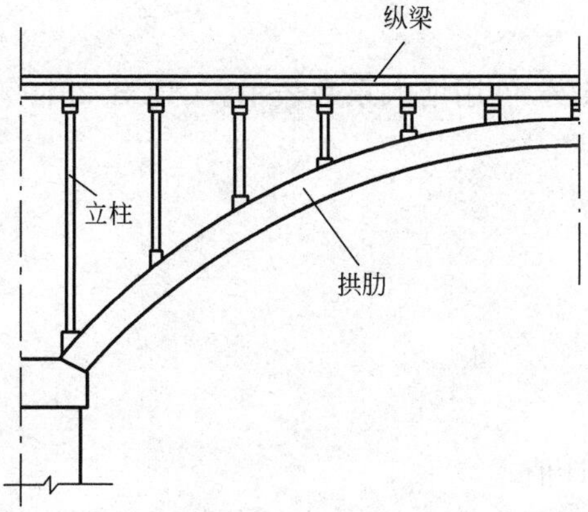

图 9-2　空腹式拱桥

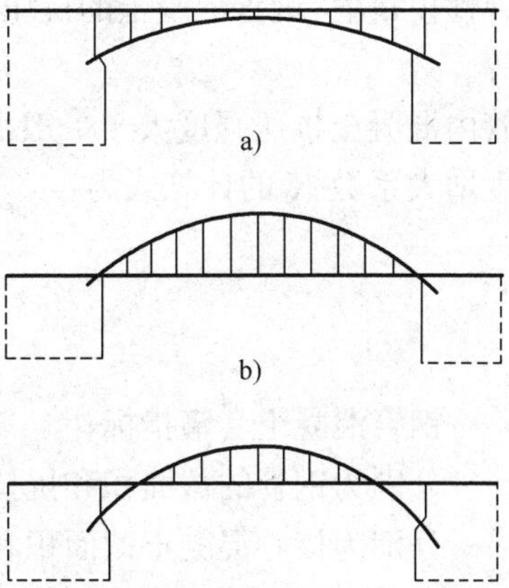

图 9-3　拱桥图式

a)上承式;b)下承式;c)中承式

拱桥和其他桥梁一样,也是由上部结构及下部结构两部分组成。拱桥的上部结构由两大部分构成:拱肋或拱圈(以下统称主拱)与拱上结构(图 9-1)。主拱是主要承重结构,承受主拱上的全部荷载,并将荷载传递给墩台、基础。对上承式拱桥拱上结构是主拱上的填平部分,它将荷载传递给主拱,有时也分担部分荷载。对中、下承式拱桥,拱上结构包括吊杆与桥面系(图 9-3)。上承式拱桥拱上结构可做成实腹的(图 9-1)或空腹的(图 9-2),相应称为实腹拱桥和空腹拱桥。图 9-1 给出了拱桥的主要组成部分和名称。

二　钢管混凝土拱桥构造

(一)钢管混凝土拱桥的特点

钢管混凝土拱桥是一种新型的拱桥结构,1990 年在四川旺苍建成了跨度 115m 的国内第一座公路钢管混凝土拱桥。由于其具有省材、轻便、美观及无支架施工的特点,很快得到推广和应用,在几年内已建成和在建钢管混凝土拱桥达 40 余座。钢管吊装重量比钢筋混凝土拱肋轻很多,解决了大跨径拱桥施工问题。钢管混凝土拱桥不仅应用于山区,也在平原河网地区得到推广(多数为带系杆的中、下承式拱桥)。大跨度钢管混凝土拱(包括钢管混凝土系杆拱),无论是经济性还是在施工技术等方面,已开始与斜拉桥式方案竞争。

钢管混凝土的主要特点是:在钢管拱合拢后,在其内填充混凝土,使两者共同工作,钢管壁对混凝土的套箍作用,提高了混凝土的抗压强度和延性,而内填的混凝土又提高了钢管壁受压时的稳定性及其抗腐蚀性;在施工方面,空心钢管作为劲性骨架和模板,施工吊装重量轻,进度快,便于无支架吊装或转体施工。

钢管混凝土拱的其他特点是:对钢管制造、安装要求高,钢管内灌注混凝土要注意其密实性，钢管外表面要作防锈蚀处理。

我国建筑部门在20世纪60年代开始研究钢管混凝土结构。1990年中国工程建设标准化协会正式批准颁布了国家推荐性标准《钢管混凝土结构设计与施工规程》(CECS 28:90)。但钢管混凝土拱桥却是一新型结构，目前尚无针对桥的有关设计与施工规范，设计都是参考上述规程。在钢管混凝土拱桥设计与施工中，有些问题还有待进一步研究和试验。诸如钢管混凝土的弹性模量值、钢管混凝土的抗压强度、钢管内混凝土徐变引起钢管与混凝土之间的应力重分布等。

钢管内混凝土抗压强度大于一般混凝土抗压强度，可用增大系数表示。CECS 28:90提出的强度增大系数K的计算式为：

$$K = 1 + \sqrt{\theta}$$

$$\theta = \frac{A_s f_s}{A_c f_c}$$

式中：θ——钢管混凝土套箍指标；

A_c，f_c——分别为钢管的截面积和抗拉强度设计值；

A_s，f_s——分别为核心混凝土截面积和抗压强度设计值。

但在钢管拱桥中如何采用这一系数，仍无统一标准。有的设计仍采用普通混凝土的抗压强度，可能是基于：对大直径钢管还缺乏足够的试验数据；混凝土徐变对应力的影响；钢管内混凝土不易振捣，不易控制管内混凝土密实度，一般灌注规律是钢管顶部不如底部混凝土密实。

上述两种规程对钢管混凝土构件的换算刚度或综合刚度计算方法，基本上是一致的，对抗拉、抗压和抗弯刚度都是采用混凝土部分和钢管部分刚度的叠加。

1. 抗压和抗拉刚度

$$EA = E_s A_s + E_c A_c$$

2. 抗弯刚度

$$EI = E_s I_s + E_c I_c$$

式中：EA，EI——分别为钢管混凝土受轴力及受弯时的换算刚度，或称综合刚度；

E_s，E_c——分别为钢与混凝土的弹性模量；

A_s，A_c——分别为钢管混凝土中钢管与混凝土的截面积；

I_s，I_c——分别为钢管混凝土中钢管与混凝土的截面惯性矩。

(二)主拱结构

钢管混凝土拱桥在设计与施工上有两大方向：一种为钢管内灌混凝土，即钢管表面外露，钢管与核心混凝土共同受力，成桥后钢管受设计荷载控制，同时也作为施工时的劲性骨架；另一种是内灌外包混凝土(以下简称外包)，钢管表面不外露，钢管仍作为施工的劲性骨架，先内灌混凝土成钢管混凝土，后再挂模板外包混凝土形成拱，成桥后钢管参与受力，但不受设计荷载控制。严格说来，前者应称为钢管混凝土拱桥，后者因钢管仅起到劲性骨架作用，应称钢筋混凝土劲性骨架拱桥，但由于施工上的共同性，设计部门仍把它归入钢管混凝土拱桥。

外包钢管混凝土拱与上述钢筋混凝土拱结构，除施工方法上有区别外，其他基本一样，主拱也分拱肋、拱圈两种。拱圈可以是矩形（图 9-4）或箱形截面（图 9-5）。图 9-4 的主拱截面净跨 70m。图 9-5 的主跨拱截面跨度 420m，矢跨比 1/5，采用的劲性骨架为空间桁架，主弦杆为 5 排 10 根 ϕ420mm、厚 16mm 无缝钢管，腹杆为角钢。

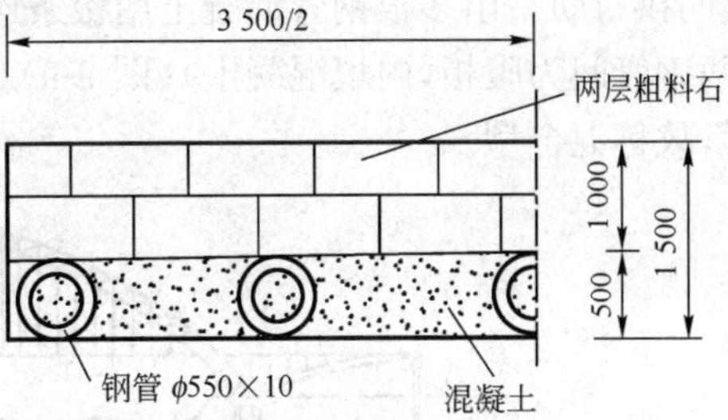

图 9-4　外包钢管混凝土拱矩形拱圈（尺寸单位：mm）

拱肋一般为箱形肋，也有采用工字形。

无论是拱肋还是拱圈，外包钢管混凝土拱多用于上承式拱桥。

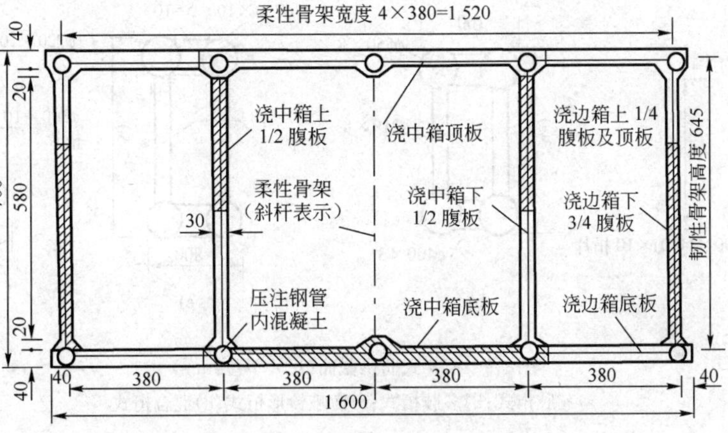

图 9-5　外包钢管混凝土拱箱形拱圈（尺寸单位：mm）

内灌钢管混凝土拱分肋拱与桁架拱。肋拱截面形式有：单圆钢管、扁圆钢管（图 9-6）、哑铃形（图 9-7）等。

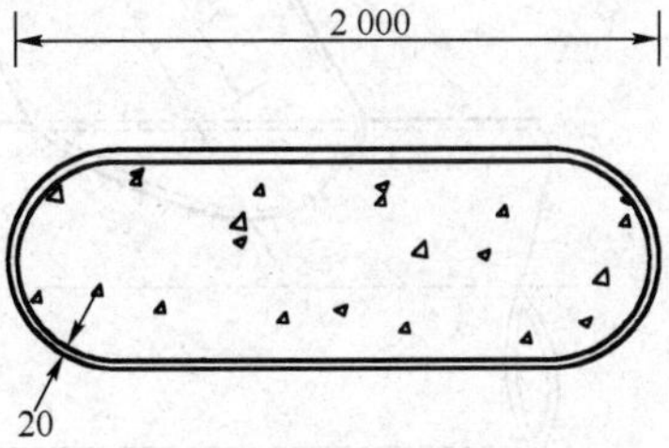

图 9-6　扁圆拱肋（尺寸单位：mm）

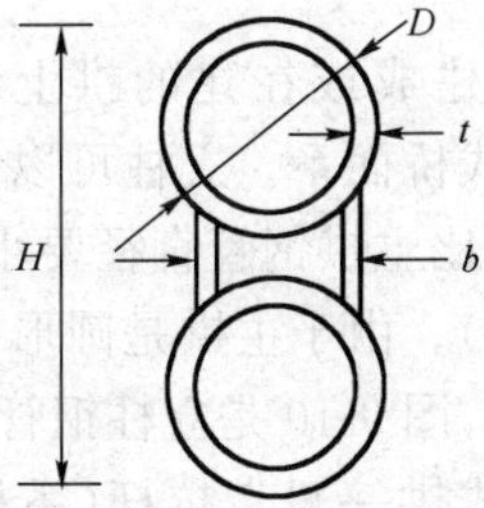

图 9-7　哑铃形拱肋

单圆钢管混凝土拱一般采用于小跨径（100m 以下）。国外曾建造过一些单圆钢管混凝土拱，最大跨度达 220m。在跨径较大时，其是否经济，有待于探讨。其特点是制造、施工比较简便，但受力特性不如哑铃形。

扁圆钢管混凝土拱只能在中、小跨度中采用。

哑铃形拱是最常用的截面形式，它由钢腹板与两钢管焊接而成，腹板内也填充混凝土。拱桥从几十米到 160m 大多采用这种形式。钢管直径 D 为 45～110cm，D/L 为 1/78～1/150（L 为净跨径），高度 H 为 120～270cm。D/H＝1/2.11～1/2.67，以 1/2.5 居多。管壁厚为8～16mm，10mm 最常用（16mm 用于拱脚段）。D/L 一般随跨径增大而减少。

当跨径较大时，常采用桁架式肋拱（图 9-8）。桁架式肋拱自重轻，截面抗弯效率高。桁架式肋拱每肋是由多根钢管混凝土用缀条连接组成，有三肢和多肢桁式截面、横哑铃形桁式截面（两钢管间为腹板，内填混凝土）（图 9-9）。图 9-9d）为上承式系杆肋拱截面，上翼缘是横哑铃形，故称混合型。

图 9-8　桁架拱简图

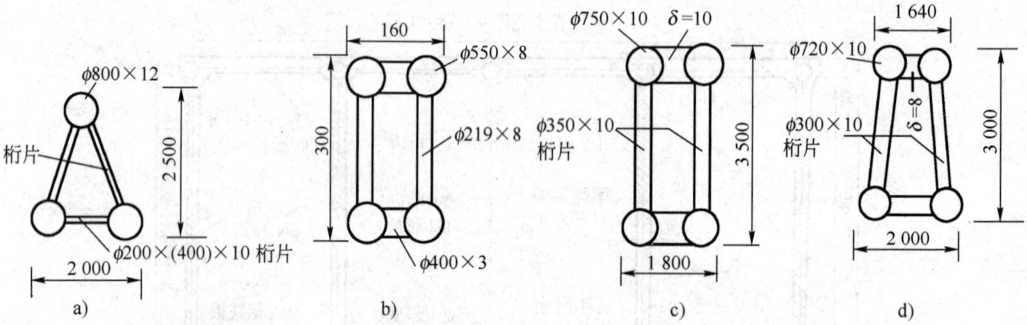

图 9-9　桁架式肋拱截面（尺寸单位：mm）

a）三肢桁式；b）多肢桁式；c）横哑铃形桁式；d）混合桁式

此外，还有采用由 2～5 个钢管单元集合（钢管与钢管直接焊接）而成的肋拱。

（三）拱上结构的特点

已经建成或在建的拱上结构大都采用预制板式、肋梁式桥面系。立柱可以是钢筋混凝土或钢管。钢管直径比主拱钢管直径要小（内不填充混凝土，以减轻自重）。由于主拱是圆形钢管，要注意立柱与主拱的连接，图 9-10 是立柱钢管与主拱钢管连接实例。中、下承式拱一般带拉杆（系杆拱）。拉杆一般为柔性高强度钢绞线。

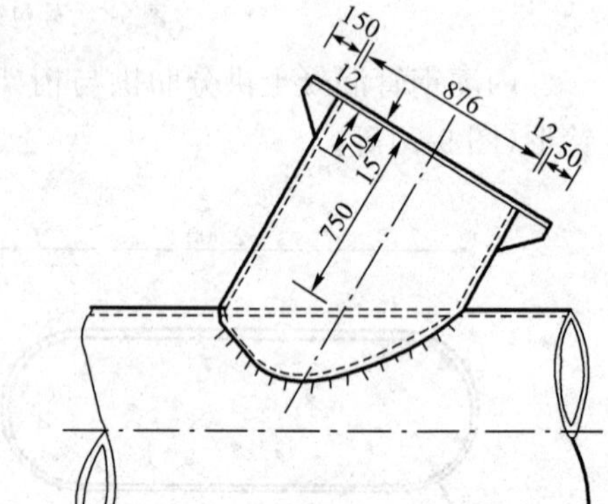

图 9-10　立柱与主拱的曲面连接（尺寸单位：mm）

三　拱桥施工

拱桥的施工方法归纳起来有两大类，即有支架施工和无支架施工。

（一）有支架施工

其施工工序主要有：材料准备、拱圈放样、拱架制作和安装、拱圈及拱上结构砌筑等。

1. 拱架

拱架在拱桥修建期间，用于支承全部或部分主拱结构的重量，并保证主拱圈的形状符合设计要求。它必须有足够的强度、刚度和稳定性，同时又要求构造简单、制作容易、省料、可重复使用等。

(1)拱架的形式和构造

①木拱架

图 9-11 为常用的立柱斜撑式满布木拱架。其上部由斜梁(或称弓形木)、立柱、斜撑和水平系杆组成。斜梁跨度一般为 1.5～3.0m，斜梁上搁置间距 0.6～0.7m 的横梁，其上铺 3～5cm 厚纵向模板(也可不设横梁，而在斜梁上铺以较厚的纵向模板)。水平系杆之下为支架。卸落设备为砂筒、木楔或千斤顶，设置在拱盔(拱架上部)与支架之间。

每孔拱桥施工时，视拱圈宽度和重量而定设置拱架榀数，若榀数较多，拱架之间要有充分的纵向及横向联结系。若自重不大，拱架高度较大时，其横向外侧需加斜撑或风缆以抵抗风力。

②钢拱架

目前国内已有的常备式钢拱架，采用桁架式，由单榀拱形桁架构成，榀间距离为 0.4m 或 1.9m，桁架榀数视桥跨宽度和重量决定，可拼成三铰、两铰或无铰拱架。

拱架的基本构件包括联结系在内是预制常备式的；拱顶和拱脚的构件及下弦杆件、配件、铰、落架设备等则可按桥跨形式配置，以适用不同跨度和矢度的拱。当拟建拱桥的跨度大于 180m 时，可用两层拱架。

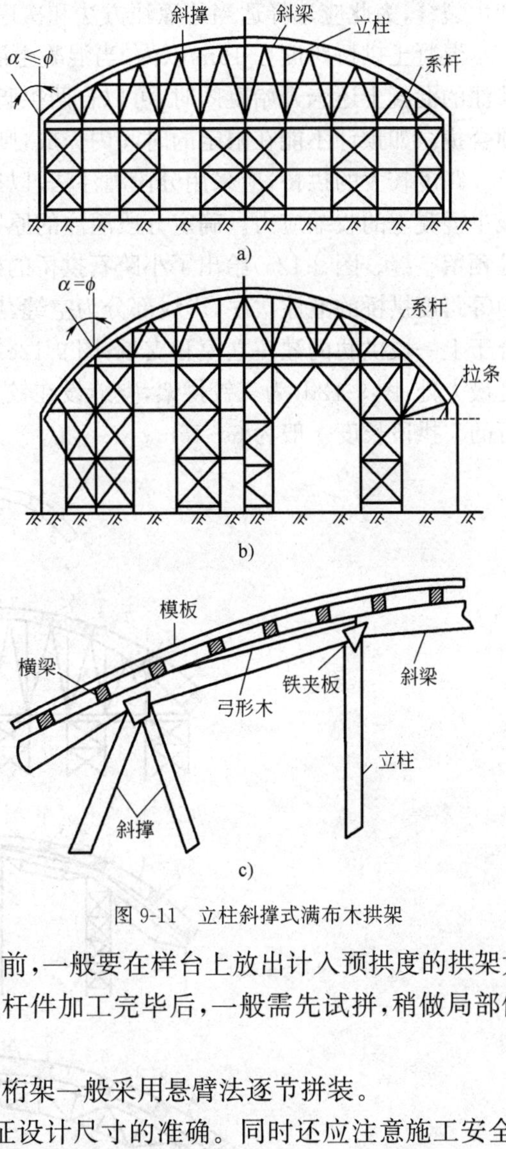

图 9-11　立柱斜撑式满布木拱架

(2)拱架的制作、安装与卸落

为了使拱架具有准确的外形和尺寸，在制作前，一般要在样台上放出计入预拱度的拱架大样。然后制作杆件样板，以便按样板加工杆件。杆件加工完毕后，一般需先试拼，稍做局部修改，即可在桥孔中进行安装。

满布式拱架一般在桥孔逐杆安装，常备式钢桁架一般采用悬臂法逐节拼装。

各类拱架安装时，都应及时进行测量，以保证设计尺寸的准确。同时还应注意施工安全；在风力较大地区，拱架需设置风缆索，以增强稳定性。

拱架安装好后，其轴线偏离应符合设计要求，拱架上用于拼装或灌注拱圈(肋)的垫木或底模的顶面高程误差不应超过＋20mm 或－10mm，而纵轴的平面位置不应大于跨径的±1/100，也不应超过±30mm。

拱架在圬工灌砌期间，支承拱圈的全部重量，需待圬工凝固后方可拆除。为使拱架所支承的重量逐渐转移到由拱自身来承受，切忌将拱架突然拆除，或仅将其某一部分拆除。为此，在安装拱架时，必须预先将落架设备安放到适当位置，如在立柱斜撑式拱架中，安放在拱盔立柱下面；在带梁的拱架中，安放在梁的支点处；在拱式拱架中，则安放在拱铰的位置处。卸落时，落架设备逐渐松降，松降多少才能使拱架脱离拱圈，必须预先计算。

2. 拱圈及拱上结构施工

(1)拱圈的灌注(砌筑)

在拱架上灌注(砌筑)拱圈(肋)时，拱架将随荷载的增加而不断变形，有可能使已筑混凝土产生裂缝，为此应选择适当的灌注方法和次序。

混凝土拱桥跨度在15m以内，当混凝土灌注速度能保证在全部混凝土灌注完毕后而最先灌注的混凝土还未开始凝固时，可以自两拱脚开始，按拱圈全宽对称地向拱顶连续灌注，在拱顶合拢。如预计不能在限定的时间内完成，则需在拱脚处留一隔缝于最后浇注。

跨度较大的拱桥，应采用分段灌注法，以避免因拱架变形而使先灌已凝的混凝土开裂，并减少混凝土的收缩应力。确定分段灌注的原则是使拱架的变形最小。分段灌注时，应在必要处预留空缝。图9-12a)给出了小跨石拱桥的砌筑次序；图9-12b)给出了用立柱斜撑式拱架的中等跨度拱桥的灌注次序，影线部分为空缝，应设置在斜梁支点上，即转角最大处，其宽度应适合于上一段拱肋的灌注立模和支承；图9-12c)给出了塔架式拱架，其空缝设在梁的支点上和挠度最大处；图9-12d)为三铰拱架，空缝设在铰上。由图9-12可知，灌注工作总是对称于跨中进行的。拱段长度一般为6～15m。

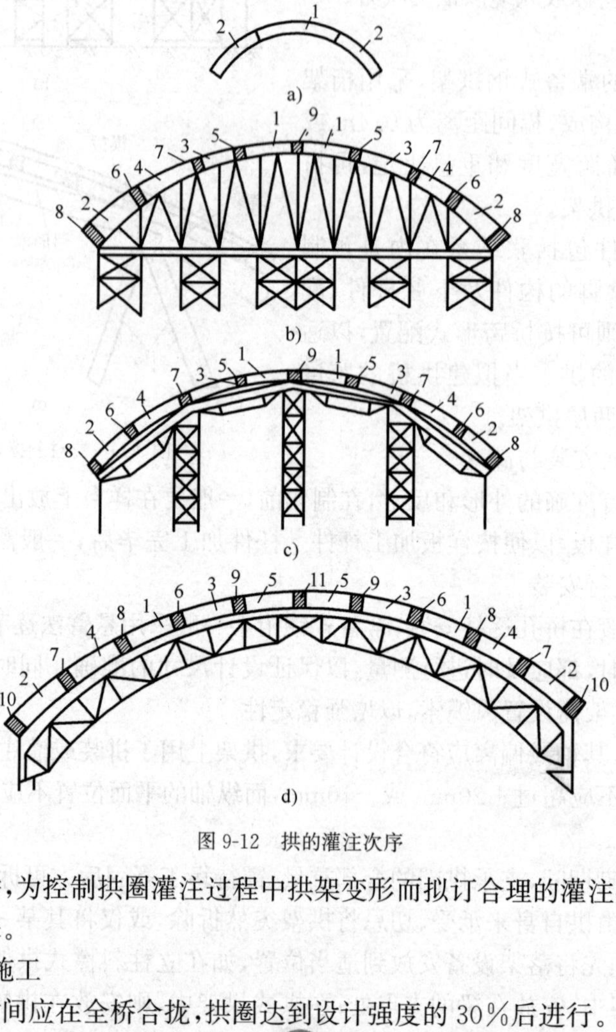

图9-12 拱的灌注次序

对于大跨度拱桥，为控制拱圈灌注过程中拱架变形而拟订合理的灌注次序时，最好先画出拱架的挠度影响线来。

(2)拱上结构的施工

此部分的施工时间应在全桥合拢，拱圈达到设计强度的30%后进行。

拱上建筑的施工，应对称均衡地进行，避免使主拱圈产生过大的不均匀变形，实腹式拱上结构，应由拱脚向拱顶对称灌注。当侧墙灌注好后，再填筑拱腹填料。空腹式拱桥一般是在横墙(或钢架)灌注完后卸落拱架，然后再对称均衡地安砌腹拱圈，以免由于主拱圈不均匀下沉而使腹拱圈开裂。

在多跨连续拱桥中，当桥墩不是按单向推力墩设计时，仍应注意相邻跨间的对称均衡施工，避免桥墩承受过大的单向推力。

(二)无支架施工

拱桥无支架施工法是在20世纪60年代发展起来的，它的出现大大提高了拱桥的跨越能力，从而增强了拱桥的竞争能力。拱桥的无支架施工有以下几种：缆索吊装施工法、悬臂施工法、转体施工法、劲性骨架法。

1.缆索吊装施工法

缆索吊装施工是目前无支架施工的主要方法之一。其工序大致包括：拱箱(肋)的预制、拱箱(肋)的移运和吊装、主拱圈的安砌、拱上建筑施工、桥面结构施工等。

图9-13为缆索吊装施工示意图。缆索吊车由塔架、主索、牵引索、起重索、起重小车和风缆等构成。塔架立于桥台上或桥头高地，四面用风缆固定。主索即起重小车的轨索，用数根粗钢索组成，支撑于塔架顶部的索鞍上，并用地垄锚固。一般用两组主索，如塔架可移动，也可用一组主索。牵引索牵引起重小车，使其能沿主索移动。起重索用于使起重小车的动滑轮组升降。牵引和起重均用绞车。此外还有扣索，用于悬挂分索器和使主索、起重索、牵引索不致相互干扰和下垂。

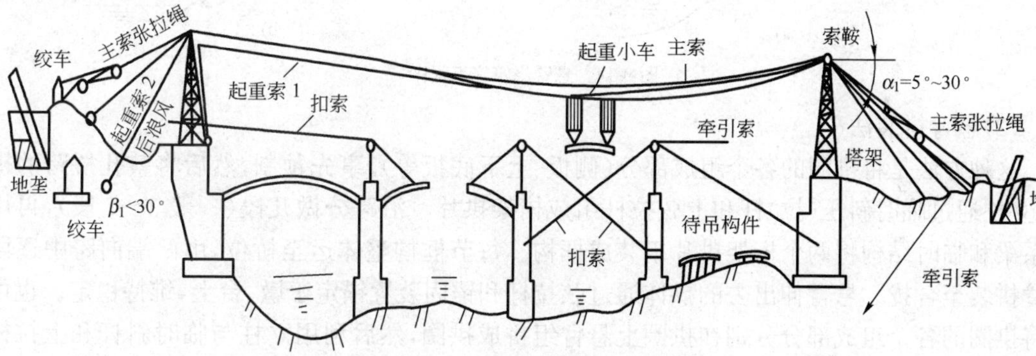

图9-13 缆索吊装施工示意图

拱桥的构件在河滩或岸边预制或预拼后，送至缆索下面，由起重小车起吊送至桥位安装。为使端段基肋在合拢前保持一定位置，先在其上用扣索临时扣住，然后再松开吊索。吊装应自一孔桥的两端向中间对称进行。在最后一节构件吊装就位，并将各接头位置调整到规定高程后，才能放松吊索并将各接头接整合拢，最后才将所有扣索撤去。

吊装施工的成败关键在于保证基肋(指拱肋、拱箱或桁架拱片)有足够的强度和稳定性，不仅要按单根构件在运输和吊装时的情况复核其强度和稳定性，更重要的是还要按基肋合拢时及合拢后所承担的荷载，检算其强度和稳定性。关于其强度和稳定性的计算方法及加强措施，在此不作介绍。

2.悬臂施工法

其施工要点是：将拱圈(肋)、立柱与纵横梁对称地分成几段，加上临时斜拉(压)杆、上弦杆预先组成桁式框架，用拉杆或缆索锚固于台后，然后用扒杆或吊车向跨中逐段悬臂施工，最后在拱顶合拢成拱。

悬臂施工法根据拱圈构件的制作方式，分为悬臂浇筑和悬臂拼装两大类，下面分别予以介绍。

(1)悬臂浇筑法

此法为将拱圈、拱上立柱和预应力混凝土桥面板等齐头并进地边浇筑边构成桁架的悬臂灌注方法。施工时，用预应力钢筋临时作为桁架的斜拉杆和桥面板的临时明索，将桁架临时锚固在后面桥台上，其施工程序见图 9-14。图 9-14a)为在边孔完成后，在桥面板上设置临时明索，然后在吊架上浇筑头一段拱圈。待头一段拱圈浇筑完成并达到要求强度后，在其上设置临时预应力明索，并撤去吊架，直接系吊于斜拉杆上，然后在前端安装悬臂吊篮。图 9-14b)为吊篮逐段悬臂灌注拱圈。当吊篮通过拱上立柱 P_2 后，即须立即灌注立柱 P_2 及 P_1 与 P_2 间桥面板，然后用吊篮继续向前灌注，至通过下一个立柱 P_3 位置后，再安装 P_1 与 P_2 间桥面板明索及斜拉杆 T_2，灌注立柱 P_3 及 P_2 与 P_3 间桥面板。每当吊篮前进一步，须将桥面板临时明索收紧一次。这样一面用斜拉钢筋构成桁架，一面悬臂灌注前进，直至拱顶附近。最后拱顶部分可再次用吊架灌注合拢。

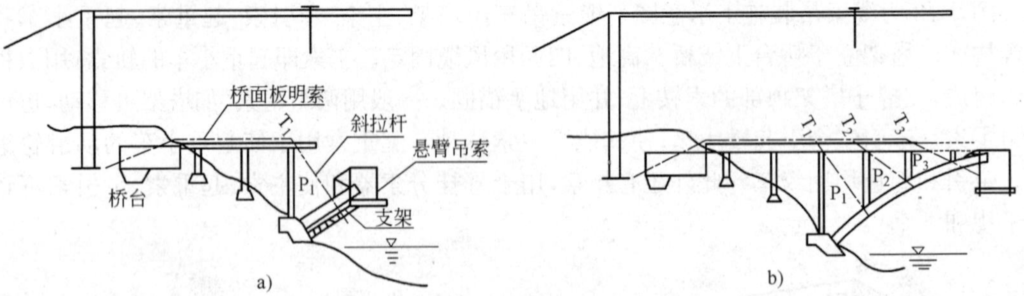

图 9-14　悬臂浇筑施工程序

(2)悬臂拼装法

这种方法是将拱圈的各个组成部分(侧板、上下底板等)，事先预制，然后将整孔桥跨的拱肋、立柱通过临时斜压(拉)杆和上弦拉杆组成桁架拱片。沿跨分做几段(一般 3～7 段)，再用横系梁和临时结构将两个桁架拱片组装成框构。每节框构整体运至桥位，由两端向跨中逐段悬臂拼装至合拢。悬臂伸出去的拱体通过弦拉杆和锚固装置锚定于墩、台上，维持稳定。也可以将拱圈的各个组成部分分别在拱圈上悬臂组拼成拱圈，然后利用立柱与临时斜杆和上拉杆组成桁架体系，逐节拼装，直至合拢。

3. 转体施工法

转体施工是将拱圈整体或分成两个半拱，在桥头将基肋预先拼装或灌注，然后旋转就位后合拢。较之吊装法省去许多高空作业，但地形必须合适，才能节省支架。这种方法又可分为平转和立转两种方式。

(1)平转法施工

平转法施工是将桥体(上部结构)整跨或从跨中分成两个上半跨，利用两岸地形搭架预制。在桥台处设置转盘，将预制的整跨或半跨悬臂桥体置于其上，桥体混凝土强度达到设计强度后脱架，以桥台锚定体系或锚固桥体重力平衡，再用卷构机牵引转盘，将桥体平转至跨中合拢。用吊架灌注合拢段接头混凝土，待其混凝土强度达到设计要求后，最终封固转盘，完成全桥。

平转安装目前可分为有平衡重转体和无平衡重转体两种形式，前者需要加平衡配重，后者可利用锚碇张拉平衡和自平衡。

①有平衡重平转施工

桥体混凝土达到设计规定强度的70%以上后，应按桥梁类型采用外锚扣体系或内锚扣体系，对梁体进行张拉，提高梁体高程，脱离支架，成为以转动体系为支点的悬臂状态。图9-15、图9-16分别为外锚扣体系、内锚扣体系示意图。

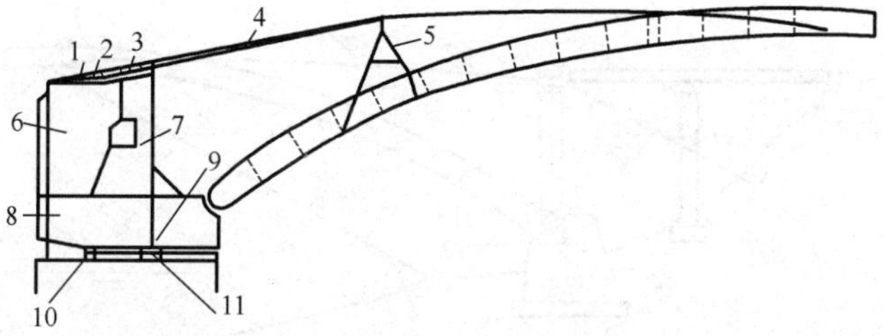

图9-15　外锚扣体系示意图

1-尾索；2-顶梁；3-锚索；4-扣环；5-钢架；6-平衡重；7-墩身；8-转盘上板；9-轴心；10-环道；11-中心支承

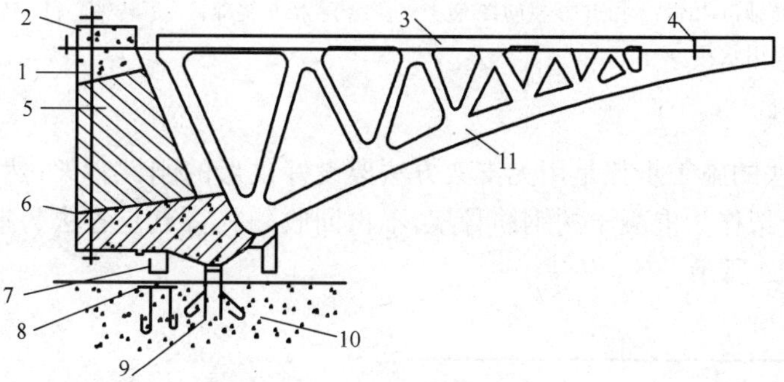

图9-16　内锚扣体系示意图

1-竖直螺杆；2-台帽；3-水平螺杆；4-实腹系点；5-台背；6-上转盘；7-保险滚轮；8-行道板；9-钢管圆头转轴；10-下盘；11-桁架

外锚扣体系是用外加扣索或拉杆扣住桥跨中点附近的扣点后进行张拉、锚扣的；内锚扣体系是利用结构本身作拉杆的，如桁架拱或钢架拱的上弦。外锚扣体系适用于双曲拱、箱形拱等桥型，内锚扣体系适用于桁架拱、钢架拱等桥型。

桥体锚扣脱架后，悬臂支承在双支承式转盘或单支承式转盘上（两种转盘的构造可参阅有关文献），转动前必须先利用配重试验进行试转，其目的是检查转体是否平衡稳定、有无故障，试转角度应大于实际需要转角，并悬挂一段时间（一般3天左右），以观测构件挠度的变化。

拱桥平转法施工，在跨中合拢以前是以两岸台为支点的单壁体系，待桥体合拢，接头混凝土达到设计要求强度后，桥体受力体系改换为拱体系，锚扣体系成为多余，故应撤除。

②无平衡重平转施工

用锚固体系取代平衡重，用锚固体系、转动体系和位控体系构成平衡的转体系统（图9-17）。转动体系由拱体、上转轴、下转轴、下转盘、下环道和扣索组成，其施工工序为：安装下转轴→浇筑下环道→安装转盘、浇筑转盘混凝土→安装拱脚铰→浇筑铰脚混凝土→拼装拱体→穿扣索安装上转轴等。锚固体系由锚碇、尾索、支撑、锚梁（或锚块）及立柱组成。位控体系包括扣点缆风索和转盘牵引系统。

在完成上述构件、设备并经检查符合设计要求后，方可依次进行尾索张拉、扣索张拉、拱体平转、合拢卸扣等工序。在进行上述工序时，必须进行有关的施工观测。

(2)竖直面内转体(立转)施工

如桥跨越深谷，施工时可利用峡谷的有利地形，将桥分为两个半拱，分别在两岸简易支架上灌注，如图 9-18 所示。待混凝土结硬后，在半拱两端拉一钢索作为临时系杆以承受推力；然后借复式滑车和钢丝绳使两个半拱在立面上旋转合拢(图 9-18 右半拱)。

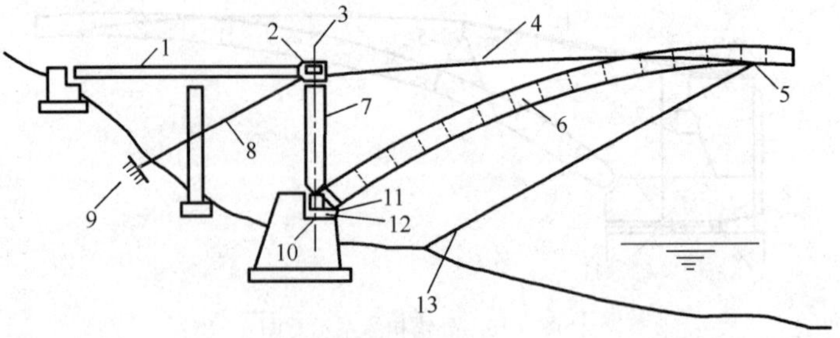

图 9-17　无平衡重平转法施工示意图

1-支撑；2-锚梁；3-上转轴；4-扣索；5-扣点；6-拱肋；7-墩上立柱；8-尾索；9-锚碇；10-下转轴心；11-转盘上板；12-环道；13-扣点缆风绳(兼作转动牵引索)

4. 韧性骨架法

这种施工方法的施工步骤是用无支架方法架设好拱形的刚性骨架，然后围绕骨架浇筑混凝土，即把刚性骨架作为混凝土的钢筋骨架，不再回收。其特点是省去另造拱架工作，但用钢量较大。如图 9-19 所示。

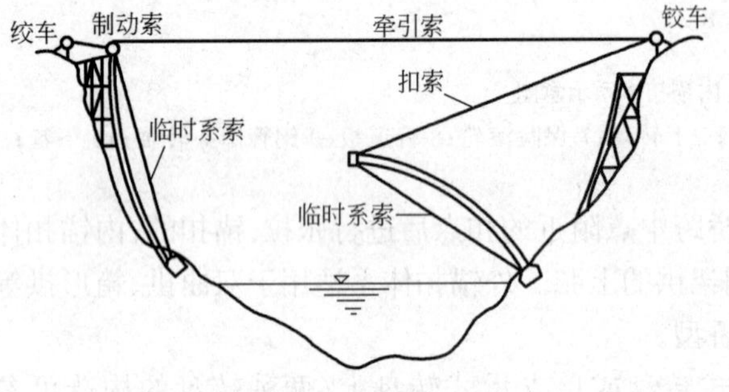

图 9-18　立转施工示意图

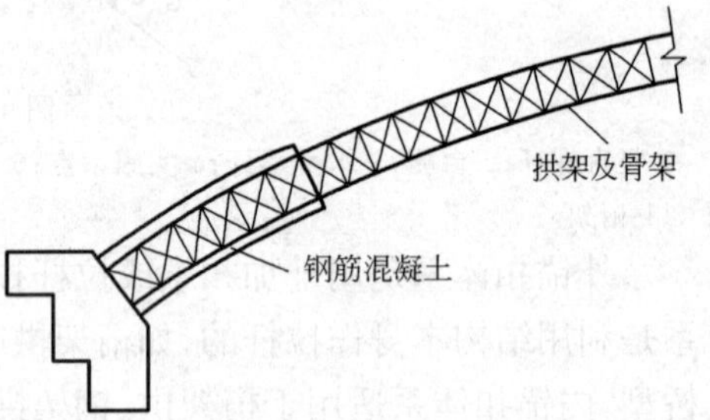

图 9-19　韧性骨架法浇筑拱圈

第二节　下承式简支钢桁梁桥

一　钢桁梁的组成及其构造

随着桥梁的跨度增加，钢板梁所需梁高增加，用钢量也相应增加，很不经济，应采用桁梁。下承式桁梁桥(图 9-20)主要由以下 6 部分组成：桥面、桥面系、主桁架、联结系、制动撑架及支座。这些结构是根据钢桁梁承受的荷载来设计的。

(一)桥面

钢桁梁桥面多采用明桥面，供列车和行人通过，主要由以下部分组成。

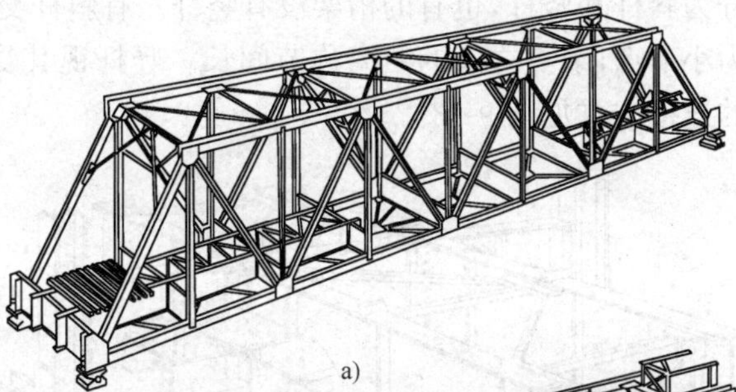

a)

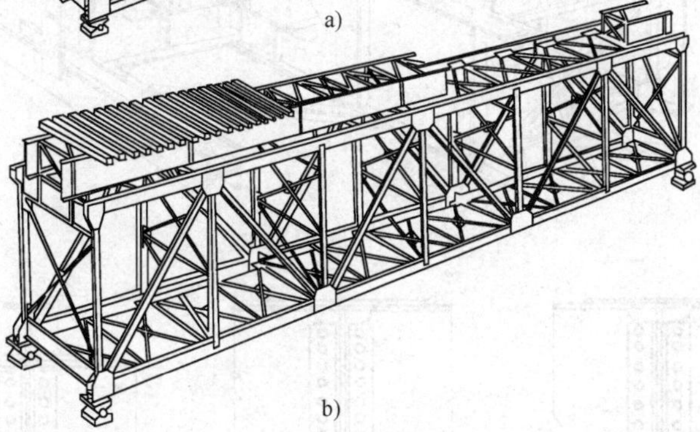

b)

图 9-20　简支钢桁梁

a)下承桁架；b)上承桁架

钢轨：列车的运行轨道，保证列车正常运行。

护轨：护轨和钢轨之间可约束车轮行驶，防止列车掉道时冲出桥面；护轨可用轻型钢轨或角钢制得。

桥枕：钢桥的明桥面采用木枕而非混凝土轨枕是为了减轻自重，木枕具有较好的弹性，可吸收部分列车振动能量。为了便于更换轨枕，桥枕的净距最小不能小于 10cm；为了防止列车脱轨时车轮卡入桥枕，桥枕间最大间距不能超过 21cm。如护轨采用角钢，因车轮掉道后可在角钢的水平肢上滚动，不至于卡入或压毁桥枕，桥枕净距可增大到 30cm。

护木：其作用是固定桥枕的相对位置。一旦车轮脱轨越出护轨后，护木还可以起第二道护轨的作用。护木也可以用角钢∠200×125×16 代替，长肢平放。

防爬角钢：其作用是防止桥面在纵向力作用下沿纵梁爬行。防爬角钢连接在纵梁上。

枕间板：用钢筋混凝土枕间板铺在桥枕之间，供养护人员行走用。

人行道：人行道设于线路两侧，供养护人员行走用。如设在桥梁建筑限界范围以内，则每隔 30m 应设避车台。人行道板的顶面应低于桥枕底面，以方便抽换桥枕。

明桥面的优点是自重小，但噪声大，不适合在城市中人口稠密的地方使用。

(二)桥面系

列车活荷载由桥面传之桥面系，再传给主桁。桥面系由横梁、纵梁(图 9-21)及纵梁间的联结系组成。纵梁的常用间距为 2m。下承式桁梁桥的桥面系位于下弦平面，为减小其建筑高度，纵梁与横梁常布置在同一平面，并采用同一梁高。纵梁与横梁的连接方式见图 9-22。

(三)主桁

主桁是桁梁桥的主要承重结构，它将承受的列车竖向荷载等传给支座。主桁由上弦、下弦和腹杆组成。腹杆又分为斜杆和竖杆，也有的桁架没有竖杆。有斜杆交汇的节点称为大节点，无斜杆交汇的节点称为小节点，节点之间的距离称节间长。竖杆视其受拉或受压又分为挂杆与立柱。横梁与主桁的连接方式见图 9-23。

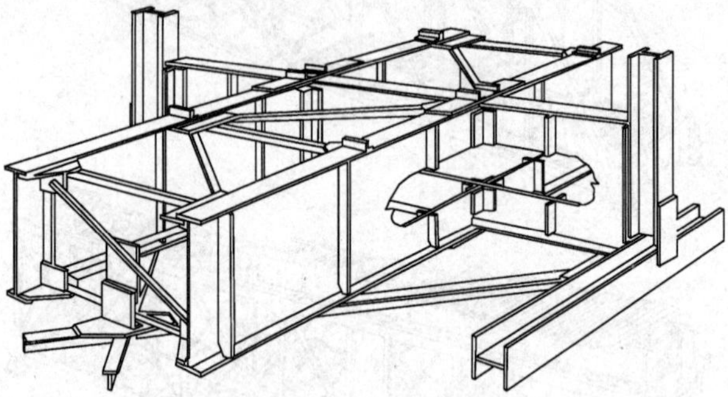

图 9-21　纵梁、横梁

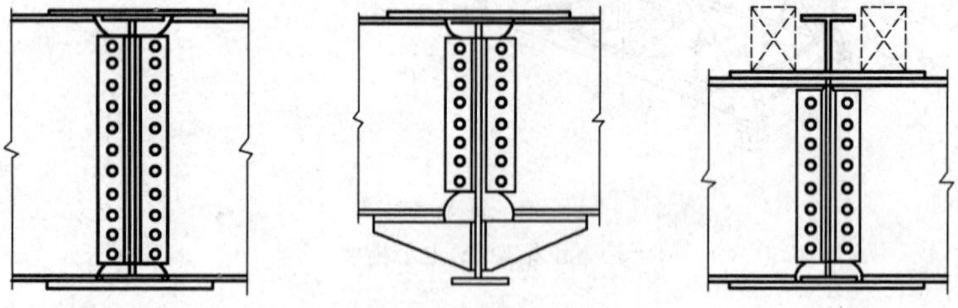

图 9-22　纵梁与横梁的几种连接方式

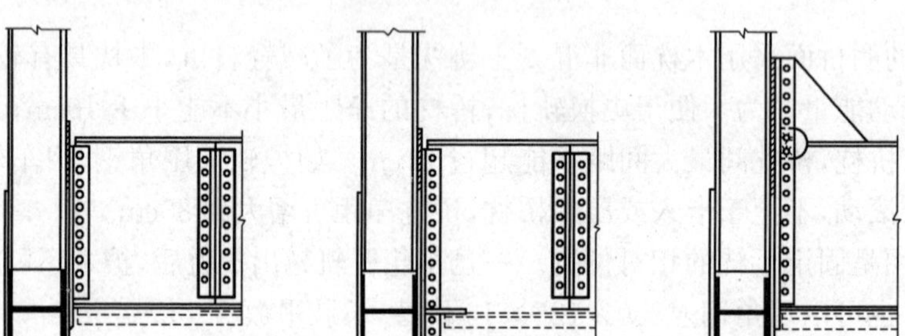

图 9-23　横梁与主桁的几种连接方式

(四)联结系

联结系的主要作用是将两片主桁架联结成几何图形稳定的空间结构，承受各种横向荷载。联结系分为横向联结系与纵向联结系两种。

横向联结系位于桥跨结构的横向平面内，位于梁端称桥门架，位于梁中称中横联。桥门架设在端斜杆平面内，中横联设在竖杆平面内，无竖杆时可设于斜腹杆平面内。桁梁桥中，中横联的间距不大于两个节间。横联的主要作用是提高桥跨结构的抗扭刚度，还可调节两片主桁的受力不均。

纵向联结系设在主桁的上、下弦平面内，分别称作上平纵联和下平纵联。平纵联的主要作用是承受作用于桥跨结构的横向荷载，包括：横向风力、列车摇摆力与离心力。此外，平纵联在横向支撑弦杆，减小弦杆在桁架平面外的自由变形长度，尤其对压弦杆特别重要。

（五）制动撑架

制动撑架和部分下平纵联及下弦杆构成的水平桁架，可承受作用于桥跨结构的纵向力，并传递给固定支座。它的另一作用是，可减小使横梁侧向挠曲的附加弯矩。跨度低于 48m 的桁梁，允许不设制动撑架。

（六）支座

支座的作用是：

（1）将桥跨结构连牢在墩台上。

（2）承受桥跨结构上各个方向荷载产生的反力。

（3）保证桥跨结构的实际支承情况与所取计算图式相符。

对简支梁来说，就是要保证反力集中，确定反力的位置，梁端能自由伸缩和自由转动。

为了保证桥跨结构有足够的横向刚度，主梁间距不宜小于跨度的 1/20。这样，跨度小于 40m 的上承式板梁，主梁间距只要 2m 就够了。此时，可将桥枕直接铺设在主梁上，而省去桥面系。但这样做，对于小跨度上承桁梁，上弦杆在桥枕压力作用下，在两节间横梁同样要承受弯矩，工作状况不好，构造与计算也复杂化，因此较少采用。

二 拖拉法架设钢梁

钢梁拖拉架设法是将钢梁在桥头路基或临时膺架上进行拼组（铆合或栓接），并在钢梁下（纵梁下或主桁节点下）安设“上滑道”，而在路基或膺架、墩台顶面安置“下滑道”，在上、下滑道之间根据施工设计的需要放置一定数量的滚轴，然后通过滑车组、绞车等牵引设备，沿桥轴纵向拖拉钢梁至预定的桥孔，最后拆除附属设备，落梁就位。20 世纪 60 年代以前，拖拉法对于架设板梁及多孔的中小跨度桁梁使用较多。随着生产技术的发展，我国架桥工程技术人员在工作中结合现场条件，利用牵引设备，于 1972 年采用拖拉法成功地架设了单孔 144m 简支钢桁架桥，从而为使用拖拉法架设大跨度钢梁开辟了新的途径。拖拉法架梁的优点是：首先，钢梁的现场拼装（铆合或栓接）工作大部分是在岸边路基或工作平台上进行，工作条件好，容易保证质量，同时减少了高空作业的时间，比较安全；其次，钢梁的拼装工作可以和墩台基础的施工并列进行，因而可以全面使用劳动力以缩短工期。拖拉法用于多孔连续梁的施工时，在一定的条件下，较为经济。拖位法用于战时抢修或行车线路上的换梁，则可以保证较快速度地通车。拖拉法亦有它的缺点，为使用拖拉法就需要有一定的拖拉牵引设备，需要设置一定数量的滑道及布置临时墩架等。更主要的是，拖拉法受到建桥工点附近地形的限制。对于大跨度双线钢梁，如果使用拖拉法，则桥面系超强过多，加固量大，就显得不经济而且耗费时间。

常用的几种拖拉架梁方法如下：

（一）半悬臂的纵向拖拉

根据被拖拉桥跨结构杆件的受力情况和结构本身稳定的要求（纵向抗倾覆稳定系数必须大于 1.3），在拖拉过程中有时需要在永久性的墩、台之间设置临时性中间墩架，以承托被拖拉的桥跨结构,这就是半悬臂的纵向拖拉。图 9-24 表示用拆装式杆件拼组成中间临时墩架的纵向拖拉。在水流较深,水位稳定,又有浮运设备而搭设中间膺架不便时,可考虑采用中间浮运支承的纵向拖拉,如图 9-25 所示。必须指出的是,船上支点高程不易控制,所以要十分注意。

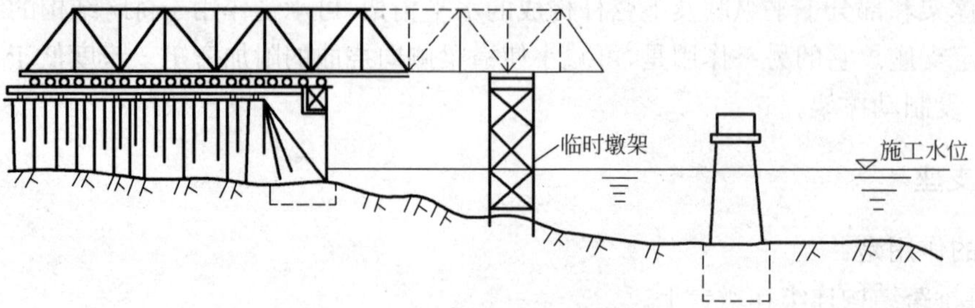

图 9-24　中间临时墩架的纵向拖拉

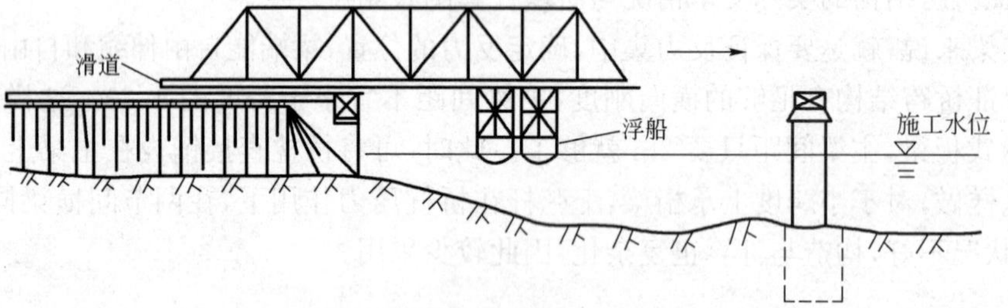

图 9-25　中间浮运支承的纵向拖拉

当水流湍急,不能采用浮运或浮拖,河床覆盖层较浅,有时冲淤,不稳定,不宜于用桩基或在岩盘上建筑临时墩架时,就要考虑使用在两个永久性墩、台之间不设置任何临时中间支承的全悬臂纵向拖拉。如图 9-26 所示,为用拆装式杆件组成导梁的全悬臂拖拉。导梁(有时也采用尾梁)的长度,须使整个连接起来的系统在纵向拖拉时能保证稳定。

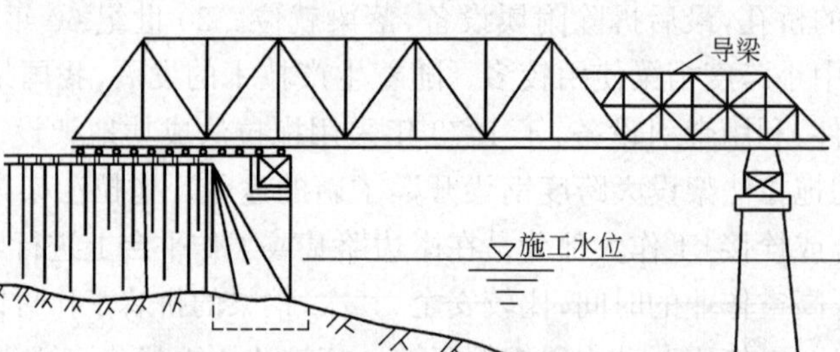

图 9-26　全悬臂的纵向拖拉

(二)全悬臂的纵向拖拉

导梁和尾梁也可以用纵梁或其他钢梁的旧有杆件或常备拆装式杆件拼成。在拖拉过程中,有时尚需在平衡梁上采取压重的措施,以保证钢梁的纵向稳定性。

(三)顶推法

此法这里不再介绍,可参考其他章节内容。

三 浮运法架设钢梁

浮运架设法是在桥位下游侧的岸上，将钢梁拼铆(或栓合)成整孔后，利用码头把钢梁滚移到浮船上，在浮运至预定架设的桥孔上落梁就位。

浮运法架梁对自然条件有一定要求，如：要求桥孔中有适当水深(如大于2m)，钢梁底面距施工水位不宜过高(如不大于12～15m)，浮运过程中风力与流速不大(如风力不大于5级)，架梁时水位应较稳定，岸边具备拼装钢梁的场地和修建码头的条件。浮运法比较适宜在通航的河流和用此法架设孔数较多的情况。

浮运法架梁的主要优点在于：钢梁拼铆或栓合可在岸上进行，这不但减少了在桥孔中的高空作业，而且还可与墩台施工平行作业，从而可加速全桥的施工进度；架设多孔钢梁时，浮运设备如码头、浮船等可重复使用，节省投资。

(一)浮运方法

由于施工季节、水文变化、河床断面、两岸地形及机具设备等的限制，对浮运法的选择要十分慎重，应进行认真的调查研究，选择一种方法或几种方法配合使用，目前常用的方法有以下几种。

1. 纵移钢梁

在与河岸垂直方向，修建一座临时码头，拼铆好的钢梁沿码头纵向移出一定位置后，第一组浮船进入，托起钢梁前半部，继续纵向移出一定位置，第二组浮船进入，托起钢梁后半部，然后浮运至预定桥孔，落梁就位。这种方法是浮运的主要方法，其示意如图9-27所示。

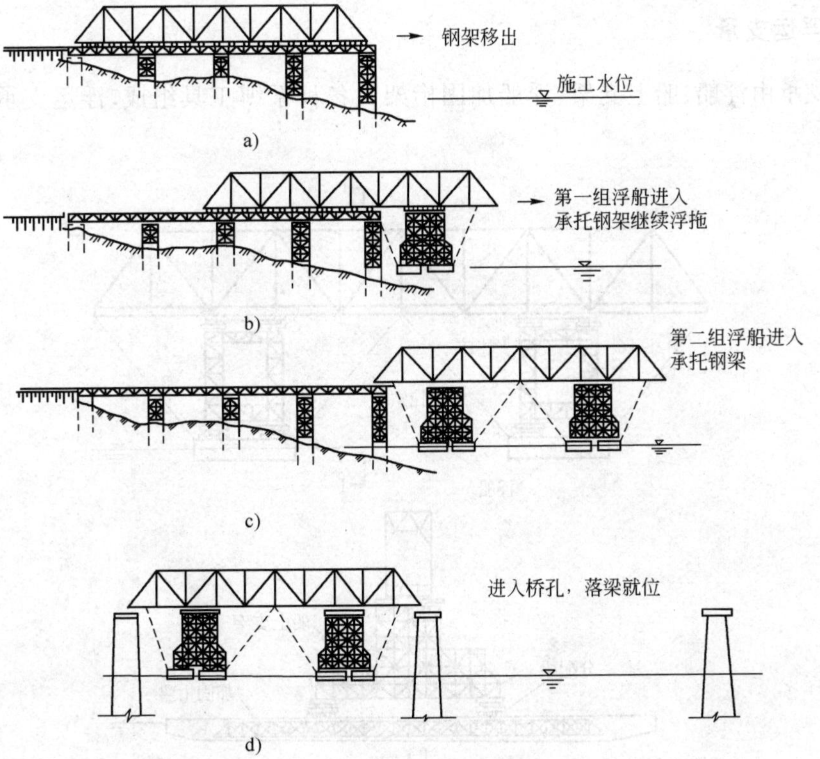

图9-27 纵移钢梁示意图

2. 横移钢梁

根据钢梁的长度，修建两座伸入河中的临时码头，拼铆好的钢梁沿码头横向滚移至码头前端，再将浮船驶入钢梁下面预定的位置，从浮船内抽水，使浮船托起钢梁，然后将钢梁浮运至预定桥孔，落梁就位。这种方法较方便、简单，但码头工作量大，其示意如图 9-28 所示。

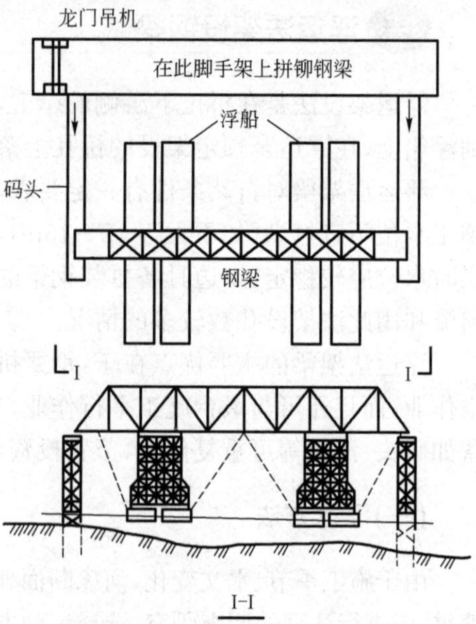

图 9-28 横移钢梁示意图

3. 浮拖法

此法与纵移法基本上相同，不同的是此法钢梁是由正桥（通常是上承式梁，如上承桁梁、钢梁混凝土梁、钢板梁等）、线路上直接移出钢梁，拖至浮船上，浮运就位。浮拖法较适宜在拆换旧梁或架设单孔大跨度钢梁时使用。

4. 半浮运半横移

在架设单孔大跨度钢梁时，钢梁在岸上拼铆成孔，先纵移一定位置后，第一组浮船进入，托起钢梁前半部，钢梁后半部由于岸边水浅，第二组浮船不能进入，此时钢梁后半部可在横向膺架上横移，至预定桥孔落梁就位。

上述几种方法常是互相补充，相辅相成。实际中，应综合考虑架梁的方案。

(二)浮运支承

浮运支承由浮船、船上支架、浮船加固桁架及各种系缚工具组成，浮运支承的布置如图 9-29所示。

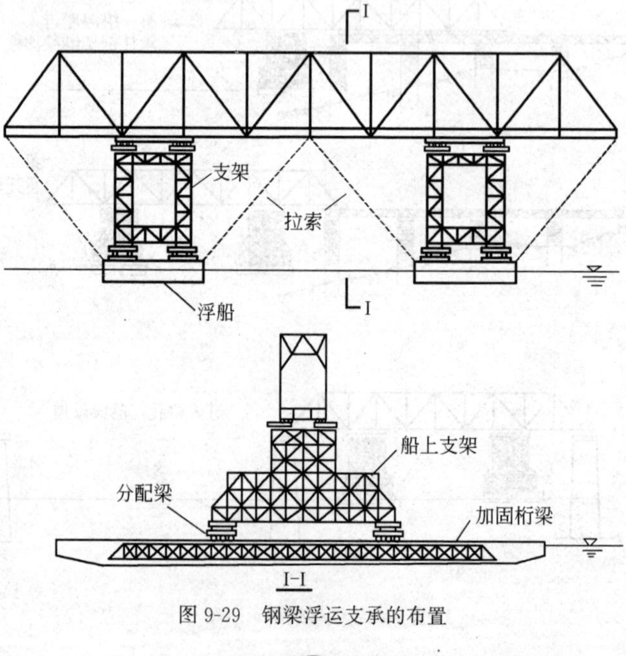

图 9-29 钢梁浮运支承的布置

浮运一孔钢梁的支承不宜多于两个，以保证荷载分布明确。如果钢梁较重，在每一处支承下，可用两艘或多艘浮船联合，每个支承上设两个支点承托钢梁，以保证稳定性。

浮船可用铁驳船、坚固的木船或常备式的浮箱拼组，目前常用的为400t、800t、铁驳。铁驳的平面为矩形，除舱口加盖外，船面均为甲板铺盖，舱内有纵向加劲桁架，设交叉斜杆。为了施工的需要，全船在平面上分成许多隔舱，部分舱相通，部分舱不相通，舱内均可充水，以便于浮船升降，并可借此调整浮船的受力状态。

常备式浮箱主要型号为中-60、KC-Y及KC-3，中-60型浮箱的外形尺寸为2.0m×3.0m×6.0m，KC-Y、KC-3浮箱三个方向的平面尺寸为1.8 m×3.6m×7.2m，互为倍数。使用时，根据需要采用不同的个数组拼不同的平面尺寸。在浮箱的底板和甲板的四边各设有两个∠150×100×10角钢，在角钢的悬出肢上有船上支架，它通常由拆装式杆件拼成，其高度应使浮船进入桥孔内时钢梁底面高出支座顶0.2～0.3m。支架高度较小时，可用木排架拼成。为了使支架压力分布至浮船上，在支架底下设分配梁，通常是由工字钢组成，在支架顶部用枕木垛垒成支座以承托钢梁。

由于钢梁以颇大的集中荷载作用于浮船上，所以船在纵向需要桁架加固，使钢梁荷载分布在较大的长度上，以免发生过大的弯曲力矩或变形而使浮船损坏。在设计加固桁架时，按浮船全部纵向弯曲力矩都由纵向桁架承受而浮船本身不受此力考虑。

浮船甲板上还布置有绞车、滑车、将军柱等系缚工具，以及抽水机等。

(三)浮运法施工

在浮运过程中，由于整个浮运系统重心较高，再加上一些自然条件如风力、水流、波浪等不利影响，在浮运全过程中，如何保证浮运系统的稳定，使之安全地浮运就位，就成为浮运法架梁的关键问题。因而施工中需要采取的措施、施工的主要计算，都将围绕这一主要问题进行。

为了保证浮运系统的稳定，浮运应从下游逆水进入桥孔较为安全稳妥，因此在选择岸上拼铆钢梁场地时应注意这一原则。

在纵移时，钢梁从岸上移出，第一组浮船托起后，钢梁在一端浮拖的情况下继续向外滚移，随着钢梁拖出长度的增加，作用于第一组浮船的荷载逐渐加大，浮船也将逐渐下沉，此时钢梁将呈倾斜状态，这时浮运系统的稳定将十分不利。为了使钢梁在浮托过程中保持水平状态，就必须随着钢梁的拖出，逐渐排出浮船压舱水，使浮船吃水深度保持不变。施工时，应根据钢梁的重量和浮拖的速度来决定排水量并配备适当能力的抽水机。

如果在施工时单靠排水和充水调整浮船的高程较为费工费时，作为辅助措施，也可在浮船支架顶部设千斤顶，但在浮运途中应将千斤顶拆除，以防钢梁翻倒。

钢梁中线宜布置成与浮船纵向中线垂直，以使受力较均匀，增加浮船的稳定性。

浮船托起钢梁或脱离钢梁，一般是利用水泵调整浮船的压舱水，托起钢梁时可抽出压舱水，脱离钢梁时可灌入压舱水。这些抽灌水作业必须拟定技术规程，施工时严格执行。

在有条件的河流，也可利用河流的涨落潮来托起或脱离钢梁，涨潮时浮运系统进入桥孔，并调好落梁位置；落潮时，钢梁脱离浮船就位，方便简单。

浮船在浮运过程中，船底高出河底应大于40cm，以防搁浅或接触杂物。浮船承受全部荷载后，露出水面的船舷高度应大于50cm，在风力的作用下，纵、横向倾覆稳定系数应不小于2，浮船纵、横向倾角应小于5″，以保证浮运过程中浮运系统的稳定性。

浮船的移动可用锚索，由人工或电动绞车绞紧或放松锚索来使浮船前进或横移。有时也用拖轮以帮靠、顶推或牵引浮船的方式进行。需用的绞车能力或拖轮功率都可根据施工风力和水流阻力由计算决定。

选用和布置锚碇设备是浮运钢梁的一项重要而细致的工作，所布置的绞车、地垄或锚碇应使浮船前进或横移方便可靠。锚索与水流方向夹角不宜太大。锚索也不要太松太长，以免浮船位置难于控制。

浮运前应做好浮运系统的试验工作，如：浮船隔舱的水密性试验，必须保证不漏水；探测浮运经过的河道，充分掌握河床情况，以防浮运时搁浅；其他如锚碇、地垄、绞车、支座、将军柱等在条件许可时，均需进行强度试验，并核实压舱水数量及抽水设备的能力。

浮运钢梁时如需封锁航道，应与航运、气象、水文等部门预先取得联系，协同有关部门进行航道监督和浮运的防护工作。

第三节　斜　拉　桥

一　斜拉桥的构造

斜拉桥的主要组成部分为拉索、主梁及索塔（图 9-30）。它们的不同构造、相互连接形式及不同材料形成多种体系与特点。

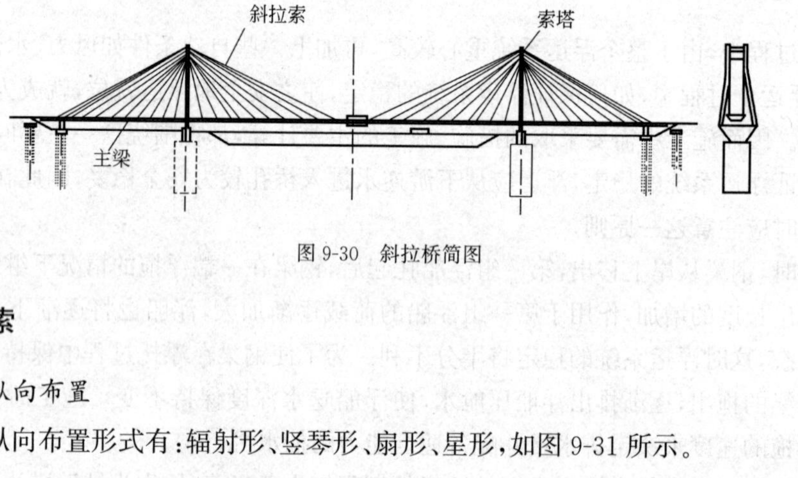

图 9-30　斜拉桥简图

（一）拉索

1. 拉索纵向布置

拉索的纵向布置形式有：辐射形、竖琴形、扇形、星形，如图 9-31 所示。

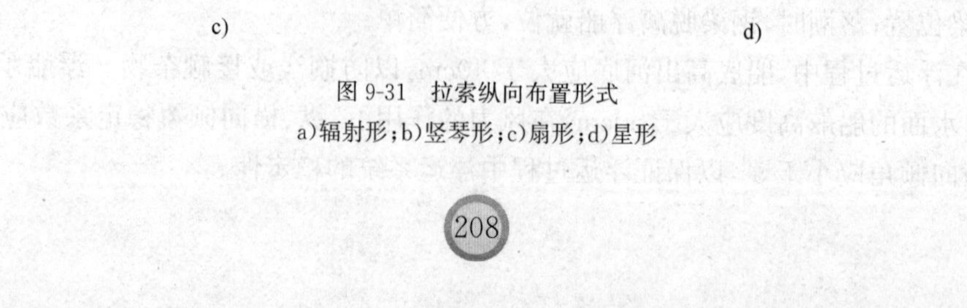

图 9-31　拉索纵向布置形式

a）辐射形；b）竖琴形；c）扇形；d）星形

辐射形的特点是所有拉索集中于塔顶，使各根拉索具有可能的最大倾角。由于索力主要由垂直力的需要而定，因此拉索效率发挥最好，拉索用钢量最少。其主要缺点是拉索汇交到塔顶，构造处理较困难，一般塔顶要采用鞍座。

竖琴形拉索平行，倾角相同。从拉索受力分析是最不好的形式，用钢量最大。它的突出优点是：从各个方面看，索不会交叉，比较美观、整齐。

扇形介于辐射形与竖琴形之间。索在塔处的锚固间距宜尽量减小，主要满足锚头布置与张拉空间要求。

星形布置的唯一特点是边跨拉索锚于梁端，可以增大桥梁的整体刚度。

目前采用最多的布置形式为扇形，从美观角度考虑，也有采用竖琴形的，很少采用辐射形与星形，但星形在边跨的布置方式，对设计者可有所启发。

2. 拉索横向布置

拉索横向布置，通常有两种基本形式，即双平面和单平面。双平面又分双垂直平面与双斜面（图 9-32）。有时为了减少每索面积及减小千斤顶张拉吨位，将一个索平面分成两个横向间距很小的索面，这仍然算一个索平面。

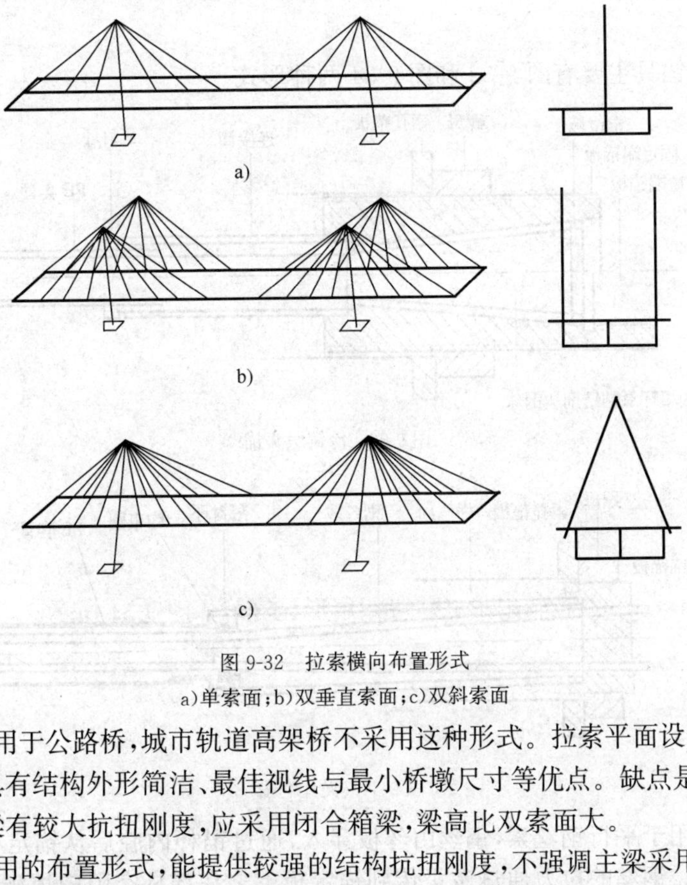

图 9-32　拉索横向布置形式

a）单索面；b）双垂直索面；c）双斜索面

单索面只适用于公路桥，城市轨道高架桥不采用这种形式。拉索平面设于行车道中央，形成车道分隔带，具有结构外形简洁、最佳视线与最小桥墩尺寸等优点。缺点是单索面对抗扭不起作用，要求主梁有较大抗扭刚度，应采用闭合箱梁，梁高比双索面大。

双索面是常用的布置形式，能提供较强的结构抗扭刚度，不强调主梁采用箱形截面。双斜索面可显著提高结构的抗扭刚度与抗风振性能，适用于大跨度斜拉桥。

3. 拉索的构造及防护

（1）拉索构造

每根拉索包括钢索、锚具和过渡段三部分。钢索承受拉力，设置在两端的锚具用来传递拉力。过渡段埋设在塔和梁的内部，用于密封穿过梁和塔体内的钢索，且不与混凝土接触，其中减振器对钢索起减振作用。由平行钢绞线组成的钢索在过渡段内呈扩散状，减振器还起加紧钢索的作用。

①钢索

钢索宜采用抗拉强度高、疲劳性能好、弹性模量大、截面密度大的高强钢丝制成。弹性模量小的钢索变形大，影响结构刚度和梁的内力。

钢索是在悬索桥主缆类型的基础上发展起来的，主要有三种类型：封闭钢索、平行高强钢丝索、平行钢绞线。封闭钢索被国外早期采用。封闭钢索截面中心部分由若干根圆截面的钢丝排列而成，在其外有1～2圈梯形截面钢丝和1～2圈Z形截面钢丝。20世纪80年代开发出平行钢绞线索，平行钢丝或钢绞线索由若干平行钢丝或钢绞线组合而成。为便于盘绕，常将平行钢丝索作同心扭绞2°～4°。平行钢丝或钢绞线的抗拉强度和弹性模量均大，抗疲劳性能较好，便于制造，目前大都采用这两种钢索。我国已建成的斜拉桥采用平行钢丝束居多。平行钢绞线索比平行钢丝索更具有优越性：消除平行钢丝索由于刚度较大引起二次应力问题；制作、运输和安装更方便；单根钢绞线作防护处理，可以单根更换；容许逐根穿挂、张拉、锚固。平行钢绞线索将会得到推广。

②锚具

我国采用的锚具主要有图9-33和图9-34两种形式。

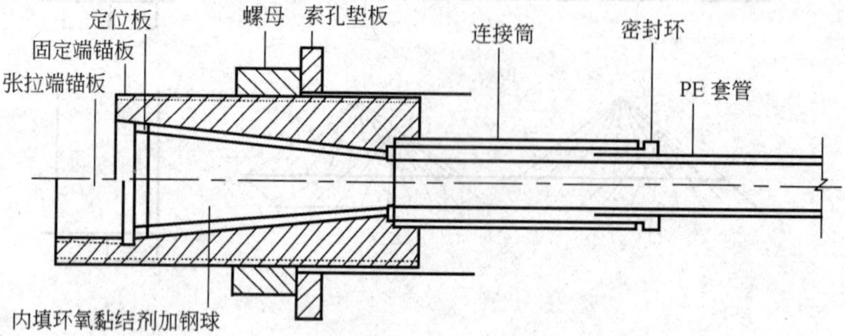

图9-33 冷铸墩头锚

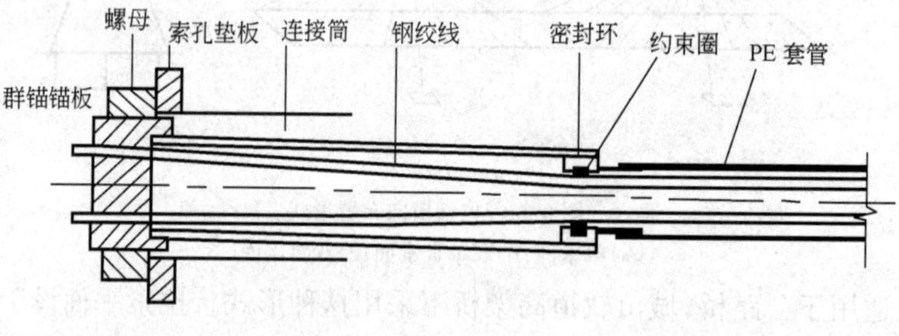

图9-34 夹片群锚

冷铸墩头锚用于平行钢丝索，钢丝由丝板穿入，通过锚杯内腔后从锚定板的孔眼中穿出，然后将钢丝镦头。钢丝的拉力通过镦头传到锚定板上。在锚杯空隙中填满由$\phi1.5$～2.0mm的钢球、锌粉和环氧树脂组成的混合物，在室温下浇筑，这种方法称为冷铸，防止了热铸高温对锚头性能的影响。混合物的作用是传递钢丝与锚杯间的力，减少镦头疲劳受力。千斤顶通过与锚杯内缘螺纹连接进行张拉，张拉后拧紧锚杯外缘螺母、传力。

夹片群锚用于平行钢绞线索，锚具构造基本同预应力混凝土连续梁中常用锚具。由于调索等需要，锚具外缘设螺纹，通过螺母支承在垫板上。

③过渡段

过渡段的作用是：在塔、梁体内预留孔洞，以能进行穿索、张拉；将钢丝(或钢绞线)扩散，穿入锚具孔；减少索，尤其索端的振动。平行钢线索过渡段的构造，由承压板(锚垫板)、索导管(即预留管)及减振装置三部件构成。索导管顶端与承压板焊接，可以改善锚下混凝土应力。减振器内周夹紧拉索，外周与索导管密贴，使索的振动直接传到混凝土结构上，起到有效减振作用。

(2)钢索防锈

早期修建斜拉桥拉索的防护方法不成熟，常由于腐蚀导致换索。对拉索进行防锈处理，各国都极为重视。现在一般的防锈蚀处理方法是：采用镀锌钢丝或钢绞线(由于镀锌价格较高，也有采用非镀锌钢丝或钢绞线)；在平行钢丝索或钢绞线外涂油脂或石蜡等防锈脂，外包加有炭黑的热塑 PE 护套，形成 2～3 道防锈蚀措施。对平行钢丝索在外包 PE 护套前，还要用包带将钢索扎紧。对平行钢绞线索，钢绞线作逐根防锈处理，在工厂加工。最后对钢索还可外涂有色漆(树脂类)或外套 PE 管，形成又一道防锈蚀措施，并形成美丽外观。套管按一定长度分为两半制作，利用榫头楔合成圆筒，将套管纵、横向接缝进行热焊接成全长，圆筒套管内间隔设有定形隔板支垫。外套圆筒除防止钢索意外伤害外，还有利于改善拉索的气动外形。

(二)主梁

1.主梁类型

主梁材料一般有钢和混凝土两种，这两种材料可组合成以下几种类型的主梁。

(1)钢主梁

其主要特点是：重量轻、跨越能力大、构件可在工厂制作、质量可靠、便于安装、施工速度快、养护工作量大。它特别适用于大跨度斜拉桥，以减轻自重。世界上钢主梁使用最多的国家是德国和日本。

钢主梁以箱形截面为主，这是由于其抗扭刚度大和抗风性能好。

(2)混凝土主梁

混凝土主梁的特点是：刚度大、挠度小、阻尼效果好、混凝土自重大、抗振动性能较好。我国砂石料资源丰富，除个别桥外，都采用混凝土梁，是世界上混凝土斜拉桥修建最多的国家。混凝土斜拉桥最大跨度不超过 450m。

(3)钢、混凝土结合梁

结合梁是在钢主梁上用混凝土桥面板代替正交异性钢桥面板，是近年来大跨斜拉桥主梁形式之一。它除具有钢主梁的特点外，与钢主梁相比，还能节省钢材用量，且其刚度大，抗风稳定性好，能有利分担斜索的水平分力，但自重比钢主梁大；与混凝土主梁相比，主梁轻，结构简单，施工速度快。500～700m 的跨度范围比较适合采用主梁为结合梁的斜拉桥。混凝土桥面板作为主梁的组成部分，由于主梁可能出现负弯矩，在设计时特别要防止混凝土桥面板受拉、开裂。

(4)钢、混凝土混合梁

混合梁是指在中孔大跨以钢梁为主，两侧边跨采用预应力混凝土梁。这种结构的特点是：加大边跨主梁的刚度和重量，有利于减小中跨内力及变形；能减小或避免边跨端支点负反力。它特别适用于边跨与中跨比值较小的情况，有利于塔顶处、中、边跨水平分力得到平衡。

2. 混凝土主梁截面形式

常用的混凝土主梁截面形式如图 9-35 所示。

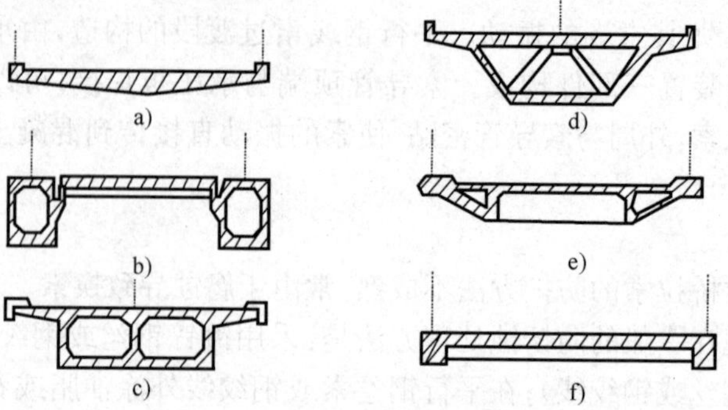

图 9-35 常用混凝土主梁截面形式

图 9-35a)为实心混凝土板梁，构造简单，建筑高度小，比较轻巧，抗风性能好。

图 9-35b)是我国早期采用的截面形式之一，它由两个分离箱梁组成，之间设桥面系。它的特点是将梁施工化整为零，便于施工。

图 9-35c)、d)是单箱截面。单箱截面抗扭刚度大，是我国早期采用的截面形式之一。单索面桥应采用单箱截面。图 9-35c)、d)是示例，实践中有单箱单室、单箱多室，外腹板有直腹板或斜腹板等多种形式。直腹板抗风性能差，斜腹板既可改善风动力性能，又可减少墩宽，减轻梁体重量，但施工较复杂。一箱分成多少个室由桥面宽度来定。室多增加工作量及钢筋用量，目前设计的趋势是少室，相应采取横向加预应力或加设横隔板，让桥面板纵向受力等措施。图 9-35d)用于单索面，将中间腹板改为斜撑可以减轻梁体重量。

图 9-35e)为半封闭双三角形或双室梯形箱形截面，外缘做成风咀状，以减少迎风阻力，端部加厚以便锚固拉索。风洞试验证明，这种截面具有最佳空气动力性能。

图 9-35f)是双主肋截面，肋之间为整体桥面板，这种截面形式简单，施工方便。现在主梁高度设计得越来越小，空心箱节省混凝土数量不多，而增加工作量与钢筋用量，使拉索锚固复杂，施工不便。大量的风洞试验结果表明，混凝土斜拉桥具有相当大的系统阻尼，对非特大跨度桥风动力稳定性一般不控制设计，所以近年来采用双索面实心双矩形主肋截面越来越多。根据风洞试验与分析，在一般设计风速下，400m 跨度以下斜拉桥，配以双斜索面，采用这种截面形式是可行的。我国现行设计的 300m、400m 跨度斜拉桥不少采用这种截面形式，在双主肋之间加设横隔板，间距一般为 4～5m，以减小桥面板受力跨度，使桥面板在纵向受力。

3. 主梁在塔墩上的支承体系

主梁两端都是支承在桥墩上，区别在主梁与塔墩的连接，不同连接可形成不同的支承体系。

(1)支座支承体系

支座支承体系是墩塔固结，主梁通过支座支承在塔墩上。我国早期修建的斜拉桥常采用这种支承形式。当主梁为连续梁时，纵向可以是一个固定支座和三个活动支座或四个活动支座。一般全部设活动支座，以避免不均衡的纵向温度变位，水平位移由斜拉索制约。这种支承体系的主要缺点是：塔墩两侧均由拉索弹性支承主梁，塔墩处为刚性支承，如不作特殊处理，因混凝土塔的竖向徐变变形，使拉索吊点下垂，在塔墩刚性支承处的主梁内产生很大的负弯矩。

(2)塔梁固结体系

塔梁固结体系是指塔梁固结支承在墩上。这种体系仅在个别桥中采用过。它的主要缺点是:上部结构重量和活荷载都需由支座传给桥墩,需要设置很大吨位的支座,支座制造困难,造价高。

(3)刚构体系

刚构体系是梁、塔、墩为固结。这种体系的优点是:省支座,满足悬臂施工的稳定要求,主梁挠度减小。缺点是:主梁固结处负弯矩更大;在双塔斜拉桥中如不设挂梁,将产生很大温度力、混凝土收缩和徐变力。它较适用于独塔斜拉桥及有良好的地基条件与地震烈度低的地区。

(4)悬浮体系

悬浮体系是塔墩固结,塔墩处从塔的横梁处设竖直吊索吊住主梁。这种体系现已被广泛采用。它的主要优点是:主梁可随塔柱的缩短而下降;温度、混凝土收缩和徐变力均较小;塔墩处主梁不产生负弯矩峰值;地震时允许全梁纵向摆荡,从而吸振消能。为抵抗由于风力等引起的横向水平力,一般在塔柱和主梁间设置板式或聚四氟乙烯盆式橡胶支座,横向顶紧。飘浮体系的缺点是:当采用悬臂施工时,塔柱处需将主梁临时固结。

4.拉索在梁宽度方向布置

单索面布置于梁中心线上,为了保护拉索防撞,桥面中央设隔离带,也是上、下行车道的分离带。双索面在桥宽方向有两种布置方式:索布置在桥宽之外与索布置在桥宽之内。当索布置在桥宽之外时,桥面通顺,不受索和塔妨碍,抗扭刚度好,但横梁跨度增大。当索布置在桥宽之内时,要采取防撞措施,人行在塔柱处不通顺,桥面有部分无效宽度,桥面宽度增大,但可减小横梁跨度。

5.拉索与混凝土主梁的连接

拉索与主梁的连接是指主梁上索锚固构造。这是一个重要部位,要保证连接的可靠性,要承担集中应力并将其分散到全截面,要防止索端锈蚀及拉索产生颤振应力腐蚀,便于拉索养护和更换。如需在此端张拉,则应具备操作空间。

拉索锚固构造分锚固于主梁内与主梁外。锚于梁体内,锚头不外露,比较美观。图 9-36 为锚固于箱梁内,一般由于双箱截面、单箱三室单索面或单箱多室双索面,锚固块设在箱室内,上与顶板相连,两侧与腹板固结,两侧腹板承受很大的局部拉应力,要采取设预应力筋和钢筋等加强措施。

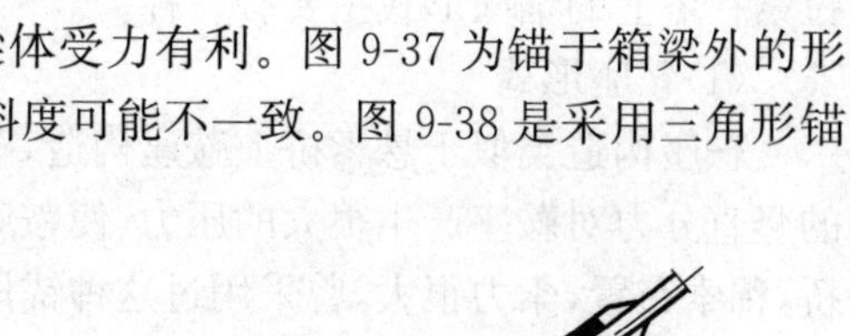

图 9-36 锚固在箱梁内

拉索锚于梁外,锚固处构造处理比较简单,对梁体受力有利。图 9-37 为锚于箱梁外的形式,此时要求设置斜向横隔板,对每对拉索,横隔板斜度可能不一致。图 9-38 是采用三角形锚箱锚固拉索的锚固形式。

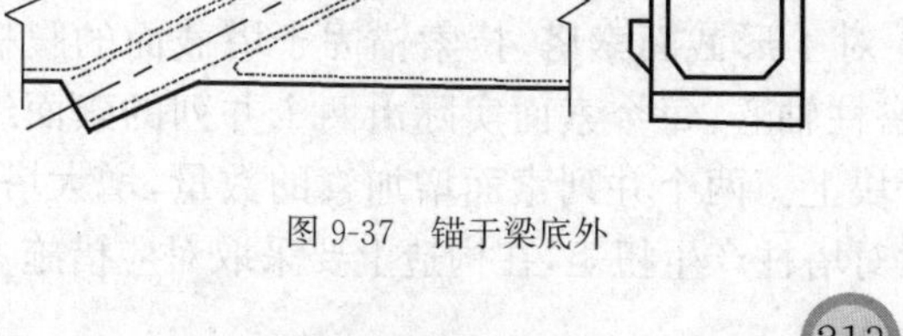

图 9-37 锚于梁底外

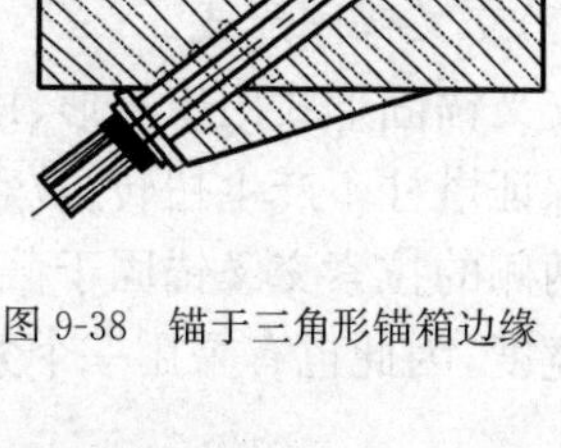

图 9-38 锚于三角形锚箱边缘

(三)索塔

索塔承受塔自重、拉索、主梁及桥面系的恒荷载与活荷载。索塔可以是钢结构或钢筋混凝土结构。由于索塔是以受压为主的压弯构件,混凝土材料能发挥其承压的优点,且养护维修费用少,因此趋向采用混凝土材料。我国的斜拉桥索塔全是混凝土的。下面主要介绍混凝土索塔构造。

1.索塔的结构形式

索塔的结构形式,根据拉索布置、主梁跨度、桥面宽度等因素确定。常用的索塔形式在顺桥方向有柱形、A形和倒Y形等,如图9-39所示。单柱塔构造简单,采用最普遍。A形和倒Y形塔顺桥向刚度大,有利于承受索塔两侧的不平衡拉力,抵抗较大的弯矩与减少塔顶的纵向位移,减少梁的挠度。此时一般设计双壁墩与其配合。

在横桥方向,常用的索塔形式有单柱式、双柱式、门式、A形、H形及钻石形等,如图9-40所示。柱式塔构造简单,承受横向水平荷载能力较差,但后来实践证明由斜索传给主塔的水平风力并不太大,当塔柱顶部在桥的横向产生移动时,斜索伸长产生索力的增值,使塔顶回到原来的位置,对塔的稳定起到约束作用。单柱式仅用于单索面斜拉桥。门式塔有较好的刚度来抵抗横向风力。A形、H形、钻石形塔的特点是结构横向刚度大,但构造复杂。对于抗风、抗震要求较高的大跨径或特大跨径斜拉桥及飘浮体系斜拉桥,经常采用这类塔形。A形、钻石形索塔用于单索面或双斜索面布置。采用钻石形结构是为了减小塔墩的宽度。

图9-39 顺桥向索塔形式

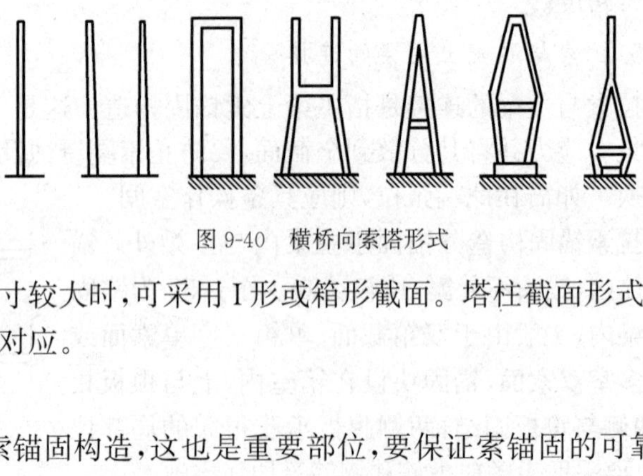

图9-40 横桥向索塔形式

塔柱的截面可以是实心矩形,当尺寸较大时,可采用I形或箱形截面。塔柱截面形式的选择,一般应与拉索在塔上的锚固形式相对应。

2.拉索与索塔的连接

拉索与索塔的连接是指索塔上的索锚固构造,这也是重要部位,要保证索锚固的可靠性。拉索在塔上的锚固形式主要有三种。

(1)鞍座形式

鞍座构造类似于悬索桥上鞍座构造,鞍座固定于塔顶,拉索在鞍座上连续通过。由于拉索的竖直分力对鞍座产生很大的压力,使鞍座及索相对鞍座在顺桥向不可能移动。早期的斜拉桥,稀索布置,索力很大,曾采用过这种锚固形式,放射形布置的拉索汇交于塔顶面。现代密索布置的斜拉桥已不再采用这种形式。

(2)交叉锚固形式

交叉锚固形式用于矩形、I形截面索塔。对工形截面索塔,拉索锚固于塔截面的腹板上。为了保证塔柱不产生扭转,拉索的合力通过塔柱轴心,每个索面实际由两个并列的索面组成,塔柱两侧的拉索交叉锚固于截面两侧的锯齿块上。两个并列索面增加索的数量,增大塔截面腹板宽度,因此也有采用一个索面的,这时索对塔柱产生扭矩,在构造上要采取对应措施。

拉索一般在塔上张拉,锚头间距要保证操作、张拉及换索的空间。交叉锚固使截面处于剪切状态,要注意抗剪切的设计与验算。

(3)拉索对称锚固形式

这种锚固形式用于塔柱为箱形截面,拉索对称锚固于箱形截面两侧的横向腹板内(图 9-41、图 9-42)。箱形截面的腹板受到拉索水平分力引起的很大拉力、剪切力与弯矩。为克服拉力,一般采用两种构造措施:一种是采用钢横梁构造(图 9-41),它支承于箱腹板壁内侧伸出的牛腿上,可在顺、横桥向做微小的移动和转动,但在两端两个方向都设置了限位装置。钢横梁上焊有钢锚固箱,拉索锚头支承在钢锚固箱上,钢横梁承受拉索的水平分力、垂直分力及偏心弯矩。拉索的竖直分力,通过牛腿传到塔柱上,拉索的不平衡水平分力通过摩阻力传到牛腿及箱腹板上,这样箱腹板所受的水平力大大减少。这种锚固构造使塔柱在拉索锚固区受力明确,内力减少,混凝土不会产生裂缝,锚固可靠。另一种构造措施是在塔柱箱形截面的纵、横向均设置预应力钢束(图 9-42),以预应力钢束产生的预应力,来平衡索力产生的拉力与弯矩。

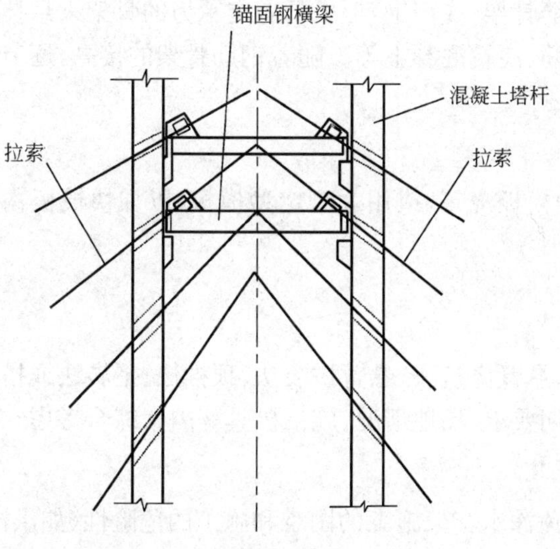

图 9-41　拉索对称锚固,钢横梁构造

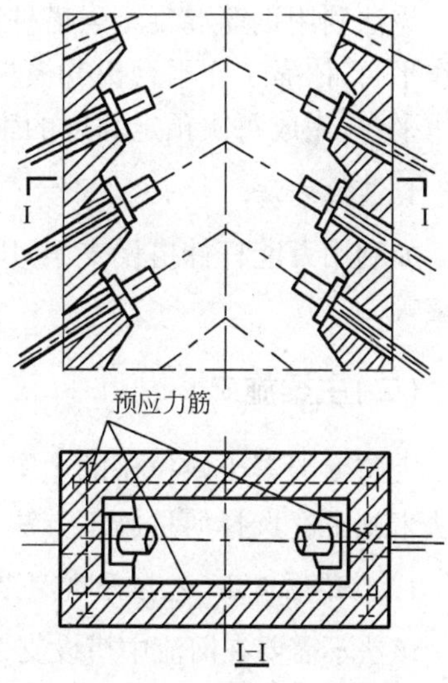

图 9-42　拉索对称锚固,预应力筋构造

二 斜拉桥的施工

(一)索塔的施工

塔底与墩铰接时,若墩与索塔不临时固定,则在安装张拉斜缆索时,由于索塔要摆动,就不能正确地控制斜缆索的位置,也不能使索塔位置处的支座准确就位,且浇筑索塔混凝土时也不利,故规定必须将塔底临时固定。必要时增设风缆,待斜缆索全部安装、张拉完毕后撤除。若梁体采用悬臂施工方法,而且与索塔交错施工时,接筑的塔段要沿索塔摆动方向延伸提高使浇筑后的索塔轴线基本与墩身一致。由于索塔在斜缆索安装张拉时,可能发生一些摆动,因此,支架与浇筑索塔间应留有活动空隙,以免碰撞。索塔的高度大、截面细小,其施工方法,一般有如下的几种。

1. 滑模施工法

该法是利用混凝土随时间硬化的性质，将混凝土浇入模板内，经一定时间待混凝土强度达到能自立时，使模板上滑，进行连续混凝土施工。我国三台桥、安康桥等均采用此法。

2. 提升支架、提升滑模法

提升支架是由钢筋柱、顶框、中框、底框、顶紧器、提升支架的滑车组并通过横、斜撑连接成整体的。钢筋柱一般可用 3ϕ32 钢筋焊成三角形组成，每节长约 6m，用法兰盘接高。每一塔柱内外侧，一般可各设 2 根钢筋柱。若塔柱外侧是斜腿时，外侧钢筋可用钢轴铰接来接高，使钢筋柱能随塔柱高度的倾斜度自由变化。顶框、中框及底框均用型钢组成，采用滑车组来提升支架。提升滑模法采用 HQ-30 或 HQ-40 电动油压提模千斤顶安装在模板外侧（每塔柱约 8 台），用 ϕ25 圆钢拔杆固定在支架顶框上，拔杆承受拉力往上提升。模板内侧无任何支撑，便于钢筋和孔道预埋件的布设。采用该法施工，快速安全，节约钢材。

3. 爬升模板法

该法利用钢筋混凝土索塔柱内的粗钢筋骨架（或型钢）形成具有支承力的骨架来悬挂爬升工作平台，依靠工作平台提升模板、绑扎钢筋、浇筑混凝土等。随着钢筋骨架的接高，逐节爬升工作平台，完成每次预定高度的索塔浇筑。

4. 其他方法

如利用万能杆件搭设支架，用一般普通模板浇筑，或用大型定型模板，以加快模板构件的拼装等。

(二)主梁施工

大跨度混凝土斜拉桥的主梁，可以采取悬臂浇筑法、悬臂拼装法、顶推法、平转法或搭架现浇法来施工。选择何种施工方法应根据工期要求、场地情况、施工机具等因素综合考虑。

1. 悬臂施工法（包括悬臂拼装和悬臂浇筑）

该法不需要在河流中搭设支架，可以避免深水支架施工的困难和施工的危险性（如洪汛、流水、漂流物等冲刷或冲击），且可节约大量的钢木材料，其主要优点是几乎不干扰桥下交通，适用于大跨径斜拉桥，故国内大部分斜拉桥预应力混凝土主梁的施工广泛采用此法。采用悬臂浇筑法施工，必须配备挂篮。挂篮是实现悬臂浇筑用的移动脚手架和模板支承结构。这种方法的用钢量，总的来说要比完成状态所需要的有所增加，以适应在安装过程中增加的弯矩和剪力。

2. 顶推施工法

顶推工艺已在许多场合得到了成功应用，这种方法通常用于不允许干扰桥下交通并且悬臂施工又不可行的地方。

(1)纵向顶推施工

先在河中设立一定数量的临时墩，将主梁顶推就位后安装斜缆索。采用这种方法，将桥面的巨大节段在滚轴或聚四氟乙烯支承板上推过桥墩。桥面从两边桥台向中心推进，或从一边桥台一直推向另一桥台。该法适用于水深较浅、桥高不高之处。其优点是主梁施工时不需反复调整索力、观测挠度、计算挠度等，缺点是要搭设临时墩。

(2)横向顶推施工

此法原理与纵向顶推基本相同。先在墩上游或下游适当位置处，将斜拉桥的索塔、主梁、斜拉索等修建好后，横移到设计桥位处。该法适用于桥位处有旧桥占据，且不允许长时间中断通车的条件下。但横移时全桥自重很大，施工有一定困难。

3. 平转法施工

该法适用于跨径不大、高度不高的斜拉桥。国内个别斜拉桥已采用此法施工。

4. 搭设支架现场浇筑或安装

这种方案适用于搭设支架比较方便的河流，如河水深度小、流速不大、桥面高度不高，或用于浅滩处的斜拉桥边跨。该方案的优点是主梁施工方便、安全，不需要反复调整索力、观测挠度、计算挠度。但须具有支架设备的条件，国内有少量斜拉桥采用此法施工。

另外，悬臂浇筑连续梁段时预应力斜拉桥跨中合拢处，最易发生混凝土开裂或压坏混凝土等质量问题，其产生的原因较多，主要为：

(1)混凝土浇筑后的收缩和徐变、温度和日照变化的影响，使浇筑的混凝土伸长或缩短，产生裂缝或压坏。

(2)混凝土浇筑后跨中正弯矩超过混凝土容许拉应力，产生裂缝。

(3)施工荷载的变化。

(4)边跨引桥在支架上浇筑，支架产生的弹性和非弹性变形等。为防止这种情况的发生，采用下述梁段锁定方法：

①事先在合拢梁段箱梁的端部边肋内预埋型钢，型钢另一端伸入合拢段内。

②在合拢段作临时支撑和穿以部分预应力束进行张拉，撑住和拉住合拢段，同时释放桥梁被临时固定的活动支座。

③选择在温度变化不大的短时间(如夜间)用速凝混凝土浇筑合拢梁段，并预先穿好部分预应力束和释放桥梁被临时固定的活动支座，待混凝土强度达到 4MPa 时，即张拉预应力束。

在主梁的施工中，还有一个很关键的问题就是主梁高程控制，随着主梁浇筑长度不断增长，主梁结构的高程和线性也在不断变化。为使主梁线性和高程最终符合设计值，施工中应随时对主梁高程进行测量和控制。在控制中，还必须考虑到主梁受体系温差和不均匀温升所引起的高程变化。

(三)拉索施工

拉索施工必然涉及锚头，锚头是将拉索的张拉力传递给主梁和塔架用的。在一定程度上，拉索的材料决定着它应使用的锚头类型。早期钢丝绳缆索使用热铸锚；高强钢丝和高强钢筋则使用镦头锚，后为提高镦头锚的耐疲劳性能，前联邦德国莱昂哈特与瑞士 BBR 公司协作研制成具有高疲劳性能的冷铸锚(High Amplitude 锚，简称 HiAm 锚)；钢绞线缆索则用槽销组合锚，其由两部分构成：一是槽销锚，二是辅助锚。

斜缆索现一般采用预定的方式由工厂制作，而很少在现场编制，特别是大型斜拉桥。其工艺流程一般为：钢丝除锈、调直、应力下料、涂漆、穿锚、浇锚、烘锚、防腐、超张拉、标定。若采用高密度聚乙烯管作缆索防护，则应在钢丝成束即穿套聚乙烯管，然后再穿锚。现主要介绍斜索的安装过程、方法。

1. 拉索的安装

斜拉索的安装，是将制好的拉索，借助起重工具吊起，与梁、塔上的锚碇结构连接；或穿过塔、梁上的预留孔道后进行张拉并锚固的过程。起吊方法一般有：单点吊、多点吊、缆索桁架床法、导索法、脚手架法、吊机安装法、钢管法等。下面将分别予以简单介绍。需注意的是，拉索的安装顺序由设计而定，比如有时随主梁的延伸、桥塔的接高而分批安装，有时是主梁就位后再安装斜拉索。

(1)单吊点法

缆索运上桥面后，在索塔孔道中引下牵引绳，连接缆索的上端，起吊并穿入索塔孔道内，引出孔口后安装上端锚具，固定缆索。此法较简便，安装迅速，但缆索只前端起吊，所需起吊引力大。同时缆索的弯折也很大，缠包玻璃丝布套的缆索容易破裂，故只能适用于未缠包玻璃丝布套的较软的缆索。

(2)多吊点法

从索塔上部安装一根斜向工作悬索，在其上按一定距离拴上滑轮组，组成多吊点，用人工拉滑轮组拉绳，并配合经索塔孔道引出连接在缆索上端的牵引绳均匀起吊缆索，穿入索塔孔道内、引出孔口后，安装上端锚具，固定缆索。此法吊点分散，弯折小，在操作统一指挥下，可使缆索均匀起吊。

(3)桁架床法

在索塔上部安装一根斜向工作悬索，沿其长度方向悬挂若干节桁架，各节桁架用铰接相连，并在其顶部安装滚筒，待安装的缆索运到桁架下端，从索塔孔道内伸出的牵引绳拴在缆索的上端，拖拉缆索沿桁架上的滚筒上升，穿入索塔孔道内、引出孔口后，安装上端锚具，固定缆索。此法结构合理，使用安全，可调节悬挂桁架的吊杆长度，使桁架挠度很小，便于缆索安装及张拉，缆索防护不易损坏，效果较好。但桁架安装复杂，速度慢。

(4)导索法

在安装缆索上方设置一斜向工作悬索(导索)，缆索运到工作悬索下端后，从索塔孔道内伸出牵引绳拴在缆索的上端，并在其上装第一个滑环，牵引缆索沿工作悬索上升，按一定距离装挂滑环，随升随挂，直至缆索穿入索塔孔道内、引出孔口后，安装上端锚具，固定缆索。此法能安装成卷的缆索，施工简便。

上述各法，在缆索尾端均需拴以牵尾绳，控制缆索移位。

(5)脚手架法

先在安装缆索位置搭脚手架，将缆索抬到脚手架上安装。此法多用于刚性缆索的安装，可以在脚手架上就地浇筑保护缆索的混凝土。但搭设脚手架比较麻烦费时，特别是索塔高的情况下，更感不便。

(6)吊机安装法

按缆索长度在桥上设置一台或两台吊机，用特制的扁担梁捆扎缆索起吊，缆索上端由索塔孔道内伸出的牵引索引入索塔孔道内，下端穿入箱梁孔道，装锚具固定。此法简便快速，不易损坏缆索，适用于跨度较小、索塔较低的缆索安装。

(7)钢管法

用钢管作外防护的缆索，可先吊装钢管，然后将经索塔孔道引出的牵引绳与在钢管内部通过的缆索上端连接，把缆索经钢管穿入索塔孔道内、引出孔口后，安装锚具，固定缆索。此法比较简便，可以防止缆索损坏，但只适用于以钢管作外防护管、内压注水泥砂浆的缆索。但需在组索时先捆好定位箍，以定位箍在管内摩擦拖拉，使之不磨损缆索。

2.缆索张拉

穿索后，在索端锚头上安装张拉连杆和张拉千斤顶，并实施张拉。张拉作业大致有如下几种方法:①用千斤顶直接张拉;②用临时钢索将主梁前端拉起;③用千斤顶将塔顶鞍座顶起;④将主梁先架设在高于设计高程的位置上,待全部斜缆索安装锚固好后放松千斤顶落梁而使斜缆索受拉;⑤在支架上将主梁前端向上顶起。如在塔上张拉并向上安装斜缆索时,因斜缆索安装前,是按安装后的设计长度切割下料的,富余的长度不多,很不容易将斜缆索端头拽入索塔锚箱管道孔内,必须先在塔上张拉端锚头上安装连接器与引出杆(引出杆所需长度与直径应根据计算确定),从管道口伸出,缆索吊升至引出杆的连接器处时,即可与缆索端的锚具连接。再由塔上锚箱内张拉千斤顶,将缆索张拉就位。缆索锚头引出就位后应将引出的千斤顶、引出杆、连接器等拆除,再按设计要求进行纠正张拉。对于单根缆索,张拉的工序较简单,可一次张拉到设计吨位并锚固。对于由多根索组成的缆索组,张拉的工序是很复杂的,因为各索之间是有相互影响的,若按设计吨位张拉各索,张拉完毕时索力必然小于设计吨位。为此,可在设计时先计算出后张拉索使先张拉索损失多少张拉力,然后在设计吨位之上加上这部分损失值,进行超张拉,这样,当各索张拉完毕后正确的设计初拉力也就建立起来了。斜缆索的张拉与后张法预应力混凝土梁不同,不能在张拉时采用张拉力与延伸值双控制,而只能在张拉时以设计规定的拉力值控制并以延伸值作为校核。这是因为缆索的延伸值受梁和塔的变位影响(设计时虽考虑了这些影响,但梁和塔的实际刚度与张拉时的温度变化等因素难免与设计有出入,导致变位也不可能完全符合设计值)。

施工中的同步张拉是很重要的。为了避免张拉过程中索塔向一侧偏斜而导致索塔底部出现裂纹,索塔的顺桥向两侧对称的缆索应对称同步张拉;为了避免桥梁上下游两侧受力不均匀而发生扭转导致梁体出现裂纹,索塔上下游两侧对称的缆索应同步张拉;后安装斜缆索的斜拉桥连续梁,为了避免桥梁跨中两边受力不均匀导致跨中梁部出现裂纹,跨中两端对称位置的缆索也应同步张拉。

各索的安装、张拉顺序和次数在设计时已确定,施工时应按规定办理。混凝土斜拉桥采用不同的安装方法,不仅决定着恒荷载对体系的作用性质,而且对内力在结构中的分布也起着决定性的影响。

3. 斜缆索的防护

斜缆索的重要性是不言而喻的,其防护也是整个桥梁的安全保证。无论哪一种防护方法,它们都必须具有附着在钢丝表面的防锈层及为保护这些防锈层而设置的保护层。斜缆索的防护可分为临时防护和永久防护。临时防护是指从缆索出厂到开始做永久防护的一段时间内所需做的防护,主要是防止因锈蚀使斜缆索劣化。永久防护主要是指保护防锈和保护层不致流失、老化等。防锈一般有钢丝镀锌、涂油、涂漆、涂沥青或将钢丝纳入聚乙烯套内安装锚头密封后喷防护油和充氮气等;保护层的做法大致有:塑料管外套、铝管外套、钢丝网水泥套、玻璃钢防护套、聚乙烯管压注水泥浆防护、直接热紧压聚乙烯材料防护套等。

4. 调索

施工中的索力调整主要是因为设计的必要张拉力与施工的必要张拉力之间有矛盾,因而有必要在整个施工过程中对拉索进行分期分批的张拉;成桥后的索力调整,可以用来调整结构的受力情况,改变主梁的内力分布,或用来调整梁、塔的高程和位移。通过调索使结构在全部恒荷载作用下处于由设计者选择的一个理想的受力状态(比如使其与刚性支承连续梁的受力状态相同,使塔与梁的弯矩最小、零位移等,甚至可以指定截面的内力),但调索一般只能近似达到此理想状态。

第四节　悬　索　桥

一 悬索桥构造

悬索桥施工主要有锚碇、塔、主缆和加劲梁的制作和安装，其中尤以主缆及其附件的制造安装具有特色，如图 9-43 所示。

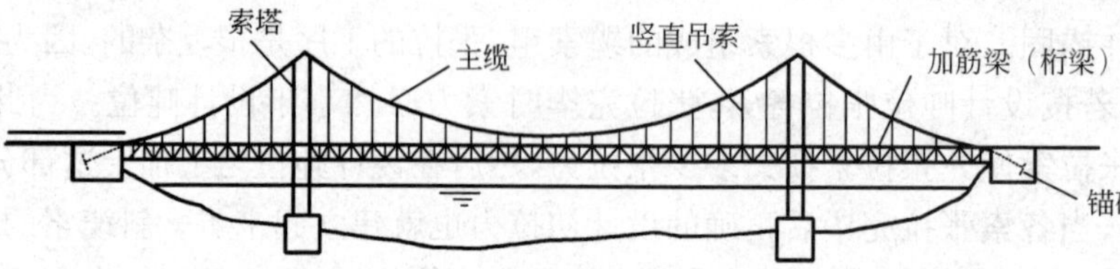

图 9-43　悬索桥简图

1. 主缆

主缆是悬索桥的主要承重结构，可由钢丝绳组成，也可用平行钢丝组成。大跨度悬索桥的主缆普遍使用平行钢丝式，可采用预制平行钢丝股架设法（PPWS 法），也可采用控制纺丝法（AS 法）架设。

2. 锚碇

锚碇是锚固主缆的结构，主缆的丝股通过散索鞍分散开并锚于其中。根据不同的地质情况可修成不同形式的锚碇，如重力锚、隧道锚等。

3. 索塔

索塔是支承主缆的结构，主缆通过主索鞍跨于其上。根据具体情况可用不同材料修建，国内多为钢筋混凝土塔，国外钢塔较多。

4. 加劲梁

加劲梁是供车辆通行的结构。根据桥上的通车需要及所需刚度可选用不同的结构形式，如桁架式加劲梁、扁平箱形加劲梁等。

5. 吊索

它通过索夹把加劲梁悬挂于主缆上。

大跨径悬索桥的结构形式根据吊索和加劲梁的形式可分为以下几种：

(1)采用竖直吊索，并以钢桁架作为加劲梁，如图 9-44 所示。

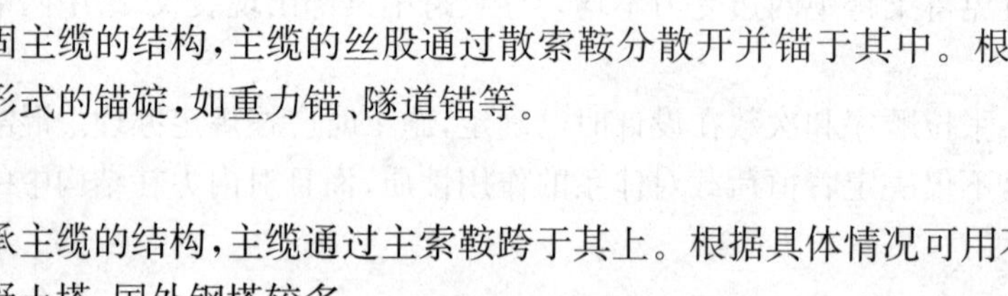

图 9-44　采用竖直吊索桁架式加劲梁悬索桥示意图

(2)采用三角形布置的斜吊索，以扁平流线型钢箱梁作为加劲梁，如图 9-45 所示。

(3)前两者混合式，即采用竖直吊索和斜吊索，流线型钢箱梁作为加劲梁。

(4)除了有一般悬索桥的缆索体系外，还设有若干加强用的斜拉索，如图 9-46 所示。

(5)无论采用上述何种结构形式，如果按加劲梁的支承构造来分，又可分为单跨两铰加劲梁悬索桥、三跨两铰加劲梁悬索桥及三跨连续加劲梁悬索桥等，如图 9-47 所示。

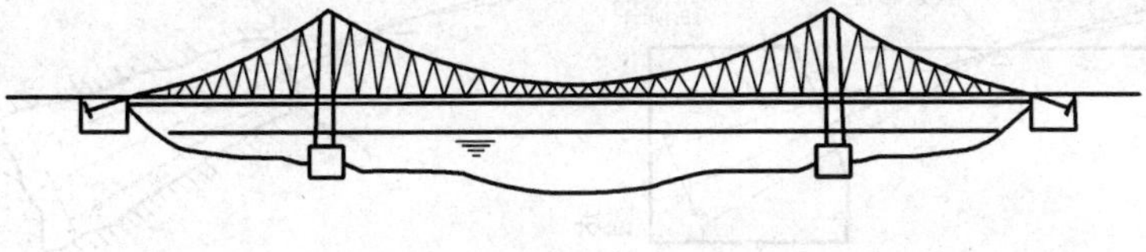

图 9-45　采用斜吊索钢箱加劲梁悬索桥示意图

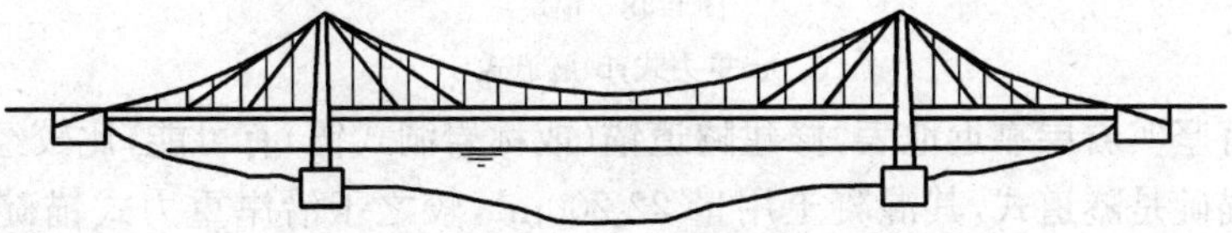

图 9-46　采用斜拉索悬索桥示意图

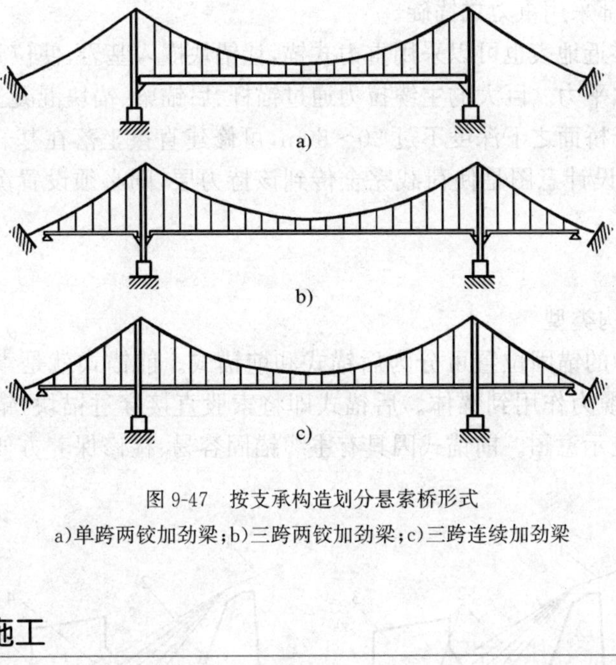

a)

b)

c)

图 9-47　按支承构造划分悬索桥形式

a)单跨两铰加劲梁；b)三跨两铰加劲梁；c)三跨连续加劲梁

二 悬索桥施工

悬索桥施工一般分为下部工程和上部工程。先行施工的下部工程包括锚碇基础、锚体和塔柱基础。下部工程施工同时要做上部工程施工准备，其中包括施工工艺设计、施工设备构置或制造、悬索桥构件加工等。上部工程一般分为主塔工程、主缆工程和加劲梁工程。从基础施工开始到加劲梁架设的施工工序如下。

(一)锚碇施工

1.锚碇结构类型

锚碇是主缆锚固装置的总称，是悬索桥的主要承重构件，要抵抗来自主缆的拉力，并传给地基基础，由混凝土锚块(含钢筋)及支架、锚杆、鞍(散索鞍)等组成。锚碇按受力形式可分为重力式锚碇和隧道式锚碇，如图 9-48 所示。重力式锚碇依靠巨大的重力抵抗主缆拉力，隧道式锚碇的锚体嵌入岩石内，借助基岩抵抗主缆拉力。

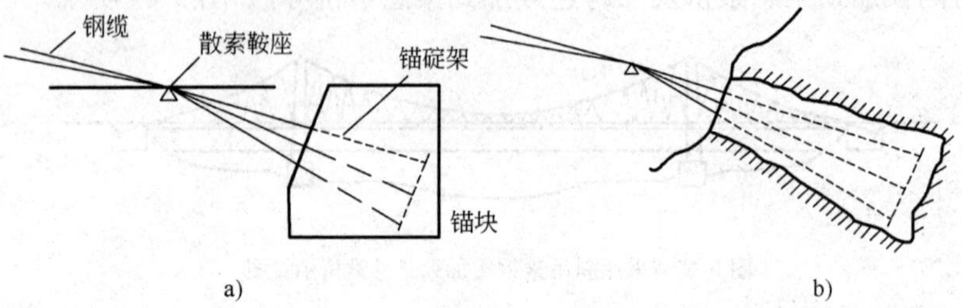

图 9-48　锚块

a)重力式；b)隧道式

若锚碇处有坚实岩层靠近地表，修建隧道锚（或称岩洞式锚）有可能，比较经济。美国华盛顿桥新泽西岸锚碇是隧道式，其混凝土用量 22 200m^3，较之于沿岸重力式锚碇所用混凝土及花岗岩镶面工程量 107 000m^3，仅为其 21%。但隧道锚有传力机理不明确的缺点。美国金门大桥原设计两端部都用隧道锚，但考虑到隧道锚块混凝土将力传给周围基岩机理不明确，总工程师乃改变决定，全部采用重力式锚碇。

有坚实基岩层靠近地表也可以采用重力式锚，让锚块嵌入基岩，使位于锚块前的基岩凭借承压来抵抗主缆的水平力。巨大的主缆拉力通过锚杆、后锚梁、锚块混凝土，均匀传递给基岩。

若坚实基岩位于桥面之下深度不过 30～50m，可修建直接坐落在基岩上的锚块。若坚实持力层埋深更大，而设计意图是使荷载完全传到该持力层，则必须设置沉井、沉箱、大直径桩（含斜桩）等构筑物。

2. 主缆锚固体系

(1)锚固体系结构类型

据主缆在锚块中的锚固位置可分为后锚式和前锚式。前锚式就是索股锚头在锚块前锚固，通过锚固系统将缆力作用到锚体。后锚式即将索股直接穿过锚块，锚固于锚块后面。图 9-49 为主缆锚固系统示意图。前锚式因具有主缆锚固容易、检修保养方便等优点而广泛应用于大跨悬索桥中。

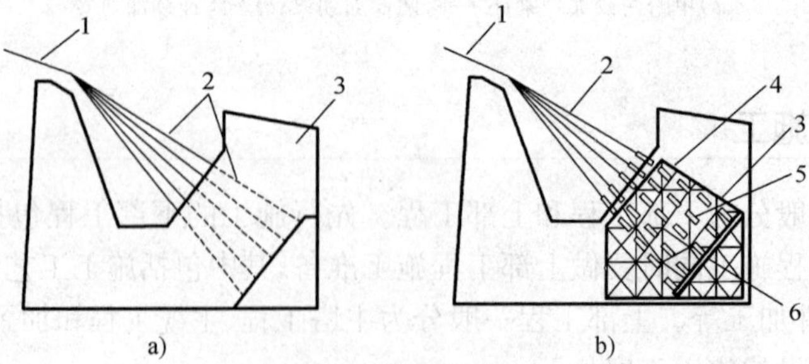

图 9-49　主缆锚固系统

1-主缆；2-索股；3-锚块；4-锚支架；5-锚杆；6-锚梁

前锚式锚固系统又分为型钢锚固系统和预应力锚固系统两种类型。型钢锚固系统又有直接拉杆式和前锚梁式。预应力锚固系统按材料不同，可分为粗钢筋锚固形式和钢绞线锚固形式，如图 9-50 所示。

(2)型钢锚固系统施工

型钢锚固系统主要由锚架和支架组成。锚架包括锚杆、前锚梁、拉杆、后锚梁等，是主要传力构件。支架是安放锚杆、锚梁并使之精确定位的支撑构件。

①施工程序：锚杆、锚梁等工程制造→现场拼装锚支架(部分)→安装后锚梁→安装锚杆(与锚支架)→安装前锚梁→精确调整位置→浇筑锚体混凝土。

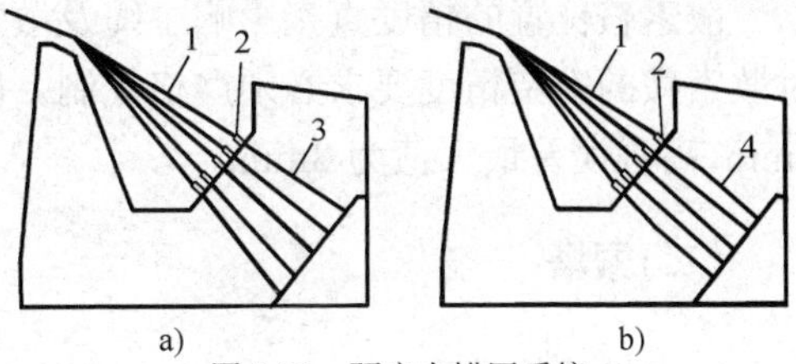

图 9-50 预应力锚固系统

a)粗钢筋锚固；b)钢绞线锚固

1-索股；2-螺杆；3-粗钢筋；4-钢绞线

②施工要点：所有构件安装均应按照现行有关钢结构施工规范的要求进行。

锚支架安装，系将散件运至现场拼装而成，为了提高效率，可将若干杆件先拼接成片，后再逐片安装。其中一部分支架安装工作与安装锚杆是穿插进行的，锚杆由下至上逐层安装，每安装完一层要拼装相应的支架与托架后才能安装另一层锚杆。

根据设计要求，锚杆与混凝土之间可以是无黏结的或有黏结的。如果是无黏结的，为了使锚杆能明确地将索力传递至锚梁，应使锚杆表面与混凝土处于无黏结状态。

由于锚杆和锚梁质量巨大，要注意锚支架特别是锚梁托架的刚度，必要时可采取加固措施，防止支架变形而严重影响锚杆位置的精度。

(3)预应力锚杆体系施工

①预应力锚杆体系传力方式：索股锚头由两根螺杆与锚固连接器相连，再对穿过锚块混凝土的预应力束施加预应力，使锚固连接器与锚块连接成为一个整体，承受索股的拉力，如图 9-51所示。

②施工程序：基础施工→安装预应力管道→浇筑锚体混凝土→穿预应力筋→安装索股连接器→预应力筋张拉→预应力管道压浆→安装与张拉索股。

③施工要求：预应力张拉与压浆工艺，应严格按照设计与施工规范的要求进行。前锚面的预应力锚头要安装防护帽，并向帽内注入保护性油脂。构件必须进行超声波和磁粉探伤检查，在运输和堆放过程中需严加保护，不允许构件受到损伤。

(4)隧道锚中的锚固体系

隧道锚中的锚固体系类型与重力式锚碇的锚固体系类型大致相同。但由于洞内空间较小、坡度大，安装难度相对较大。运送构件到洞内较多采用轨道滑溜的方法，然后采用小型起吊设备安装。长、大构件在洞内位移、翻转困难，施工中，各构件应严格从下而上的顺序搬运，随放随装。

3. 散索鞍安装与精度控制

(1)底座板定位

底座板通过在散索鞍混凝土基础中精确预埋螺栓而固定在基础上，调整好板面高程与位置后，在板底和四周浇筑高强度膨胀混凝土，使之稳固。每个座板都有多个螺栓，只有保证每个螺栓的位置精确，才能进行安装。

(2)安装散索鞍

安装好底座板以后，开始安装散索鞍。由于散索鞍与底座的连接是铰接，在主缆架设好之前散索鞍不能自立，必须在基础混凝土中预埋型钢支撑架，一方面用于支承鞍体，另一方面用于调整位置精度，准确定位。

(3)散索鞍施工精度要求

散索鞍位置的精度直接影响主缆及散索股的空间角度，从而影响主缆的受力状况。因此，对散索鞍的安装精度要求必须严格控制。散索鞍施工精度要求为：纵横向轴线误差最大值为3mm，高程误差最大值为3mm。

（二）索塔

1. 索塔结构类型

从所用材料分类，索塔可分为钢筋混凝土塔和钢塔。

钢筋混凝土塔一般为门式刚架结构，由两个箱形空心塔柱和横系梁组成。

钢塔的结构形式较多，常见的有桁架式、刚架式和混合式，如图9-52所示。

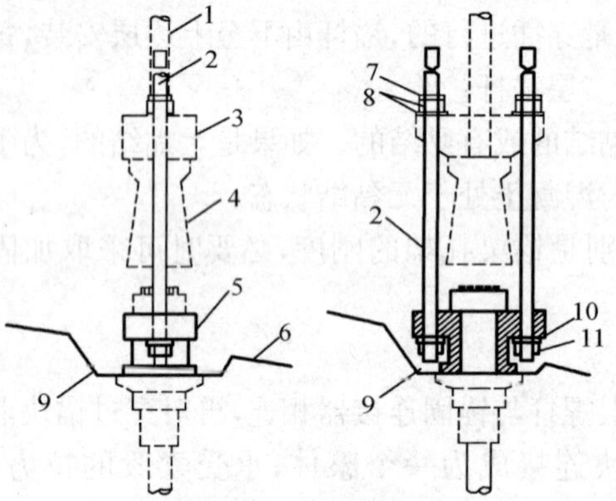

图9-51 索股锚固连接器

1-索股；2-拉杆；3-锚板；4-锚杯；5-索股连接器；6-前锚面；7-扣紧螺母；8-螺母与垫圈；9-锚面槽口；10-球面垫圈；11-球面螺母

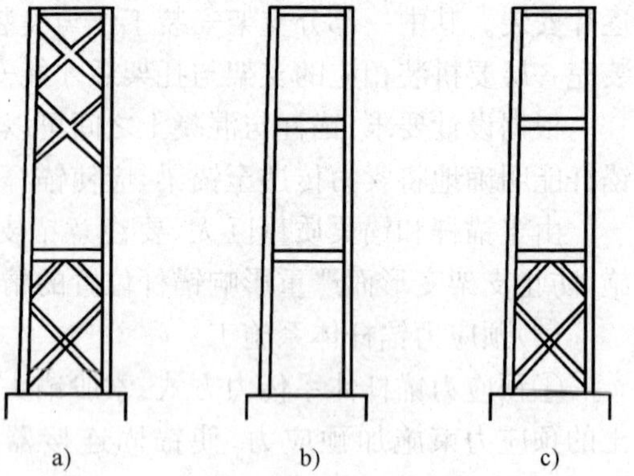

图9-52 钢塔形式

a)桁架式；b)刚架式；c)混合式

2. 索塔施工

(1)混凝土塔柱施工

塔身施工的模板工艺目前主要有滑模、爬模、翻模三大类型。塔柱竖向主钢筋的接长可采用冷压套管连接、电渣焊、气压焊等方法。混凝土运送方式应考虑设备能力而采用泵送或吊灌浇筑。施工至塔顶时，应注意预埋索鞍钢架支座螺杆和塔顶吊架、施工锚道的预埋件。悬索桥混凝土塔柱施工工艺和斜拉桥塔身基本相同，这里不再阐述。

(2)钢塔施工

我国已建成的长、大悬索桥都采用钢筋混凝土塔，钢塔在悬索桥中的使用尚无先例。而国外的悬索桥大多数采用钢塔，钢塔的施工方法也不尽相同。根据索塔的规模、结构形式、架桥地点的地理环境及经济性等可选用浮吊、塔吊和爬升式吊机三种。

①浮吊法：它是将索塔整体一次性起吊的大体积架设方法，能显著缩短工期，但由于浮吊起重能力、起吊高度有限，使用时以80m以下高度的索塔为宜。

②塔吊法：在索塔安装与索塔完全独立的塔吊进行索塔架设。由于索塔上不安装施工用的机械设备，因而施工方便，施工精度易于控制。但是塔吊及其基础费用较高。

③爬升式吊机法：这是先在已架设部分的塔柱上安装导轨，使用可沿导轨爬升的吊机吊装的架设方法。这种方法由于爬升式吊机支持在索塔塔柱上，索塔铅垂度的控制需要较高的技术。

3. 主索鞍施工

主索鞍的施工程序主要包括如下内容：

(1)安装塔顶门架

①按照鞍体质量设计吊装支架及配重起重设备。支架可用贝雷架、型钢或其他构件拼装，固定在塔顶混凝土中的预埋件上。

②起重设备一般采用卷扬机、滑轮组。当构件吊至塔顶时，以手拉葫芦牵引横移到塔顶就位。近年来，国内外开始采用液压提升装置作为提升设备，即在横梁上安装一台连续提升的穿心式千斤顶，以钢绞线代替其重钢丝绳。液压提升装置具有轻便、安全等优点。

(2)钢框架安装

钢框架是主索塔的基础，要求平整、稳定。一般在塔柱顶层混凝土浇筑前预埋数个支座，以螺栓调整支座面高程至误差小于 2mm。然后将钢框架吊放在支座上，并精确调整平面位置后固定，再浇筑混凝土，使之与塔顶结为一体。

(3)吊装上下支承板

首先检查钢框架顶面高程，符合设计要求后清理表面和四周的销孔，然后开始吊装下支承板。下支承板就位后，销孔和钢框架对齐销接。在下支承板表面涂油处理后安装上支承板。

(4)吊装鞍体

鞍体因质量大，吊装施工需认真谨慎，要稳、慢、轻，不得碰撞。入座后用销钉定位，要求底面密贴，四周缝隙用黄油填实。

(三)主缆工程

1. 施工程序

锚碇和索塔工程完成以后，紧接着就是主缆工程，包括主缆架设前的准备工作，主缆架设、防护及收尾工作，工作难度大，工序繁多。主缆工程施工程序如图 9-53 所示。

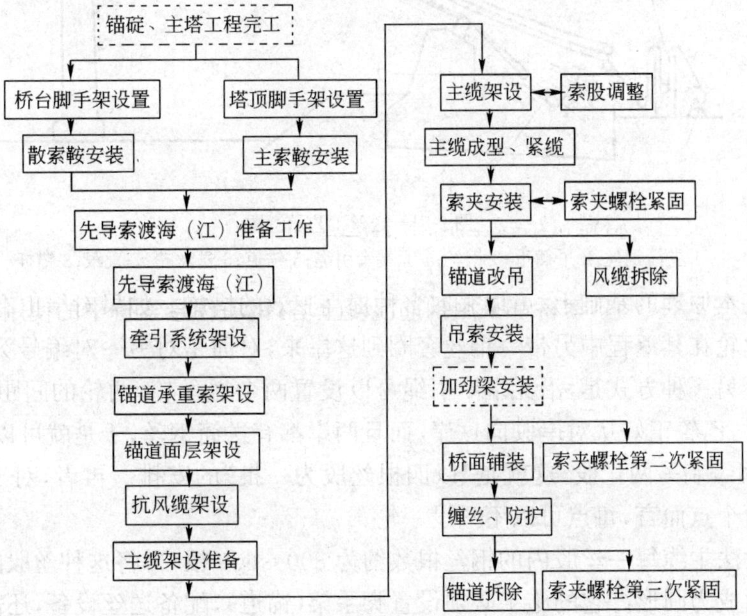

图 9-53　主缆工程施工程序图

2. 主缆架设

悬索桥的钢缆有钢丝绳钢缆和平行线钢缆两种。前者一般用于中、小跨度的悬索桥，后者主要用于主跨为500m以上的大跨悬索桥。平行线钢缆根据架设方法分为空中送丝法（AS法）和预制索股法（PWS法）。

(1)空中送丝法

用空中送丝法架设主缆，19世纪中叶发明于美国，自1855年用于尼亚瓜拉瀑布桥以来，多数悬索桥都用这种方法架设主缆。在桥两岸的塔和锚碇等都已安装就绪后，沿主缆设计位置，在两岸锚碇之间布置一个无端牵引绳，且将缠满钢丝的卷筒放在一岸的锚碇旁，从卷筒中抽出钢丝头，暂时固定在某靴跟（可编号为A）处，称这一钢丝头为“死头”。继续将钢丝向外抽，由“死头”、送丝轮和卷筒将正在输送的丝形成一个钢丝套圈，用动力机驱动牵引绳，于是送丝轮就带着钢丝送向对岸。在钢丝套圈送到对岸时，可用人工将套圈从送丝轮上取下，套到其对应的靴跟（可编号为A′）上。

图9-54为送丝工艺示意图。随着牵引绳的驱动，送丝轮又被带回此岸，取下套圈套在靴跟A上，然后又送向对岸。这样进行上百次，当其套在两岸对应靴跟（如A和A′）上的丝数达到一丝股钢丝的设计数目时，就将钢丝“活头”剪断，并将该“活头”同上述暂时固定的“死头”用钢丝连接器连起来。这样，一根丝股的空中编制就完成了。

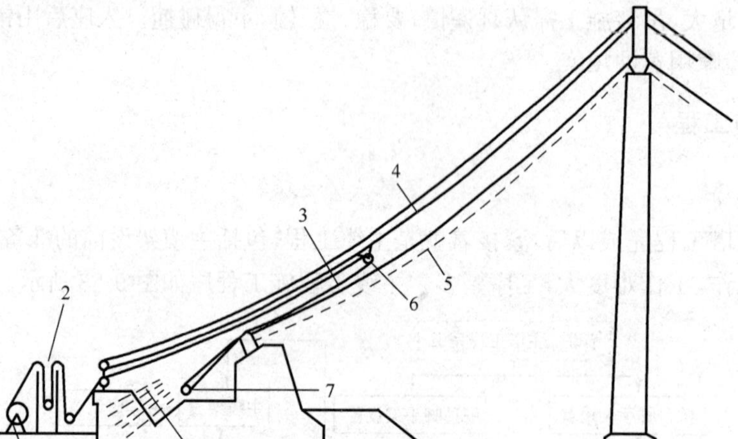

图9-54　送丝工艺示意图

1-卷筒钢丝；2-平衡重；3-钢丝；4-无端牵引绳；5-锚道；6-送丝轮；7-靴跟；8-锚杆

在上述基本原理的基础上，可以采取多种提高工效的措施。如果对岸也有卷筒钢丝，可以利用前述送丝轮在其返程中另带一钢丝套圈到这岸来，对面是对另一对编号为B、B′的靴跟之间进行编股。另一种方式是，沿无端牵引绳可以设置两个送丝轮，两轮的间距为：当甲轮从这岸驶向对岸时，乙轮正好从对岸驶向这岸，而且两岸都有送筒钢丝，于是就可以同时在C、C′和D、D′靴跟之间编制另两丝股，这就是“以四根丝股为一批”的安排。再者，对于送丝轮扣牢在牵引绳上的两个点而言，每点可以不只设一轮。

空中送丝法主缆每一丝股内的钢丝根数约为300～600根，再将这种丝股配置成六角形或矩形并挤紧而成为圆形。它的施工必须设置脚手架（锚道），配备送丝设备，还需有稳定送丝的配套措施。为使主缆各钢丝均匀受力，必须对钢丝长度和丝股长度分别进行调整，还应及时进行紧缆和缠缆。

(2)预制索股法

用预制索股法架设主缆是1965年在美国发展起来的,其目的是使空中架线工作简化,自1969年用于建成纽波特桥以后,使用逐渐广泛。

预制股张拉束一般为61丝、91丝或127丝,再多就太重了。两端嵌固热铸锚头,在工厂预制先配置成六角形,然后挤紧成圆形。架设的过程同空中送丝法一样,但在锚道之上要设置导向滚轮以支持绳股。

虎门大桥127丝主缆索股,每丝直径5.2mm,每根主缆110束,采用站架式拽拉器穿过导轮组作往复运动。索股前端与拽拉器连接,使得索股前端约30m长悬在空中运行,而索股后端则支承在导向滚轮上运行。此方式也可用于空中送丝。

(四)加劲梁架设

架劲梁架设的主要工具是缆载起重机。架设顺序可从主跨跨中开始,向桥塔方向逐段吊装;也可以从桥塔开始,向主跨跨中及边跨岸边前进。

以往加劲梁多用钢桁架,其架设方式也像钢桁架桥那样,从桥塔开始向主跨跨中和岸边逐段吊装。在每一梁段拼好以后,立即将其与对应的吊索相连,使其自重由吊索传给主缆。对于三跨悬索桥而言,一般需要四台缆载起重机,分别从两塔各向两个方向前进。边跨和主跨的跨径比各桥不同,为了使塔顶纵向位移尽可能小,当主跨拼成多段时,边跨应拼几段,应该进行推算。在历史上,因为推算速度跟不上施工需要,曾使用全桥的结构模型试验来决定较为合理的吊装次序。

从桥塔开始吊的优点是施工比较方便,缺点是桥塔两侧的索夹首先夹紧,此时主缆形状与最终几何线形差别最大,因而主缆中的次应力较大。海湾大桥混凝土加劲箱梁主跨有73段,边跨各24段,首先将预制段从预制场纵、横对称下海。然后用铁驳浮动到主跨主缆下定位,用锚固在主缆索夹上的800kN缆载吊机垂直起吊安装。每安装一梁段之后,吊机向前移6m,锚固到下一对索夹上,做下一梁段的吊装准备。吊装时,采用四点吊装法。

当加劲梁的重力逐渐作用到主缆上,主缆将产生较大的位移,改变原来悬链线的形状,所以在吊装过程中上缘一般都顶紧而下缘张开,直至全部吊装完毕下缘才闭合。如果强制使下缘过早闭合,结构或其连接件有可能因强度不够而破坏。合理的做法应该是:在架设的开始阶段,使各梁段在上缘铰接,而使下缘张开。这些上缘铰接的梁段应具备抵抗横向风荷载的能力。待一部分梁段业已到位,主缆线形也比较接近最终线形时,再将这一部分梁段下缘强制闭合。当然必须通过施工控制确认此时闭合是结构和其连接件都能够承受的。

第五节 参考案例

案例一:某大桥主梁预制与架梁施工

一 工程概况

此大桥主桥是一座三塔单索面三向预应力混凝土斜拉桥,跨径:(38.0+38.5+43.5)m+2×348m+(43.5+38.5+38.0)m=120.0m+2×348m+120.0m=936.0m,对中塔(主塔)呈

对称布置，其主跨 2×348m 对称布置，为目前国内最大跨度的三塔斜拉桥，同类型桥梁世界第一。

主桥三塔采用倒 Y 形空心塔，其中中塔与主梁间为刚性固结体系，其余主梁在塔墩上设滑动支座（浮动体系）。全桥布置见图 9-55。

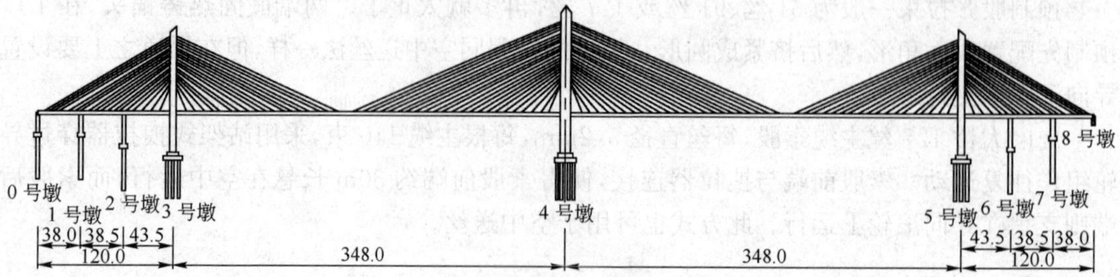

图 9-55　大桥总布置图（尺寸单位：m）

主梁为倒梯形单箱三室截面，斜拉索锚固在中室横隔板上，主梁上斜拉索索距为 8.0m。预制节段悬拼施工。

二 预制梁施工

主梁全桥范围内等高，梁高 3.0m，桥面宽度为 0.25m（边栏杆）＋2.0m（人行道净宽）＋7.75m（车行道）＋3.0m（中央索区）＋7.75m（车行道）＋2.0m（人行道净宽）＋0.25m（边栏杆）＝23.00m。桥面横向设 1.5％双面坡，索面间距为 1.2m。

4 号墩主塔 0 号块及边跨则全部采用膺架现浇法，其他梁段均采用预制悬拼法。

主跨预制悬拼梁采用“半长线法”施工，预制梁典型长度为 4m。全桥预制梁片 162 片，其中 4m 长 150 片，3.5m 长 10 片，3m 长 2 片。1 个匹配节段长 47.5m 左右。

（一）模板

制梁利用两个制梁台座（钢结构）作底模，两侧外模采用膺架式支撑，可顺底部钢轨沿制梁台座滑动。内模主要为拼装钢模，设可调钢支撑，钢模中间夹 1 道木条，便于拆除。因斜拉索锚块尺寸各异，面积不大，故预应力钢绞线齿块模板全部采用木模。

外模共 4 套，内模 6 套（3 套有索块，3 套无索块），使两个台座上的 4 个工作面便于轮流作业。

（二）制梁

制梁步骤如下：

（1）按设计线形调整底模线形。

（2）外模就位后，调整高程至设定值，绑扎底板钢筋。

（3）安装预应力管道、内模支架及内箱模板并固定。

（4）无索块时，直接绑扎顶板钢筋。有索块则安装索道管，精确定位并设支架固定，绑扎锚块钢筋和顶板钢筋，安装顶板预应力筋和预应力孔道，绑扎顶面钢筋。

除第 1 片梁外，每个节段其余梁片均须对匹配面进行处理。传统的处理方法是在匹配面上贴隔离纸使 2 片梁不致黏结。本桥采用油性（雨天）和水性（晴天）隔离剂，极易操作。

混凝土由制梁场西端的混凝土工厂生产，用专用运输道由卷扬机牵引运输。梁体混凝土等级均为C55，用混凝土大罐由20t外伸臂式龙门吊机移动下灰，局部借助漏斗、串筒下灰。混凝土振捣采用附着式(外模)和插入式捣振器结合，两侧外侧模各设6台附着式振捣器，由控制柜控制。内模设5×9个30 cm×30 cm振捣观察孔，所有的齿块模板均设振捣孔，用ϕ50mm、ϕ75mm振捣棒振捣。用检查锤敲击内模检查混凝土密实度。

混凝土养生：冬季制梁利用篷布覆盖，箱内设碘钨灯加热升温、养护。夏季覆盖麻袋片浇水养生。

拆模：内模在混凝土强度达到设计要求的50%以上时即可拆除，外模在混凝土强度达到设计要求的80%以上及横向束张拉4束后方可下落拆除，由20t龙门吊机设水平导向滑轮牵引向前移动到下一片梁位置。

(三)移梁

按设计要求，预制梁须存放3个月以上，以减少其混凝土收缩、徐变影响。梁片制造完成后应吊运至存梁场地存放，以拆出2片梁之间的3个箱体模板倒用和空出台位以便于下一节段梁片预制。

预制梁混凝土达到设计强度后，首先用180t龙门吊机起吊梁片质量的80%～90%(通过用百分表测吊杆变形)，然后在梁片两边箱内通过千斤顶使2片梁分离，最后吊机提升走行到存梁位置，见图9-56。

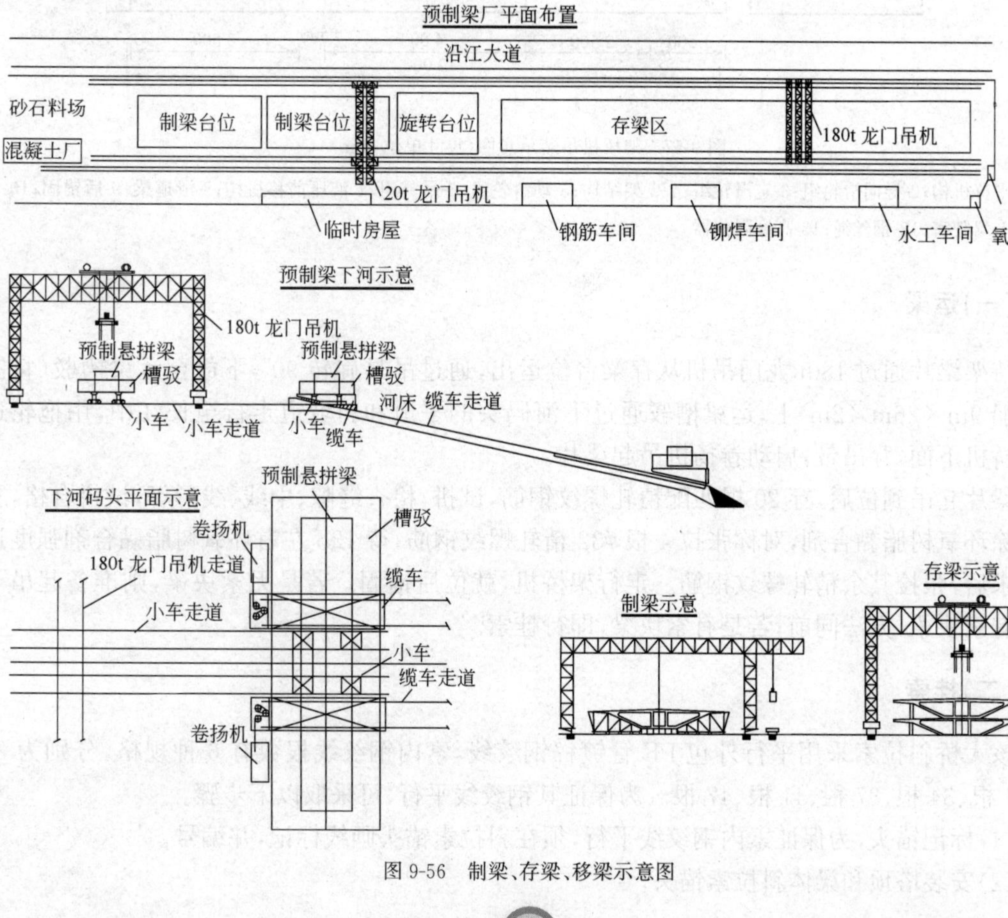

图9-56　制梁、存梁、移梁示意图

三 架梁

架梁设备为4台180t步履式架桥机，分别分布在3号、4号（南北各1台）、5号墩。180t步履式架桥机起吊梁块示意图见图9-57。

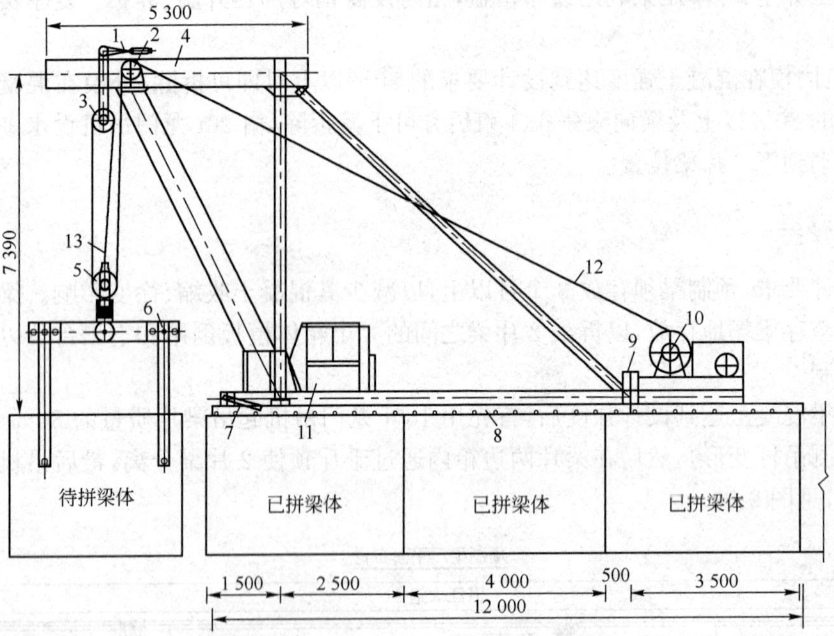

图9-57 架桥机吊装示意图（尺寸单位：mm）

1-吊点平移机构；2-导向滑轮组；3-定滑轮组；4-支架结构；5-动滑轮组；6-吊具组；7-液压前移机构；8-滑道梁；9-后锚固；10-卷扬机；11-驾驶室；12-钢丝绳；13-高度限位器

（一）运梁

待架梁片通过180t龙门吊机从存梁台位运出，通过吊具旋转90°，下放至运梁槽驳（特制运梁船9m×26m×2m）上，运梁槽驳通过下河码头的平道和斜坡道走行至长江中，用拖轮运至架桥机下面，穿吊带，启动卷扬机吊起梁片。

梁片起吊到位后，穿20根匹配精轧螺纹钢筋，试拼，检查缝隙、中线、线形等，试拼合格，黏合面涂环氧树脂黏合剂，对称张拉4根$\phi32$精轧螺纹钢筋，待12h左右环氧树脂黏合剂强度达到要求后，张拉其余精轧螺纹钢筋。走行架桥机，就位后锚固。若是无索块梁，则准备起吊下一片有索块梁，方法同前；若是有索块梁，即行挂索。

（二）挂索

该大桥斜拉索采用平行外包PE管镀锌钢绞线，索内钢绞线根数有6种规格，分别为27根、31根、34根、37根、41根、47根。为保证其钢绞线平行，可采取以下步骤：

（1）标记锚头，为保证索内钢绞线平行，须在斜拉索锚头画线标记，并编号。

（2）安装塔顶和梁体斜拉索锚头。

(3)HDPE(高密度聚乙烯)管焊接,采用镜面焊接技术,对 HDPE 管实现无缝焊接接长。

(4)挂索,用专用卡具卡住 HDPE 管上端口,塔顶卷扬机通过钢丝绳提升到位。

(5)钢绞线穿张,塔顶卷扬机钢丝绳通过锚头孔下放到梁片锚孔附近,梁面镀锌包 PE 管钢绞线通过端头剥皮,装"子弹头"导向,墩头等处穿入对应孔与下放钢丝绳夹具连接,牵引钢绞线至塔顶锚头孔,单孔千斤顶(仅 22 kg 重,极易安装)张拉钢绞线至要求值(设定初始张拉力),以后各根钢绞线张拉方法相同。使用此方法用单孔千斤顶张拉钢绞线,通过精确计算,在张拉过程中,每根钢绞线张拉力按计算控制,但完成这一根索内所有钢绞线的最后一根张拉时,每根钢绞线张拉力应基本一样。

(6)当个别钢绞线束力不一致时,需要进行二次张拉(调索)。为减小同一根索内各钢绞线之间的索力差值,二次张拉时主要以单孔千斤顶的拔出量控制千斤顶就位。斜拉索钢绞线张拉采用"数控自动张拉"技术。操作如下:千斤顶就位后,操作人员把数据输入电脑盒,然后接"开始"按钮,自动控制仪将自动张拉钢绞线至输入值,并且一旦达到输入值后将停止张拉。张拉操作时所需和实际数据都显示在显示器上。如在达到所需数据前,需再次张拉,自动控制仪计算夹片和应力损失,自行回位并重新张拉至所需值。

四 湿接缝施工

为调整梁体里程、线形、中线等,不致使误差累计太大,全桥预制梁分 14 个节段,共设 0.5m长湿接缝 14 道,合拢段 1m 长湿接缝 4 道。

湿接缝前端梁片就位后,按设计位置(包括线形、中线、里程等)焊接湿接缝锁定装置,穿 ϕ32 预应力粗钢筋,绑扎钢筋,安装预应力孔道,立模,灌注混凝土。待混凝土强度达到要求强度后即行张拉纵向粗钢筋,准备吊装后续梁片。

五 合拢段施工

3 号墩、5 号墩架梁至 S18b 梁块,4 号墩架梁至 M23b 梁块后,张拉完成设计要求,张拉的梁底板部分钢绞线束后,架桥机稍作改制,即可起吊合拢块。起吊合拢块时采用 2 台架桥机抬梁方案。施工挂篮走行至接缝位置,调整合拢块附近梁片线形后,短时间内焊接锁定装置,并马上解除 3 号墩、5 号墩梁底支座临时约束,以便于整个梁体可自由伸缩。之后,合拢缝处立模板,绑扎钢筋,预应力钢绞线孔道接通。最后,在合拢块附近压重后即可灌注混凝土,混凝土灌注过程中进行换重,即灌注部分混凝土后移走等重压重块。

六 全桥调索

全桥合拢后,梁底板剩余钢绞线和梁顶板全部钢绞线束先后张拉,压浆完毕,对全桥线形、3 个塔身位置等连续观测 3d,开始全桥调索。

斜拉索锚固端(即梁端)调索使用群锚千斤顶,千斤顶组装在一特制支座上,支座抵住锚垫板。若调整较小,千斤顶顶起后根据预定值拧紧或放松螺母;若调整较大,就把锚头提升,并移走和加上垫片。

在张拉端,调整的延伸量超过 10mm 时,用单孔千斤顶操作;调整的延伸量小于 10mm 时,在箱梁和垂直方向可忽略不计,则无需再张拉调整。

案例二：某钢管混凝土拱桥施工简介

一 概况

此桥主桥为净跨 288m 的上承式钢管混凝土拱桥，全桥长 491m，是目前最大跨径的上承式钢管混凝土拱桥。拱肋为变高等宽的钢管混凝土桁构，采用了一种新型的主拱接头，拱上立柱亦为钢管混凝土，拱圈桁架的安装采用缆索吊装、斜拉索扣挂拱肋节段的方法施工。该桥梁结构轻，材料省，造价低，施工工期短，与环境配合协调美观。

该工程自 1999 年 4 月开工，2001 年 11 月完工，并于 2001 年 11 月 24 日通过荷载试验，2001 年 12 月 28 日通过验收，12 月 30 日通车。

二 施工技术

(一)钢管桁架的加工

拱圈桁架的施工，采用工厂制作成拱肋节段，通过洪期水路运输至工地起吊安装。全桥共分 28 个拱肋节段，最大节段重约 500kN，最小节段重约 406kN，全部节段加工重量 12 250kN。肋间横系梁桁片共 68 片，加工重量共 480kN。

骨架加工采用计入了预拱度的拱肋放样坐标。预拱度在拱顶总值为 0.371m，以挠度曲线的规律分配至各节点上。

拱肋主弦杆采用 Q345C 螺旋焊接管，要求主弦杆加工后各节点中心位置均能接近设计的正确位置，其误差值应小于 5mm。每个桁片上下弦主管节段长约 18.48～21.65m，其弦与弧间的最大矢度为 13.9～29.4cm(拱脚小、拱顶大)，可采用预热压弯的方法将弦杆加工成微弧形。

1.钢管制作要求

对钢管拱肋及相应横撑按以下规定进行补充。

(1)卷管方向应与钢板压延方向一致。选料时注意上下弦管的焊缝应避开与腹管、缀板等构件的接头处。焊缝按 TB 10212—98 的要求进行检查，焊缝质量应分别达到 TB 10212—98 的超声波探伤内部质量 I 级和 GB 3323—87[1] II 级标准，焊缝外观质量也应满足 TB 10212—98 的要求。

(2)直径 175mm 的钢管由工厂提供，要求有出厂合格证，管材进入钢结构制造单位后还应进行复验。应特别注意无缝钢管质量的控制和检查，确保工程质量。

(3)直径 920mm 和直径 351mm 的钢管采用螺旋缝埋弧焊钢管。

①为适应钢管拼接的轴线要求，管端应严格放样。

②钢管校圆分整体及局部两道工序。整体校圆可在卷板机上进行，也可在夹具上进行；局部校圆用已制作好的弧形样板内衬钢管，对不密贴处按 TB 10212—98 的规定进行矫正。

③注意考虑拱肋预拱度的影响。

④钢管弯曲按 TB 10212—98 的 4.3 条执行。在实施前做钢管弯曲工艺评定试验，向建设、监理单位提交试验报告。

---

[1] 目前，该规范已被 GB/T 3323—2005 代替。

(4)与上、下弦杆相接的钢管，圆管接头采用坡口焊缝，应进行坡口加工。

2. 拱肋分段组装

(1)定义

桁片——由弦管和腹板及节点板组成；

分段——由桁片和平联管组成的整段拱肋。

(2)桁片内弦管的对接

每个分段内包含的若干桁片，可先在模架上对接成整体。上下弦管接头采用全熔透焊缝，焊缝等级为建筑一级标准，接头焊接工艺和坡口应事先进行鉴定合格。对接时应将各节钢管的焊缝位置错开150mm以上。焊接时应在钢管内加厚度$\delta=4\sim6$mm、宽度$b=100$mm左右的环向钢衬垫。焊接质量是钢结构安全度的重要保证，因此，焊接时需采用二氧化碳气体保护焊打底，以上各层可采用手工电弧焊，焊接检验按TB 10212—98的规定进行，焊缝质量分别达到TB 10212—98的超声波探伤内部质量Ⅰ级和GB 3323—87 Ⅱ级标准，焊缝外观质量应满足TB 10212—98的要求。

对接接头错边量不大于壁厚的1/10，间隙不大于±1.0mm。

(3)节点板的焊接

每个桁片内节点板与钢管间的焊缝采用全熔透焊缝，焊接和焊接检验按TB 10212—98的规定进行，焊缝质量分别达到TB 10212—98的超声波探伤内部质量Ⅰ级和GB 3323—87 Ⅱ级标准，焊缝外观质量应满足TB 10212—98的要求。

(4)腹管、平联管、横撑与上、下弦管接头的焊接

腹杆等与主拱拱肋弦杆的接头采用部分熔透焊缝，腹管、平联管与弦管的相贯线的间缝应小于2mm，焊缝按TB 10212—98的要求进行检查，焊缝质量应分别达到TB 10212—98的超声波探伤内部质量Ⅰ级和GB 3323—87 Ⅱ级标准。

腹管、平联管、横撑与上、下弦管接头的焊缝应避开上、下弦管的对接焊缝，以免出现二次焊接，影响结构质量。

(5)分段组装程序

分段组装应在组装工作平台上进行，工作平台按半拱竖向预拼设置。组装前应对工作平台进行检验，工作平台胎架与样板的线形应吻合，误差不大于3mm。

①在分段模架上，先吊装左、右钢管桁片，对好位置后与模架固定。

②画出平联杆中心线及其他辅助部件位置。

③安装平联杆等，按设计和焊接要求进行焊接，焊接和焊接检验按TB 10212—98的规定进行，焊缝按TB 10212—98的要求进行检查，焊缝质量应分别达到TB 10212—98的超声波探伤内部质量Ⅰ级和GB 3323—87 Ⅱ级标准，焊缝外观质量应满足TB 10212—98的要求。

④清除焊渣和钢板表面的污物、油渍、氧化皮等。

⑤对工件的几何尺寸、焊接质量、结构构造等进行全面的质量检查，验收合格后进入涂装工序。

⑥由监理单位通知建设方、施工方对拱肋进行全面质量检查验收，验收合格后方能运至桥位安装。

(二)拱圈桁架的安装

拱圈桁架的安装采用缆索吊装、斜拉索扣挂拱肋节段的方法施工。

1. 扣索、锚索

由交界墩顶交换梁(盖梁)处向河心与拱肋桁架连接者为扣索,向岸边与锚碇连接者为锚索,扣、锚索均采用钢绞线。扣、锚索制作采用斜拉桥拉索制作工艺,只是防护采用塑胶布缠裹的临时性防护,钢绞线后期回收用于桥道T梁。

2. 锚碇、交换梁

西岸利用1号桥台、东岸利用10号桥台,分别在台后增设地锚梁并与桥台连接,共同组成重力式锚碇。交界墩盖梁原本设计为1.6m高,现在其底部加高0.4m,变为2.0m后盖梁即兼作交换梁。在交换梁上扣、锚索交错布置,每个交换梁上,共有56根扣索、36根锚索穿过。

3. 扣、锚拱肋节段

全桥拱肋节段共28段,每岸共14个扣索单元(单肋7个)。扣索张拉端设在交换梁(即交界墩盖梁)上,锚索张拉端设在锚碇上,扣、锚索应同步张拉,使交换梁基本保持零位移状态。

4. 拱肋合拢

当左、右半跨各14个(单肋7个)节段均已扣定并调整至设计高程后即可进行合拢。合拢时温度不得高于20℃,亦不得低于15℃。

拱圈合拢的体系转换:三铰拱—两铰拱(拱顶合拢)—无铰拱(拱脚封铰)。

(1)释放扣索力

扣索力释放应左右对称、分批、同步进行。各扣点每批可按1/4扣索力松扣,按扣索编号自下而上顺次进行,直到释放完全部扣索力形成三铰拱。其过程中注意两点:①扣索力、锚索力必须同步释放;②扣索力、锚索力按设计要求分阶段释放,每一阶段扣、锚索水平方向合力差不得超过1 600kN。

(2)拱顶合拢

通过拱顶调力装置调整拱顶轴力和全拱线形,并做好整个调整过程每一个调力阶段的内力和变形观测,使上、下弦管受力均衡,线形符合该阶段设计线形。在规定的设计温度下焊接拱顶接头钢管,形成两铰拱。

(3)拱脚封铰

①焊定铰轴;

②解除弦管临时焊接件;

③焊接弦管接长件(设计合拢温度下);

④焊接外包管;

⑤封拱脚铰,浇筑混凝土,形成无铰拱。

(三)拱圈混凝土灌注

1. C60混凝土的配制

为确保钢管混凝土低温、大流动性、收缩补偿、延后初凝和早强的工程性能,施工中根据试验对石子级配、砂子细度模数作了严格要求,并采用泵送剂和粉煤灰相结合的双掺性来优化混凝土的可泵性,掺入膨胀剂使混凝土在初凝后有微膨胀率以避免混凝土收缩造成钢管壁与混凝土之间的空隙。

2. 拱圈混凝土灌注

拱圈采用C60高强混凝土,管内混凝土的浇筑程序:先上弦后下弦、先内侧后外侧、每次分左右两肋、每肋一根管，对称、均衡施工，灌注进度差不大于5m。

在拱圈混凝土灌注及拱上荷载的安装过程中，应对拱圈纵、横向的变形多点观测，全面控制，并据此调整各工作面的合理进度及处理意外的不均衡施工状态。

(四)拱上立柱施工

1. 钢管排架的制作及安装

钢管排架的制作同拱肋节段一样，由工厂制作成空间排架节段，运输至工地起吊安装，节段接头可事先在工厂焊于节段上。全桥需工厂制作节段16段，最大节段重148kN，最小节段重40kN，全部节段加工重量约1 650kN。立柱下端接头与拱肋相接端应事先在工厂焊于拱肋弦管上。

2. 管内混凝土的灌注

立柱ϕ351×8mm主管内灌C50混凝土，要求严格按对称、均衡的原则进行。为保证柱顶混凝土与盖梁的有效结合，立柱管内混凝土在盖梁安装完成之后灌注。

(五)钢结构涂层施工

1. 基本要求

涂装材料生产商或涂装施工单位应按设计图纸要求，并充分考虑施工过程中的各种不利因素，提出“钢结构防腐涂装工艺说明”，经设计方、建设方认可后形成条文。

要求涂料生产商及监理单位派专人对涂装的全过程进行记录和检查。在检查过程中，要认真做好被涂部件的名称、表面处理等级、使用涂料的名称及数量、施工方法、各涂层厚度(包括湿膜、干膜)、涂装的温度与湿度、开始施工时间及结束时间等原始记录。

2. 涂层施工

拱肋分段涂装主要在工厂进行。钢管下料制成节段后，首先进行喷砂处理(粗糙度要求达到Rz40μm～80μm)，对于焊接预留部位则采用胶带保护，以防二次生锈，保护宽度为50～100mm，然后对其他部位用电弧喷枪喷涂铝镁合金，厚度为(200±50)μm。构件尚有余热时刷涂环氧锌磺底漆一道，厚度为50μm。

节段组装后，对焊接部位再进行上述工艺处理(喷砂→喷镀→封闭三个工序)，然后对整个节段涂装一道橘红色面漆，厚度25μm，检验合格后等待发运吊装。

节段吊装完成后，对于节段焊缝及吊装破损部位严格按照上述工艺进行处理，然后对整个桥梁钢结构再涂装一道橘红色面漆，厚度为25μm。

思考与练习

9.1 简述拱桥的特点类型及施工方法。

9.2 钢管混凝土拱桥的主要特点是什么？

9.3 钢管混凝土拱桥在设计与施工上的两大方向是什么？

9.4 简述钢桁梁桥的构造。

9.5 拖拉法架设钢梁的方法有哪些？

9.6　浮运法架设钢梁的方法有哪些？

9.7　简述斜拉桥的构造。

9.8　斜拉桥拉索纵向布置的形式有哪些？

9.9　斜拉桥拉索横向布置的形式有哪些？

9.10　斜拉桥主梁的类型有哪些？

9.11　斜拉桥主梁和塔墩的支撑体系有哪些类型？

9.12　常用的斜拉桥索塔的结构形式有哪些？

9.13　拉索与索塔的连接方式是什么？

9.14　简述斜拉桥主梁、索塔、拉索的施工方法。

9.15　简述悬索桥的构造。

9.16　悬索桥锚碇结构类型有哪些？

9.17　简述悬索桥索塔结构类型。

9.18　悬索桥主缆架设的方法有哪些？

第十章　高架车站、桥面及附属工程

本章知识目标

通过本章的学习，学生应掌握以下知识：

1. 车站分布、车站限界、轻轨车站的结构形式；
2. 桥上通信工程的组成、作用及桥上轨下基础工程的构造；
3. 防灾和噪声防治、防火设备、检查设备。

第一节　车　　站

一　车站分布

车站数目的多少，直接影响居民乘轨道交通的出行时间。车站多，居民步行到车站距离短，节省步行时间，可以增加短程乘客的客流量；车站少，则提高了交通速度。站间距越小，车站数量就越多，在轨道交通的造价越高的同时，轨道交通的运营费用也会上升。站间距越大，车站数量减少，车站造价可以节省，但乘客步行距离及时间加长，轨道交通在综合交通中的客流量吸引能力就会降低，同时单个车站的负荷有所增加。

一般情况下，车站宜设在：

(1)轨道交通与城市主要交通干道的交汇处；

(2)城市的政治、经济、文化中心，有较大客流集散处，如道路十字交叉口、商业区、公园、影剧院、体育场出口附近设站；

(3)人口密度大，在同样吸引半径范围内，发生的交通客流量大，宜设站且宜密；

(4)车站间的距离应根据实际需要确定，市区宜为 1km 左右，郊区不宜大于 2km。

二　车站限界

列车沿轨道安全运行时所需要的净空尺寸称为限界。车辆限界应根据车辆主要尺寸等有关参数确定。一方面隧道结构内部要有足够的空间，以供车辆通行和布置线路结构、通信、信号、供电、给排水等设备；另一方面，为确保列车安全运行，凡接近城市轨道交通线路的各种建筑物(如隧道衬砌、站台等)及设备，均不能侵入限界。因此，规定了车辆限界、设备限界、接触轨限界、建筑物接近限界。

1. 车辆限界

根据车辆外轮廓尺寸有关参数，并考虑静态和动态情况下横向和竖向偏移量及偏移角度，按可能产生的最不利情况确定。

2. 设备限界

设备限界是在车辆限界的基础上，考虑轨道的轨距，水平、纵向、高低等在某些地段出现最大容许误差，引起车辆的附移量，以及在设计、施工、列车运行中不可预计的因素在内的安全预留量。设备限界是一条轮廓线，所有固定设备及土木工程的任何部分都不得侵入此轮廓线内，它是确保列车等移动设备在运营过程中的安全所需的界线。

3. 接触轨与架空接触网限界

接触轨与架空接触网应根据受流器的偏移、倾斜和磨耗、接触轨安装误差、轨道偏差、电间隙等因素确定。

4. 建筑限界

在行车隧道和高架桥等结构物的最小横断面所形成的有效内轮廓线的基础上，计入其施工误差、测量误差、结构变形等因素，并满足固定设备和管线安装的需要而必需的限界。

三 轻轨交通建筑限界

(1)区间直线地段及隧道建筑限界应满足各种设备安装的要求；曲线地段的建筑限界，则应按直线地段的建筑限界，根据所选用车辆的有关尺寸及平面曲线半径是否设置超高，分别进行加宽和加高。

(2)轻轨高架桥面建筑限界宽度一般为 860mm，线路中心到防护栏内距离为 2 400mm，侧向人行道宽度为 750mm。

(3)侧式车站桥面建筑限界的总宽度与选用的车辆宽度和侧站台的宽度有关，如选用车辆宽度 2 800mm，侧站台的宽度为 4 000mm，其建筑限界的总宽度宜为 14 600mm。高架桥直线段桥面建筑限界，如图 10-1 所示。

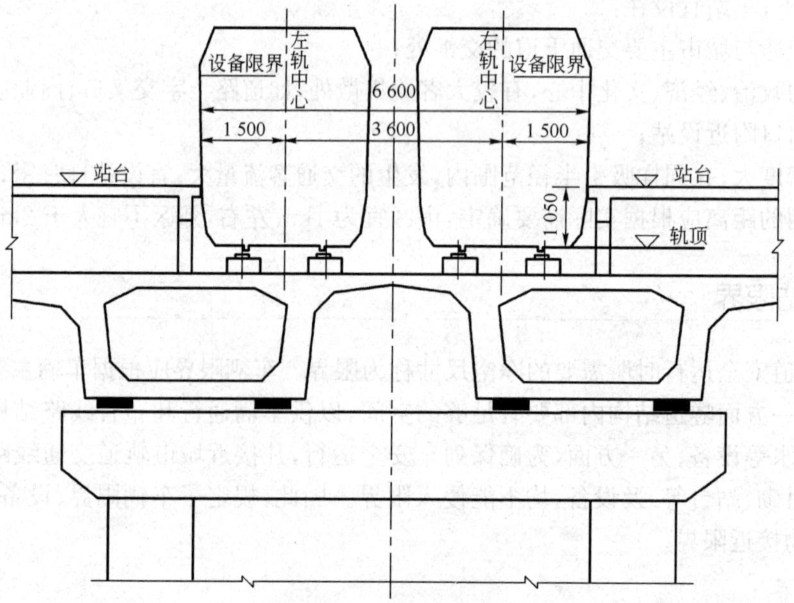

图 10-1　高架桥直线车站建筑限界(尺寸单位:mm)

(4)高架桥下净空应满足城市汽车通行的净空尺寸、洪水设计频率及通航标准。

四 轻轨车站的结构形式

(一)轻轨车站建筑设计

轻轨交通是指在城市地面或地面上空行驶的轨道交通。它的车站建筑属于交通建筑设计,轻轨车站保留了交通建筑的一般共性。车站客流主要以上班族及城市居民为主体,轻轨交通车次间隔时间少,发车定时。因此,客流在车站候车滞留的时间短,具有城市地面公共交通的特征,所以不需要设置大量的候车面积。车站主要任务之一是解决在短时间内安全和顺畅的客流集散。车站建筑通常呈线状布置,主要建筑于地面上空,有时也可设置于地面或地下。

车站间距通常为1.0～1.5km,一般不大于2.0km。

车站的建筑造型应力求简洁明快,新颖脱俗,外形与城市景观相协调。建筑装修应使车站富有个性和时代感。

1.车站的平面设计

若以高架轻轨车站为例,一般由站台、站房、站前小广场、升降设备及跨线设施等构造物组成。其中站台是最基本部分,其余几部分在一般情况下均需设置。但在特定的情况下,在满足功能要求的前提下,它们中的某些部分可被省略。

轻轨车站平面设计与地铁车站相比,有其相同之处,但也有其不同之处。相同之处在于站台候车方式、站台长度(根据车辆编组确定)、售票检票方式等;不同之处在于一个在地上,一个在地下,客流引进的方向和站厅站台的组织顺序相反。轻轨车站的站台层在最上层,客流向上经站厅层检票后到达站台层候车。因此车站总体布局时,应按照客流的活动顺序,合理布置进出站线路,减少干扰,并且要求客流线路简洁通畅。

站台布置的位置为了满足功能要求,可以采用侧式站台布置和岛式站台布置。侧式站台又可分为横列和纵列两种形式。一般的侧式站台以候车为主,有利于城市架空道桥铺设。如图10-2所示。

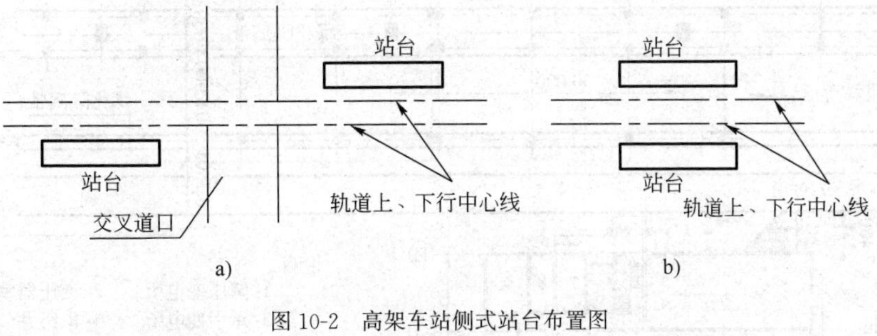

图10-2 高架车站侧式站台布置图

a)纵列布置;b)横列布置

站房是根据运营管理工作的需要而设置的各种用房,车站管理及设备用房见表10-1。

站前小广场是指车站进出口附近的站前空间。

高架车站与地面联系必须通过升降设施来疏导乘客。因此,车站的站台、站房、站前小广场及升降设施和跨线设施必须进行统筹考虑,使车站建筑设施布局合理、紧凑,节约用地,成为建筑体量相宜、和谐统一的整体,既满足轨道交通的运营功能,又起到美化城市景观的作用。

车站管理及设备用房　　表 10-1

管 理 用 房	参考面积(m^2)	设 备 用 房	参考面积(m^2)
车站控制室	50	信号机械室	60
站长室	10	通信机械室	60
副值班室	侧式 8×2,岛式 8	蓄电池室	15
值班室	10	防灾报警室	20
站台服务室	侧式 10×2,岛式 10	自动售检票机房	25
交接班室	15	票务室	25
公安用房	15×2	通风机房	根据设备要求定
更衣室	15×2	降式、变开关柜室	根据设备要求定
车站用品库	15	泵房	30～50
清扫室	10	配电室	12×2
茶水室	10	卫生间	10×2

图 10-3 为某车站底层平面图。本车站分为站厅层和站台层。在站厅层设置客流出入大厅及售、检票厅，利用回栏分隔付费区及非付费区。车站的过街人行天桥或地道的出入口必须设于非付费区，如图 10-4 所示。管理及设备用房尽量设置于一端。由于车站站台候车方式不同，带来站厅层楼梯位置及组合方式的不同，同时也影响到管理用房的布置及检票口位置的设置。图 10-5 为某车站的站厅层平面图。

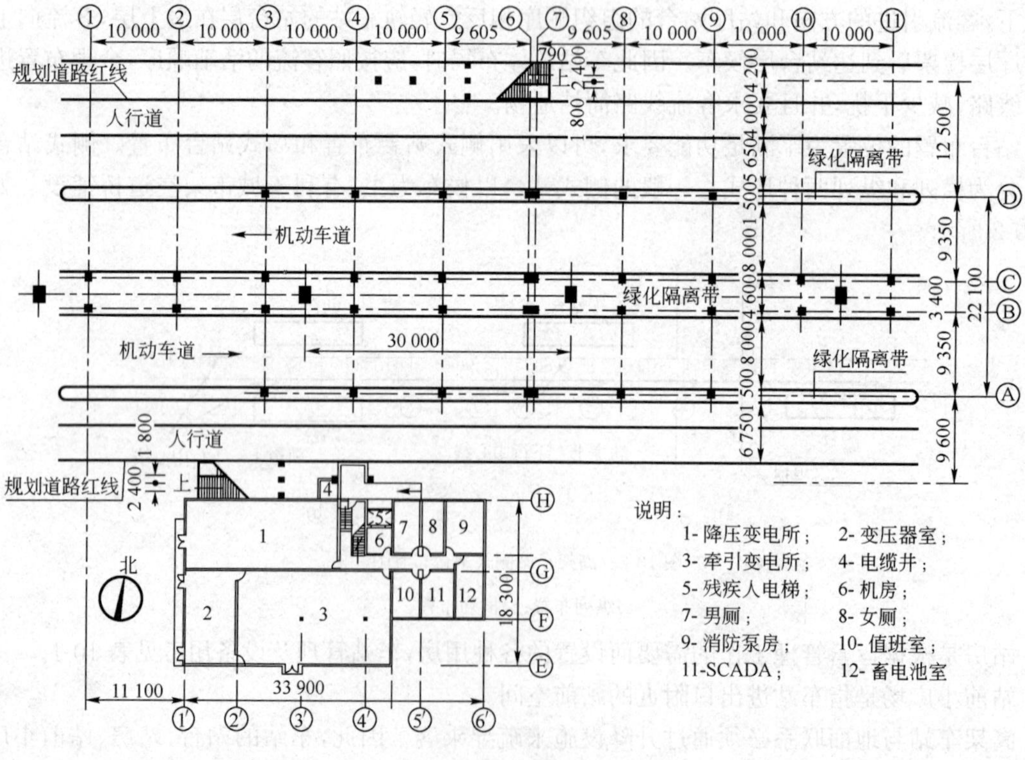

图 10-3　某车站底层平面图(尺寸单位:mm)

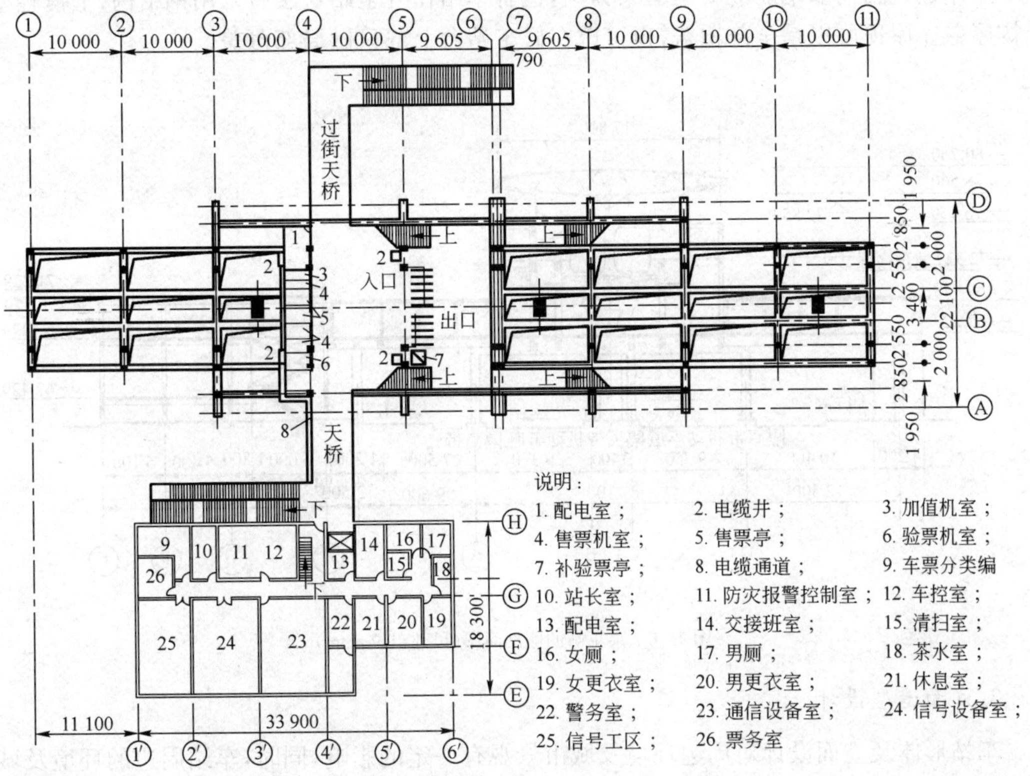

图 10-4　某车站的站厅层（夹层）平面图（尺寸单位：mm）

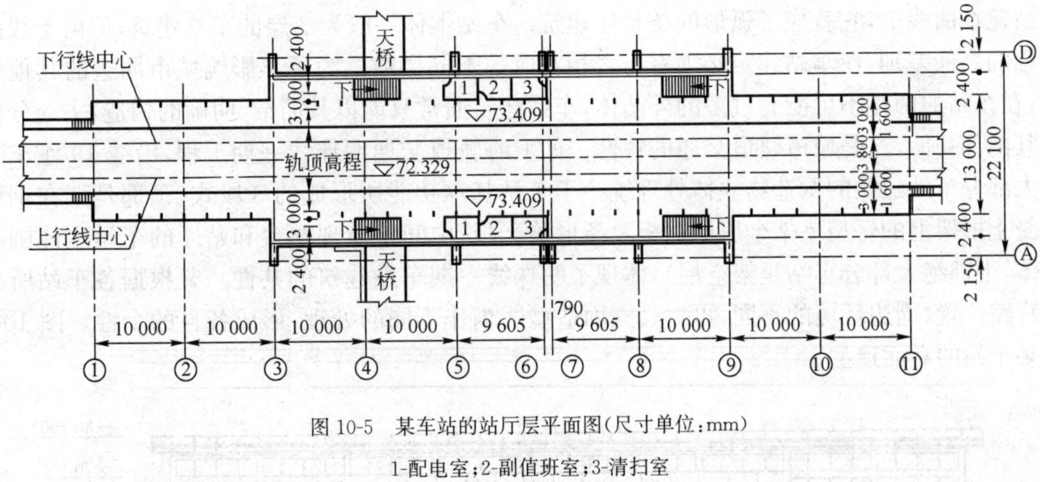

图 10-5　某车站的站厅层平面图（尺寸单位：mm）

1-配电室；2-副值班室；3-清扫室

2. 车站建筑的剖面设计

剖面图可分为水平剖面图和竖直铅垂剖面图。水平剖面图又简称为平面图，所以剖面图通常指的是竖直铅垂剖面图。根据车站高度及规模的不同，在地面上有二层、三层的，甚至高达四层的车站，而真正作为车站本体所有仅为二层。各层平面布置设计如图 10-3～图 10-5 所示。竖直剖面图则表示了车站铅垂方向的结构方案、结构各部分的安装关系、采用的材料、构造做法、有关高程、站台候车方式、构件尺寸、车辆尺寸、桥孔下净空、车辆运行限界等，如图 10-6 所示。

车站建筑结构以钢筋混凝土框架为主，也有车站在升至站台层后采用钢结构，上覆轻型钢结构屋盖。屋顶可以是全部覆盖，也可以在候车站台上部只做局部覆盖。

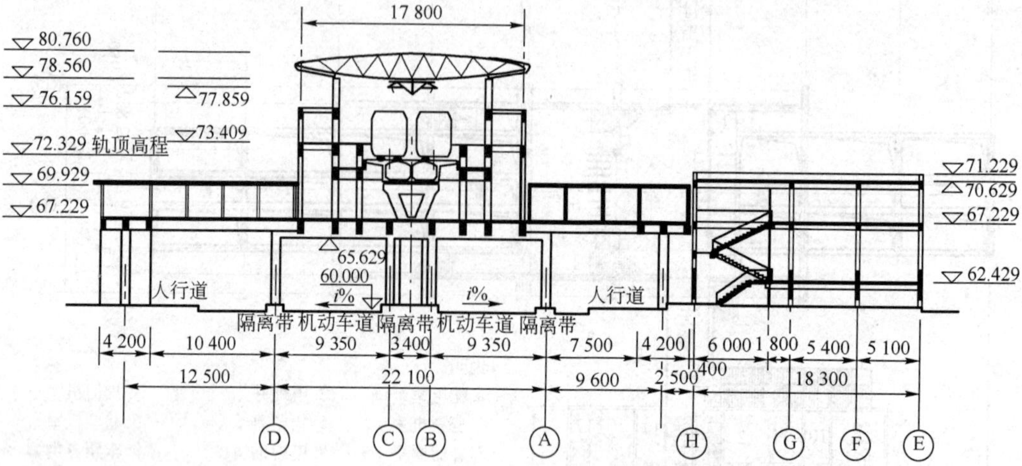

图 10-6　某车站的侧剖面图(尺寸单位：mm)

3. 立面造型设计

车站形体及立面设计对周边环境及城市景观有一定的影响，同时，车站周边的环境及城市的景观同样对轻型车站的造型设计也会产生一定的制约。

轻轨车站的造型主要由功能确定。车站是沿轨道线路走向布置而呈长条形的建筑，有时车站建在曲线上，它就成了弧形的条状体建筑。车站本体一般为二层的车站建筑，但由于线路高程的高低差别，使车站建筑必须有与之相对应的不同层数。为了不影响城市周边的其他交通，在车站的两侧不可能有过多的外凸体，车站建筑通常只能以其简洁、明确的构造，去充分体现其内部功能，这是城市轨道交通的特性。如上海轨道交通明珠线一期工程，沿线 19 座车站绝大部分车站建筑的构造物立体处理统一于车站基本功能所形成的 3 段式(顶部是架在钢筋混凝土框架上的轻型屋架金属屋面板及条形采光板，中间是体现站台和站厅的车站主体围护墙体，下部绝大部分车站是架空层)，体现了明珠线一期车站建筑的共性。又根据各车站所处的线路位置、周边环境的不同，再对其立面造型适当作不同的处理，形成各自的个性。图 10-7 为某车站的立面造型。

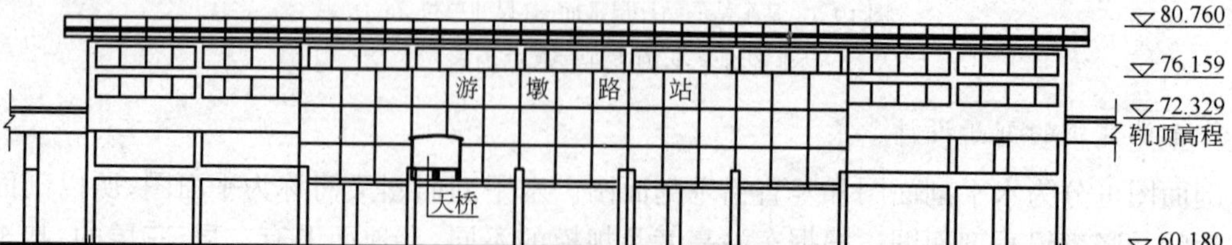

图 10-7　某车站①～⑪轴的立面图

造型设计中的基本处理手法有：

(1)车站立面形式、造型与内部功能合理结合。窗户的开设应结合车站各层功能，使立面形式充分反映内部功能。

(2)合理采用顶部轻型屋架的结构形式，形成车站外部的不同造型。

(3)窗子的位置、大小、所用材料及做法，车站名牌位置及大小等都直接影响立面造型。

(4)车站下部架空处理或入口大厅等尽量处理成虚的空间，或向内收进，使车站建筑轻巧地飘浮于空间。同时，还可利用过街人行天桥的造型，增添车站美观。

第二节　桥面及附属工程

一 桥上通信工程

(一)接触网电杆

轻轨交通的供电系统包括牵引供电系统、动力照明供电系统和高压电源系统。牵引供电系统供给轻轨车辆运行的电能，由牵引变电所和接触线网(或接触轨)组成。动力照明供电系统提供车站和区间各类照明、扶梯、风机、水泵等动力机械设备电源，以及通信、信号、自动化等设备电源，由降压变电所和动力照明配电线路组成。高压电源系统视各城市的情况而定，可以是城市市电直接供给轻轨交通线路的各变电所，也可以由城市高压供电线路集中供电给轻轨交通线路，然后由电源变电所再分配给轻轨沿线各变电所。轻轨交通的供电系统要求做到安全、可靠、经济，其高压电源必须由两路及两路以上相互独立的电源供电，牵引变电所的两路独立电源中，一路必须是专用线路。接触网采取双边馈电或开式馈电。

轻轨交通采用直流供电，因为直流电适合于电气牵引的调速要求，而且直流牵引接触网结构简单，建设投资少，电压质量高。世界上各种轻轨系统的电压等级繁多，我国的国家标准定为750V和1 500V两种。

直流牵引变电所的作用是将城市供电网的交流电，经过降压整流，变为直流电，供给轻轨线路上运行的车辆使用。牵引变电所的主要设备包括牵引变压器、整流器组、直流快速开关、保护装置等。轻轨线路分为若干供电区段，建造若干牵引变电所，分别供电给各个区段。牵引变电所可以与车站建筑相结合，也可以单独建设，以达到分布均匀，提高馈电质量的要求。

轻轨交通的馈电方式主要有架空接触网和地面接触轨(敷设在轨道旁边的第三轨)两类。因为轻轨线路往往并不完全是全封闭的，可能在城市道路上与其他交通方式混合行驶，采用接触线网可以保证安全。如果是完全隔离的全封闭轻轨线路，则既可以用接触线网，也可以用接触轨。接触轨维护简便，线路损耗小，运行费用低，相对于架空接触线网而言，对城市景观的影响较小。

1.架空接触网电杆在高架桥上的布置方式

(1)接触网电杆设在两股道的中间。这种方式需增加桥梁断面宽度0.5～0.6m。接触网电杆在桥中央时，桥宽约需9.5m，在两侧时，只需8.9m，而槽形梁桥主梁设在两侧，特别适宜于电杆设在两侧的情况。脊梁式桥的主梁在中央，为电杆设置在桥中央提供了非常有利的条件。

(2)接触网电杆设在桥梁两侧。采用这种设置方式，桥梁断面宽度较小，造价较省，而且对桥下日照影响较小，占用土地宽度也较小。但需竖立两排接触网电杆，景观稍差一些。对造价而言，高架桥桥面加宽增加的造价远远超过增加一排电杆的造价。上海轨道交通明珠线主要采用这种方案。

2. 接触网电杆高度及工作荷载

接触网电杆高度及工作荷载取决于接触网悬挂方式及车辆限界。接触网悬挂可分为简单悬挂方式和链形悬挂方式，前者由弹性吊索与接触线组成，后者由承力索、接触线及吊弦组成。在电杆悬挂点处，承力索与接触线水平面之间的垂直距离称为结构高度。结构高度取决于最短吊弦长度，设计中结构高度一般取 900～1 300mm。最短吊弦应大于 300mm。

3. 接触线悬挂高度

接触线悬挂高度是指接触线在电杆悬挂点处与两钢轨顶面连线间的距离。接触线在最大正弛度时的最低高度由车辆限界高度加接触网带电部分对车辆的绝缘距离及施工误差、工务抬道等因素确定。例如，湘潭轻轨电车车辆限界高度为 3 820mm，绝缘距离 25mm，列车振动余量 50mm，施工误差及工务维修抬道考虑 50mm，合计最低高度 3 945mm。接触线悬挂高度一般取 5m。

4. 接触网支持装置的类型

接触网支持装置的类型有腕臂柱支持装置、软横跨、硬横跨等三种。在高架桥上一般选用硬横跨，它具有稳定性好、减少电杆高度和荷载、美观等优点。接触网电杆的侧面限界系指电杆内缘与邻近的铁路轨顶连线的中心线的水平距离。它必须保证在任何情况下，电杆不得侵入规定的建筑接近限界。以湘潭轻轨电车为例，在直线区段，最小允许侧面限界为 2 000mm；在曲线区段的加宽部分，须由计算确定，设计中尚应考虑一定的施工误差。

5. 接触网的跨距

接触网的跨距即相邻两电杆间的距离是根据悬挂方式、电杆类型、受电弓类型、线路条件及气象条件等因素确定的。在经济上，希望增大跨距以节省投资；技术上，则要求确保安全可靠，受流质量良好。常用的跨距有 20m、25m、30m、35m、40m、45m、50m 等几种。上海轨道交通明珠线接触网柱分腕臂柱和锚柱两种，前者间距 30～50m，后者间距 50～70m。电杆一般有钢柱和钢筋混凝土柱两种。上海轨道交通明珠线电杆的工作荷载由电气化专业设计单位提供，如表 10-2 所示。

上海明珠线电杆工作荷载 表 10-2

荷　载	腕 臂 柱 底	锚 柱 底
垂直力(kN)	15	29
垂直线路剪力(kN)	15	16
平行线路剪力(kN)	5	29
垂直线路弯矩(kN・m)	100	100
平行线路弯矩(kN・m)	20	200

(二)通信设备

通信系统是实现行车指挥和列车运营管理，保证行车安全和提高运营效率的重要手段。

轻轨交通的通信系统由以下分系统组成：

1.调度指挥通信系统

调度指挥通信系统包括有线调度电话，用于列车调度、电力调度和防灾环控调度；站间行车电话，是为相邻车站行车值班员执行行车业务设置的直通电话；区间电话，供区间列车驾驶员和维修人员与邻站行车值班员及相关部门紧急联系和一般通话使用；会议电话，供公司和各业务段领导向所属单位布置任务、传达文件及商谈有关事宜、召开各级会议电话之用。

2.无线通信系统

无线通信系统包括运行线路上的调度无线通信系统和车辆段或车场内的无线通信系统。列车调度无线通信系统主要供中心行车调度员、车站值班员、防灾调度员、公安值班员、运行中的列车驾驶员、维修人员、流动工作人员等之间的相互通话之用。系统由位于调度中心的控制设备(包括控制台、PC计算机、录音设备等)和基地台，以及列车上设置的列车台、维修人员使用的携带台，加上有线传输网络和自动电话或专用电话组成。

车辆段无线通信系统供车辆段值班员、列车台驾驶员、携带台流动人员三者之间的通话用。系统由位于车辆段值班室的控制设备和基地台，以及列车上设置的列车台、流动人员使用的携带台三部分组成。

3.公务通信系统

公务通信系统是用来满足轻轨交通系统内部工作人员之间和轻轨交通系统对外部的公务联络之用，一般采用数字式程控用户交换机，组成独立的用户电话交换。从发展的要求出发，要为逐步建成能传输语言、文字、数据、图像等各种信息的轻轨交通综合数字通信网创造条件。

4.广播系统

广播系统面向大众，其服务范围包括向乘客预报列车信息，如到站时刻、去向等；对上下车乘客进行安全提示和向导；对车站工作人员播发通知或召开广播会议；发生故障、灾害等紧急情况时发出警报，指挥救援和疏导乘客。广播系统应能实现指挥中心(调度员)和车站(值班员)两级控制和广播，其组成部分包括中心设备(即中心广播控制台)、车站设备及中心至车站的传输信道。

5.电视监视系统

电视监视系统是轻轨交通运营管理自动化的配套设备，用以监视客流，保证安全，及时调度。监视系统包括中心调度员对全线各站的监视；车站值班员对本站的监视；停站列车驾驶员对站台乘客上下车情况的监视，以便能够适时开关车门和发车，缩短列车停站时间，保证行车安全。

6.传输网络

传输网络用以将轻轨交通的通信系统、列车自动监控系统、电力系统和环控系统的所有设备分别连接起来，应能适应语言、文字、数据、图像多信息的传输。

7.通信电源

通信电源要求保证对通信设备不间断地供电。

(三)通信支架

(1)跨河通信线的杆距大于150m时，应在桥涵墩台上设置通信支架。

(2)设在桥墩上的通信支架，从桁架形式上可分为立体桁架、单片桁架。支架间距，前者不得超过 150m，后者一般为 50m。

(3)在电力牵引或预定为电力牵引的铁路桥上，当桥长在 40m 以上时，应在桥墩台上设置或预留设置接触网的支架的位置。

(四)信号

轻轨交通的信号系统是行车指挥和列车运行的控制设备，信号显示是指示列车运行及调车工作的命令，以确保安全行车，提高效率，改善工作人员的劳动强度。信号系统与行车密度有密切的关系，不同行车密度的轻轨交通应选用不同的信号系统，使既能满足运营的要求，又能符合技术经济的合理性。

轻轨交通的信号系统，按不同功能，一般分为以下分系统：

(1)列车自动监视系统。它是供行车调度员进行行车指挥的自动监视系统。

(2)列车自动监控系统。它是以计算机辅助调度员指挥列车运行的自动化设备，使全线列车的运行均由计算机按照列车运行图进行监测和控制，并将全线列车运行状况通过显示设备向调度员显示。当列车运行偏离运行图时，由计算机通过本系统调整，使列车尽快恢复按图行车。调度台也可根据运行情况进行人工介入操作。

(3)自动闭塞。它是区间信号控制设备，主要用以保证区间续行列车按规定的安全间隔距离运行。为确保行车安全和不影响市容景观，自动闭塞可采用固定式间隔控制方式，列车驾驶员根据车内信号行车，不设地面通过信号机。自动闭塞分区的最小长度应满足列车最大安全制动距离的要求。

(4)车内信号与自动停车设备。该设备是向驾驶员指示行车条件，确保行车安全的设备。在自动闭塞区段应采用连续式车内信号与自动停车设备。

(5)列车自动保护系统。该系统是驾驶员或列车自动运行系统控制列车时，保证行车安全的设备。该系统用以检测列车运行位置，保证列车按照规定的安全间隔距离追踪运行；保证列车以低于规定的限制速度运行，当列车速度超过规定的限制速度时，自动实施紧急制动或常用制动停车；保证列车停在显示停车信号的信号机外方，或发送停车码的闭塞区段；防止非限制性驾驶模式(如人工驾驶列车)以外运行模式下的列车退行；监督列车运行速度，提供速度信息。

(6)列车自动运行系统。该系统是提高列车运行效率、改善驾驶环境、保证行车安全、完善列车运行调整的列车自动驾驶设备。其基本功能有：暂停列车起动，列车速度调整，车站停车或车站通过，提供列车开门/关门信息，与地面设备交换信息。

(7)联锁设备。该设备是车站信号控制设备，主要用以排列进路、开放信号和实现道岔、信号、轨道区段的电气联锁，以确保行车安全和提高车站作业效率。

(8)道口信号。它是在轻轨线路与城市道路平面交叉处设置的安全防护设备，主要用于当轻轨列车接近道口时向路上行人、车辆报警和禁止通行。由于轻轨交通的行车间隔短、速度高，因而造成道口关闭与开放的次数十分频繁，而持续时间很短，所以道口信号宜采用道口自动信号，根据需要可加设自动栏木。为了确保轻轨列车安全运行，在道口还应设遮断信号，用以指示行车条件和保证轻轨列车优先通行。

对于不同运行条件，应合理选用信号系统。

(1)行车间隔为 4min 以上的运营线路，一般采用自动闭塞、车内信号与自动停车，以及列车自动监视系统。

(2)行车间隔为 2～4min 的运营线路，一般采用列车自动保护系统和列车自动监控系统。

(3)行车间隔小于 2min 的运营线路，应采用列车自动保护系统、列车自动运行系统及列车自动监控系统。

(4)联锁站(设置道岔的车站)和车辆段应装设联锁设备。

(5)平交道口应装设道口信号。

二 桥上轨下基础工程

城市轨道交通高架混凝土桥上的轨道结构，大多数采用无碴无枕承轨台结构。但国外(如韩国的汉城)轨道交通高架桥上也有采用碎石道床的，它具有施工简单、降噪声效果好、抗爬力大、有利于铺设无缝线路等优点，但养护维修工作量较大，恒荷载也较大，对桥跨结构不利。

轻轨高架桥上以无碴整体道床为主。这类结构通过扣件把钢轨与混凝土桥面连接起来，应用较为广泛的是在混凝土梁上二次浇筑混凝土纵向承轨台。图 10-8a)为我国设计的轻轨高架桥无碴轨道结构，纵向承轨台高 150mm，分段断开，便于排水，两纵向支承间设置防脱轨矮墙代替通常使用的护轨。

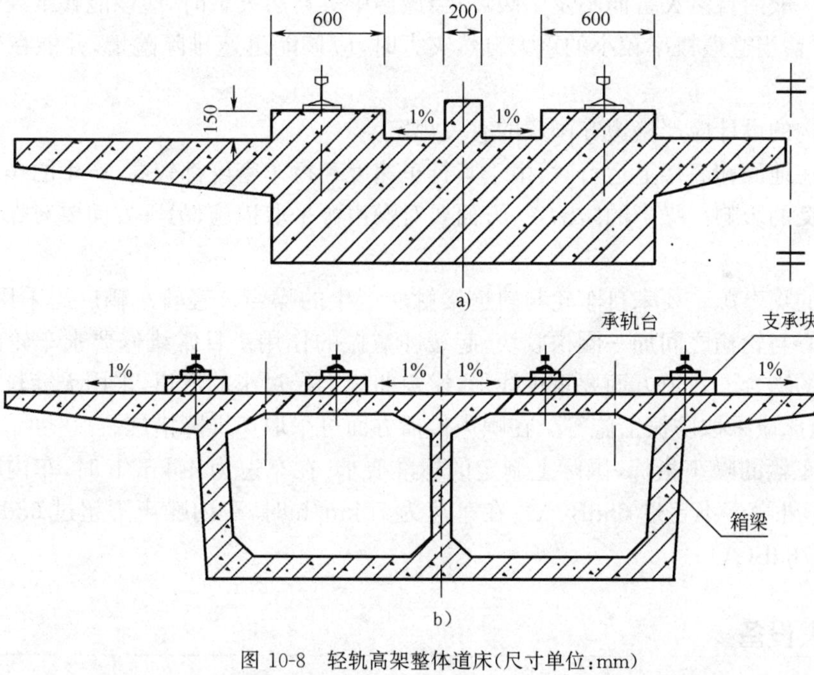

图 10-8 轻轨高架整体道床(尺寸单位：mm)

10-8b)为上海明珠轻轨高架线路采用支承块、承轨台式新型整体道床结构。支承块为钢筋混凝土预制短轨块，混凝土强度等级为 C50，在相邻两股钢轨下每间隔一定距离各垫一块，每个支承块顶面预留两个锚固螺栓孔，并与钢轨连接。支承块底部预留 6 根钢筋，与梁面预埋钢筋连接，以提高与承轨台间锚固的整体性。支承块按 1 680 对/km 设置，规格为 600mm×250mm×180mm，如图 10-9 所示。

承轨台为现浇钢筋混凝土块体，顶部埋设支承块，其混凝土等级为 C40。承轨台与桥面之间，通过预埋于桥面的钢筋，使两者结合为一个整体。

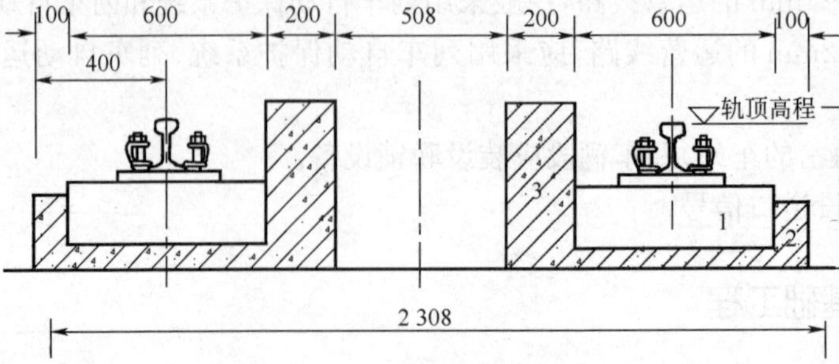

图 10-9　支承垫块轨下基础构造(尺寸单位:mm)

1-支承垫块;2-道床板;3-护轮矮墙

第三节　防护及检查工程

一　防灾和噪声防治

轻轨交通的建设应当考虑到可能遭遇的自然灾害,如地震、火灾、洪水、飓风等。防灾的要求是能够抵御一般的自然灾害而不发生破坏;当遭遇中等自然灾害时,应该能够不经修理或稍加维修即能运行;当遭遇概率较小的重大自然灾害时,应该能迅速排除险情,并能在较短时间内恢复运行。

对工程结构的设计应严格遵守国家的有关规定。

轻轨交通在地面和高架上运行时,由于其行车速度和行车密度都较高,产生的噪声会对周围环境带来不良的影响。噪声的防治,一方面要对噪声源采取措施,另一方面要对噪声的传播采取措施。

轻轨交通的噪声源主要来自车轮与轨道接触所产生的噪声。轻轨车辆广泛采用弹性轮,这种车轮在轮心与轮箍之间加一圈橡胶块,起缓冲减振的作用。日常维修要求车轮的轮缘与轨面保持良好的啮合。轨道方面要重视线形,避免曲线半径过小的弯道,采用无缝长轨和弹性扣件,轨道的道床应采取防振措施等。在噪声传播方面可采取声屏障措施。

对于轻轨车辆的噪声指标,国际上制定的标准要求:在车速为 40km/h 时,车内噪声不超过 65dB(A),车外噪声不超过 68dB(A);在车速为 70km/h 时,车内噪声不超过 68dB(A),车外噪声不超过 78dB(A)。

二　防火设备

主要的防火设备有防火水桶、砂箱、化学灭火器、水枪、抽水机等。

三　检查设备

(1)为了便于到涵洞、锥体护坡、桥下进行检查,当桥涵路堤高度超过 3m 时,应在路堤边坡上设置简易台阶(检查台阶)。

(2)当梁跨大于 10m 时,墩台顶帽面至地面的高度大于 4m,或经常有水的河流,墩台顶应设置围栏、吊篮;墩台处应设置避车台,利用避车台设置检查梯。

(3)钢梁、圬工梁、拱等,应根据结构形式和需要,分别安装吊篮、检查板、活动检查小车、栏杆和梯子。

第四节 参考案例

案例:上海城市轨道交通明珠线车站结构设计

一 概述

高架轨道交通是现代化城市、整体公共交通服务设施之一,它有效合理地组织客流,解决城市面临交通堵塞、拥挤现象,使其在时间、空间上做到有机衔接,使地面、地下、高架的各种交通方式形成立体网络。目前世界上有 32 个国家 82 座城市有快速轨道运输系统。无论是西方发达国家,还是发展中国家和地区,都持续、广泛地在都市区域发展轨道交通系统,巴黎有 17 条线,总长 302km,莫斯科有 9 条线,总长 230km,东京有 13 条线路,亚太地区在新加坡、汉城、台北等也都建设了轨道交通系统。近几年来,人们越来越认识到城市交通是城市赖以生存和发展的基础,直接影响城市功能的发挥和社会经济繁荣,轨道交通是解决城市交通的理想工具,因此,轨道交通建设是城市现代化的重要标志之一。

上海城市轨道交通明珠线是国内除香港特区外的第一条高架轻轨交通线,它沟通中心城区与南北两翼的客运交通,是上海市主体交通中一条大运能的客流设施。采用高架方案与修建一般轨道交通线相比,有征地拆迁量少、施工简单、开工面宽、对道路交通干扰小、影响地下管线少等有利条件,因而相对投资少、工期短、成本回收较快,建成后会收到运输客流效率高、缓冲地面交通拥挤、明显节约用地的功效。

二 工程概况

上海城市轨道交通明珠线现已在紧张的施工中,一期工程共有 19 个车站,其中大部分为二、三层车站,其中江湾镇车站为"高架三层双侧式站台"的车站,总建筑面积为 10 728.3m^2,站房规模按 2020 年最大客流量 23 576 人次设计,站内桥梁轨面高程为 14.8m。底层架空通行人流、车流,局部半地下室。一期建成车站总长度为 150m,远期发展为 190m,按 8 节车厢编组,车站宽 22.2m,檐口高度 17.4m,沿车站总长三分点处设置两道伸缩缝,将车站分为南、北、中三段,站房底层除中段设降压变电所外,其余均为敞开,二层中段为设备及管理用房,南北两段为售票厅及站厅,三层为站台层,并在二、三层间设通长电缆夹层。

车站采用现浇钢筋混凝土框架结构,行车部分桥道板采用板式橡胶支座简支在站房横向框架梁上,屋面为螺栓球节点钢网架结构,基础采用锤击高强预应力离心混凝土管桩(PHC 桩)。

三 上部结构设计

高架轻轨车站的站房结构布置不同于一般的房屋建筑,它既有列车通过,又有列车制动停留在站内的工况,它是桥梁和房建融会在一起的结构体系,在结构选型时,有两种方案:一种为桥、建结合方案,另一种为桥、建分开方案。两种方案各有优、缺点。

前者：把桥墩作为房屋框架结构的一部分，框架纵、横梁对桥墩均能起到约束作用，减少了桥墩计算高度，柱网简单，降低了线路高程和建筑高程，便于使用，从而可节省工程造价；但桥、建合一，没有现行统一的规范与标准可循，设计时，必须对不同的构件，采用两种不同的规范进行综合分析，结构计算也颇为复杂。

后者：受力明确，传力简洁，桥与建各有现行的国家规范可循，各有比较定型的结构设计与计算方法；但桥与建分离体系需增加柱网，并切断了框架结构纵、横向联系，削弱了结构的整体性，不利于结构抗震。

本车站因受站内轨顶高程的限制及城市规划对底层净高的要求，只能采用桥、建结合的形式，上部结构为全框架，设计中力求尽可能减少柱、墩占用的面积，以利平面布置，根据桥道板的跨度及厚度，纵向柱距定为10m，横向22.2m宽，原设计方案设四排柱，经计算分析后，改为三排柱并满足柱顶水平位移限值及横梁挠度要求，从而降低了上、下部结构的工程造价，便于建筑平面灵活布置。

(一)结构设计原则

(1)车站建筑结构的安全等级按"一级"要求进行设计。

(2)保证本建筑有足够的承载力、刚度和稳定性，在设计结构关键部位时留有一定余地以策安全。

(3)车站结构的抗震按"乙类"建筑设计，地震设计烈度按7度计算，并按8度抗震构造措施。

(4)框架抗震等级按"二级"考虑。

(5)车站结构设计不仅要满足现行有关建筑结构设计规范，对直接承受行车部分传来的荷载的主要构件还必须满足现行有关铁路桥涵设计规范。

(二)结构设计方法

我国对不同类型的结构采用不同的计算方法，普通钢筋混凝土桥基本上采用容许应力法计算，这是由于在其设计中起控制作用的问题往往是使用荷载下的疲劳，故宜按弹性工作分析并取用较大的安全系数，房屋结构方面是按极限状态法计算的，考虑受弯构件破坏前的弹塑性工作阶段，能更好地反映实际工作情况。

结合车站的特点，考虑到列车在站内及进出站时行驶速度均比在区间桥内的行驶速度慢得多，列车行驶所产生的纵向力对整个结构的影响也相对较小，经分析，在车站结构构件设计中，除了桥道板、直接搁置桥道板的框架横梁、框架柱采用容许应力法计算外，其余构件均按极限状态法计算。

思考与练习

10.1　简述轨道交通车站分布的原则及常用结构形式。

10.2　叙述轨道交通车站限界的含义。

10.3　叙述城市轨道交通信号的作用及系统的组成。

10.4　简述桥上轨道基础的构造及类型。

10.5　叙述轨道交通的噪声防治措施。

第十一章　高架桥梁结构检测

本章知识目标

通过本章的学习，学生应掌握以下知识：

1. 高架桥梁现场试验的任务；
2. 高架桥梁现场试验的准备工作；
3. 高架桥梁结构静力荷载试验。

第一节　概　　述

桥梁现场试验是对桥梁结构工作状态进行直接测试的一种检定手段。试验的目的、任务和内容通常由实际的生产需要或科研需要所决定。

一般桥梁现场试验的任务有：

1. 检验桥梁设计与施工的质量

对于一些新建的大中型桥梁或者具有特殊设计的桥梁，在设计施工过程中必然会遇到许多新问题，为保证桥梁建设质量，施工过程中往往要求做工程监测，竣工后一般还要求进行现场载荷试验，并把试验结果作为评定桥梁工程质量优劣的主要技术资料和依据。

2. 判断桥梁结构的实际承载能力

国内许多早年建成的桥梁其设计荷载等级都偏低，难以满足现今交通发展的需要，为了加固、改建，有必要通过试验确定桥梁的实际承载能力。有时因特殊原因(如超重型车过桥或结构遭意外损伤等)，也要用试验方法确定桥梁的承载能力。

3. 验证桥梁结构设计理论和设计方法

桥梁工程中的新结构、新材料和新工艺创新不断，对一些理论问题的深入研究，对某种新方法、新材料的应用实践，往往都需要现场试验的实测数据。

4. 桥梁结构自振特性及结构受动力荷载作用产生的动态反应的测试研究

对一些桥梁在动力荷载作用下的动态反应，大跨径轻柔结构的抗风稳定及地震区桥梁结构的抗震性能等，都要求通过实测了解桥梁结构的自振特性和动态反应。

本章主要叙述桥梁现场静力荷载试验的基本内容和方法，以及对桥梁结构构件进行测试的方法，介绍怎样通过试验对桥梁结构质量和承载能力进行评估，并列举了桥梁静力荷载试验的实际例子。

第二节　桥梁现场试验前的准备工作

做桥梁现场试验，准备工作非常重要。准备工作包括试验前期准备和现场准备。其中现场具体试验的准备作为试验不可分割的一部分，放在下节一起介绍，这一节主要叙述试验的前期准备工作。一般试验的前期准备工作有：资料收集、试验方案拟定、仪器配套及相应的结构计算等，所有环节都很重要。

一 收集资料

要收集的资料包括待试验桥梁的技术（书面）文件资料和现场踏勘资料两部分。

（一）书面资料

（1）结构的设计资料，如设计图纸、设计计算书等，必要时还要收集设计的原始资料。

（2）结构的施工资料，如竣工图纸、材性试验报告、有关施工记录、隐蔽工程报告及重要质量差错报告等。

（3）对有些桥梁，需收集试验前锚构尺寸变化的数据资料，如拱轴线的变形、墩台和拱顶的沉降观察资料等。

（二）现场资料

在收集书面资料的同时，应该对桥梁试验现场进行踏勘，收集有关的现场资料。

（1）找负责设计、施工、监理和养护部门的工程师，了解与试验对象有关的设计、施工、监理和养护等问题，了解得越多越好。

（2）对实桥进行踏勘，了解结构物的现状、周围的环境条件情况，包括：

①对结构物进行详细的外观检查，查明结构物的实际技术状况，如结构的尺寸、行车道、支座情况及各种缺陷等。

②详细检查桥上和两端线路的技术状况，线路容许车速、桥下净空、水深和通航情况、桥址处供电情况等。

实桥结构和周围环境的踏勘、详查，对拟订试验方案（如加载方式、量测手段等）十分重要。

③详细了解现场试验时主管单位可能提供的配合情况，如加载车辆的情况，试验时的交通、航运影响等，都要心中有数，以便在确定方案时全面考虑。

二 试验方案的拟订

通过分析收集到的有关资料，在充分了解试验对象及试验现场的情况后，可着手拟订试验方案。一个完整的现场试验方案应包括：

（一）试验对象概况

叙述试验对象的结构情况、与设计和施工有关的技术资料、试验任务的性质等基本情况。

（二）试验目的和要求

一般由有关参加单位一起商定。试验目的是具有指导意义的，整个试验必须围绕它进行；试验要求则是具体的，根据试验对象的实际状况和自己实际试验能力的大小提出。

（三）试验内容

桥梁现场静力荷载试验，至少应包括以下内容：

(1)结构控制断面的挠度或变位。

(2)结构控制截面最大应力(或应变)。

(3)受试验荷载影响的所有桥梁支座、墩台的位移与转角,塔柱和结构连接部分的变位。

根据实际需要,可增加以下测试内容。

(1)沿桥长轴线的挠度分布曲线。

(2)结构构件的实际应变分布图形。为量测混凝土内部应变和钢筋应变,需在施工中预埋相应的传感器。

(3)支点附近结构斜截面的主拉应力。

(4)钢筋混凝土结构裂缝的出现和扩展,包括裂缝的宽度、长度、间距、位置、方向和性状,以及卸载后的闭合情况。

(5)其他桥梁次结构构件的受力反应。

(四)试验准备采取的方法和步骤

这部分内容要制订得很细,包括荷载的考虑、测点布置、仪器选用及具体的测试步骤等,并列出一张试验程序(工况)表。具体应考虑以下几点:

1.荷载

必须参考设计荷载的大小并根据现场可能提供荷载的情况来拟订试验加载方案。

对实桥静力加载试验,有一个试验荷载效率(η)的概念,一般 $1.0\geqslant\eta\geqslant0.8$,其中:

$$\eta=\frac{S_{sat}}{S\delta} \tag{11-1}$$

式中:S_{sat}——试验荷载作用下,检测部位变位或力的计算值;

S——设计标准荷载作用下,检测部位变位或力的计算值;

δ——设计取的动力系数。

鉴于方便和实用的理由,现场实桥试验荷载一般选用载重车辆(很少采用其他加载形式),方案须交代清楚车辆的种类、吨位、数量(根据各控制断面的内力或变形影响线来框定),以及要求的轴重等。

确定荷载大小和加载方式后,需编制加载细则,一般要求具体到每个工况。

2.测点和测站布置

桥上布置多少测点,怎样布置,首先要根据试验的目的要求,应用桥梁专业知识,考虑各种桥梁体系的受力特点,再结合测试技术的可行性进行安排。

下面是一些主要桥梁结构体系所需观测的部位,供参考。

(1)梁桥

①简支梁

主要:跨中挠度和截面应力(或应变),支点沉降。

附加:跨径 1/4 点处的挠度、支点斜截面应力。

②连续梁

主要:跨中挠度,跨中和支点截面应力(或应变)。

附加:跨径 1/4 处的挠度和截面应力(或应变),支点截面转角、支点沉降和支点斜截面应力。

③悬臂梁(包括 T 形刚构的悬臂部分)

主要:悬臂端的挠度和转角,固端根部或支点截面的应力和转角,T 形刚构墩身控制截面的应力。

附加:悬臂跨中挠度,牛腿局部应力,墩顶的变位(水平与垂直位移、转角)。

(2)拱桥

主要:跨中、跨径 1/4 处的挠度和应力,拱脚截面的应力。

附加:跨径 1/8 处的挠度和应力,拱上建筑控制截面的变位和应力,墩台顶的变位和转角。

(3)刚架桥(包括框架、斜腿刚架和刚架-拱式组合体系)

主要:跨中截面的挠度和应力,节点附近截面的应力、变位和转角。

附加:柱脚截面的应力、变位和转角,墩台顶的变位和转角。

(4)悬索结构(包括斜拉桥和上承式悬吊桥)

主要:主梁的最大挠度、偏载扭转变位和控制截面应力,索塔顶部的水平位移,拉(吊)索拉力。

附加:钢索和梁连接部位的挠度,塔柱底截面的应力,锚索的拉力。

上述各种桥梁体系的主要部位是一般静力荷载试验必须观测的部位。方案上应画出结构简图,注明测点、测站的位置、测点总数和测站数等。

3. 选用仪器设备

方案要列出试验选用仪器设备的型号、测量精度、数量等。

4. 试验步骤

一般可列一张工况流程表,列清楚试验的工况序号、加载方式(纵向、横向怎么布置,荷载如何分级)、测读内容、时间间隔等内容。

(五)参加试验的人员安排

讲清楚试验共需多少人,具体怎样安排;有的试验规模比较大,需临时找辅助人员,在方案中也应提出。

(六)安全措施

包括试验期间人员、结构物、加载设备和测试仪器等的安全措施。

(七)其他

方案中有哪些未定因素需提出来,一些补充说明内容等也要有所交代。

在拟订方案的同时,还应该进行一些必要的理论计算,如计算试验荷载作用下主要测试断面的内力(应变)、位移值等作为试验的期望值。这一方面可作为选用仪器、表具的量程和灵敏度等的依据;另一方面可对现场试验数据进行校核,以便及早发现试验过程中可能出现的异常情况。

试验方案拟订以后,应分发给参加试验的有关单位和个人,统一思想和行动。

三 仪器准备

试验仪器的准备是整个试验前期准备工作中最重要的一个方面,这里主要叙述现场试验仪器的选用和配套准备过程中要注意的几个问题。

(一)选用原则

(1)根据被测对象的结构情况,选择精度和量程。如被测对象是一座大跨度桥梁,它的试验挠度期望值达几十厘米,那么选精度为毫米级的量测仪器就足够;反之测一座小跨径桥梁的挠度,毫米级的量测精度就差了。

(2)根据现场环境条件,选择仪器种类。如一座桥应变测点很多,就应考虑在设置测站方便的同时,选用有合适测点的多点测量仪器,还要估计导线的长短;又如现场有电磁干扰源存在,则需带抗干扰性能比较好的仪器,必要时宁可采用机械式仪器。

(3)选用仪器中最重要的一条是仪器的可靠性要好。对现场试验来说,往往是一次性的,仪器使用性能的可靠与否至关重要。

(4)尽量考虑仪器设备的便携性,能轻弃重,能小不大。因为现场试验时装备越轻便,工作起来就越是方便,更不用说路途携带的方便了。

(5)要强调经验。一个有经验的试验人员一般能做到对每次试验所需的仪器设备胸中有数,同样一个有经验的试验室都配备有几套适合不同要求的仪器设备供选用。

(二)配套准备

试验用的仪器一经选定,试验前期还应做好配套准备工作,具体有:

(1)对所有被选用的仪器设备进行系统检查。各级仪器要逐一开机,从整机到通道,一一调试,各类表具更应逐个检查,要保证带到现场去的仪器设备质量的完好。

(2)对所有仪器设备进行系统标定,逐个编号。

(3)根据测点和测站位置,备齐备足测量导线,每根导线都要逐一检查并使完好,如连接应变计的导线,可以预先焊好锡,以减少现场工作量。

(4)对第一次使用的仪器设备或第一次要做的测试内容,先要进行模拟测试,使测试人员熟悉测试过程和仪器操作。

仪器设备的完善配备,某种程度上是建立在从事试验的单位和人员平时对仪器的性能熟悉并正确维护的基础之上的。因此,工作中要十分认真地对待这项工作。有不少试验排场颇大,试验结果却不理想,究其原因往往是测试仪器这一关没能把握住,所以要保证现场试验的成功,必须充分重视仪器设备的准备和使用。

第三节　桥梁结构静力荷载试验

一　静力荷载试验的目的

桥梁静力荷载试验是按照预定的试验目的与试验方案,将静止的荷载作用在桥梁上的指定位置上,观测桥梁结构的静力位移、静力应变、裂缝等参量的试验项目,然后根据有关规范和规程的指标,判断桥梁结构在荷载作用下的工作性能及使用能力。

桥梁结构包括上部结构和下部结构两部分。因此,桥梁结构的静力荷载试验可以分为上部结构试验和下部结构试验。上部结构的形式有梁桥、拱桥、刚构桥、斜拉桥、悬索桥等各种体系,下部结构包括桥墩、桥台、基础三个部分,按照技术上可行、经济上合理的原则,它们之间可以组合成各式各样的桥梁结构形式。桥梁静力荷载试验可以是生产鉴定性试验或是科学研究性试验，可以是组成桥梁的主要构件试验或是全桥整体试验，可以是实桥现场检测或是桥梁结构模型的室内试验。为了能够较为客观地反映桥梁结构的工作性能，桥梁检测多采用实桥现场检测。

(一)静力荷载试验主要解决的问题

一般地，桥梁静力荷载试验主要是解决以下问题：

(1)检验桥梁结构的设计与施工质量，验证结构的安全性与可靠性。对于大、中跨度桥梁，都要求在竣工之后，通过试验来具体地、综合地鉴定其工程质量的可靠性，并将试验报告作为评定工程质量优劣的主要依据之一。

(2)验证桥梁结构的设计理论与计算方法，充实与完善桥梁结构的计算理论与施工技术，积累科学技术资料。随着交通事业的不断发展，采用新结构、新材料、新工艺的桥梁结构日益增多，这些桥梁在设计、施工中必然会遇到一些新问题，其设计计算理论或设计参数需要通过桥梁试验予以验证或确定，在大量试验检测数据积累的基础上，就可以逐步建立或完善这类桥梁的设计理论与计算方法。

(3)掌握桥梁结构的工作性能，判断桥梁结构的实际承载能力。目前，我国已建成了数万座各种形式的桥梁，在使用过程中，有些桥梁已不能满足当前通行荷载的要求，有些桥梁由于各种自然原因而产生不同程度的损伤与破坏，有些桥梁由于设计或施工差错而产生各种缺陷。对于这些桥梁，应经常采用试验的方法，来确定其承载能力和使用性能，并由此确定限载方案或加固改造方案，特别是对于那些原始设计施工资料不全的既有桥梁，通过静力荷载试验确定其承载能力与使用条件就显得势在必行。

(二)静力荷载试验主要把握环节

随着我国桥梁建设事业的飞速发展，新结构、新材料、新工艺日益增多，带来了许多实际的理论、设计、施工问题，成为桥梁检测的新课题，而桥梁结构检测的成果又进一步验证、发展和完善了桥梁设计计算理论、施工技术及其他实践问题。另一方面，桥梁检测也为既有桥梁结构使用性能和残余寿命的评估提供了科学的依据。可以说，随着生产实践的发展，桥梁检测显得日益重要，同时，桥梁建设的不断发展也对桥梁检测提出了更高的要求。实践证明，要搞好一次桥梁检测，为设计、施工、理论研究提供可靠和完整的试验资料和科学依据，并不是一件轻而易举的事情，必须明确试验目的，遵循一定的程序，采用科学先进的量测手段，进行严密的准备和组织工作，才可能达到预期的目标。为此，根据实际情况，必须把握住以下三个主要环节。

(1)明确试验目的，抓住主要问题。桥梁静力荷载试验涉及理论计算、测点布置、加载、测试、数据分析整理等多个方面，因此，在进行试验之前一定要明确试验目的，预测试验桥梁的结构行为，这样才能有的放矢，合理地选择仪器、仪表，准确地确定加载设备及加载程序，科学地布置测点及测试元件，充分地利用有限的人力、物力及其他有利条件，采取各种必要的手段，以达到预期的试验效果。

(2)精心准备、严密组织。桥梁静力荷载试验由于观测项目比较多，测点多，不同仪器、仪表多，这就要求试验工作必须有严格的组织，统一的指挥，并能够紧密配合，协同作战。在正式试验之前，要做好充分的准备工作，对一些关键性的测试项目和测点要考虑备用的测试方法，注意防止和消除意外事故。大量试验证明，如果试验工作的某些环节考虑不周，轻者会使试验工作不能顺利进行，严重的会导致整个试验工作的失败。

(3)加强测试人员培训，提高测试水平。参加试验检测的工作人员，必须在试验之前，熟练地掌握仪器的性能、操作要领及故障排除技术和技巧，了解本次试验的目的、试验程序及测试要求。

二 现场准备

桥梁现场荷载试验是桥梁结构试验中最基本的试验，大量的桥梁现场试验往往是以静力荷载试验为主，辅以动力荷载试验进行的。一般情况下，试验现场的具体准备工作要占去全部试验的大部分工作量，要保证试验的成功，这部分具体而又细致的工作必须有条不紊地进行。

(一)荷载准备

荷载准备工作要有专人负责，并按下述步骤准备：

(1)落实车辆型号、数量。这项工作一般在方案设计阶段完成，到了现场主要是具体对号落实。

(2)落实载重物。车装载重一般以石料沙子、钢锭等居多，视现场情况而定。

(3)车辆过秤。在有条件的地方，用地磅称重比较方便，过磅时除称总重外，还要分轴称出各车轴的轴重；如条件允许，尽可能地在过秤的同时调整各辆车的轴重和总重。在没有地磅的地方，也可用电子传感器称重，方法是用千斤顶顶起车轴，置入压力传感器，然后放下车辆，使车辆支承在压力传感器上，读出吨位。

(4)记录下每辆车的车号、轴距、轮距和轴重指标。

(5)分批编号。按实际轴重和车型编号，对大型桥梁试验用车较多的情形，还要考虑多辆车横向重量的均匀性，以减少计算误差。

(6)对准备做动载试验的车辆，还要求车上时速表准确灵敏，驾驶员经验丰富能正确控制行车速度。

(二)测点布置

实桥测点布置的具体工作就是按试验方案放样，测站布设则要根据现场情况确定。

1. 应变测量准备

应变测点如果很多，那么这部分准备工作就会是整个试验现场准备工作中的重头，其一般内容有：

(1)放样。把方案上的测点落实到桥上。

(2)贴应变片。包括对试件表面的前处理、贴片、焊接等。

(3)检查绝缘度。对钢筋测点，要求绝缘电阻 $R>200\text{M}\Omega$；对混凝土测点，要求绝缘电阻 $R>50\text{M}\Omega$。绝缘度不合要求者要采取适当措施，必要时铲除重贴。

(4)敷设测量导线。把所有编号的导线与对应测点一一焊好，另一端拉到测站位置，绑好捆牢。如果使用长导线并用交流电桥应变仪，则要注意导线的电容平衡问题。

(5)全部测点接线完成之后，调试仪器，逐点检查，对质量不好的测点，要查出原因予以更正，必要时重新贴片。

(6)防潮。野外条件下温度、湿度影响比较大，要注意及时采取防潮措施。短期使用时，可用无水凡士林或 703 胶等；长期使用时，要用专门配制的防护剂，如环氧树脂掺稀释剂和固化剂。

2.变位测点准备

变位测点包括挠度、支座位移、桥塔水平位移等内容，凡是考虑要布置测点的地方，都要做必要的准备。怎样准备往往与具体采用的测量方法有关，如采用高精度全站仪测量，在桥上须布置棱镜；采用挠度计测量，则首先在地面上布置固定点(一般用木桩和钢筋固定)，把挠度计连接在固定点和测点之间，表 11-1 略举大概。

变位测量方法　　表 11-1

测试内容	采用方法	准备工作
挠度	挠度计	打木桩，吊钢丝，安装挠度计
	连通管	立标尺，排管子，接三通，备好储水器具
	水准仪	在桥上布置搁尺位置点
	(高精度)全站仪	在桥上布置棱镜
支座变位	百分表、倾角仪	安装表架、表具
桥塔水平位移	经纬仪、全站仪或红外测距仪	标清测点、找好测站或布置棱镜

变位测点准备好以后，在试验前应进行现场操练，以熟悉读数过程。另外，当测量采用光学测量仪器时，往往由专业测量队伍协作完成，但事先必须把任务和要求向他们交代清楚。

(三)其他准备

上面叙述的是试验现场准备的基本内容，以下为需要做的一些其他准备工作。

(1)桥上画停车线。按方案排定的工况，用白灰或白漆在桥面行车道上画停车线，停车线要画得清楚、醒目。

(2)如要测裂缝，须在试验梁上画格子线，一般先在试件上刷一层薄薄的石灰水，然后用铅笔或木工墨斗画格子线，格子线不宜太密。

(3)运营中桥梁做试验有交通问题，试验前要统筹好桥上交通和桥下航道的管制问题。

(4)试验如在夜间进行，要做好照明准备工作。

三 加载实施与控制

(一)加载实施

加载应在指挥人员的指挥下严格按计划程序进行。采用重物加载时，按荷载分级逐级施加，每级荷载堆放位置准确、整齐稳定，荷载施加完毕后，逐级卸载。采用车辆加载时，先由零载加至第一级荷载，卸载至零载；再由零载加至第二级荷载，卸至零载……直至所有荷载施加完毕(有时为了确保试验结果准确无误，每一级荷载重复施加 1～2 次)。每一级荷载施加次序为纵向先施加重车，后施加两侧标准车；横向先施加桥中心的车辆，后施加外侧的车辆。

(二)加卸载稳定时间控制

为控制加卸载稳定时间，应选择一个控制观测点(如简支梁的跨中挠度或应变测点)，在每级加载或卸载后立即测读两次，计算其与加载前（或卸载前）测读值之差值 S_g，然后每隔 2min 测读一次，计算 2min 前后读数的差值 ΔS，并按下式计算相对读数差值 m：

$$m=\frac{\Delta S}{S_g} \tag{11-2}$$

当 m 值小于 1%或小于量测仪器的最小分辨值时即认为结构基本稳定，可进行各观测点读数。但当进行主要控制截面最大内力荷载工况加载程序时，荷载在桥上的稳定时间应不少于 5min；对尚未投入运营的新桥，应适当延长加载稳定时间。

某些高架桥梁，当拱上建筑或桥面系参与主要承重构件的受力时，因连接较弱或变形缓慢，造成测点观测值稳定时间较长，如结构的实测变位（或应变）值远小于计算值，可将加载稳定时间定为 20～30min。

（三）加载过程的观察

加载试验过程应对结构控制点位移（或应变）、结构整体行为和薄弱部位破损实行监控，并将结果随时汇报给指挥人员作为控制加载的依据。试验人员应随时将控制点位移与计算结果比较，如实测值超过计算值较多，则应暂停加载，待查明原因再决定是否继续加载。试验人员如发现其他测点的测值有较大的反常变化也应查找原因，并及时向试验指挥人员报告。加载过程中应指定人员随时观察结构各部位可能产生的新裂缝，注意观察：构件薄弱部位是否有开裂、破损，组合构件的结合面是否有开裂错位，支座附近混凝土是否开裂，横隔板的接头是否拉裂，结构是否产生不正常的响声，加载时墩台是否发生摇晃现象等。如发生这些情况，应报告试验指挥人员，以便采取相应的措施。

（四）终止加载控制条件

发生下列情况应中途终止加载：

（1）控制测点应力值已达到或超过用弹性理论按规范安全条件反算的控制应力时。

（2）控制测点变位（或挠度）超过规范允许值时。

（3）由于加载，使结构裂缝的长度、缝宽急剧增加，新裂缝大量出现，缝宽超过允许值的裂缝大量增多，对结构使用寿命造成较大的影响时。

（4）拱桥加载对沿跨长方向的实测挠度曲线分布规律与计算值相差过大或实测挠度超过计算值过多时。

（5）发生其他损坏，影响桥梁承载能力或正常使用时。

四 试验观测与记录

（一）温度稳定观测

仪表安装完毕后，一般在加载试验之前应对各测点进行一段时间的温度稳定观测，中间可每隔 10min 读数一次。

（二）仪表的测读与记录

人工读表时，仪表的测读应准确、迅速，并记录在专用的表格上（表 11-2、表 11-3），以便于资料的整理和计算。

电阻应变仪应变观测记录表 表 11-2

仪器型号：________，仪器采用灵敏系数：________，应变单位：$\mu\varepsilon$

电阻片标距：________ mm，电阻片灵敏系数：________，应变计算修正系数：________

测点号												
观测时间	加载程序	读数	应变	修正应变	总应变	读数	应变	修正应变	总应变	读数	应变	修正应变

记录者应对所有测点量测值的变化情况进行检查，看其变化是否符合规律，尤其应着重检查第一次加载时量测值的变化情况。对工作反常的测点应检查仪表安装是否正确，并分析其他可能影响其正常工作的原因，及时排除故障。对于控制测点，应在故障排除后重复一次加载测试项目。

当采用仪器自动采集数据记录时，应对控制点的应变和位移进行监控，测试结果异常时，应查明原因采取补救措施。将记录结果整理成表 11-2、表 11-3 的格式，以便进行结果分析，并与原始记录一同保存备查。

百分表挠度（位移）观测记录表 表 11-3

仪表型号：________，挠度（位移）单位：0.01mm

测点号										
观测时间	加载程序	读数	位移	总位移	读数	位移	总位移	读数	位移	总位移

（三）裂缝观测

加载试验中，裂缝观测的重点是结构承受拉力较大的部位及旧桥原有裂缝较长、较宽的部位。在这些部位，应测量裂缝长度、宽度，并在混凝土表面沿裂缝走向进行描绘。加载过程中观测裂缝长度及宽度的变化情况，可直接在混凝土表面进行描绘记录，也可采用专门表格（如表 11-4 所示）记录。加载至最不利荷载及卸载后应对结构裂缝进行全面检查，尤其应仔细检查是否产生新的裂缝，并将最后的检查情况填入裂缝观测记录表，必要时可将裂缝发展情况绘制在裂缝展开图上。

裂缝观测记录表 表 11-4

桥名：______，裂缝观测部位______，单位：mm

编　号	裂缝位置	裂缝间距	裂缝长度		裂缝宽度			备　注
			试验前	试验后	试验前	控制荷载下	试验后	

第四节　参 考 案 例

案例：静力荷载试验实例

一 工程概况

某地铁工程所使用的一批后张拉部分预应力混凝土梁，长 24.6m，计算跨径 24.0m，截面为工字形，梁高 1.2m，上翼缘顶宽 1.6m，下翼缘底宽 1.08m，跨中腹板厚度 0.26m。设计荷载为地铁荷载，梁体混凝土为 C60，预应力筋采用 8 束 $7\times\phi5$ 的钢绞线。为检验该批预制梁的施工质量、承载能力及使用性能，根据《大跨径混凝土桥梁的试验方法》、《铁路部分预应力混凝土梁设计及验收规定》、《部分预应力混凝土结构设计建议》及有关的设计文件资料，结合预制现场条件进行了静力荷载试验，现简介如下。

二 试验荷载及加载方案

简支梁控制截面为跨中截面，控制内力为跨中截面的正弯矩。经计算，该梁由二期恒荷载所产生的跨中弯矩 $M_2=1\ 274.9\text{kN}\cdot\text{m}$，由活荷载所产生的跨中弯矩 $M_3=1\ 847.4\text{kN}\cdot\text{m}$，因此，该梁的设计控制内力为 $M=M_2+M_3=3\ 122.3\text{kN}\cdot\text{m}$。

根据现场情况，本次试验采用沙袋加载，即在梁顶宽 1.6m、长 24m 的范围内均布施加 8 层沙袋，加载的总高度约为 1.2m。在上述试验荷载作用下，跨中截面的最大弯矩为 2 695.7kN/m，则试验荷载效率 $\eta=2\ 695.7/3\ 122.3=0.86$，说明试验的加载方法是有效安全的。在试验时，采用 C30 少筋混凝土浇筑临时墩，在临时墩上设置橡胶支座，以确保实际受力情况与计算图式一致。此外，为了便于沙袋堆放，采用 2.4m 长、0.1m×0.1m 的方木加宽堆载面。据此，最终确定的加载程序如下：

(1)加载前

加载前对沙袋质量进行过磅抽检，抽检量不少于沙袋总数的 0.5%，确保沙袋质量在(50±2)kg 范围内。正式加载前，非工作人员退场，各试验量测仪表读数调零，进行第一次空载读数。

(2)加载阶段

工况 1：第一级荷载，将 450 个沙袋均匀布置在 24m×2.2m 范围内，加载高度约为0.30m，相应的荷载集度约为 $q=9.36\text{kN/m}$。

工况 2：第二级荷载，将 450 个沙袋均匀布置在 24m×2.2m 范围内，加载高度约为0.30m，相应的荷载集度约为 $q=9.36kN/m$。

工况 3：第三级荷载，将 450 个沙袋均匀布置在 24m×2.2m 范围内，加载高度约为0.30m，相应的荷载集度约为 $q=9.36kN/m$。

工况 4：第四级荷载，将 450 个沙袋均匀布置在 24m×2.2m 范围内，加载高度约为0.30m，相应的荷载集度约为 $q=9.36kN/m$。

(3)卸载阶段

工况 5：第三、第四级荷载卸载。

工况 6：第一、第二级荷载卸载。

试验加载如图 11-1 所示。加载过程中，每级荷载就位后稳定 15min 进行读数；卸载时，稳定 30min 进行读数。

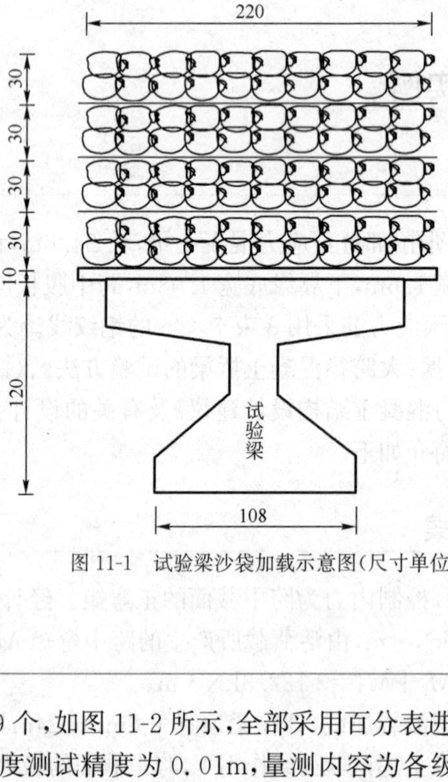

图 11-1　试验梁沙袋加载示意图(尺寸单位：cm)

三　量测方案

挠度测点共布置 9 个，如图 11-2 所示，全部采用百分表进行测试，其中百分表 1、百分表 9 用于支座沉陷测量；挠度测试精度为 0.01m，量测内容为各级荷载下的变形及卸载后残余变形。应变量测设置两个截面，即跨中和 1/4 截面，布置 16 个混凝土应变测点，6 个钢筋应变测点，2 个钢绞线应变测点，共计 24 个测点，如图 11-3～图 11-5 所示；量测内容为各级荷载下的应变及卸载后的残余应变。

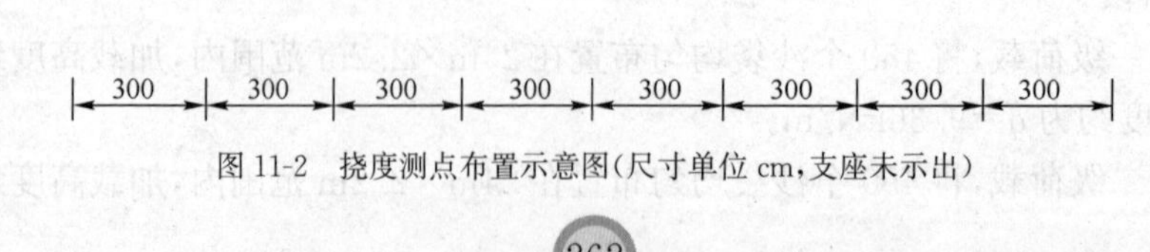

图 11-2　挠度测点布置示意图(尺寸单位 cm，支座未示出)

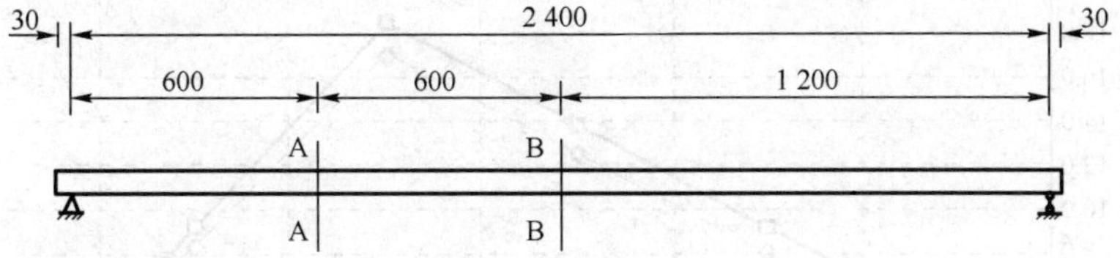

图 11-3 应变量测截面(尺寸单位:cm)

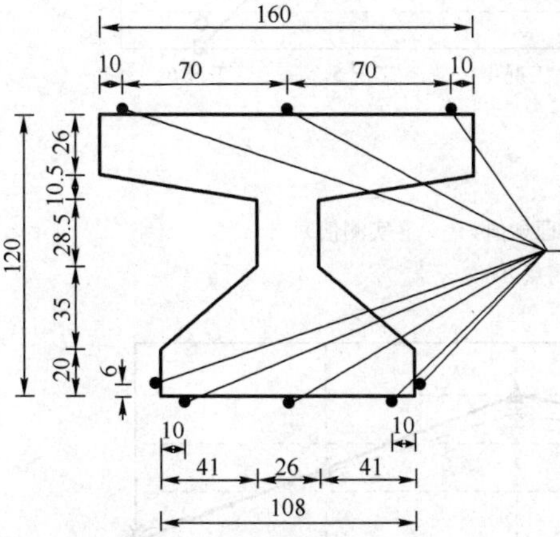

图 11-4 A-A 截面应变片的布置(尺寸单位:cm)

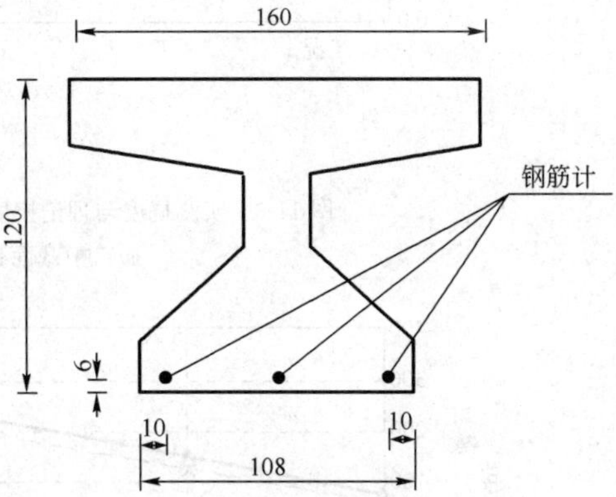

图 11-5 B-B 截面应变片的布置(尺寸单位:cm)

四 试验主要测试结果及分析评价

在工况 4 试验荷载作用下,试验实测跨中截面最大挠度为 21.93mm,对应的理论计算挠度值为 25.80mm,两者的比值为 0.85,能满足规范的要求。该梁跨中截面、$L/4$ 截面在各级试验荷载作用下实测挠度与理论计算挠度对比见图 11-6。

在工况 4 荷载作用下,跨中、$L/4$ 截面下缘混凝土实测应变分别为 258$\mu\varepsilon$、196$\mu\varepsilon$,对应的理论计算值分别为 297$\mu\varepsilon$、224$\mu\varepsilon$,两者的比值分别为 0.869、0.875,均能满足规范的要求。该梁部分测点实测应力(应变)与理论计算结果比较见图 11-7。

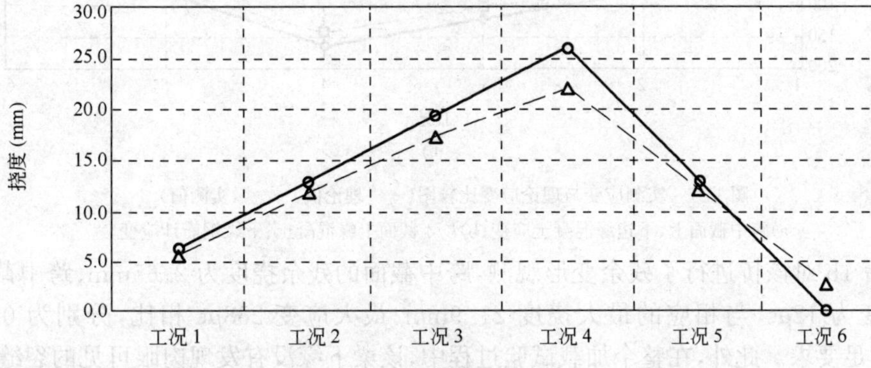

a)

图 11-6

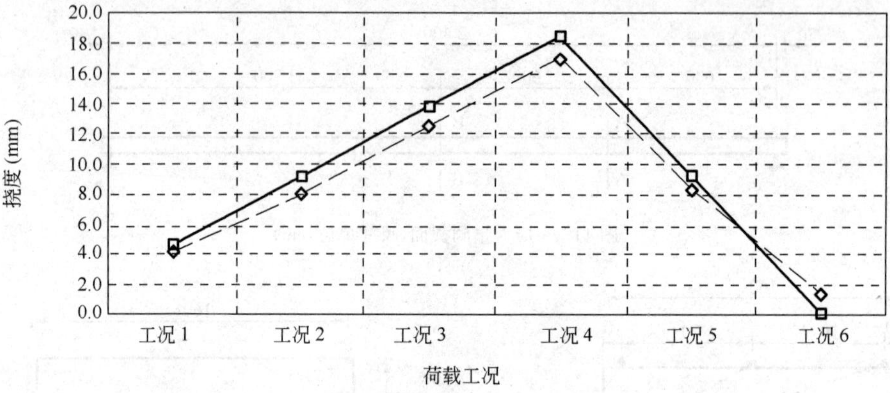

b)

图 11-6 实测挠度与理论挠度比较图(——理念值,- - -实测值)

a)跨中截面;b)$L/4$ 截面(测点 3)

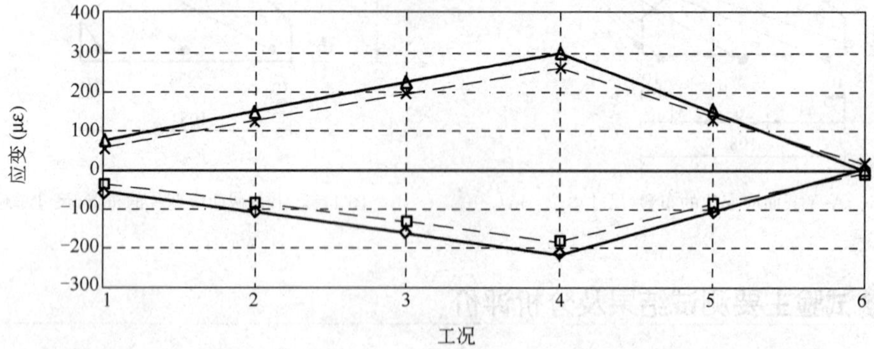

a)

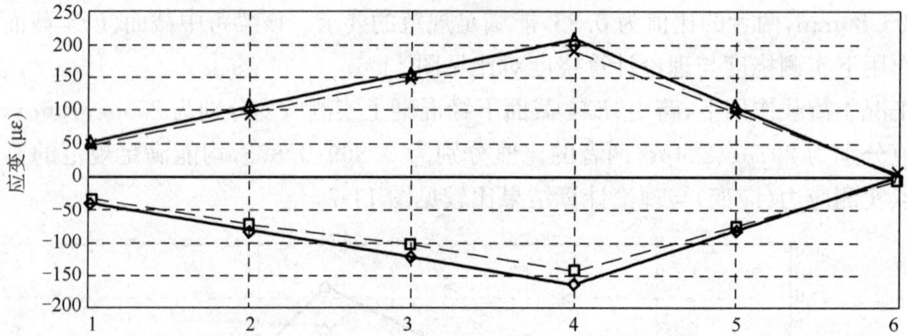

b)

图 11-7 实测应变与理论应变比较图(——理论值,- - -实测值)

a)跨中截面上、下边缘混凝土应变;b)$L/4$ 截面上缘混凝土、下缘钢筋计应变

卸载后 1h 对该桥进行了残余变形观测,跨中截面的残余挠度为 2.65mm、跨中截面下缘的残余应变为 12$\mu\varepsilon$,与相应的最大挠度 21.9mm、最大应变 258$\mu\varepsilon$ 相比,分别为 0.121 和 0.046 5,满足要求。此外,在整个加载试验过程中,该梁下缘没有发现肉眼可见的裂缝。

上述测试结果表明:该梁在试验荷载作用下的工作性能良好,实测结果与理论计算吻合较好,处于弹性工作状态,各项检测指标均能满足《大跨径混凝土桥梁的试验方法》、《铁路部分预应力混凝土梁设计及验收规定》、《部分预应力混凝土结构设计建议》及有关设计要求，预制施工质量可靠，承载能力足够。

思考与练习

11.1 一般桥梁现场试验的任务有哪些？

11.2 桥梁现场试验前收集资料包括哪些内容？试简述之。

11.3 一个完整的现场试验方案应包括哪些内容？

11.4 仪器选用应遵循哪些原则？

11.5 简述桥梁结构静力荷载试验的目的。

11.6 桥梁结构静力荷载试验荷载准备包括哪些内容？试简述之。

11.7 桥梁结构静力荷载试验测点布置包括哪些内容？试简述之。

第十二章　桥梁结构的养护与维修

本章知识目标

通过本章的学习，学生应掌握以下知识：

1. 混凝土桥梁结构表层病害原因及其维修方法；
2. 混凝土桥梁结构裂缝产生的原因及其维修方法；
3. 桥面铺装层的病害及其维修方法；
4. 桥梁伸缩缝的养护、维修方法；
5. 桥梁支座的类型及其养护、维修方法。

第一节　混凝土桥梁结构表层病害的维修

一　混凝土桥梁结构的表层病害

混凝土桥梁结构，往往由于设计考虑不周、施工不当、养护管理不善及混凝土本身老化等方面的因素，致使结构产生不同程度的表层病害，如蜂窝、麻面、露筋、空(孔)洞、层隙、磨损、表面腐蚀、老化、剥落、表面裂缝、掉角、模板走样、接缝不平、构件变形等。

常见的几种表层病害产生的原因如表12-1所示。

混凝土桥梁结构表层病害产生的原因　　表12-1

病害类型	产生原因	常见发生部位
蜂窝	①施工不良所致。混凝土灌注中缺乏应有的振捣；分层灌注时违反操作规程，运输时混凝土产生离析；模板缝隙不严，水泥砂浆流失等。 ②结构不合理，如配筋太密，混凝土粗集料粒径太大，坍落度过小	结构各部位均可发生
麻面	施工时采用的模板表面不光滑，模板湿润度不够，致使构件混凝土内的水分被吸去	结构各部位均可发生
露筋	施工质量不好，如灌注时钢筋保护层垫块位移，钢筋紧贴模板；保护层处混凝土露浆或振捣不实	结构各部位均可发生
空(孔)洞	结构上钢筋布置过密，施工时混凝土被卡住，又未充分振捣就继续灌注上层混凝土。此外，严重露浆亦能产生空(孔)洞	结构各部位均可发生
磨损	①混凝土强度不足，表面细集料太多。 ②车轮磨耗。 ③水流冲刷，水流中又夹杂大量砂石等推移质或冰凌等漂浮物	桥面及受到水流冲刷的墩柱

续上表

病 害 类 型	产 生 原 因	常见发生部位
表面腐蚀、老化、剥落	①保护层太薄。 ②结构出现裂缝，雨水浸入。 ③钢筋锈蚀膨胀引起剥落。 ④严寒地区冰冻及干湿交替循环作用。 ⑤有侵蚀性水的化学作用	结构各部位均可发生
接缝不平、构件变形	①施工不善造成的(如施工偏差等)。 ②荷载作用下形成的变形	主梁及墩台部位

二 表层病害维修的常用方法

对混凝土桥梁结构的表层病害若不及时进行修补，在外界各种因素的影响下，会使保护层减薄或钢筋外露，导致钢筋锈蚀，严重时会削弱结构的强度和刚度，使结构遭到破坏。同时，有些表层损坏还会向构件内部发展，造成混凝土强度降低，危及结构的安全使用，从而缩短桥梁结构的使用寿命。

(一)混凝土修补法

对于混凝土桥梁结构中出现的蜂窝、空(孔)洞及较大范围的破损等病害，一般可采用新鲜混凝土进行修补。用于修补的混凝土，要求级配良好，并需特别注意保证具有良好的和易性，以减少捣实工作的困难。

混凝土修补法一般有直接浇筑、喷射及压浆(预填粗集料，然后灌入水泥砂浆)等几种方法。对于面积较大的修补工作，混凝土浇筑前还应立上模板，以保证修补的外观质量。

为了浇筑工作的顺利进行，应把构件中的蜂窝或空(孔)洞病害部分尽可能凿除。同时，还要对混凝土修补部位进行凿毛处理，并使老混凝土表面保持湿润、清洁、不沾尘土。为了保证新老混凝土之间能良好的黏结，最好的办法是在完成清理工作后，立即在修补面上涂抹一层水泥浆液或其他胶黏剂，如环氧树脂浆液等，在这些浆液涂抹后尚未凝固时，即可进行新的混凝土的浇筑。

当混凝土修补完成后，对新老工程之间周边的接缝，应在尽可能晚的时候加以封闭。在新老混凝土接缝表面各 15cm 宽的范围内必须用钢丝刷将所有软弱的浮浆除去，而后再刷净尘土，涂抹两层封闭浆液(如环氧树脂浆液)，涂抹时，涂第二层的方向应与第一层相垂直。

修补工作全部结束后，还应加强修补部分混凝土的养护，以保证修补质量。

(二)水泥砂浆修补法

水泥砂浆修补法主要分为水泥砂浆人工涂抹法和喷浆修补法两种。

1. 水泥砂浆人工涂抹法

对于小面积的病害，特别是当损坏深度较浅时，采用水泥砂浆涂抹修补常常是一种简单易行的修补方法。该方法修补工艺比较简单，主要分为以下几个步骤：

(1)做好准备工作，准备工作与混凝土修补法相同。

(2)准备工作做好后，即可将拌和好的砂浆用铁抹抹到修补部位，反复压光后，按普通混凝土要求进行养护。

（3）当修补部位深度较大时，可在水泥砂浆中掺入适量的砾料，以增强砂浆强度和减少砂浆干缩。

用砂浆修补时必须特别注意加强压实这道工序。因为只有用抹子施加较大的压力，才能使砂浆经过养护硬化和干燥不致出现凹陷。

一般情况下，在修补工作完成后一个月左右，常会发现在新补上的砂浆四周产生细发丝裂缝。这些裂缝主要是由于水泥砂浆收缩所致，必须采取措施加以封闭，以防止水分和空气侵入构件内部，使这些裂缝渐趋加宽，对钢筋产生锈蚀。为此，需在新补上的区域周围再涂上两层环氧树脂胶液或铝粉水泥浆液等其他胶黏剂。

（三）喷浆修补法

喷浆修补法是指将水泥、砂和水的混合科，经高压通过喷嘴喷射到修补部位的方法。此法主要适用于重要混凝土结构物或大面积的混凝土表面病害和破损的修补。

1. 喷浆准备

为了保证喷浆层能与受喷面的老混凝土黏结牢固，达到预期的修补效果，喷浆前应做好以下准备工作：

（1）对老混凝土进行凿毛处理，凿毛面应有一定的深度，并将表面清理干净。

（2）当修补要求挂网时，在施工前应进行钢筋网的制作和安装，并将其位置固定。

（3）在喷浆前 1h，应对受喷面进行洒水处理，使之保持湿润状态，但又无水珠存在，以保证喷浆与原混凝土的良好结合。

（4）当被喷面有渗水时，应先行处理使之阴干，以保证黏结良好。

2. 喷浆作业

（1）喷料供应要求

喷浆前应准备充足的砂子和水泥。将砂子和水泥均匀拌和后，保存在不受风吹日晒之处，并及时使用，以免砂中的水分和水泥起水化作用而结成硬块。

（2）输料软管设置

软管长度一般可连接成 25～70cm，最大升高不宜超过 10m，为了出料均匀和操作安全，不宜采用短于 15m 的软管。

（3）气压和水压的选择

喷浆工作压力应控制在 0.25～0.40MPa 的范围内，一般可根据输料软管的长度和上升高度而调整，如表 12-2 所示。

喷浆工作压力、管长和上升高度的关系 表 12-2

喷浆工作压力（MPa）	管长（m）	最大升高（m）
0.25～0.35	25～45	5
0.35～0.40	45～70	10
0.34～0.40	100～120	—

（4）喷头操作

喷枪头与受喷面之间应保持适当的距离，距离过大或过小都会增加回弹量。距离的大小可视压力而定，一般要求为 80～120cm。喷头对受喷面的方向一般也应垂直，以使喷射物集中，减少回弹物，增强黏结力。

(5)喷层厚度控制

为避免砂浆流淌或因自重而坠落等现象的发生，当喷射层要求较厚时，一般需分层喷射。喷射层每层厚度控制的数量如表12-3所示。

喷射层每层的最大厚度　　表12-3

喷射条件	最大厚度(mm)	喷射条件	最大厚度(mm)
仰喷	20～30	俯喷	50～60
侧喷	30～40		

为确保每个喷层之间的黏结，在第一层没有完全凝固时即可开始第二层的喷射。同时，在次层喷射前，最好将前一层洒水润湿。当气温在5℃以上时，每层间歇时间以2～3h为宜。当前一层已凝固时，则应在保证砂浆表面不被振动和玷污的情况下，用刚丝刷或竹刷轻轻将层间松砂刷除，以使层间结合良好。

喷射时对喷射层表面加以自然整平，有利于美观、受力和耐久。当对喷射层表面有较高的美观要求时，可在初凝之前使用靠尺、铁皮或抹子将喷射层表面刮平，然后再采取人工抹灰或另喷一层5～7mm厚的装饰层。

(6)喷射层的养护

对于厚度很薄的干硬性砂浆喷射层，使其处于通风干燥条件下是十分重要的，否则易于产生收缩裂缝，影响修补质量。在夏日阳光直射之处，应采取遮阳措施或加强洒水养护。第一次洒水养护，一般应在喷射后1～2h后进行，以后洒水养护，应以保持表面湿润为度，养护期为1～2周。

由于喷射层通常很薄，因而在养护期内不能遭受雨打、波浪冲击、强烈振动及重物撞击等，以免造成损坏。

(四)环氧树脂材料修补法

环氧树脂材料具有较高的强度和抗蚀、抗渗能力，并可与混凝土等材料牢固地黏结，是一种较好的混凝土表面病害修补材料。

1.修补表面处理的一般技术要求

(1)混凝土表面要求做到无水湿、无油渍、无灰尘及其他污物，无软弱带。

(2)对混凝土面加以凿毛，保持平整、干燥、坚固、密实。混凝土表面处理可用人工凿毛，然后用高压水或压缩空气吹净，或采用风砂枪喷砂除净的方法。

2.修补施工工艺要求

(1)涂抹环氧树脂基液

①为使老混凝土表面能充分被环氧树脂浆液所湿润，保持良好的黏结力，在涂抹环氧砂浆或浇灌环氧混凝土时，应先在其表面涂一层环氧基液。涂刷时，应力求薄而均匀，钢筋和凹凸不平等难以涂刷的部位，需反复多刷几次。涂刷基液厚度，应不超过1mm。

②涂刷方式，可用毛刷人工涂布，也可用喷枪喷射。为便于涂匀，还可在基液中加入少量丙酮(3%～5%)。

③涂刷基液后，须间隔一定时间，使基液中的气体清除后，再涂抹环氧砂浆或浇筑环氧混凝土。时间间隔一般为30～60min。

(2)涂抹环氧砂浆

①平面涂抹时应摊铺均匀，每层厚度不宜超过 1.0～1.5cm，底层厚度应在 0.5～1.0cm，并用铁抹子反复压抹，使表面翻出浆液，如有气泡必须刺破压紧。

②斜、立面涂抹时，由于砂浆流淌，应用铁抹子不断地压抹，并适当增加砂浆内的填料，使环氧砂浆稠度增大。厚度以 0.5～1.0cm 为宜，如过厚应分层涂抹，超过 4cm 时最好立模浇筑。

③顶面涂抹时，为防止砂浆往下脱落，在涂刷底层基液时可使用黏度较大的基液，并力求均匀。环氧砂浆涂层的厚度以 0.5cm 为宜，如超过 0.5cm，则应分层涂抹，每层厚度可控制在 0.3～0.5cm，每次涂抹均需用力压紧。

(3)浇筑环氧混凝土

环氧混凝土浇筑的工艺要求与普通混凝土基本相同，铺筑时应注意防止扰动已涂刷的环氧基液。平面浇筑时须充分插捣，再用铁抹反复压抹；侧面及顶面浇筑时均须架立模板，并插捣密实。

(4)养护环氧砂浆

环氧砂浆的养护和水泥砂浆不同，最重要的是控制温度。夏季施工时，为避免阳光直接照射，可搭设凉棚；冬季施工时，应注意加温保暖。一般养护温度以(20± 5)℃为宜，养护时间在夏季一般 2d 即可，在冬季则须 7d 以上。

第二节　混凝土桥梁结构裂缝及其维修

一　混凝土桥梁结构的裂缝

混凝土构件出现裂缝的形式很多，根据裂缝产生的原因，一般可分为自身应力形成的裂缝与荷载作用下产生的裂缝两大类。

(一)混凝土自身应力形成的裂缝

1. 收缩裂缝

混凝土凝固时，一些水分与水泥颗粒结合，使体积减小，称为凝缩；另一些水分蒸发，使体积减小，称为干缩。凝缩与干缩合称为收缩。混凝土的干燥过程是由表面逐步扩展到内部的，在混凝土内呈现含水梯度。因此产生表面收缩大、内部收缩小的不均匀收缩，致使表面混凝土承受拉力，内部混凝土承受压力。当表面混凝土所受的拉力超过其抗拉强度时，便产生收缩裂缝。

收缩裂缝在各种类型的桥梁结构中都有可能产生。对于钢筋混凝土简支梁桥，裂缝外观一般表现为网状龟裂，宽约 0.03～0.05mm，用手触及有凸起感觉；对于箱形预应力混凝土梁桥，裂缝一般发生在腹板上，宽约 0.2～0.4mm，施加预应力后大多数都会闭合。

2. 温度裂缝

混凝土受水泥水化放热、阳光照射、大气及周围温度等因素影响而出现冷热变化时，将发生收缩和膨胀，产生温度应力，温度应力超过混凝土强度时，即产生裂缝，称为温度裂缝。

大体积混凝土(厚度超过 2m 者)，灌注之后由于水化放热，内部温度很高，如无妥善散热措施，由于内外温差太大，很易形成温度裂缝。

(二)荷载作用下产生的裂缝

1. 弯曲裂缝

在混凝土梁上施加弯矩时，将产生弯曲裂缝。弯曲裂缝也称垂直裂缝。对简支梁和连续梁桥来说，弯曲裂缝首先出现在弯矩最大的截面的混凝土受拉区，即跨中位置附近，一般从底边开始向上发展；负弯矩裂缝位于连续或悬臂梁板的支座附近，自上向下发展。随着荷载的增大，裂缝宽度增大，长度延伸，缝数增多，裂缝区域逐渐向两侧发展。这种裂缝为混凝土桥梁结构中最常见的一种裂缝类型。

2. 剪切裂缝

剪切裂缝有时也称斜裂缝，首先发生在剪应力最大的部位。对简支梁和连续梁桥来说，往往发生在支座附近，由下部开始，沿着与轴线成25°～50°左右的角度裂开；对悬臂梁来说，一般出现在支点与反弯点之间的区域。随着荷载的增大，裂缝长度将不断增长并向受压区发展，裂缝缝数不断增多且分岔，裂缝区也逐渐向跨中方向扩大。

3. 断开裂缝

钢筋混凝土构件受拉时，进入整个截面的裂缝称为断开裂缝。受拉构件在荷载作用下产生的裂缝均沿正截面开展，裂缝间距有一定规律性。

4. 扭曲裂缝

混凝土构件受扭曲与弯曲同时作用而产生的裂缝称为扭曲裂缝。该裂缝一般呈45°倾斜方向。钢筋混凝土构件在扭曲作用下，产生的裂缝一般有许多条，裂缝出现后混凝土保护层剥落，扭曲产生的扭矩改由钢筋承担，直至钢筋滑动时构件完全破坏。这种裂缝在混凝土弯梁桥中出现较多。

5. 局部应力引起的裂缝

局部应力引起的裂缝，如预应力梁端部锚固处常出现这种裂缝。对于先张法梁，裂缝一般起始于张拉端面，宽约0.1mm，长度一般只延伸至扩大部分的变截面处；对于后张法梁，裂缝一般发生在预应力筋张拉锚固处，裂缝比较短小，与梁纵轴多呈34°～35°角。

二 混凝土桥梁结构裂缝的修补

混凝土桥梁的裂缝修补方法可根据裂缝的深度而定，一般细的浅裂缝常采用涂抹法或凿槽嵌补法进行修补，对于深裂缝则采用压力灌浆法进行修补。

(一)涂抹法

采用涂抹法修补浅裂缝时，先在裂缝口沿其长度范围凿一V形槽，槽宽约1～2cm，深约0.5cm，槽面应尽量平整，然后采用凿毛、喷砂或钢丝刷刷毛等办法清除混凝土表面浮浆，并用高压气枪或水枪冲洗吹干，最后在裂缝上涂一层环氧胶液，反复多次涂抹直至胶液浸透裂缝为止。当裂缝较密且形成一定范围松散面时，则可采用立模浇灌进行修补。

(二)凿槽嵌补法

凿槽嵌补是沿混凝土裂缝凿一条深槽，然后在槽内嵌补各种黏结材料，如环氧砂浆、沥青、甲基丙烯酸酯类化学补强剂(甲凝)等的一种修补方法。

修补时先沿裂缝凿槽,槽形根据裂缝位置和填补材料而定,缝槽形状多采用V形槽。

槽的两边混凝土面必须修理平整,槽内要清洗干净,必要时可在填料前用丙酮擦一遍。

如槽口外需要抹水泥砂浆或喷涂砂浆,在凿槽时需一并将槽口处的覆涂表面凿毛,同时清理干净。

用水泥砂浆填补时,事先要保持槽内湿润(不应有积水);用沥青或环氧材料填补时,要保持槽内干燥,否则应先采取其他措施,使槽内干燥后再进行填补。

(三)压力灌浆法

压力灌浆法系指施加一定的压力,将某种浆液灌入结构物内部裂缝中去,以达到封闭裂缝,恢复并提高结构强度、耐久性和抗渗性能的一种修补方法。此法一般用于裂缝多且深入结构内部或结构有孔隙的修补场合。

压力灌浆液的种类很多,修补桥梁结构裂缝应用较多的为水泥灌浆和化学灌浆。

1. 水泥灌浆

(1)灌浆材料

水泥灌浆所用水泥,对于混凝土、钢筋混凝土,一般采用强度等级不低于42.5的普通水泥。

(2)灌浆压力和浆体稠度

钢筋混凝土结构的水泥灌浆压力一般为$4.05\times10^5\sim6.08\times10^5$Pa。

灌浆施工中灌浆压力和浆体稠度的调整,一般有两种做法:一种是灌浆自始至终使用同一个压力和同一个稠度的浆体,这种灌浆一次成活,施工方便,适用于可灌性能良好并且灌浆量不大的情况;另一种做法所采用的压力和浆液稠度有所变化,先用低压、后用高压,先用稀浆、后用调浆,以适应裂缝粗细不均、灌浆体渗漏较大的情况。

(3)灌浆加压设备

工程量较大时,宜采用灌浆机、灌(压)浆泵,也可用风泵加压。目前使用的多为活塞推进式压灌灰浆泵,并有直接作用式、片状隔膜式、圆柱形隔膜式三种类型。工程量不大时,可使用手压泵施工。工程量小时,可采用类似打气筒等工具改制成的注射器施工。

2. 化学灌浆

(1)灌浆材料

用于修补混凝土裂缝的化学灌浆材料,常用的主要有环氧树脂灌浆材料和丙烯酸酯类灌浆材料两种。

①环氧树脂灌浆材料

它是一种补强、固结灌浆材料。若按稀释剂的种类来分类,可归纳为以下三类:

a. 非活性稀释剂体系的环氧树脂灌浆材料。它由丙酮、二甲苯等非活性稀释剂和环氧树脂混合组成。此类浆液配制简单,黏度较低,使用方便,建筑工程方面采用较多,也曾用来处理地震后混凝土梁柱的裂缝。非活性稀释剂环氧树脂浆液配比如表12-4所示。

b. 活性稀释剂体系的环氧树脂灌浆材料。它是用活性稀释剂代替非活性稀释剂配制而成的环氧树脂浆液。由于现有的活性稀释剂本身的黏度一般都比非活性稀释剂大,稀释效果不太理想,故浆液的可灌性受到一定限制。

c. 糠醛-丙酮稀释剂体系的环氧树脂灌浆材料。用糠醛-丙酮作为混合稀释剂的环氧树脂浆液，在我国应用较广。

②甲基丙烯酸酯类灌浆材料

甲基丙烯酸类灌浆材料亦称甲凝，是一种固结性能良好的高分子化学灌浆材料。材料的抗压、抗拉强度较高，黏度小，可灌入 0.3mm 及更细小的裂缝中，并与混凝土有较好的黏结能力，收缩性、吸水性均小，耐化学性好，聚合凝固时间可控制在几分钟至几小时。

(2)环氧灌浆工艺

①灌浆孔布置

根据裂缝情况，灌浆孔可布置成骑缝和斜孔等形式。对于较浅的裂缝，一般可在裂缝面直接埋设灌浆嘴或灌浆盒，也可采用骑缝钻孔。当裂缝较深时，除骑缝布孔外，还应辅以斜孔。钻孔孔径以 5cm 为宜，钻孔深度视构件大小和裂缝深度而定，孔距则视裂缝宽度、通畅情况、浆液黏度及允许灌浆压力而定，一般为 20～30cm。

②钻孔与清洗

钻孔可采用风钻或冲击电钻成孔。钻孔后要先将孔洞冲洗干净，并用阻塞器阻塞后，再用风、水轮流冲洗孔内及镶面，以疏通钻孔并与裂缝形成通路。冲孔用水必须清洁，压缩空气需经过抽水分离器，以免污染缝面而影响灌浆效果。

③嵌缝与封面

在嵌缝部位用凿子或风镐将裂缝造成 V 形槽，宽度与深度约 2～5cm，清除槽内松散的混凝土碎屑和粉尘后，沿裂缝间隔一定距离选择缝隙较大部位埋设 ϕ12.70～6.35mm 的排水(气)管，再在槽内回填早强水泥砂浆或环氧砂浆。对于较小的裂缝，可以不凿 V 形槽而用环氧树脂胶液或环氧砂浆黏贴玻璃纤维布进行封面，但事先应将玻璃纤维布上原有的润滑剂清除干净，再用管内压气或压水的方法检查灌浆嘴(孔)与裂缝的畅通情况，检查嵌缝是否有效。还可通过压水后的进水时间来估算胶液配置量和胶凝时间。压水的压力一般为 0.3～0.5MPa。孔道逐个检查完毕后，再用压缩空气将孔内、裂缝内的积水吹挤干净，最后关闭各孔的阀门。

④灌浆

环氧树脂一般均采用纯压法灌浆，通常有单液法和双液法两种。对于细小裂缝，浆液需要较长的胶凝时间，常采用单液法灌浆，此时将所用的浆液在泵前混在一起，用灌浆机进行灌注。对于较宽的裂缝，要求胶液胶凝时间较短，常采用双液法灌浆，此时将所用的胶液分成两大部分，分别用灌浆机分两路输送至灌浆孔口混合装置再灌入裂缝。

灌浆时可采用单孔或群孔同时进浆，但必须留有一定数量的排气孔。当在长裂缝上同时布有几个灌浆孔时，可按裂缝的深浅由下而上进行灌浆。当用灌浆泵进行灌浆时，压力由小至大逐步升高，达到设计压力后(一般控制在 0.6MPa 的灌注压力)再保持压力稳定，直至灌浆达到一定要求(吸浆率小于 0.01L/min 时再延续几分钟)，再将阻塞器上的进泵管阀门关闭，以使裂缝内浆液在受压状态下胶凝固结。

⑤管路冲洗和封孔

灌浆结束关闭孔(嘴)口阀门后，可立即拆除管路，并用丙酮冲洗管路和设备。一般对于强度比混凝土高的灌浆材料在孔内的固结物不必清除，对强度较低的堵漏材料则应清除干净，然后进行封孔。较深的风钻孔可用风动砂浆封孔器等设备封孔，较浅的孔则用人工封填水泥砂浆或环氧砂浆封孔。

第三节　桥面铺装层的维修

桥面铺装层的作用主要是保护桥梁上部结构行车道板不受车轮的直接磨耗；使桥面有一平坦的行驶面，以保证车辆平顺、舒适而安全地行驶；防止上部结构遭受雨水、冰雪的侵蚀。

当桥面铺装层出现病害时(坑洼、破裂等)，不但会影响车辆通行，而且还可能降低和减少桥梁主体结构的承载能力及使用寿命，因此对桥面铺装层病害的维修是十分重要的。

桥面铺装层出现病害对其使用性能可能产生以下几种影响：

(1)车辆通过时易打滑，容易引起交通事故。

(2)由于路面不平等，造成车辆对桥梁结构产生较大的冲击和振动，使桥面板等结构物的耐久性降低。

(3)铺装层变形容易造成车辆行驶位置附近产生车辙、搓板、磨耗等现象。

(4)在桥梁与结构物的连接部位(如伸缩缝附近)容易产生高低差，这不仅会造成桥面铺装层本身的损害，而且还会促使伸缩缝装置的破坏。

一　桥面铺装层常见病害及产生的原因

(一)高低差

桥面铺装层的高低差主要表现在与结构物连接部位的高低差。这种现象大多是由于桥跨结构与桥台填土或台后填土部位的不均匀沉陷、台后回填土夯实不够、结构物接头不平等引起的。高低差将影响行车的舒适性，产生噪声，促使接头部位铺装层、伸缩缝及结构物的破坏。

(二)变形

铺装层的变形一般表现为沿行车方向出现的凹凸不平、横桥向车辙等。这种变形常由桥面板不平、过大的交通量、重车行驶等引起。纵向的凹凸不平则可能是由于经常性的制动与启动所导致。

铺装层变形将使行车安全和稳定程度下降，行车条件恶化，并可能导致桥面积水，降低抗滑力等。

(三)磨损与破裂(裂缝)

铺装层的磨损一般表现为由于车辆行驶使铺装层表面细集料慢慢脱离，表面呈现锯齿式的粗糙状态，或铺装层表面被车轮磨细，形成平滑状态，即通常所说的磨光。这种磨损一般是由于过大的交通量所致。铺装层的磨损将使行车舒适性与车辆行驶的安全性下降。

桥面铺装层的破裂(裂缝)又可分为细微的初期裂缝、横桥向与纵桥向的线状裂缝及格子状裂缝。初期裂缝主要是由于桥面板开裂、桥梁振动、挠度和应力的传布所引起。初期裂缝有可能向线状裂缝及格子状裂缝发展，并由于渗水而影响结构物的耐久性。线状裂缝通常是因为结构物挠度过大、桥梁振动而产生的局部应力集中所引起，这种裂缝尽管早期的危害并不明显，但由于雨水等的浸透，将会使破坏范围进一步扩大而影响结构物的耐久性。格子状裂缝的产生原因及危害与线状裂缝相仿。

二 桥面铺装层的维修整治

桥面铺装层的维修视其损伤程度不同而采取不同的办法，此处仅介绍沥青混凝土铺装的维修方法。

(一)应急维修

对于小面积范围的裂缝、坑槽，一般采用沥青混合料填埋。用以维修的沥青混合料均采用加热拌和。

维修时，先切除损伤部位及周围的不良部分，取出离散物认真清扫，先铺以沥青黏结层，再摊铺沥青混合料，经碾压后再在表面撒布石屑或砂。

(二)表面维修

此法系在原铺装层表面铺撒焦油形成薄封层，然后再根据铺装层的损伤情况作不同的处理。例如，当原铺装层因沥青过多而引起泛油时，则可在封层上撒布粗砂和小砂石等，并压入进行处理，一般做成厚度为2～3cm的磨耗层。当原铺装层出现裂缝时，则可在铺装开始发生裂缝、老化现象明显的地方，采用沥青乳液喷雾封面和沥青砂封面，填充小裂缝、表面空隙和坑洼等处。

(三)翻修法

对于损伤严重的铺装层则需采用翻修法进行整治，即重新铺筑桥面铺装层或视损伤程度仅翻修面层。

第四节　桥面伸缩缝的维修

根据跨缝材料不同，目前常用的伸缩缝主要有锌铁皮伸缩缝、钢板伸缩缝及橡胶伸缩缝三种类型。

一 桥面伸缩缝的常见病害及产生原因

(一)伸缩缝的常见病害

桥面伸缩缝由于设置在梁端构造薄弱部位，直接承受车辆反复荷载的作用，又多暴露于大自然中，受到各种自然因素的影响，因此，可以说伸缩缝是易损坏、难修补的部位，经常发生各种不同程度的病害。

伸缩缝的常见病害根据采用形式的不同而有所区别，现分述如下：

1. 锌铁皮伸缩缝的常见病害

(1)软性防水材料如沥青砂或聚氯乙烯胶泥等老化、脱落。

(2)伸缩缝凹槽填入其他硬物,不能自由变形。

(3)锌铁皮上压填的铺装层如水泥混凝土或沥青混凝土等断裂、剥离。

(4)伸缩缝上后铺压填部分发生沉陷,高低不平。

2.钢板伸缩缝(包括梳形钢板伸缩缝)的常见病害

(1)角钢与钢筋混凝土梁锚固不牢,使钢板松动,在车辆行驶时受到冲击振动,更加速它的破损。

(2)缝内塞进石块或铁夹物,使伸缩缝接头活动异常,不能自由变形。

(3)排水管发生破坏损伤或被土砂堵塞。

(4)表面钢板焊接部位破坏损伤。

(5)梳形钢板伸缩缝在梳齿与承托板的焊接处出现裂缝,更严重者出现剪断现象。

3.橡胶伸缩缝的常见病害

(1)橡胶条破坏损伤,在橡胶嵌条连接部位漏水。

(2)锚固构件破损、锚固螺栓松脱。

(3)伸缩缝构造部位下陷或凸出。

(4)车辆行驶时不适,发生噪声。

(二)伸缩缝病害产生的原因

造成伸缩缝病害的原因是多方面的,设计中对桥面板端部刚度考虑不同、伸缩缝装置本身刚度不够、锚固件强度不足、过大的伸缩缝间距或伸缩量计算(或估计)错误等都会导致伸缩缝损伤;施工时桥面板浇筑不良、设置的伸缩缝间距值有误、预制时构件长度的偏差、伸缩缝装置安装不妥等也是产生病害的原因。此外,车轮荷载的反复作用、接缝两侧桥面不平等也会促使伸缩缝损坏。

二 伸缩缝的维修

伸缩缝的损伤将引起行车条件恶化、交通事故增多、产生噪声与漏水现象等后果,严重的还会导致桥梁主体结构的损坏。因此,必须对桥面伸缩缝进行经常性的维修整治,以保证桥梁的正常使用。

(1)维修前应查明原因,采用行之有效的、与之相适应的维修方法。维修工作要根据病害的程度,或对部分维修,或部分以至于全部更换。

(2)对于锌铁皮伸缩缝,当其软性填料老化脱落时,应在充分扫清原缝隙泥土后,重新注入新的填缝料。当铺装层破坏时,要凿除重新铺筑。凿除破坏部位要划线切割(或竖凿),清扫旧料后再铺筑新面层,当采用混凝土浇筑时,要采用快硬水泥并注意新旧接缝要保持平整,对铺筑部分要加以初期养生。

(3)对于钢板伸缩缝,当钢板与角钢焊接破裂时,应在清理干净破裂面后重新焊牢;当梳齿断裂或出现裂缝时,也要采取焊接方法进行修补。

(4)桥面伸缩缝的修补或更换工作大都不能中断交通。因此,通常可考虑采用限制车辆通行;或白天使用盖板,夜间施工时禁止通行等方法。总之,要注意抓紧时间,尽量缩短工期,保证修补质量。

第五节 桥梁支座的养护与维修

一 桥梁支座的主要类型

桥梁支座是桥梁上、下部结构的连接点。其作用是将上部结构的荷载(包括恒荷载和活荷载)传递到桥梁墩台上,同时还要保证上部结构在支座处能自由变形(转动或移动)。

桥梁支座按其作用分固定支座和活动支座两种。固定支座用来固定桥梁结构在墩台上的位置,它只能转动而不能移动。活动支座则可保证在温度变化、混凝土收缩和竖向荷载作用下结构能自由转动和自由移动。简支梁桥每一跨是由一个固定支座和一个活动支座组成,连续梁桥则多由一个固定支座和若干个活动支座所组成。

根据桥跨结构的大小,当前我国在钢筋混凝土梁式桥中所采用的支座形式主要有弧形支座、铰轴支座、辊轴支座、摆式支座、板式与盆式橡胶支座及滑动钢盆橡胶支座等。

二 桥梁支座的常见病害

桥梁支座的常见病害主要有下列几种类型。

1. 支座本身的损坏

(1)切线弧形支座滑动面、滚动面生锈,不能自由转动。

(2)限制移动装置的破坏。

(3)支座的滑动面不平整,轴承有裂纹、切口,滚轴有偏移和下降甚至破坏。

(4)支座螺母松动或螺栓脱落。

(5)钢辊轴支座辊轴(或摇轴)的实际纵向位移偏大或发生横向位移。

(6)橡胶支座(板式与盆式)出现橡胶老化、变质现象,梁丧失自由伸缩能力。

2. 支座座板的损坏

(1)支座座板翘起、扭曲、断裂,贴角焊缝开裂。

(2)锚栓切断。

(3)填充砂浆裂缝。

(4)支座座板混凝土压坏、剥离、掉角。

三 支座的养护与维修

桥梁支座在其遭受损坏、作用不能充分发挥时,将会对桥梁上、下部结构产生不利的影响,因此,必须经常注意养护维修,发生损坏时要及时慎重地制订维修计划,给予修补。

(一)桥梁支座的养护

桥梁支座必须经常养护,其主要内容如下:

(1)对支座各部分应保持完整、清洁,要扫除垃圾,冬季清除积雪和冰块,保证梁跨自由伸缩。

(2)在滚动支座滚动面上要定期涂一薄层润滑油,在涂油以前,必须先用钢丝刷或抹布把滚动面揩擦干净。

(3)为了防锈,支座各部分除钢辊和滚动面外,其余都要涂刷油漆保护。

(4)对固定支座应检查锚栓坚固程度,支座垫板要平整紧密,及时拧紧接合螺栓。

(5)板式橡胶支座在使用阶段,每年应对其进行1～2次的检查,并根据不同情况采取相应的养护措施。

①检查支座工作状态是否正常,内容包括:是否出现个别支座滑移及脱空现象,支座恒荷载的剪切位移是否过大,支座是否产生过大的压缩变形。

②检查支座的外表,内容包括:支座橡胶保护层是否出现开裂、变硬等老化现象,并记录裂缝位置、宽度及长度;检查支座各层加劲钢板之间的橡胶外凸是否均匀和正常;检查支承垫石顶面是否有开裂、积水等现象,并进行清扫及必要的修补工作;应防止橡胶支座接触油脂,应对梁底及顶帽上的残存机油等油脂进行清洗。

(二)桥梁支座的维修

支座发生病害时,可采取如下处理措施:

(1)滚动面不平整,轴承有裂纹、切口及个别辊轴大小不合适时,必须予以更换。

(2)梁支点承压不均匀时,应进行调整。调整时可采用千斤顶把梁上部顶起,然后移动调整支座的位置。

(3)支座座板翘起、扭曲、断裂时应予更换或补充,焊缝开裂应予维修加固。

(4)如要抬高支座,可采用捣筑砂浆垫层、加入钢板垫层或预制钢筋混凝土垫块等方法。

摆式支座工作性能不正常,有脱皮、露筋或其他异常情况发生时,或橡胶支座已老化、变质而失效时,都须进行调整,加以维修加固或进行更换。

钢辊轴支座辊轴(或摇轴)的实际纵向位移应与计算的正常位移相符,如实际纵向位移大于容许偏差或有横向位移时,可用液压千斤顶进行矫正。如纵向或横向移动不大,可用倾斜安装的千斤顶进行定移;如移动较大,则可先用千斤顶把上部结构顶起,放于木井架的移动拖板上,然后再用绞车或千斤顶进行移动矫正。

思考与练习

12.1 简述混凝土桥梁结构表层病害原因。

12.2 混凝土桥梁表层病害的常用维修方法有哪些?

12.3 混凝土桥梁结构裂缝产生的机理是什么?

12.4 混凝土桥梁结构裂缝的常用维修方法有哪些?

12.5 什么是压力灌浆法?

12.6 桥面铺装层的维修方法有哪些?

12.7 桥梁伸缩缝产生病害的原因是什么?

12.8 简述桥梁支座的类型。

12.9 桥梁支座常见的病害有哪些?

参 考 文 献

[1] 李世华.城市高架桥施工手册[M].北京:中国建筑工业出版社,2006.

[2] 铁道部第三工程局.铁路工程施工技术手册(桥涵)[M].北京:中国铁道出版社,1998.

[3] 铁道部第四勘察设计院.铁路工程设计技术手册(桥梁墩台)[M].北京:中国铁道出版社,1997.

[4] 铁道部第三勘察设计院.铁路工程设计技术手册(桥梁设计通用资料)[M].北京:中国铁道出版社,1994.

[5] 章关永.桥梁结构试验[M].北京:人民交通出版社,2002.

[6] 彭大文,李国芬,黄小广.桥梁工程[M].北京:人民交通出版社,2007.

[7] 王序森,唐寰澄.桥梁工程[M].北京:中国铁道出版社,1995.

[8] 张俊平.桥梁检测[M].北京:人民交通出版社,2002.